“教师稚化思维，促进学生理解”的理论研究与实践探索

毛锡荣　钱军先　韩　玮　等　编著

苏州大学出版社

图书在版编目(CIP)数据

“教师稚化思维，促进学生理解”的理论研究与实践探索 / 毛锡荣等编著. —苏州：苏州大学出版社，2018.8

ISBN 978-7-5672-2426-1

Ⅰ. ①教… Ⅱ. ①毛… Ⅲ. ①中学数学课—课堂教学—教学研究—高中 Ⅳ. ①G633.602

中国版本图书馆 CIP 数据核字(2018)第 125696 号

“教师稚化思维，促进学生理解”的理论研究与实践探索

毛锡荣　钱军先　韩　玮　等　编著

责任编辑　肖　荣

苏州大学出版社出版发行

（地址：苏州市十梓街 1 号　邮编：215006）

常州市武进第三印刷有限公司印装

（地址：常州市武进区湟里镇村前街　邮编：213154）

开本 700 mm×1 000 mm　1/16　印张 25　插页 4　字数 444 千

2018 年 8 月第 1 版　2018 年 8 月第 1 次印刷

ISBN 978-7-5672-2426-1　定价：68.00 元

苏州大学版图书若有印装错误，本社负责调换

苏州大学出版社营销部　电话：0512-67481020

苏州大学出版社网址　http://www.sudapress.com

序

伴随着素质教育的推进、新课程的实施和教师专业化发展的潮流，英国课程论专家劳伦斯·斯滕豪斯(L. Stenhouse)的著名论断“教师成为研究者(或教师即研究者)”引起了人们广泛的关注，社会对研究型教师的呼唤和需求逐步达成一种共识. 尽管有不少的声音在质疑其合理性与可能性，但作为一个极有号召力的口号，目前正在教育界广为传播，对我们的教育和教学产生了深刻的影响. 以研究者的姿态出现在教坛上，用研究者的眼光审视和解决教育教学中的问题，把“教”和“研”真正地交融在一起，做一名研究型教师，做到既能“教”，又会“研”，对于绝大多数的教师们来说，已经成为一种专业的追求和工作的动力，使得他们在探索中前行，悄然地由纯粹的教学活动走向了教学研究的旅程.

然而，虽然我们认可“教师即研究者”这一观念，但是作为一名普通的教师，如何成为一个研究者，怎样在日常工作中开展教学研究，不免有着种种迷茫和惆怅、纠结与困惑. 许多教师常常以“平时的教学负担太重，没有时间”“教师只要上好课就行了”等为由而忽视甚至放弃教学研究. 也有人认为教育科研是大学教师和科研机构的事情，与中小学教师关系不大，因此不愿意积极参与教学科研. 他们固然善于教学，勤于实践，却疏于思考，懒于动笔，甘做传统教育时代的“教书匠”，固守在经验化的自我满足之中而止步不前. 也有一些教师有做教学研究的愿望，却苦于“不知从何处入手”“从哪里做起”“应该研究些什么”“如何去做研究”“怎样才能成为真正的研究者”这些问题，找不到恰当的途径.

“教而不研则浅，研而不教则空”，教师只有“在教学中研究，在研究中教学”，才能在教学和研究两个方面都获得丰硕的成果. 因此，教师的自觉选择应该是成为研究者. 研究需要的是刻苦勤奋、坚持不懈、持之以恒的精神，需要的是勤于阅读、勤于思考、勤于实践的良好习惯. 只有勤于阅读，读专业书籍、报刊甚至是跨学科的、有启迪性的、有哲理的读物，与智者对话，才能提高自身理论和专业修养水平；只有勤于思考，才能在日常的教学活动中捕捉选题、捕捉灵感、捕捉素材，找到开展教学研究的话题和源头；只有勤于实践，在实践中不断探索，把教学实践与教育理论和科学研究紧密地结合起来，才能使我们的研究根深叶茂、生机勃勃，实现“在实践中研究，于研究中成长”.

教师专业发展的一个重要标志，就是教师不再被视为外在研究者的研究对象，而是一个主动参与的研究者. 当他们发现问题、遇到困惑时，不再仅仅依靠外在的研究者，而是自己去探索问题、解决困惑、建构策略性知识. 作为研究者的教师要有意识地去关注课堂发生的一切，敏锐地去思考课堂发生的问题，积极主动地去探究激活课堂、解决问题、提高效益的策略. 通过研究，探索出教育教学的新路子，更有效地提高学生的道德素养、文化素养和实践能力. 促进专业的成长和发展、提升教学的效益和品味，是教师研究的根本宗旨. 教师的研究具有明显的自身特点，它并不是为了创造出一套完整的理论体系，或是为了建构一套清晰的行动模式，更多的、更为重要的是促进自身的专业成长和学生的可持续发展.

作为站在教学第一线的教师，有着丰富的教学体验与经历，有着层出不穷、丰富多彩的教学场景与故事，这都是研究的源头活水、肥源沃土，是我们开展教学研究的宝贵资源. 但是，研究型教师不是一朝一夕就能造就出来的，研究教育和教学的规律是一个长期的、复杂的过程，我们要注重在教育教学实践中学习新的理论、接受新的理念，及时了解、掌握教育教学的新信息、新动态、新趋势，选择具有独特性和新颖性的课题进行研究. 只要有奉献精神，有敢于实践、乐于创新、精于积累、善于总结的研究态度，必然会逐步“登堂入室”，进入研究型教师的新境界，在取得丰硕研究成果的同时，实现自身的专业成长.

无锡市教育科学研究院黄树生博士认为：教师的研究要以课题研究为载体，用教育科研引导课程改革和课堂有效教与学，引领学校科学发展和教师专业成长. 教师要积极参与学校的教科研活动，在实践反思的前提下开展专项课题研究，力求做到：(1) 科研与教研相结合，即加强专业理论学习，整合学校课题研究与教师专题教学研究，提高学科素养；(2) 教研促进教学发展，即通过教研共同体的同伴学习，促进有效教学发展和教师专业发展；(3) 课堂实践为课题研究提供基础，并验证课题成果结论；(4) 案例研究积累实证性成果，更主要的是立足课堂主阵地，重视教学设计和课例研究，使研究扎根于课堂教学，服务于课堂教学.

在这方面，我们无锡市辅仁高级中学数学组的全体教师做了积极的探索和有效的尝试，积累了丰富的资料和宝贵的经验，取得了丰硕的成果和骄人的成绩. 自新一轮基础教育课程改革实施以来，他们在认真学习研究新课程改革教学理念的基础上，结合特级教师工作室和数学教研组的教研活动开展，立足课堂教学主阵地，认真开展教育科研课题研究，先后完成了江苏省教育科学“十五”规划立项课题“高中数学探究式教学的理论与实践研究”、“十一五”规划立项课题“动态生成观指导下的高中数学案例研究”、“十二五”规划重点自筹课题“‘教师稚化思维，促进学生理解’的理论与实践研究——以高中数学为例”等.其中，一个课题获江苏省教研成果一等奖，一个课题获江苏省教学成果二等奖.

通过开展课题研究，不仅有效地转变了教师的教学观念，改进了传统的课堂教学方式，提高了课堂教学的效率，培养了学生的学习能力和数学素养，使得学校的数学教学质量逐年提升，更重要的是加强了教师队伍建设，促进了教师的专业成长.10多年来，数学教研组先后有3人被评为正高级教师，2人被评为特级教师，1人被评为无锡市名教师，3人被评为无锡市学科带头人，5人被评为无锡市教学能手.张长贵老师参加江苏省和全国青年教师数学优质课评比活动，均获一等奖；缪靓老师获得省青年教师教学基本功比赛一等奖；任何、管萌珠、周晓丰老师获无锡市青年教师数学优质课评比一等奖；满园园老师获无锡市属青年教师教学基本功比赛一等奖.

他们的研究具有如下几个鲜明的特色：

一、全员参与

如前所述，无锡市辅仁高级中学已经形成了一支很强的骨干教师队伍，这为他们开展教育科研工作奠定了坚实的基础.更可贵的是，他们的研究不仅仅是骨干教师在践行，而且是整个数学教研组成员参与、协同作战，骨干教师在其中努力做好引领和指导工作.他们把课题研究与特级教师工作室、数学教研组教研活动有机地结合在一起，从课题选题立项、教育理论学习、参考文献整理、活动方案制订、教学课例分析、实验数据采集、课题论文写作等各个方面，都保证每位教师能积极参与，在发挥自己的聪明才智、贡献自己的研究成果的同时，使自己得到有效锻炼和启迪，提升自己的科研能力.

二、立足课堂

他们在教学实践中深深地体会到：教师所进行的研究是在日常教学实践中进行的研究，也就是“在教学中研究，在研究中教学”，是在教学活动的整个过程中进行的研究，而不是在用另外的时间做另外的事情，两者是同时进行的教学活动.当教师从自己的研究中找到了有效的教学策略时，就可以熟练地解决各种教学困惑，减少无效、重复的劳动，提高教学效率.因此，他们从课堂教学出发，从学生的实际出发，立足课堂展开研究，选择自己在教学中的困惑和急需要解决的问题作为选题，把理论和实践结合起来，使课题研究能直面教学中的具体事件，有效地解决教学中的实际问题.

三、勤于反思

“教师应当反思”这一观点现已得到大家的广泛认同. 反思教师的教学理念，反思教师在课堂中的作用，反思学生活动的开展，反思课堂教学的效率，等等. 优秀教师应该是一个反思的实践者，必须具备反思自己实践、质疑自己教学的能力. 无锡市辅仁高级中学数学组的各位教师把教学反思作为开展课题研究的一个重要手段，从对自身教育教学的反思开始，努力寻找教育教学中的真问题，把反思的品质与方法注入并贯穿于自己的教学与研究的过程之中，不断反思自己的课堂教学、专业发展等方面的问题，并寻找出解决问题的对策，写成教学后记、教学案例和教学论文. 一方面，在反思和写作的过程中实现专业的提升，另一方面，为指导今后的教学实践提供丰富的、有价值的参考文献和资料.

本书是无锡市辅仁高级中学数学组近年来的研究课题之一——江苏省教育科学“十二五”规划重点自筹课题“‘教师稚化思维，促进学生理解’的理论与实践研究——以高中数学为例”的研究成果. 一份份规范条理的研究报告、一篇篇科学严谨的课题论文、一个个鲜活生动的教学案例、一幅幅精彩纷呈的活动图片，较为系统地记载了课题组成员开展课题研究的轨迹. 这些研究成果，既是他们集体智慧的结晶，又是他们辛勤耕耘的见证. 每一个成果都具有立意鲜明、寓理于例、选材精当、评析干练等特点，理论与实践紧密结合，科学性和可读性较强. 相信本书的问世，不仅能为广大奋斗在教学一线的教师提供开展教学研究的宝贵资料，也能为有志于从事教育、教学工作的高等师范院校的学生们奉献一本实用性和可操作性都较强的学习材料.

研究，是教师发展的根本需求，是教师进步的基础；研究，是生成教学智慧、提高教学水平的关键之一；研究，使教师逐渐进入一个新的职业境界，让教师生涯焕发出新的活力；研究，也是一项持续的工作，需要不懈的努力. 教师作为研究者，是“学”无止境、“教”无止境、“研”无止境的. 我们希望，有更多的教师勇于探索、善于研究、勤于总结、乐于反思，总结出更多、更好的教学经验，研究出更多、更好的教学成果，奉献出更多、更好的科研作品. 让我们在专业成长的道路上经得住磨炼、受得住挫折、耐得住寂寞，不断完善自我、超越自我，在基础教育这个宽广的平台上展示丰采、实现价值！

张　军
2017 年 12 月于无锡市辅仁高级中学

前　言

数学是思维的科学，数学教学是思维活动的教学．在教学过程中，存在着三种思维活动：一是专家的思维活动，通常以演绎的形式将繁杂的思维过程处理成凝练的思维结果，以书面语言为载体展现在课本上；二是教师的思维活动，对教材和教学内容进行研究，并设计成教学方案，以教案、板书、对话等形式呈现在课堂上；三是学生的思维活动，在教师的启发和引导下形成自己的认识和思考，以操作、答问、交流、作业等方式表现出来．按照新课程的教学理念，学生是教学活动的主体，教师是学生学习活动的组织者、指导者和引领者，教学的过程就是学生在教师的指导和帮助下，学习和研究专家的思维活动，将专家的思维活动转化为自己的思维活动的过程．

在课堂教学活动中，教师是“先生”，对所学的知识和方法了然于胸，而学生则是初学者，对教师所讲授的内容知之甚少，会显得很幼稚，两者之间存在着明显的差异．教师实施教学活动，一项十分重要的工作，就是在专家的思维与学生的思维活动之间架设起桥梁．教师要学会换位思考，善于站在初学者的角度，用学生的眼光审视教学的内容，研究学习的过程，体会学生在学习中出现的问题和障碍，模仿学生的思维方式进行思考，在学生原有的思维水平上展开教学，和学生一道成为新知识、新技能的探索者，这样才能走近学生，引领学生探究发现，促进学生深度理解，从而有效地降低学生学习的难度，求得与学生思维上的同步和心理上的共鸣，实现教学过程的优化和教学效益的提升．

然而，在实际教学中，很多时候教师思维和学生思维“异步”似乎是一种必然：教师的稳定性思维与学生的可变性思维无法对接，教师的抽象性思维与学生的形象性思维不能“同频”，教师的知识化思维与学生的经验化思维不能“共振”，教师的理性思维与学生的感性思维无法共鸣．不少教师习惯于高高在上，按自己的认知水平去思考，站在自己的角度设计教学过程，将巧妙的思维、灵活的方法讲得头头是道，其高明之处让学生既赞叹不已，又望尘莫及．但是，对于为什么是这样，是怎么想到的，学生往往不得而知，或者只知其然而不知其所以然，从而无法建立起对知识的建构和理解，在应用时只能生搬硬套.久而久之，教师认为学生太笨，学生感到数学难学，渐渐失去学习兴趣，严重影响教学效益的提升.

华罗庚先生提倡教师的教学要善于当堂答疑、当堂推演，他认为即使碰到障碍也无妨，可以把自己走过的弯路告诉学生.大数学家希尔伯特的老师在教学时经常现想现推，有时把自己置于困境中，再"突围"出来，希尔伯特由此学到了老师的思维方法，有力地促进了思维能力的提高.正如萧荫堂老师所说的"有时教授备课不足，笨手笨脚地算错了数，从他搔着首、念念有词的改正中，反而可以看出他的思路，真正学到些东西".这表明，教师如果能与学生换位思考，稚化深奥的知识，稚化成熟的思维，蹲下来和学生平等对话，和学生一起互动交流，在稚化中协调思维按钮和情感阀门，让师生在认识程序上达到"同频"，在教与学的思维上实现"共振"，此时，学生的学习就会无比轻松和愉悦.

基于此，受无锡市教育科学研究院黄树生博士和张建良老师的启发，我们数学组全体老师在认真学习新课程的教学理念、深入调查分析实施高中数学新课程教学现状的基础上，于2015年年初设计申报了江苏省教育科学"十二五"规划课题(重点自筹)"'教师稚化思维，促进学生理解'的理论与实践研究——以高中数学为例".三年来，我们以这一课题的研究为抓手，结合特级教师工作室和学科组的活动，全员参与，按照课题实施的方案，本着"以学生为本，促进学生的长效发展和可持续发展"的指导思想，运用理论与实践相结合的方式，立足课堂，认真地分析学情，探索"教师稚化思维，促进学生理解"的策略和途径，开展了扎扎实实的研究工作，积累了丰富的资料，产生了积极的影响，受到了上级主管部门的肯定和好评.

我们的研究突出理论的学习和观念的转变，立足课堂教学主阵地，紧扣高中数学新课程教学的实际，坚持总课题整体研究和子课题分类专项研究相结合、理论研究与行动探索相结合、实证研究与典型个案研究相结合的原则，在课堂观察与课例分析上下功夫，致力于提高课堂教学的效益，立足于发展学生的数学思维、培养学生的数学素养，着眼于教师的专业成长，取得了显著的成果.以此为基础我们组织全组教师开展了"稚化思维，引领思考，促进理解"的教学研究，被评为2017年度江苏省优秀教学成果二等奖.课题组成员围绕着课题撰写了教学论文和教学案例80多篇，其中有30多篇在《数学通报》《中学数学月刊》等刊物上发表，周晓丰老师获无锡市青年教师优质课评比一等奖，满园园老师获无锡市属青年教师教学基本功一等奖，张长贵老师、李湘老师和任何老师被评为无锡市教学能手.

为了记载课题研究的轨迹，推广课题研究的成果，根据结题鉴定会议精神和专家组的建议，我们在对课题研究的相关资料进行整理和完善的基础上编写了本书.全书共分为4个部分，第一部分是研究报告篇，由课题开题报告、课题中期评估报告、课题结题报告和研究成果申报报告等内容组成；第二部分是课题论文篇，精选了课题组成员结合课题实践撰写的25篇课题论文，其中近20篇已在省级以上刊物上发表；第三部分是教学案例篇，25篇课例诠释了“教师稚化思维，促进学生理解”的方法、策略和途径；第四部分是活动掠影篇，展示了课题组开展教学研讨活动的部分图片.本书比较完整地记录了课题组开展的研究活动和实践成果，希望能对各位同仁的教学提供一些有益的启示和帮助，也能为有志于开展课题研究的教师和高校师范类学生进行课题研讨提供一份有一定参考价值的文献资料.

尽管我们本着认真的态度、科学的精神、专业的水准、学术的眼光、实用的视角和实效的要求进行本书的编写工作，但由于编者的学识有限，加之时间匆忙，书中的疏漏、错误和不当之处在所难免，敬请广大读者批评、指正，多提宝贵意见，以便我们在以后的修订工作中加以改正和完善，谨致谢忱！

毛锡荣

2017年12月于无锡市辅仁高级中学

目　录

第一篇　研究报告

课题研究是教育科研活动的一项重要内容.开展课题研究,一项十分重要的工作,就是撰写研究报告.在准备开题时,要撰写开题报告;在中期评估时,要撰写中期评估报告;在结题鉴定时,要撰写结题报告;……开题报告如同建筑师的蓝图,有了好的开题报告,才能有计划、有系统、有组织、有措施、有步骤地开展研究工作,以保证课题研究任务沿着正确的轨道顺利完成.中期评估报告是在课题研究的某一阶段结束后,对课题的研究过程进行客观、全面、实事求是的描述,总结课题研究的成绩和存在的问题,制定改进研究的措施,为后续的研究指明方向.结题报告是在课题研究的最后阶段,旨在反映课题研究过程和结果的书面材料,通过结题报告分析、归纳、总结课题的研究过程,展示课题的研究成果,反思课题研究的工作.写好课题研究的各种报告,是课题主持人必须努力修炼的基本功.

课题开题报告

1 课题研究的提出背景

实施高中数学新课程教学,教师要从传统的角色中走出来,不仅需要从教育教学的规律出发给自己的工作和职能定位,而且需要了解社会对教师职业的新期待,进而形成新的教育教学行为.课堂教学应该是教师有目的、有计划地组织学生实现有效学习的活动过程.不同的教学理念,会带来不同的教学活动,产生不同的教学效果.关注知识的形成过程和学生学习的方法,关注教学环境的设计、学生学习活动的设计,站在学生的角度思考,为学生设计教学是《普通高中数学课程标准(实验)》提出的重要理念.

从某种意义上讲,在课堂教学活动中,教师是专家,而学生则是初学者,两者之间存在着明显的差异.但专家也是从初学者成长起来的,实际上,学生学习中出现的许多错误,也是教师当初学习时经常犯的错误.只是已经成长为专家的教师,遗忘了初学时的经历和感受.所以,在实施教学活动时,作为教师,有必要暂时稚化自己,将自己退到初学时的状态来思考学生学习的过程,探索问题解决的方法.这样才能走近学生,了解并理解学生,从而有效地提高教学的效果.

目前,新课程改革虽然已经取得了一定的进展,课堂教学虽发生了一些可喜的变化,但受传统的教学观念、教学方式以及应试教育等诸多因素的影响,学校教育特别是课堂教学的一些问题并没有因为新课程的实施而得到根本解决,绝大多数的课堂在深层次上并没有发生实质的变化.不少教师在实施课堂教学时,仍然习惯于高高在上,站在自己的角度,一厢情愿地进行滔滔不绝的讲解,课上"教师讲得天花乱坠,学生听得昏昏欲睡"的现象仍然存在,影响了学生未来的发展和新课程理念的有效落实.

从实施高中数学新课程教学的实际来看,教师转变自己的角色,稚化自己的思维,运用学生的思维方式思考问题,站在学生的角度设计教学,把课堂变成师生共同提出问题、共同解决问题的阵地,让学生积极主动地学习,促进学生积极地参与课堂探究活动,让学生在活动中经历数学知识发生、发展的过程,促进学生对数学知识的建构和理解,让学生体验数学知识的应用价值,培养学生学习数学的兴趣,掌握数学学习的方法,全面提高学生的数学素养,显得尤为迫切,是一个值得我们高度关注和认真研究的课题.

2 国内外相关研究领域的现状与研究的价值

2.1 国内外相关研究领域的现状述评

理解数学是搞好数学教学设计的前提，稚化思维是搞好数学教学设计的关键.在学校教育愈来愈受到重视的今天，对“教师稚化思维，促进学生理解”的研究也越来越引起人们的关注，如何把对理解的新认识、新见解转化为一种教师可借鉴的教学模式，这是国际上目前比较前沿的研究领域.许多国内外学者和教育专家从不同的角度对这一课题进行了研究，并取得了一定的研究成果.

近年来国外学者和教育专家们在理论研究的基础上，倾向于以案例研究的方式，将视角拓展到教学实践领域，做了许多有价值的实验和研究，取得了有价值的成果.美国著名教育家G.波利亚在《数学的发现》一书中指出：让你的学生提问题，要不就像他们自己提问的那样由你去提出这些问题；让你的学生给出解答，要不就像他们自己给出的那样由你去给出解答.苏联著名教育家苏霍姆林斯基也曾经说过：教师必须在某种程度上变成孩子.美国课程专家格兰特·威金斯和杰伊·麦克泰根据自己多年的课程研究经验，并结合大量的实际教学案例，撰写了《理解力培养与课程设计》一书，论述了“什么是理解性目标”“理解的六个维度”“如何开展理解性教学”等诸多实践性课题，围绕“通过教学活动促进学生理解”提出了许多有价值的意见和建议，为我们提供了一种研究“教师稚化思维，促进学生理解”的有效途径.

20世纪90年代之后，我国的数学教育研究获得了较大的发展，许多教育专家和老师们对教师在教学中稚化自己的思维，以促进学生对知识的掌握和理解有了新的认识，做了较为深入的研究.福建师范大学李祎教授指出：要使学生接受你的观点，你就必须同学生保持“同体观”的关系——即“自己人的效应”，这样就拉近了双方的心理距离.数学家萧荫堂先生认为：有时教授备课不足，笨手笨脚地算错了数，从他搔着首、念念有词的改正中，反而可以看出他的思路，真正学到些东西.数学特级教师周学祁先生对稚化思维的解释是“教者在教学中有意识地退回到与学生相仿的思维势态去思考问题，其特征是具有退化性、表演性和模拟性”.还有，著名数学特级教师臧立本先生也对稚化思维、换位思考等做过深入的研究，并取得了一定的成果.郑毓信教授在《数学教育的现代发展》一书中，就“什么是数学理解与数学理解的学习”“如何才能达到数学理解和理解的学习”等话题做了精辟的阐述.李士锜教授在其《熟能生巧吗》等系列论文中专门对理解与操作训练的关系进行了探索.章建跃博士则明确指出：“三个理解（理解数学、理解教学、理解学生）”

是搞好数学教学的前提,数学教学设计的首要问题是理解数学.他建议数学教学必须通过有效的教学活动来促进学生对数学的理解.

国内外的这些已有研究及其成果有较高的借鉴价值,可以提供许多有益的启示,为开展本课题的研究奠定了基础.但是,上述研究中许多都并非针对数学学科尤其是高中数学教学,即使是针对数学学科的研究,也是对数学理解性学习的基础性研究,或是基于教学经验层面上对某一具体方面的分析,如对数学概念的理解及解题的理解等,真正涉及数学课堂整体教学层面上的研究还不多见,没有形成理论体系,也鲜有实践层面上可供操作的经验借鉴.教师稚化思维和促进学生理解之间具有怎样的关系,如何将两者有机地结合在一起,通过贴近学生、用学生喜闻乐见的教学活动来促进学生对数学的理解,从而提高数学教学的有效性,是一个值得认真开发和研究的课题.

2.2　实施本课题研究的意义和价值

(1) 开展本课题研究具有较高的理论价值.实施本课题的研究,对验证和丰富"教师稚化思维,促进学生理解"的理论,落实新课程理念,推进新课程背景下高中数学教学的有效开展具有积极的意义和一定的价值.通过对这一课题的研究,可以有效地转变教师的教学理念,提升教师的教学智慧,从而提高课堂教学的有效性,提升数学教学的质量,促进学生的可持续发展.

(2) 开展本课题研究具有一定的实践意义.本课题研究的开展,以教研组为单位,与教研组的教学研讨活动紧密结合,立足于课堂教学,从研究者熟悉的环节入手,将研究直接指向教学实践,是实践性很强的实证研究,是新课程背景下教学研究与课题研究整合的一种有益尝试,有利于促进校本教研的开展和数学教师的专业成长,可以有效地提升教师的教学智慧,为加强教师队伍建设做出积极的贡献.

3　课题的核心概念及其界定

3.1　高中数学

《普通高中数学课程标准(实验)》中指出,数学是研究空间形式和数量关系的科学,是刻画自然规律和社会规律的科学语言和有效工具.数学在形成人类理性思维和促进个人智力发展的过程中发挥着独特的、不可替代的作用.数学是人类文化的重要组成部分,数学素质是公民所必须具备的一种基本素质.数学的基本要素是:逻辑和直观、分析和推理、共性和个性.数学可以分成纯粹数学和应用数学两类.纯粹数学也叫基础数学,专门研究数学本身的内部规律.应用数学则着眼于说明自然现象，解决实际问题，是纯粹数学与科学技术之间的桥梁.这里的高中数学，是指普通高中的数学学科，是义务教育后普通高中的一门主要课程，它包含了数学中最基本的内容、思想和方法，是培养公民素质的基础课程.

3.2 稚化思维

稚化思维是指在教学活动中，教师把自己的外在学术性的话语权威隐藏起来，不以知识丰富的指导者自居，而是把自己的思维降格到学生的思维水平，站在学生的角度，充分关注学生的原有知识储备和经验背景，有意识地返回到与学生相仿的思维状态，把熟悉的当作陌生的，设身处地揣摩学生的思维，努力切合学生的心态，以与学生同样的认知兴趣、同样的学习情绪、同样的思维情境、同样的探究行为来完成教学的和谐共创，从而达到和学生的思维保持"同频共振"的一种教学艺术.教师稚化自己的思维，与学生一起走入学生的原有经验，在学生原有思维水平上展开教学，顺着他们的思维逐步展开，让学生在思维的水到渠成中掌握新知识，可以大大降低学生学习新知识的难度，提高他们学习新知识的效果.

3.3 数学理解

根据数学知识的特征，可将其分为陈述性知识、程序性知识和过程性知识三类.数学理解是指对陈述性知识、程序性知识和过程性知识的理解，包括图式的获得、产生式系统的建构、关系和观念表征的完善等.从数学教学的角度而言，数学理解具有三层含义：一是对数学概念、规则或方法的理解，指个体建立了关于这些观念的内部网络；二是数学理解的水平具有层次性，个体的差异往往表现为理解水平的差异；三是数学理解是一个动态的过程，是认知结构的建构过程和知识意义的建构过程.数学理解是数学学习的重要环节，数学教学的要义是在帮助学生获取知识的同时，引导学生建构知识的意义，学会对未知世界的探索，学会数学地思维，使学生在理解中发展，在发展中理解，形成可持续发展的能力.

3.4 有效教学

有效教学是指师生遵循教学活动的客观规律，以最优的速度、效益和效率促进学生在知识与技能、过程与方法、情感、态度与价值观等方面获得整合、协调、可持续的进步和发展，从而有效地实现预期的教学目标，满足社会和个人的教育价值需求而组织实施的教学活动.教学的有效性包括如下三重意蕴：一是有效果，指教学活动结果与预期教学目标的吻合程度；二是有效率，即以少量的投入获得较多的回报；三是有效益，指教学活动的收益和价值的实现，即教学目标与特定社会和个人的教育需求是否吻合及吻合的程度.有效教学是一种提倡效果、效益、效率三者并重的教学观,学生有无进步或发展是教学是否有效的唯一指标,从这个意义上讲,有效教学可以理解为有效促进学生发展的教学.

4 课题的研究目标

(1) 通过对稚化思维和数学理解的理论学习,借助"教师稚化思维,促进学生理解"的策略实施课堂教学的研究,转变教师的教学观念,探索普通高中数学学科在学生认知方面所固有的本质和规律,寻找提高数学课堂教学效率的方法和途径,为提升数学教学的质量做出积极的贡献.

(2) 通过课题研究的实施,改变学生的学习方式,营造引导学生主动参与学习的教学环境,激发学生数学学习的兴趣,让学生积极地参与课堂活动,在师生互动、生生互动的情境下实现数学理解,学会在已有经验的基础上建构自己的知识框架和理论体系,为终身发展和可持续发展奠定基础.

(3) 通过课题研究的实施,引领教师自觉地运用"以学生为本"的教学理念指导自己的教学实践,在教学活动中研究教学规律,站在学生的角度设计教学,讲求教学效益,尝试教学改革,锻炼教学智慧,学会教学反思,提高参与课题研究的教师的整体素质和业务水平,有效地促进教师的专业成长.

5 课题的研究内容

本课题将围绕"在高中数学教学活动中,教师转变教学理念,树立以学生为中心的教育主体观、以能力为中心的教育质量观、以活动教学为中心的学习发展观,站在学生的角度,运用以学定教的理念,在教学设计和教学实施中,通过教师稚化思维帮助学生实现数学理解,为学生营造自主学习和探究学习的优良环境,促进学生积极参与课堂活动,培养学生自主创新的学习能力"展开研究,主要内容包括:

5.1 教师稚化思维和促进学生理解的教学现状研究

通过访谈、问卷调查等方法,对当前高中数学教学中教师实施课堂教学和学生对数学知识的建构理解的现状进行抽样调查,了解当前高中数学教学中影响教师稚化思维和学生数学理解的因素,分析和探索高中数学教学中"教师稚化思维,促进学生理解"的必要性与迫切性,在此基础上,提出值得研究的问题和设想,为开展本课题的研究奠定基础,指明方向.

5.2 教师稚化思维和促进学生理解的教学理论研究

从学生数学学习的心理特点出发,运用文献综述、读书沙龙、专家讲座、讨论交流等方法,认真开展对"教师稚化思维,促进学生理解"的有关教学理论的学习研究，如"最近发展区理论""脚手架理论""稚化思维和理解性教学"等，通过学生的研讨，明确"稚化思维"和"数学理解"的内涵、本质和特征，建立起课题研究的理论依据，提升教师开展课题研究的能力和素养.

5.3　教师稚化思维和促进学生理解的教学原则研究

遵循理论与实践相结合的原则，立足于课堂教学的实践，运用经验总结法和案例分析法，深入研究教师如何用恰当的方式、适度的时间与学生进行平等的心与心的对话，探讨教师如何扮演好"平等中的首席"的角色，促进学生更好地理解、发现，学会理性地思考，引发创新和创造，提出高中数学教学中"教师稚化思维，促进学生理解"需要遵循的教学原则，为实现"有效教学"和"高效教学"提供保证.

5.4　教师稚化思维和促进学生理解的教学策略研究

作为教师，对课堂教学的整个过程应有一个深入的思考. 为了促进学生对知识的理解和掌握，教师对教学内容和教学活动要精心设计，使知识变得更易于被学生理解. 教师稚化思维和促进学生理解的教学策略显得尤其重要，我们将其作为课题研究的重点内容，从教学设计、教学实施和教学反思等环节着力加以研究，归纳出高中数学教学中"教师稚化思维，促进学生理解"的方法和途径.

5.5　教师稚化思维和促进学生理解的教学案例研究

立足课堂阵地，结合教学实践，通过对概念教学、定理法则教学、数学应用教学、数学解题教学、讲评课教学、复习课教学等课型的课堂特点的研究，扎扎实实地组织开展教学实践活动，形成一批典型的教学案例，在理论与实践的结合点，提炼出行之有效的课堂教学策略和操作模式，将其优化整合，用于指导高中数学教学的实践，为推进高中数学教学改革、提升高中数学教学质量做出积极的贡献.

6　课题的研究方法

实施本课题研究采用的主要方法有：

6.1　文献研究法

利用中学数学期刊、教育理论书籍和网络资源等不同渠道，对古今中外各个学科与课堂动态生成式教学有关的文献资料进行收集、整理和分析研究，为实施本课题的研究寻找理论支撑，提供理论依据.

6.2　理论研究法

组织课题组成员认真学习教育教学理论及有关动态生成教学的文献资料，提高自身理论水平和开展课题研究的能力，借鉴已有的理论成果，用理论指导实践，为开展本课题的研究奠定基础.

6.3　调查研究法

运用访谈、问卷调查等手段，针对当前高中数学课堂教学中运用动态生成式理论实施教学的情况开展调查研究，调查了解课堂教学中教师开发与利用生成资源的现状、改善情况和成效，收集丰富、客观的第一手材料，为开展研究提供鲜活、生动的素材.

6.4　案例研究法

通过确立实验班开展实验研究，以课例研讨为载体实施行动研究，进行对比分析，收集数据资料，寻找规律性的认识，总结课题研究的经验和成果，撰写教学案例，积累课题材料，形成课题研究报告.

6.5　经验总结法

在研究过程中，不断地总结经验教训，定期交流，并自觉地将自己的实践与相关理论进行有机结合，在理论指导下，不断地改进实验方案，改进实验的操作方法、手段，最终形成相关论文集和总结报告.

7　课题的实施计划

本课题的研究拟分三个阶段进行：

7.1　准备阶段(2014 年 11 月—2015 年 3 月)

收集和整理关于“教师稚化思维，促进学生理解”的理论和已有研究成果，组织课题组成员结合新课程理念和有关理论对“教师稚化思维，促进学生理解”的含义、特点、理念、思路、内容、一般过程等，进行理性分析和归纳，形成初步的认识，在此基础上确定课题研究目标，设计课题研究方案，做好课题申报工作.

7.2　实施阶段(2015 年 4 月—2016 年 12 月)

按照课题研究方案开展实践研究，进行对比试验，分析高中数学课堂教学现状和存在的问题，研究运用理解教学的理论进行教学设计，实施课堂教学，促进学生参与教学活动，实现数学理解的教学策略，不断改进课题实施和研究的方法，开展课堂实际观察和教学录像分析，收集、撰写教学论文和教学案例，进行中期评估，形成中期评估的研究报告.

7.3　总结阶段(2017 年 1 月—2017 年 12 月)

整理课题研究资料、教学案例和教学论文，总结实施课题研究的经验，分析实施课题研究存在的问题，撰写结题报告，出版《基于“教师稚化思维，促进学生理解”的教学案例汇编》和《基于“教师稚化思维，促进学生理解”的教学论文汇编》，实现课题研究成果的物化，做好课题研究成果的宣传和推广工作，申请结题.

课题组成员及其分工如下：

课题组指导老师：张建良

负责课题研究工作的理论学习与实践操作指导.

课题组组长：毛锡荣　钱军先

负责课题研究工作的策划、综合协调和分工，撰写课题计划、阶段总结和研究报告，收集、整理和完善研究成果等工作.

课题组成员：于志华　韩　玮　周伟忠　芮国英　魏　民　邵梦芯
王文俊　任　何　李　湘　管萌珠　过大维　郑　勇
张长贵　缪　靓　车　慧　沈　刚　刘锦涛　韦燕平
李月萍　刁清玉　王宁芳　王鸣文　潘尧丹　吴静宇
朱福进　李思聪　虞　婷　李　聪　周晓丰　丁亚红
耿少峰　官红严　满园园　陈茜茜　朱琳琳　朱永厂
施玉飞

参与课题活动，开展课题实践研究，撰写课题论文和教学案例.

8　主要观点与可能的创新之处

8.1　主要观点

(1) 学习就是学生思维结构向专家思维结构转化的过程.教师实施教学活动，一项十分重要的工作就是在专家与学生思维活动之间架设桥梁.课堂教学的关键仍然是教师的主导作用，教师是导演，是设计师.学生采用什么学习方法，怎么去思考，很大程度上取决于教师.教师的教学方法、问题设计，决定着整个课堂教学.有效的教学方法才能达成有效的教学成果，理解性教学的成功最终取决于我们的教学方法和技巧.

(2) 对于数学学习来说，理解是至关重要的.只有当学生对学习内容深刻理解后，才有可能真正掌握其思想方法，才有可能有所发现或创造.数学理解是提升学生数学素养与数学精神的前提，学生数学思维能力和解决问题能力的发展是建立在理解基础之上的.要想让学生学好数学、学会运用数学的知识、思想与方法去解决问题，提高数学素养，就必须抓住理解这一关键环节，努力促进学生的理解.

(3) 教学设计是教师以现代教学理论为基础，依据教学对象的特点和教师自己的教学观念、经验、风格，运用系统的观点与方法，分析教学中的问题，确定教学目标，合理组合和安排各种教学要素，为优化教学效果而制订实施方案的系统的计划过程.一个好的数学教师所需要的不仅仅是对学生经验的深入了解以及无私奉献的精神，更需要的是对数学知识扎实的理解以及基于这种理解的贴地而行的精细设计.

(4) 新课程背景下的高中数学教学，将使得传统意义上的教师的教和学生的学让位于师生互教互学，彼此形成一个真正的"学习共同体". 在设计教学目标、教学内容、教学活动和教学评价等教学环节时，教师要把理解作为第一要素，从学生的角度去设计教学过程，稚化自身的思维，立足于促进学生的数学理解，让学生在理解中学会数学地思维，提升数学素养，实现可持续发展.

8.2 可能的创新之处

(1) 数学理解是近年来在数学教育领域中较受关注的研究内容，原因在于数学理解不仅是数学课程和教学的重要目标之一，而且对于学生的数学学习能力和数学素养的培养均具有重要作用. 因此，在教学活动中，教师有意识地对学生的数学理解予以关注，并积极探索有效促进学生数学理解发展的措施和策略显得尤为重要. 本课题将国内外对其研究的视角拓展到数学教学的实践领域，试图开发一种既具有操作性又具有灵活性的促进学生理解的课堂教学模式，用以指导高中数学新课程教学，这从一定意义上说是一种创新.

(2) 结合对新课程背景下高中数学教学理论及实践的深刻反思，运用行动研究的方法，以教学设计为抓手，将课题研究与校本教研结合在一起，立足于为学生而教的理念，基于"学生理解"实施数学教学，激发学生的学习兴趣，调动学生参与教学活动的积极性，改变数学教学一直是一种"为我"的状态而不是"为他"的状态，以及教师常常只是站在自己的认知角度而不是站在学生认知心理的角度来考虑问题的现状，为探索提高课堂教学效益、促进师生共同发展提供了一个新思路、新方法和新途径，这也是一种创新.

9 课题的预期成果

本课题的研究成果在研究过程中不断积累，逐步形成，主要以下面几种形式呈现：

(1) 文字材料：包括课题研究方案、课题申报评审书、课题论证报告、课题中期报告、课题结题报告和课题工作报告，各级各类获奖证书和在省级以上刊物上发表的教学论文、教学设计、典型案例、经验总结以及典型课例资源包、案例汇编、教学经验汇编等.

(2) 图片资料：包括开展研讨活动、课题宣传活动的情景图片以及可用图片记录的其他相关资料.

（3）教学光盘：包括在学习、研讨、交流、汇报课等活动中拍摄录制成的光盘，情景创设所使用的教学课件等.

上述材料将充实到“教师稚化思维，促进学生理解”的课题网站上，并争取正式出版发行，加强信息交流，扩大影响范围，实现资源共享.

执笔：毛锡荣

课题中期评估报告

"'教师稚化思维，促进学生理解'的理论与实践研究——以高中数学为例"是江苏省教育科学"十二五"规划重点自筹课题，自2015年1月构思设计以来，我们课题组的全体成员在省、市有关领导和专家们的指导和支持下积极探索，大胆创新，努力实践，开展了一系列卓有成效的研究工作，获得了一些有价值的认识和体会，取得了一些既具有理论性又具有较强操作性的阶段性成果.下面简要回顾课题组在课题研究中的工作情况并向各位领导、各位专家做一个简要的汇报，敬请大家不吝赐教.

1 选题——我们为什么要开展这一课题的研究

实施高中数学新课程教学，教师要从传统的角色中走出来，不仅需要从教育教学的规律出发，给自己的工作和职能定位，而且需要了解社会对教师职业的新期待，进而形成适应新课程教学的教育教学行为.课堂教学应该是教师有目的、有计划地组织学生实现有效学习的活动过程.不同的教学理念，会带来不同的教学活动，产生不同的学习效果.关注知识的形成过程和学生学习的方法，关注教学环境的设计、学生学习活动的设计，站在学生的角度思考，为学生设计教学是《普通高中数学课程标准(实验)》提出的重要理念.

从某种意义上讲，在课堂教学活动中，教师是专家，而学生则是初学者，两者之间存在着明显的差异.但专家也是从初学者成长起来的，实际上，学生在学习中出现的许多幼稚的想法和错误之处，也是教师当初学习时经常出现的想法和会犯的错误.只是已经成长为专家的教师，站在指导者和主导者的位置上，忘了自己初学时的经历.所以，在实施课堂教学活动的过程中，教师有必要暂时稚化自己，将自己退到初学时的状态来思考学习的过程，研究解题的思维过程.这样才能走近学生，了解并理解学生，从而有效地提高教学效果.

目前，新课程改革虽然已经取得了一定的进展，课堂教学虽然发生了一些可喜的变化，但受传统的教学观念、教学方式以及应试教育等诸多因素的影响，学校教育特别是课堂教学的一些问题并没有因为新课程的实施而得到根本解决，绝大多数的课堂在深层次上并没有发生实质性的变化.不少教师在实施课堂教学时，仍然习惯于高高在上，站在自己的角度，一厢情愿地进行滔滔不绝的讲解，课上"教师讲得天花乱坠，学生听得昏昏欲睡"的现象仍然存在，这不仅影响了新课程理念的有效落实，也影响了学生未来的发展.

从实施高中数学新课程教学的实际来看，教师转变自己的角色，稚化自己的思维，把课堂变成师生共同提出问题，共同探索知识发生、发展的过程和共同解决问题的阵地，让学生积极主动地学习，促进学生积极地参与课堂探究活动，让学生在自己亲身经历的活动中了解数学知识形成的过程，理解数学知识的内涵和外延，体验数学知识的应用价值，培养学生学习数学的兴趣，让学生学会学习数学的方法，全面提高学生的数学素养，显得尤为迫切，是一个值得我们高度关注和认真研究的课题.

学习是学生思维结构向专家思维结构转化的过程，教师实施教学活动，一项十分重要的工作就是在专家与学生思维活动之间架设桥梁. 开拓学生的思维，培养学生的创新意识和创造能力，是高中数学教学的重要任务，要贯穿于整个教学过程中. 教师的教学设计要渗透对学生创新意识的培养，教学要力求稚化自身，从学生的角度，以学生的眼光来审视问题，要在挖掘教材的基础上，以展示学生的创新成果为突破口，激发学生的求知和创新欲望.

教师稚化自己的思维，与学生一起走入学生的原有经验，在学生原有思维水平上展开教学，顺着他们的思维逐步展开，让学生在思维的水到渠成中掌握新知识，可以大大降低学生学习新知识的难度. 在新课程教学中，传统意义上的教师教和学生学将让位于师生互教互学，彼此形成一个真正的"学习共同体". 在设计教学方案和教学流程时，教师应该稚化思维——从学生的角度去理解和设计教学过程.

将教师稚化自己的思维与促进学生理解结合起来开展教学研究，立足于为学生而教的理念，通过稚化思维进行教学设计，实施课堂教学，激发学生的学习兴趣，调动学生参与的积极性，培养学生的数学思维，促进学生的数学理解. 改变数学教学一直是一种"为我"的状态而不是"为他"的状态，教师常常只是站在自己的认知角度而不是站在学生认知心理的角度来考虑问题的现状，为探索提高课堂教学效益提供了一个新思路、新方法和新途径.

2 规划——我们怎样开展好这一课题的研究

通过调查分析、课堂观察、学习交流、反复研讨和专家论证，我们对本课题的研究进行了如下规划：

2.1 研究目标

本课题的研究是指在普通高中新课程改革实验的背景下，在运用苏教版高中数学实验教材进行课堂教学的过程中，根据新课标关于“以学生为本”，教学中要高度“关注学生”的理念，注意换位思考，善于站在学生的角度，运用学生的思维方式分析、思考问题，尽量放低教学的起点，稚化教师自己的思维，激发学生的兴趣，引起学生的共鸣，促进学生参与课堂活动，积极探究知识发生、发展的过程，培养创造性思维，促进学生理解，从而提高教学的有效性，并实现以下目标：

(1) 通过对稚化思维和数学理解的理论学习，借助“教师稚化思维，促进学生理解”的策略实施课堂教学的研究，转变教师的教学观念，探索普通高中数学学科在学生认知方面所固有的本质和规律，寻找提高数学课堂教学效率的方法和途径，为提升数学教学的质量做出积极的贡献.

(2) 通过课题研究的实施，改变学生的学习方式，营造引导学生主动参与学习过程的教学环境，激发学生数学学习的兴趣，让学生积极地参与课堂活动，在师生互动、生生互动的情境下实现数学理解，学会在已有经验的基础上建构自己的知识框架和理论体系，学会数学思考，为学生的终身发展和可持续发展奠定基础.

(3) 通过课题研究的实施，引领教师自觉地运用“以学生为本”的教学理念指导自己的教学实践，在教学活动中研究教学规律，站在学生的角度设计教学，讲求教学效益，尝试教学改革，学会教学反思，提升教学智慧，提高参与课题研究的教师的整体素质和业务水平，有效地促进教师的专业成长.

2.2 研究内容

本课题将围绕“在高中数学教学活动中，教师转变教学理念，树立以学生为中心的教育主体观，以能力为中心的教育质量观，以活动教学为中心的学习发展观，站在学生的角度，运用以学定教的理念，在教学设计和教学实施中，通过教师稚化思维帮助学生实现数学理解，为学生营造自主学习和探究学习的优良环境，促进学生积极参与课堂活动，培养学生自主创新的学习能力”展开研究，主要研究内容包括：

2.2.1 “教师稚化思维，促进学生理解”的教学现状研究

通过访谈、问卷调查等方法，对当前高中数学教学中教师实施课堂教学和学生对数学知识建构与理解的现状进行抽样调查，了解当前高中数学教学中影响教师稚化思维和学生数学理解的因素，分析和探索高中数学教学中“教师稚化思维，促进学生理解”的必要性与迫切性，在此基础上，提出值得研究的问题和设想，为开展本课题的研究奠定基础，指明方向.

2.2.2 "教师稚化思维，促进学生理解"的教学理论研究

从学生数学学习的心理特点出发，运用文献综述、读书沙龙、专家讲座、讨论交流等方法，认真开展对"教师稚化思维，促进学生理解"的有关教学理论的学习研究，如"最近发展区理论""脚手架理论""稚化思维和理解性教学"等，通过学生的研讨，明确"稚化思维"和"数学理解"的内涵、本质和特征，建立起课题研究的理论依据，提升实验教师开展课题研究的能力和素养.

2.2.3 "教师稚化思维，促进学生理解"的教学原则研究

遵循理论与实践相结合的原则，立足于课堂教学的实践，运用经验总结法和案例分析法，深入研究教师如何用恰当的方式、适度的时间与学生进行平等的心与心的对话，探讨教师如何扮演好"平等中的首席"角色，促进学生更好地理解、发现，学会数学地思维和理性地思考，引发创新和创造，提出高中数学教学中"教师稚化思维，促进学生理解"需要遵循的教学原则，为实现"有效教学"和"高效教学"提供保证.

2.2.4 "教师稚化思维，促进学生理解"的教学策略研究

作为教师，对课堂教学的整个过程应有一个深入的思考. 为了促进学生对知识的理解和掌握，教师对教学内容和教学活动要精心设计，使知识变得更易于被学生理解. 教师稚化思维和促进学生理解的教学策略显得尤其重要，我们将其作为课题研究的重点内容，从教学设计、教学实施和教学反思等环节着力加以研究，归纳出高中数学教学中"教师稚化思维，促进学生理解"的方法和途径.

2.2.5 "教师稚化思维，促进学生理解"的教学案例研究

立足课堂阵地，结合教学实践，通过对概念教学、定理法则教学、数学应用教学、数学解题教学、讲评课教学、复习课教学等课型的课堂特点的研究，扎扎实实地组织开展教学实践活动，形成一批典型的教学案例，在理论与实践的结合点，提炼出行之有效的课堂教学策略和操作模式，将其优化整合，用于指导高中数学教学的实践，为推进高中数学教学改革、提升高中数学教学质量做出积极的贡献.

2.3 研究方法

开展本课题研究采用的主要方法有：

2.3.1 文献研究法

国内外已有许多基础教育工作者围绕稚化思维、主体参与和探究式教学进行了认真的研究和摸索，形成了比较成熟的经验. 在本课题的研究过程中，我们要充分利用现代信息手段，广泛收集国内外相关研究成果，避免重

复研究，浪费资源，以保证课题研究的高起点和课题成果的高水平.

2.3.2　行动研究法

研究前制订计划，分析学生的情况；研究中实践计划，了解学生的思维；研究后观察效果，反思教学实践，改进教学活动.每一次研究都要有计划、实践、观察、反思这四个环节.在课题研究的准备阶段与实施阶段，要充分地运用行动研究法.

2.3.3　案例研究法

案例研究法包含三个方面：一是指教师记录课题研究过程中的各种典型案例，并进行分析、研究和反思；二是指以课堂形态实施时开发的教学案例，包括内容、设计、建议、资源、评价等方面；三是指以实验班级为案例，研究课题推进和实施的方式、方法和途径.

2.3.4　经验筛选法

在研究过程中，不断地总结课题研究的经验和教训，定期交流，不断地改进实验方案，改进实验的操作方法、手段，搜集、整理课题研究的相关材料，筛选有用的，剔除无用的，然后把有价值的材料集中起来进行分析、提炼和概括，形成经验.

2.3.5　调查研究法

运用访谈、问卷调查、统计等手段，针对当前高中数学课堂教学中的情况开展调查研究，了解课堂教学中教师稚化思维与学生主体参与开展探究学习、促进学生数学理解的现状、改善情况和成效，收集丰富、客观的第一手材料，为开展研究提供鲜活、生动的素材.

总之，本课题的研究坚持理论研究与实践探讨相结合、实证研究与典型个案研究相结合的原则，强调重点，突出特色，以保证研究的合理性及实践的效益.

2.4　基本策略

实施这一课题研究的基本思路是：立足课堂主阵地，紧扣新课程教学的实际，运用总课题整体研究和子课题分类专项研究相结合、理论探索与行动研究相结合的方法开展研究.

2.4.1　架构系统

架构的课题研究组织与支持系统为课题领导小组、课题指导小组、课题咨询小组以及 A，B，C，D 四个子课题组，各小组分别承担不同的职责和任务，共同推进课题的实施.

聘请无锡市教育科学研究院的数学教研员张建良老师为课题研究的指导专家，指导开展课题研究活动中的理论学习和实践操作.

课题领导小组组长由毛锡荣副校长担任，负责课题实施的组织、协调和领导；课题指导小组组长由数学组教研组组长钱军先老师担任，负责课题研究的实施与运作，包括项目方案的设计与论证，项目活动的计划与安排，项目进展的反思与评估，实验教师的培训与指导等；课题咨询小组组长由无锡市教育科学研究院的数学教研员张建良老师担任，负责课题研究的理论支撑、参考文献的分析整理、实施计划的可靠性和实验数据的科学性分析等.

子课题组 A:“教师稚化思维，促进学生理解”的原则与方法研究，由韩玮老师任组长. 子课题组 B:“教师稚化思维，促进学生理解”的教学策略研究，由芮国英老师任组长. 子课题组 C:“教师稚化思维，促进学生理解”与课堂教学设计效能研究，由张长贵老师任组长. 子课题组 D:“教师稚化思维，促进学生理解”的教学案例研究，由李湘老师任组长.

2.4.2 培训学习

积极组织课题组成员参加省内外的各级培训与交流研讨活动，与江南大学、苏州大学和陕西师范大学一起举办专题培训与交流研讨活动. 通过培训与研讨活动，教师进一步理解学生学习过程的特征与课堂教学中“教师稚化思维，促进学生理解”应遵循的原则，掌握“教师稚化思维，促进学生理解”的有效策略，增强教师设计、开发各种不同课型的教学案例的能力.

2.4.3 行动研究

各个子课题组根据研究的计划和要求，经常性地开展开放性的教研活动，课前共同准备，研课、磨课；课后共同反思，评课、议课. 每学年由学校与无锡市教研中心或《中学数学教学参考》编辑部至少组织一次观摩示范、交流研讨活动，并将优秀课例录制下来，以此为载体展开教学研讨活动，在此基础上组织实验教师撰写教学案例，初步形成贴近课题要求的课例精粹集.

2.4.4 协作交流

首先，充分利用互联网为教师、学生及有关人员提供教研信息、活动案例与相关资料，专家、骨干教师为一线教师提供教学问题和教学方法咨询，形成资源共享、相互交流、开放的互联网结构；其次，教师之间加强交流研讨，互动生成、优势互补、资源共享、共同推进，努力形成前后相连、上下贯通的协作交流机制.

2.4.5 模式建构

“‘教师稚化思维，促进学生理解’的理论与实践研究”作为一种课堂形态，需要通过一定的形式表现出来，应把课堂中一些共同的结构要素，诸如提出问题、猜想假设、实验设计、动手操作、合作讨论等，形成相应的教学模式，促进“教师稚化思维，促进学生理解”的理论与实践研究常态化，便于在面上推广，整体推进，从而充分发挥课题研究的示范和指导作用.

3 行动——我们在课题研究方面做了哪些主要工作

两年多来，本课题从构思策划、申报立项到开题设计，我们课题组的各位成员，按照开题报告中的研究方案和实施计划，积极认真、扎实有效地开展了课题研究活动，主要工作和进展情况如下：

3.1 组建研究队伍，规范课题管理

我们成立了由学校数学教研组成员和钱军先名师工作室的骨干教师组成的课题核心研究小组，制定了课题研究制度，课题管理制度和课题考核、奖励条例，使课题研究工作规范化、制度化、科学化. 首先，认真制订好阶段研究计划，然后按照计划开展研究活动；其次，有效地落实各个实施环节，积极开展各项研究活动，要求每次活动都要有详细的活动记录；接着，抓课题研究的检查工作，坚持进行定期的检查交流，总结前一阶段的研究情况，以指导下一个阶段的研究活动；最后，抓课题研究的总结工作，要求每个课题组成员都必须针对自己的研究工作认真总结，开好总结分析会，了解研究中的得失，明确下一步的研究目标. 这些措施有力地保证了课题研究的顺利进行.

3.2 计划研究进程，实现分工合作

我们确立了“立足课堂主阵地，紧扣新课程教学的实际，运用总课题整体研究和子课题分类专项研究相结合、理论探索与行动研究相结合的方法开展研究”的课题研究思路，成立了课题领导小组、课题指导小组、课题咨询小组以及 A，B，C，D 四个子课题组. 各小组分别承担不同的职责和任务，既分工明确，又通力合作，共同推进课题的实施，使课题研究活动按照开题报告设计的研究方案循序渐进地开展和切实有效地实施.

3.3 加强理论学习，积累文献资料

为了帮助和促进参与课题研究的教师的教育理论水平的提高，使课题研究能够在教育教学理念的指导下，沿着正确的轨道实施各项有效的活动，我们组织课题组成员开展理论研讨活动，对每个课题组成员进行强化充电，提高课题实验教师的自主性和自觉性，提升教师的课题研究水平. 我们组织课题组成员认真开展了相关理论的学习研究，在搜集和研究大量信息和资料的基础上，以主体性教育思想、新课程倡导的教育理念为理论依据，依照系统论的有序原理、整体原理、反馈原理以及“最近发展区”和“主体参与”等观点，研究新课程理念下数学课堂教学系统诸要素（教师、学生、教学内容、教学条件等）之间相互作用的内在规律，对课题的核心概念、理论依据、研究

内容等进行深入的研讨，先后组织了5次集体学习交流活动，制订并完善了“‘教师稚化思维，促进学生理解’的理论与实践研究——以高中数学为例”的基本架构，包括该课题的内涵、目标体系、具体内容、实施途径和管理方式等.在此基础上，建立了课题组网站，要求课题组成员充分利用网络资源，收集与开展本课题研究工作相关的文献资料，进行网上学习交流.通过学习活动，积累了大量的研究资料，使研究教师先进的教学理念在科学的科研方法的指导下，迅速转化为实用的教学行为，用扎扎实实的理论支撑课题研究工作，为课题研究的深入开展奠定了坚实的理论基础.

3.4 立足课堂阵地，开展行动研究

在理论研究的基础上，我们按照课题实施方案，立足课堂阵地扎扎实实地开展了教与学的实验研究.针对教学主体(学生)的学业水平、学习能力、学习品质、学习心理、认知特点等因素的差异性，进行了认真的分析研究，并以此为依据，确定数学学习的难点和疑点，明确教师稚化思维的必要性和着力点，开展课堂教学的对比实验研究.我们重点围绕“在高中数学教学活动中，教师如何转变教学理念，树立以学生为中心的教育主体观，以能力为中心的教育质量观，以活动教学为中心的学习发展观，站在学生的角度，有效地稚化自己的思维，为学生营造自主学习的优良环境，促进学生理解”展开研究，主要内容包括：高中数学教学现状及学生学习思维习惯归因分析；教师稚化思维和促进学生数学理解的文献研究；教师在教学活动中有效稚化自己思维的实践策略研究.在实验研究过程中，学习和借鉴成功的教育教学经验，学习和运用相关的教育教学理论，科学有序地把课题做深做实.课题组成员进行了多次交流和研讨，在交流研讨中解决实验过程中出现的问题与困惑，共同研究对策，及时调整研究的策略与方法.经过两年多的实验研究，我们取得了一些可喜的成果.

4 成果——我们在课题研究的过程中收获了什么

自开展“‘教师稚化思维，促进学生理解’的理论与实践研究——以高中数学为例”的课题研究以来，我们课题组的全体成员根据研究方案，扎扎实实地开展课题研究，取得了较为显著的阶段性成果.

一方面，在课题研究过程中，参与教师进一步增强了投入教育教学改革和教育科研的主体意识，积极参与，不断探索，提高了自身的业务素质，提高了开展学情分析、促进学生理解、促进学生主体发展的能力.我们紧扣课题研究主题，从教师稚化思维、促进学生有效理解的视角，成功展示了多节课题研究课.在课题组教师的指导下，学校数学组教师也得到了很好的锻炼，

驾驭课堂的教学能力得到了显著提高，特别是青年教师受益颇多、成长迅速. 这些成果在市青年优质课评比和教学基本功评比活动中得到了体现. 我校周晓丰老师在2016年高中数学青年教师优质课评比活动中荣获无锡市市属一等奖，随后参加无锡市大市范围的教学比赛活动，获得一等奖；朱福进、李思聪、缪靓参加无锡市大市范围教学新秀评比，所开设的展示课也都受到了专家的好评. 可以说，我们开展课题研究的过程，是师生共同成长的过程，在这个过程中，教师自身得到了很好的专业发展.

另一方面，本课题的研究带动了许多教师参与学习和实践，对实践过程中出现的问题及时加以总结和反思，针对处理好主导与主体的关系、教师讲解与学生理解的关系，课堂生成性资源的有效利用，稚化教师思维，优化课堂教学设计效能等问题进行探索和研究，并与理论相结合形成教学论文和教学案例，取得了显著的成果. 近两年来，课题组成员围绕着研究课题撰写了教学论文和教学案例20多篇.

5　思考——我们的前期研究中存在哪些问题和不足

反思这两年来的课题研究过程，我们取得了一些成果，同时也发现研究过程中还存在着一些问题和不足，主要表现在以下几个方面：

(1) 课题研究还只停留在较为浅显的层次，还只是一些零散的经验，未能建立完整的体系，对课题研究方案中确立的五个方面的内容，着力较多的是前面三个方面的内容，而对后两个方面内容的研究，稍嫌薄弱，需要在后期研究中引起重视.

(2) 课题组个别教师在实践教学中，虽然改变了传统的教学模式，但放得不开，没有充分地以活动来引导学生进行研究，活动地点局限于教室，活动形式局限于对文本资料的呈现. "'教师稚化思维，促进学生理解'的理论与实践研究"作为一种课堂形态，需要通过一定的形式表现出来，形成相应的教学模式，促进学生理解的常态化，便于在面上推广，整体推进，从而充分发挥课题研究对实施新课程教学的示范和指导作用. 在这方面，研究的力度和深度都略显不足.

(3) 新课程背景下的高中数学教材中，哪些内容是学生理解起来感到困难的，导致学生接受与理解困难的原因是什么，在实施教学时哪些环节教师的思维是需要稚化的，怎样设计有效的教学活动促进学生理解，怎样积极评价学生在课堂活动中的理解程度，对于这些问题，课题组缺乏整体的思考与架构，没有形成系统的计划和具体的分工，参与课堂研究的教师对此也没有做深入细致的调查、分析和研究，使得课题的实验研究显得针对性不够，课题研究工作的开展和反思有些单薄，需要在后期的研究中予以改进和加强.

6 措施——我们怎样保证课题的最终成果能有效实现

在下一阶段，我们课题组要在前期研究的基础上，认真分析并总结经验与教训，针对前期研究过程中存在的问题和不足，继续做好对原始资料的积累、提炼和分析工作，充分利用具有典型性和代表性的实验学校这一独特的教育资源，开展一系列的研究活动，以达到深化和推广课题研究、提高课堂教学效益的目的.

6.1 深化理论学习

支持和鼓励实验教师努力学习教育教学理论，积极参加各种教育教学专业培训，不断提高自己的理论水平. 创造更有利的条件，让教师外出听课、学习、参观、研讨，开阔眼界，学习先进，改革教学，积极了解课题研究动态，在课题组内创造一种积极学习、善于积累的氛围，并将学习内容共享，使每一位教师能真正地在学习中受益，促进实验教师理解学生学习过程的特征与课堂教学中"'教师稚化思维，促进学生理解'的理论与实践研究"应遵循的原则，掌握促进学生理解，增强实验教师设计、开发各种不同课型的教学案例的能力，为课题研究的进一步深入打下扎实的基础.

6.2 加强示范引领

根据课题研究目标，结合我校高中数学教学的实际，采取"行政推动，教研跟进，典型引路，面上推开"的策略实现课题研究工作的有效推进. 拟运用"同课异构"的方式，组织课堂观察和课堂教学研讨活动，以课例、教学设计、教学反思、教学故事等形式围绕数学课题进行有价值的教学问题的探讨、交流，充分发挥学科带头人和优秀教师的教研强势群体的示范作用，做到以强促弱、以强促强，促进课题组成员与课题研究共同成长.

6.3 开展案例研究

组织课题组成员认真梳理高中数学教材各章节中学生难于理解的教学内容，分析研究造成学生接受和理解困难的原因，落实教师稚化思维、引导学生参与、促进学生理解的实施方案，在此基础上，形成系统的案例. 具体分工如下：必修 1 由韩玮老师负责；必修 2 由芮国英老师负责；必修 3 和选修 2-1 由魏民老师负责；必修 4 由张长贵老师负责；必修 5 由李湘老师负责；选修 2-2 和 2-3 由任何老师负责. 通过这一措施的落实，努力把课题研究成果转化为现实的教学效果.

6.4 物化预期成果

课题的研究成果在研究过程中要不断积累、逐步形成，主要以下面几种

形式呈现：一是文字材料，包括课题研究方案、课题申报评审书、课题论证报告、课题中期报告、课题结题报告和课题工作报告，教学论文、教学设计、典型案例、经验总结等；二是图片资料，包括开展研讨活动的图片、课题宣传活动的图片以及可用图片记录的其他相关资料；三是教学光盘，包括在学习、研讨、交流、汇报课等活动中拍摄录制成的光盘，使用的教学课件等．上述材料将充实到“教师稚化思维，促进学生理解”的课题网站上，并争取正式出版发行，加强信息交流，扩大影响范围，实现资源共享．

以上是我们对课题实施两年多来的工作的一个简要回顾．可以说课题研究取得了一些成绩，获得了一些进展，实现了预先设定的一些目标，但是我们也在研究中发现了许多问题，出现了不少困惑，敬请各位领导和专家们给予指导！

执笔：毛锡荣

课题结题报告

"'教师稚化思维,促进学生理解'的理论与实践研究——以高中数学为例"是江苏省教育科学"十二五"规划重点自筹课题,由无锡市辅仁高级中学数学组毛锡荣老师和钱军先老师领题,核心组成员有韩玮老师、芮国英老师、魏民老师、张长贵老师、朱永厂老师、邵梦芯老师、王文俊老师、李湘老师、任何老师等.本课题是在普通高中新课程改革实验的背景下,以无锡市辅仁高级中学的全体学生为主要研究对象,运用理论与实践相结合的方法,研究教师怎样根据新课标关于"以学生为本"的教学理念,在实施高中数学新课程教学的过程中稚化自己的思维,运用学生的思维方式思考问题,站在学生的角度设计教学,激发学生的兴趣,引起学生的共鸣,调动学生参与课堂活动的热情,通过积极探究知识发生、发展的过程,建构起数学的知识、思想和方法,深化学生对所学知识和方法的理解,培养学生理性思考和创造性思维能力,提升学生的数学核心素养,提高教学有效性.从 2015 年 1 月构思设计到现在,这项研究工作已持续了三年之久.三年来,在省、市有关领导和专家的指导与支持下,我们课题组的全体成员认真学习,积极探索,大胆创新,努力实践,开展了一系列卓有成效的研究工作,获得了一些有价值的认识和体会,取得了一些既具有理论性又具有较强操作性的成果.现将我们课题组所做的研究工作、取得的研究成果和课题研究中所存在的问题及其思考等向各位专家和领导做一个简要的汇报.

1 研究缘起与概念诠释

实施高中数学新课程教学,教师要从传统的角色中走出来,这不仅需要教师从教育教学的规律出发给自己的工作和作用定位,而且需要了解社会对教师职业的新期待,进而形成新的教育教学行为.课堂教学应该是教师有目的、有计划地组织学生实现有效学习的活动过程.不同的教学理念,会带来不同的教学活动,产生不同的学习效果.关注知识的形成过程和学生学习的方法,关注教学环境的设计、学生学习活动的设计,站在学生的角度思考,为学生设计教学是《普通高中数学课程标准(实验)》提出的重要理念.

目前,新课程改革虽然已经取得了一定的进展,课堂教学虽然发生了一些可喜的变化,但受传统的教学观念、教学方式以及应试教育等诸多因素的影响,学校教育特别是课堂教学的一些问题并没有因为新课程的实施而得到根本解决,绝大多数的课堂在深层次上并没有发生实质性的变化.不少教师在实施课堂教学时,仍然习惯于高高在上,站在自己的角度,一厢情愿地进行滔滔不绝的讲解,课上“教师讲得天花乱坠,学生听得昏昏欲睡”的现象仍然存在,不仅影响了新课程理念的有效落实,而且影响了学生未来的发展.

从某种意义上讲,在课堂教学活动中,教师是专家,是学生学习活动的领路人,而学生则是初学者,对许多知识表现出一无所知或知识甚少,会显得很幼稚,两者之间存在着明显的差异.但专家也是从初学者成长起来的,实际上,学生在学习中出现的许多困惑和错误,也是教师当初学习时经常发生的,只是已经成长为专家的教师忘了初学时的经历和感受.所以,在实施教学活动时,教师有必要稚化自己的思维,将自己退回到初学时的状态来思考学习的过程,体会学生在学习中出现的问题,这样才能走近学生,了解并理解学生,从而有效地提高教学的效果.

实际上,数学学习是学生思维结构向专家思维结构转化的过程.教师实施教学活动,一项十分重要的工作就是在专家与学生思维活动之间架设桥梁.开拓学生的思维,培养学生的创新意识和创造能力,是高中数学教学的重要任务,要贯穿于整个教学过程中.教师的教学设计要渗透对学生创新意识的培养,教学要力求稚化自身,从学生的角度,以学生的眼光来审视问题,要在挖掘教材的基础上,以展示学生的创新成果为突破口,激发学生的求知和创新欲望.

从实施高中数学新课程教学的实际来看,教师转变自己的角色,稚化自己的思维,把课堂变成师生共同提出问题、共同解决问题的阵地,让学生积极主动地学习,促进学生积极地参与课堂探究活动,让学生在自己亲身经历的活动中了解数学知识发生、发展的过程,体验数学知识的应用价值,培养数学学习的兴趣,学会数学学习的方法,全面提高学生的数学素养,显得非常必要且尤为迫切,是一个值得我们高度关注和认真研究的课题.

所谓稚化思维,就是教师把自己的外在权威隐藏起来,教学时不以一个知识丰富的专家自居,而是把自己的思维降格到学生的思维水平,有意识地退回到与学生相仿的思维状态,把熟悉的当成陌生的,把容易的问题当作是有一定难度的问题,把再次授课当成首次接触,设身处地地揣摩学生的学习过程和思维活动,有意识地产生一种陌生感和新鲜感,以与学生同样的好奇心、同样的求知欲、同样的认知兴趣、同样的学习情绪、同样的思维情境、共同的探究行为,和学生一起寻找攻克难关的对策,完成教学的和谐共创,从而达到和学生的思维保持“同频共振”的一种教学艺术.

稚化思维具有退化性、表演性和模拟性等特点.一个具有扎实的专业知识、高超的思维能力和丰富的教学经验的教师，在教学活动中能揣摩学生的认知水平和思维过程，设计一个浅显易懂的教学思路，能由浅入深、化难为易地分析问题、解决问题.其思维方式看似幼稚，实则更好地顺应了学生的认知特点，更符合学生的思维水平.“稚化思维”后的数学教学，以自然的、人本的和学生喜欢的方式展开.从教学的角度看，它合乎数学知识的逻辑结构与发展规律；从学生的角度看，它合乎学生的认知规律和心理年龄特征.

理解教学是新课程倡导的崭新的教学方式.理解教学重在引导师生间相互理解，产生情感共鸣，最终实现生命意义的表达和个性的发展.理解教学从存在论的视角，把教学过程看成是理解的过程，认为教学具有理解性，理解是教学的内在品质.课堂教学中，教师采用各种方法和手段主要是为了帮助学生积极、正确地理解.从数学教学的角度而言，理解教学包含三个层面：一是理解性教学，这里理解是数学教学的基本属性，数学学习重在理解；二是数学地理解，学会数学地理解就是学会从数学的角度观察、思考和处理问题；三是为理解而教，认为理解是数学教学的一个极为重要的目标.理解教学的意义在于：在帮助学生获取知识的同时，引导学生建构知识的意义，学会对未知世界的探索，使学生在理解中发展，在发展中理解，多种能力得到自由的锻炼，生命的多种可能性得以实现.

《普通高中数学课程标准(实验)》指出：学生的数学学习活动不应只限于接受、记忆、模仿和练习，高中数学课程还应倡导自主探索、动手实践、合作交流、阅读自学等学习数学的方式.这些方式有助于发挥学生学习的主动性，使学生的学习过程成为在教师引导下的“再创造”过程，让学生体验数学发现和创造的历程，提高他们的创新意识，把科学探究引进教学新一轮课改所倡导的重要理念，其目的是希望学生能独立地通过探究活动来获得数学知识，体会数学方法，深化数学理解，形成数学能力，提升数学素养.

学生的主体参与是探究学习的主要特征.组织探究学习，就是要让学生有效地参与到教学活动中来，而要实现这一点，教师稚化自己的思维显得非常重要.将教师稚化自己的思维与促进学生主动探究结合起来开展教学研究，立足于为学生而教的理念，通过稚化思维进行教学设计，实施课堂教学，站在学生的角度，运用学生的思维方式分析、思考问题，放低教学的起点，激发学生的兴趣，引起学生的共鸣，促进学生的数学理解，积极探究知识发生、发展的过程，培养创造性思维，从而提高教学的有效性.

2 研究目标与理论基础

本课题的研究是指在普通高中新课程改革实验的背景下，在运用苏教版高中数学实验教材进行课堂教学的过程中，根据新课标关于“以学生为本”，教学中要高度“关注学生”的理念，注意换位思考，善于站在学生的角度，运用学生的思维方式分析、思考问题，尽量放低教学的起点，稚化教师自己的思维，激发学生的兴趣，引起学生的共鸣，促进学生参与课堂活动，积极探究知识发生、发展的过程，培养创造性思维，促进学生理解，从而提高教学的有效性，并实现以下目标：

(1) 提升教学质量.通过对稚化思维和数学理解的理论学习，运用“教师稚化思维，促进学生理解”的策略实施课堂教学的研究，转变教师的教学观念，探索普通高中数学学科在学生认知方面所固有的本质规律，寻找提高数学课堂教学效率的方法和途径，为提升数学教学的质量做出积极的贡献.

(2) 促进学生发展.通过课题研究的实施，改变学生的学习方式，营造学生主动参与学习的教学环境，激发学生的学习兴趣，调动学生的学习热情，使学生在师生互动、生生互动的情境下实现数学理解，学会在已有经验的基础上建构自己的知识框架和理论体系，学会理性思考，为终身发展和可持续发展奠定基础.

(3) 引领教师成长.通过课题研究的实施，引领教师自觉地运用“以学生为本”的教学理念指导自己的教学实践，在教学活动中研究教学规律，站在学生的角度设计教学，讲求教学效益，尝试教学改革，锻炼教学能力，学会教学反思，提升教学智慧，提高教师的整体素质和业务水平，有效地促进教师专业成长.

实施本课题的研究，其主要理论依据有以下几个方面：

(1) 生本教育理论.以“学生为本”是实施新课程教学的一个重要理念.学生是教学过程的终端，是教育的本体.教育应该真正认识和把握学生这个本体，把“一切为了学生”作为教育的原则.生本教育的本质和基本原则是从内部和外部了解学生，高度尊重学生.学生是学习活动的主体，创新是他们学习的核心过程.同时，学生还具有无限的潜能.教师应从学生对知识的实际形态的认识进行教学设计，把学生置于创新的环境与状态下，尊重学生的独立性，全面依靠学生，关键是要发展他们的认识能力，给他们提供一种挑战自我的创造情景，保持学生求知的天性，最大限度地发挥其潜能.

(2) 建构主义理论.建构主义认为，知识不是通过教师传授得到的，而是学习者在一定的情境即社会文化背景下，借助其他人(包括教师和学习伙伴)的帮助，利用必要的学习资料，通过意义建构的方式而获得. 学习应该是在教师指导下进行的活动，学生是信息加工的主体、知识意义的主动建构者，教师则是意义建构的帮助者、促进者. 实施高中数学新课程教学，要求教师在教学过程中采用全新的教育思想与教学方式，以学生为中心，引导学生对知识主动探索、主动发现，实现对所学知识意义的主动建构和有意义建构.

(3) 主体参与理论. 课堂教学从本质上来讲，是教育主体之间的一种以共同客体(课程和教材)为中介的相互作用、相互交流、相互沟通和相互理解的过程，主体参与是其显著特征. 在教学活动中，主体与主体无时无刻不在交往着，主体与主体的活动相互延伸、扩展，二者之间形成不可分割的融合的区域，教学活动就存在于这个融合的区域内. 课堂教学既是一个建立在对象化活动基础上的教师“价值引导”和学生“主动建构”的辩证统一的过程，又是一个建立在意义活动基础上的以教育主体之间的理解和对话为核心的交往过程，从而可以实现教师与学生、个体与人类文化之间精神能量的转换和创造性生成.

(4) “三个理解”理论. 三个理解是指理解数学、理解学生和理解教学. 理解数学是进行课堂教学的前提，教师只有理解数学，才能准确地确定教学目标. 学生是学习的主体，教师的教学应该以学生的认知和发展水平以及已有的经验为基础，考虑学生的年龄特征、认知差异及思维发展水平，必须站在学生的立场，根据学生的认知基础、认知心理以及认知障碍来设计教学活动. 教学活动是师生积极参与、交往互动、共同发展的过程，有效的教学活动是学生学与教师教的统一. 学生是学习的主体，教师是学习的组织者、引导者与合作者. 数学教学活动应激发学生的兴趣，调动学生的积极性，引发学生的数学思考，鼓励学生的创造性思维，要注意培养学生良好的数学学习习惯，使学生掌握恰当的数学学习方法. 教师只有理解数学，才能准确定位教学目标；只有理解学生，才能设计出符合学生认知特点的教学活动；只有理解教学，才能使教师的教与学生的学和谐统一，才能真正地做到“以学生的发展为本”.

3 研究内容与工作进展

本课题围绕“在高中数学教学活动中，教师转变教学理念，树立以学生为中心的教育主体观、以能力为中心的教育质量观、以活动教学为中心的学习发展观，站在学生的角度，运用以学定教的理念，在教学设计和教学实施中，通过教师稚化思维帮助学生实现数学理解，为学生营造自主学习和探究

学习的优良环境,促进学生积极参与课题活动,培养学生自主创新的学习能力”展开研究,主要内容包括:

(1)“教师稚化思维,促进学生理解”的教学现状研究.

通过访谈、问卷调查等方法,对当前高中数学教学中教师实施课堂教学和学生对数学知识建构和理解的现状进行抽样调查,了解当前高中数学教学中影响教师稚化思维和学生数学理解的因素,分析和探索高中数学教学中“教师稚化思维,促进学生理解”的必要性与迫切性,在此基础上,提出值得研究的问题和设想,为开展本课题的研究奠定基础,指明方向.

(2)“教师稚化思维,促进学生理解”的教学理论研究.

从学生数学学习的心理特点出发,运用文献综述、读书沙龙、专家讲座、讨论交流等方法,认真开展对“教师稚化思维,促进学生理解”的有关教学理论的学习研究,如“最近发展区理论”“脚手架理论”“稚化思维和理解性教学”等,通过学生研讨,明确“稚化思维和数学理解”的内涵、本质和特征,建立起课题研究的理论依据,提升实验教师开展课题研究的能力和素养.

(3)“教师稚化思维,促进学生理解”的教学原则研究.

遵循理论与实践相结合的原则,立足于课堂教学的实践,运用经验总结法和案例分析法,深入研究教师如何用恰当的方式、适度的时间与学生进行平等的心与心的对话,探讨教师如何扮演好“平等中的首席”的角色,促进学生更好地理解、发现,学会数学思维和理性思考,引发创新和创造,提出高中数学教学中“教师稚化思维,促进学生理解”需要遵循的教学原则,为实现“有效教学”和“高效教学”提供保证.

(4)“教师稚化思维,促进学生理解”的教学策略研究.

作为教师,对课堂教学的整个过程应有一个深入的思考.为了促进学生对知识的理解和掌握,教师对教学内容和教学活动要精心设计,使知识变得更易于被学生理解,教师稚化思维和促进学生理解的教学策略显得尤其重要,我们将其作为课题研究的重点内容,从教学设计、教学实施和教学反思等环节着力加以研究,归纳出高中数学教学中“教师稚化思维和促进学生理解”的方法和途径.

(5)“教师稚化思维,促进学生理解”的教学案例研究.

立足课堂阵地,结合教学实践,通过对概念教学、定理法则教学、数学应用教学、数学解题教学、讲评课教学、复习课教学等课型的课堂特点的研究,扎扎实实地组织开展教学实践活动,形成一批典型的教学案例,在理论与实践的结合处,提炼出行之有效的课堂教学策略和操作模式,将其优化整合,用于指导教学实践,为推进高中数学教学改革、提升高中数学教学质量做出积极的贡献.

为了保证研究目标的实现,我们针对上述研究内容,按照开题报告中的研究方案和实施计划,扎实有效地开展了课题研究活动,主要工作和进展情况如下:

(1) 组建研究队伍,规范课题管理.

我们成立了由学校数学教研组成员和钱军先名师工作室的骨干教师组成的课题核心研究小组,制定了课题研究制度、课题管理制度和课题考核、奖励条例,使课题研究工作规范化、制度化、科学化.首先,认真制订好阶段研究计划,然后按照计划开展研究活动;其次,有效地落实各个实施环节,积极开展各项研究活动,要求每次活动都要有详细的活动记录;接着,抓课题研究的检查工作,坚持进行定期的检查交流,总结前一阶段的研究情况,以指导下一个阶段的研究活动;最后,抓课题研究的总结工作,要求每个课题组成员都必须针对自己的研究工作认真总结,开好总结分析会,了解研究中的得失,明确下一步的研究目标.这些措施有力地保证了课题研究的顺利进行.

(2) 计划研究进程,实现分工合作.

我们确立了"立足课堂主阵地,紧扣新课程教学的实际,运用总课题整体研究和子课题分类专项研究相结合、理论探索与行动研究相结合的方法开展研究"的课题研究思路,成立了课题领导小组、课题指导小组、课题咨询小组以及A,B,C,D四个子课题组.各小组分别承担不同职责和任务,共同推进"'教师稚化思维,促进学生理解'的理论与实践研究——以高中数学为例"这一课题的实施.在实施课题研究的过程中,每个小组都要围绕本组的研究重点认真制订研究计划,落实研究进程,进行案例分析,实施行动研究,这样既明确分工,又实现通力合作,使课题研究活动按照开题报告设计的研究方案和中期评估报告中提出的问题与措施循序渐进地开展,切实有效地实施.

(3) 加强理论学习,积累文献资料.

为了帮助和促进参与课题研究的教师的教育理论水平的提高,使课题研究能够在教育教学理念的指导下,沿着正确的轨道实施各项有效的活动,我们组织课题组成员开展理论研讨活动,对每个课题组成员进行强化充电,提高课题实验教师的自主性和自觉性,提升实验教师课题研究水平.我们组织课题组成员认真开展了相关理论的学习和研究,在搜集和研究了大量信息与资料的基础上,以主体性教育思想、新课程倡导的教育理念为理论依据,依照系统论的有序原理、整体原理、反馈原理以及"最近发展区"和"主体参与”等观点，研究新课程理念下数学课堂教学系统诸要素（教师、学生、教学内容、教学条件等）之间相互作用的内在规律，对课题的核心概念、理论依据、研究内容等进行了深入的研讨，先后组织了5次集体学习交流活动，制订并完善了“‘教师稚化思维，促进学生理解’的理论与实践研究——以高中数学为例”的基本架构，包括该课题的内涵、目标体系、具体内容、实施途径和管理方式等. 在此基础上，建立了课题组网站，要求课题组成员充分利用网络资源，收集与开展本课题研究工作相关的文献资料，进行网上学习和交流. 通过学习活动，积累了大量的研究资料，使研究教师先进的教学理念在科学的科研方法的指导下，迅速转化为实用的教学行为，用扎扎实实的理论支撑课题研究工作，为课题研究的深入开展奠定了坚实的基础.

（4）立足课堂阵地，开展行动研究.

在理论研究的基础上，我们按照课题实施方案，立足课堂阵地扎扎实实地开展了教与学的实验研究. 针对教学主体（学生）的学业水平、学习能力、学习品质、学习心理、认知特点等因素的差异性进行了认真的分析研究，并以此为依据，确定数学学习的难点和疑点，明确教师稚化思维的必要性和着力点，开展课堂教学的对比实验研究. 我们重点围绕“在高中数学教学活动中，教师如何转变教学理念，树立以学生为中心的教育主体观，以能力为中心的教育质量观，以活动教学为中心的学习发展观，站在学生的角度，有效地稚化自己的思维，为学生营造自主学习的优良环境，促进学生理解”展开研究，主要内容包括：高中数学教学现状及学生学习思维习惯归因分析；教师稚化思维和促进学生理解的文献研究；教师在教学活动中有效稚化自己思维的实践策略研究. 在实验研究过程中，学习和借鉴成功的教育教学经验，学习和运用相关的教育教学理论，科学有序地把课题做深做实. 课题组成员进行了多次研讨和交流，在交流研讨中解决实验过程中出现的问题与困惑，共同研究对策，及时调整研究的策略与方法. 经过三年多的实验研究，我们取得了一些可喜的成果.

（5）总结经验教训，推广研究成果.

组织课题组成员认真总结三年来研究工作中的得失和体会，对三年来学校数学组老师在课堂教学中关于“教师稚化思维，促进学生理解”的探索和实践进行认真的总结和反思，将经验与体会形成文字材料. 课题主持人对平时积累的研究资料以及其他研究成员所提供的材料，进行分类整理，分析归纳，形成新的观点，积累研究成果. 我们既注重按照课题研究的预设方案，将理论研究成果用于指导课堂教学实践，更强调研究成果的生成性，注重及时发现、总结、提升实验学校和实验教师的实践经验，并提供交流和推介的平台，运用示范课和专题讲座等多种形式推广课题研究的成果，为促进课堂教学改革、提高课堂教学效益提供了指导和参考.

4 研究方法与实施策略

本课题的研究思路是：立足课堂主阵地，紧扣新课程教学的实际，坚持总课题整体研究和子课题分类专项研究相结合、理论探索与行动研究相结合、实证研究与典型个案研究相结合的原则，突出重点，强调特色，以保证研究的合理性及实践效益. 主要方法有：

（1）文献研究法. 国内外已有许多基础教育工作者围绕着稚化思维、主体参与和理解性教学进行了认真的研究和摸索，形成了比较成熟的经验. 在本课题的研究过程中，我们要充分利用现代信息技术手段，广泛收集国内外相关研究成果，避免重复研究，浪费资源，以保证课题研究的高起点和课题成果的高水平.

（2）行动研究法. 研究前制订计划，研究中实践计划，观察学生的反应，研究后观察效果，反思教学活动，改进教学活动. 每一次研究都有计划、实践、观察、反思这 4 个环节. 在课题研究的准备阶段与实施阶段，要充分运用行动研究，扎扎实实地开展行动研究.

（3）案例研究法. 一是指教师记录课题研究过程中的各种典型案例，进行分析、反思；二是指以课堂形态实施时开发的教学案例，包括内容、设计、建议、资源、评价等方面；三是指以实验班级的教学实践活动为案例，研究课题推进和实施的方式、方法和途径.

（4）经验筛选法. 在研究过程中，不断地总结经验教训，定期交流，不断地改进实验方案，改进实验的操作方法、手段，搜集、整理课题研究的相关材料，筛选有用的，剔除无用的，然后把有用的材料集中起来进行分析、提炼和概括，形成经验.

（5）调查研究法. 运用访谈、问卷调查、统计等手段，针对当前高中数学课堂教学中的情况开展调查研究，调查了解课堂教学中教师稚化思维、促进学生理解与开展探究学习的现状、改善情况和成效，收集丰富、客观的第一手材料，为开展研究提供鲜活、生动的素材.

为了保证研究目标的有效达成，在课题实施的过程中，我们采用了如下策略：

（1）架构系统. 架构的课题研究组织与支持系统为：课题领导小组、课题指导小组、课题咨询小组以及 A，B，C，D 四个子课题组. 各小组分别承担不同的职责和任务，共同推进课题的实施.

课题领导小组组长由学校毛锡荣副校长担任，负责课题实施的组织、协调和领导；课题指导小组组长由钱军先老师担任，负责课题研究的实施与运作，包括项目方案的设计与论证，项目活动的计划与安排，项目进展的反思与评估，实验教师的培训与指导，研究成果的撰写、收集、整理等；课题咨询小组组长由无锡市教育科学研究院的数学教研员张建良老师担任，负责课题研究的理论支撑、参考文献的分析整理、实施计划的可靠性和实验数据的科学性分析等.

子课题组 A："教师稚化思维，促进学生理解"的原则与方法研究，由韩玮老师任组长. 子课题组 B："教师稚化思维，促进学生理解"的教学策略研究，由芮国英老师任组长. 子课题组 C："教师稚化思维，促进学生理解"与课堂教学设计效能研究，由张长贵老师任组长. 子课题组 D："教师稚化思维，促进学生理解"的教学案例研究，由李湘老师任组长.

（2）培训学习. 积极组织课题组成员参加省内外的各级培训与交流研讨活动，与江南大学、苏州大学和陕西师范大学一起举办专题培训与交流研讨活动. 培训与研讨活动使教师理解学生学习过程的特征与课堂教学中"教师稚化思维，促进学生理解"应遵循的原则，掌握"教师稚化思维，促进学生理解"的有效策略，增强教师设计、开发各种不同课型的教学案例的能力.

（3）行动研究. 各个子课题组，根据研究的计划和要求，经常性地开展开放性的教研活动，课前共同准备，研课、磨课；课后共同反思，评课、议课. 每学年由学校与无锡市教研中心、《中学数学教学参考》编辑部或《中学数学月刊》编辑部至少组织一次观摩示范、交流研讨活动，并将优秀课例录制下来，以此为载体展开教学研讨活动，在此基础上组织实验教师撰写教学案例，初步形成贴近课题要求的课例精粹集.

（4）协作交流. 一方面，充分利用互联网为教师、学生及有关人员提供教研信息、活动案例与相关资料，专家、骨干教师为一线教师提供教学问题和教学方法咨询，形成资源共享、相互交流、开放的互联网结构；另一方面，教师之间加强交流研讨，互动生成、优势互补、共同推进，努力形成前后相连、上下贯通的协作交流机制.

（5）模式建构. "'教师稚化思维，促进学生理解'的理论与实践研究"作为一种课堂形态，需要通过一定的形式表现出来，应把课堂中一些共同的结构要素，诸如提出问题、猜想假设、实验设计、动手操作、合作讨论等，形成相应的教学模式，使课堂教学中"教师稚化思维，促进学生理解"的理论与实践研究常态化，便于在面上推广，整体推进，从而充分发挥课题研究的示范和指导作用.

5　研究成效与物化成果

课题实施以来，在江苏省教研室和无锡市教科院有关领导和专家的支持、指导与帮助下，在全体实验教师的积极参与和共同努力下，课题的研究按照原计划开展得有条不紊，取得了明显的成效.

5.1　教师层面

在课题研究中教师提升了自己的品位. 三年多来，经过对课题的研究，我们不仅加深了对新课程教学理念的认识和理解，还能够灵活运用稚化思维的理论和策略指导课堂教学的实践，并在此基础上开展了切实有效的案例分析活动，有效地促进了教师自身的发展和能力的提高.

5.1.1　教育观念获得更新

通过开展课题研究，课题组成员带领实验学校的全体老师认真学习了新课程的有关理论，研读了与课题研究相关的文献，对课堂教学的现状和学生的学习需求、学习方式、学习习惯等方面做了深入的调查分析，围绕着稚化思维、主体参与、探究学习和有效教学等主题，多次以研讨课的形式开展专题研讨活动，加深了对新课程关于以学生为主体、一切为了学生的发展的理念以及课堂教学中教师稚化思维和学生参与探究的关系的认识和理解，转变了观念，拓宽了视野，提高了素养. 课题组的教师都能结合课堂教学的实际，灵活地运用稚化思维的教学策略实施教学，使课堂活动更关注学生的学习需求和学生的终身发展，更贴近学生的实际，更符合新课程的理念.

5.1.2　教学智慧得到锻炼

我们的课题研究立足课堂，从案例分析入手，多次开设各种课型的研讨课，运用稚化思维和主体参与的理论，围绕着“教师稚化思维的教学策略”“教师稚化思维和促进学生理解的关系”“遵循学生认知规律，促进师生思维‘同频共振’”和“课堂教学中教师怎样换位思考”等问题展开分析和研讨，在这个过程中，教师的教学智慧得到了很好的锻炼，驾驭课堂的教学能力得到提高，特别是青年教师受益颇多、成长迅速，这在省、市青年优质课评比和教学基本功评比活动中得到了充分的体现. 近几年来，课题组的成员周晓丰老师获无锡市青年教师优质课评比一等奖，满园园老师获无锡市青年教师教学基本功一等奖，张长贵老师、李湘老师和任何老师被评为无锡市教学能手. 我们开展课题研究的过程，是师生共同成长的过程，在这个过程中，教师自身专业得到了很好的发展.

5.1.3　科研能力得以提升

本课题的实施，带动了许多教师参与学习、实践，立足课堂积极开展课例研究，对实践过程中出现的问题及时加以总结和反思，针对学生的认知特点和心理特征、教师思维与学生思维的差异、学生的最近发展区、设计先行组织者、搭建好认知“脚手架”等问题进行探索和研究，以相关教育教学理论为指导认真撰写教学论文和教学案例，取得了显著的成果，近三年来，课题组成员围绕着课题撰写了教学论文和教学案例80多篇.可以说，通过课题研究，课题组的各位教师都得到了很好的锻炼，教学和科研的能力都得到了不同程度的提升.

5.2 学生层面

学生在主体参与和合作探究中得到了实惠.“教师稚化思维，促进学生理解”的课堂教学体现了以人为本的教学理念，突出了学生的主体地位，满足了学生探求新知的欲望，展现了课堂教学的真实性，有利于激发学生的学习兴趣、培养学生的创新意识和创新精神，不但使学生在教学活动中掌握了知识和方法，而且学会了理性思考和科学探究，学会了学习，提高了能力，提升了素养，为终身发展奠定了基础.在实施课题的过程中，学生得到了实实在在的收获.

5.2.1 学生获得了自主学习和探究发现的主动权

“教师稚化思维，促进学生理解”的课堂教学强调把课堂还给学生，突出学生在学习活动中的主体地位.平等、民主、开放的课堂教学能够充分让学生自身显示出主体内部的丰富性和更强的精神力量.教师十分注重培养学生敢于尝试探究问题的精神，尝试过程充分体现了师生平等性、双边共时性和综合渗透性等特征.教师以平等中的首席身份引领学生参与学习中的探究活动，充分享受思维上的独立性和批判性，即使一些基础较差、成绩不理想的学生，在课堂上也会提出令人赞叹、钦佩的问题和见解，得到了切实有效的帮助和较好的发展.

5.2.2 学生改变了传统的学习方式，掌握了更加科学的学习方法

在传统的课堂教学中，学生的学习方式主要是接受式的，教师长期让学生使用单一的被动学习方式，实际上忽视了学生个体生命的存在.新课程教育观要求我们的课堂关注个体发展的潜在性、主动性和差异性，把学生的现在作为起点而不是终点来看待，单一的学习方式无法满足他们生命成长过程中多层次、多方面的需求.教师根据不同的知识，尽量降低教学起点，促使学生积极参与课堂活动，独立或合作尝试、体验知识发生发展的过程，有时让学生采用接受式学习，有时让学生合作探究，采用多种学习方法后，学生的精神状态大为改观，学习兴趣得到激发，厌学的人数明显减少，班级整体的学习成绩得到了明显提高.

5.3　教学层面

课堂在师生思维“同频共振”中焕发出生命的活力.在“教师稚化思维，促进学生理解”的课堂上，学生在学习过程中的主体作用得到了充分的体现，学生的思维活动真正活跃起来，充满了创造性.教师在学生尝试体验知识的发生过程中或尝试探究问题时，善于站在学生的角度，想学生之所想，难学生之所难，惑学生之所惑，错学生之所错，乐学生之所乐，努力用自己的教育智慧碰撞学生的新智慧，设法让师生共同体验教与学这种特殊的乐趣.叶澜教授说得好：在课堂里的教师与学生，他们不只是在教和学，他们还在感受课堂中生命的涌动和成长，只有这样的课堂，学生才能获得多方面的满足和发展，教师的劳动才会闪现出创造的光辉和人性的魅力.我们的研究就是努力朝着这个方向迈进，力求超越自我，超越过去，以全新的教育理念、思想方式和教学行为构造新的教育平台，使课堂教学中师生关系的生命活动更精彩，让我们的数学课堂在师生的共同努力下真正地焕发出生命的活力.

本课题的研究成果在研究的过程中不断积累、逐步形成，主要以下面几种形式呈现：

(1) 文字材料：包括课题研究方案、课题申报评审书、课题论证报告、课题中期报告、课题结题报告和课题工作报告，各级各类获奖证书和在省级以上刊物上发表的教学论文、教学设计、典型案例、经验总结以及典型课例资源包等.

(2) 图片资料：包括开展研讨活动的情景图片、课题宣传活动的情景图片、反映参与课题研究的教师专业成长的图片以及可用图片记录的开展课题研究活动的其他相关资料.

(3) 教学光盘：包括在培训学习、教学研讨、交流汇报、教学展示等开展课题研究活动中所拍摄录制成的光盘以及情景创设所使用的教学课件等.

上述材料将充实到“教师稚化思维，促进学生理解”的课题网站上，并已结集成册，将以课题成果的形式由苏州大学出版社正式出版发行，书名为《“教师稚化思维，促进学生理解”的理论研究与实践探索》，全书40多万字，分研究报告、课题论文、教学案例、活动掠影四个部分，较为完整地记录了课题研究的过程和成果，加强了信息交流，扩大了实验影响，实现了资源共享.

值得一提的是，我们基于这一课题的研究项目“稚化思维，引领思考，促进理解”申报了2017年江苏省教学成果奖，得了上级主管部门以及有关专家们的肯定和好评，荣获了2017年江苏省教学成果二等奖.

6 研究结论与问题反思

课题实施来,我们边计划、边学习、边研究、边反思、边修改,坚持以理论指导实践,在实践中摸索规律,立足课堂开展研讨活动,以课例研究为主要方式,积累教学案例,总结经验教训,并将之上升到一定的理论高度.同时,注意加强学习和交流,及时了解他人的研究情况,实现互通有无、取长补短、扬长避短,推进研究的进程,提升研究的品位,提高研究的实效.通过三年来的认真研究,我们得出如下几个方面的结论:

6.1 数学课堂需要在"教师稚化思维,促进学生理解"中演绎精彩、实现高效

数学课堂教学的过程从本质上讲,应该是在教师的精心组织下,引领学生学习专家思维活动的成果,使学生思维结构向专家思维结构转化的过程.为了顺利实现这种转化,教师必须运用一定的教学方式,在专家与学生的思维活动之间架设桥梁.为此,教师必须先把自己拥有的知识悬置起来,稚化成学生的思维水平去思考,使师生之间在认识程序上达到"同频",引起教与学的思维"共振".

教师稚化自己的思维,与学生一起走入原有经验,在学生原有的思维水平上展开教学,顺着学生的思维逐步展开,在思维的水到渠成中掌握新知识,可以大大降低学习新知识的难度.当教师的思维具有学生的色彩,甚至达到了"学生化"之后,教的过程就可以与学的过程融为一体,学生参与课堂探究活动的热情就可以得到充分的激发,课堂就会平等、和谐、生动地演绎精彩,实现高效.

6.2 "教师稚化思维,促进学生理解"的课堂对教师的教学智慧提出了更高要求

要促进学生积极参与课堂探究学习活动,教师稚化自己的思维是核心和关键.而教师要能有效地稚化自己的思维,除了要深入研究教材、研究数学知识和数学思维方法外,更要深入了解学生,研究学生,做好学情分析,了解学生的认知状况、思维特点和学习障碍,学会以学生的认知结构为起点分析问题,以学生的思维方式为起点启迪思维,遵循退化性原理和表演性原理,掌握好稚化思维的策略.

教师在课堂上习惯于稚化自己的思维是一种需要我们长时间有意识磨炼才能达到的境界.教师必须摸清学生的知识经验,设计好先行组织者,了解学生的思维特点,搭建好认知"脚手架",还原教师的思维过程,实现师生思维的"同频共振".教学过程中,教师要精心创设问题情境,设计活动方案,引领学生积极参与探究,这对教师的教学智慧提出了更高的要求.

6.3 实施“教师稚化思维，促进学生理解”教学的关键在于教师要学会换位思考

稚化思维就其实质而言，是教师在教学中要善于换位思考，有意识地返回与学生相仿的思维势态，把思维的触角深入学生思维的领地，稚化深奥的知识，稚化成熟的思维，运用学生的思维方式分析和思考问题，尽量放低教学起点，从学生的最近发展区设计问题，激发学生的兴趣，引起学生的共鸣，促进学生积极主动地参与课堂教学活动，达到因势利导、强化教学效果的目的.

一是想学生之所想，以利其想. 学习中，学生在想什么，是怎样想的，这是教师必须时刻关注的问题. 在进行教学设计时，教师要有换位思考意识，以学生的眼光审视教学内容，思考学生在学习过程中可能遇到的障碍，做到心中有数. 学生听老师讲课时，往往有很多想法，如果他们能自己将这些想法提出来，当然很好，但由于种种主客观原因，当他们未能暴露自己的想法时，就需要教师洞察他们的心理，及时探测和巧妙地点出他们所想，更好地实现师生心灵的沟通，达到思维“同频”，引起教与学的“共振”，从而实现因势利导、强化教学效果的目的.

二是惑学生之所惑，以利解惑. 教师在课堂上常会碰到这样的情况：有些学生突然表情凝重，思维出现了“疙瘩”，产生了“疑惑”. 此时，若教师对学生思维中出现的“疑惑”不及时排除，必然会造成他们心理上的不和谐，阻碍他们继续思维、继续学习. 因此，教师要从学生的心智状态出发，将自己的思维退化到学生的思维态势，采取适当的措施，疑其所疑，惑其所惑，根据学生可能出现的疑惑来确定教学难点，或根据教学需要，蓄意制造引起疑惑的思维环境，通过设疑—析疑—释疑的过程，达到释疑解惑、优化教学的目的.

三是难学生之所难，以利克难. 有些问题在教师看来似乎很容易，三言两语就可说清楚，但对不少学生来说，学习起来却有一定的困难，存在较难逾越的障碍. 这时，教师若平铺直叙地讲解，轻描淡写地带过，学生的参与度就会降低，教学效果就会大打折扣. 相反，此时教师若能退化到学生的思维水平，模拟学生思考问题的方法来认识学生认为的难点，明确学生在概念理解上有什么困难，在思路探求中有什么困难，再以学生的身份和学生一起去探索、钻研，反而能更好地吸引学生的注意力，对学生的思维产生指引和激励作用，达到化难为易的效果.

四是错学生之所错，以利纠错. 作为学生，在学习中犯一些知识性、方法性的错误是在所难免的，那么如何对待这些错误呢？作为教师，不仅要帮助学生发现错误、纠正错误，还要采取措施，给学生提供对错误追根溯源和自

查自纠的机会，以达到少出差错的目的. 在教学中，教师可针对学生学习中容易发生认知偏差的问题，装着浑然不知的样子，提供给学生常见的典型错误，让学生识别或引起争论，展开探究，或者从学生的思维错误入手，让学生充分暴露错误过程，借此激发他们的问题意识，促进他们的认知发展，强化他们对错误根源的认识，增强他们的认知免疫力.

随着课题研究的开展，新课标的理念已逐渐深入我们课题组每位教师的心中，被大家所广泛认同，并落实于教学实践之中. 但是，冷静分析和思考之后发现，我们的课题研究还有许多问题需要讨论，值得深入研究与反思.

一是由于传统教育的巨大惯性，受应试教育及高考指挥棒的影响，部分教师的认识却还存在着某些偏差，对稚化自己的思维还不敢放手开展. 在试验中，发现优秀教师的研讨课、展示课还能基本符合新课程教育理念的要求，但在平时的课堂上依旧以传统的教学方式为主，学生的参与性较低，探究氛围较差，令人不够满意.

二是参研人员的探索意识还不够强，部分成员对课题研究的主动性不足，研究不够深入，平时不太重视对研究资料的搜集与整理，一些参研人员寄希望于他人探索出好的、可行的课堂教学案例，自己主动地去探索、去构建探究式课堂的能力没有得到有效的锻炼，未能形成基于自身教学实践的成功的课堂教学案例.

三是本课题还仅局限于在本校数学学科的教学中进行试验研究，对“教师稚化思维”与“促进学生理解”之间关系的研究还不够深入，围绕着课题研究的研讨会、展示课等活动的开展次数还不够多，所做的研究在市内外的影响还不够大，宣传推广力度较小，课题开展的积极作用有待进一步挖掘.

四是课题组成员的教学任务重，开展课题研究需要学习研讨、分析探究、总结反思、提炼规律、形成案例，对于这些工作，缺乏足够的时间和精力. 加上课题研究经费不足等原因，导致可供课题借鉴的理论书籍较少，组织课题研讨活动有一定的困难等，这些都对课题的深入开展和宣传推广有着一定的影响.

以上几个方面存在的问题，还需要课题组的参研人员进行认真的思考、更多的探索、更好的研究，付出更大的努力予以解决，使课题的研究取得更大的成效.

执笔：毛锡荣

研究成果申报报告

1 研究成果简介

数学是思维的科学，数学学习的过程就是学生的思维结构向专家的思维结构转化的过程. 在课堂教学活动中，教师是专家，而学生则是初学者，会显得很幼稚，两者之间存在着明显的差异. 教师实施教学活动，一项十分重要的工作就是在专家与学生的思维活动之间架设桥梁. 教师有必要稚化自己的思维，站在初学者的角度来思考学习的过程，体会学生学习中出现的问题，在学生原有的思维水平上展开教学，这样才能走近学生，引领学生思考，促进学生理解，从而有效地降低学生学习的难度，提高教学的效果.

本课题的研究要点有三个：一是立足于学情分析，关注学生的已有经验和心理体验，关注知识的形成过程和学生的思维特征，关注问题情境和操作活动的设计，站在学生的角度思考，为学生设计教学活动；二是教师如何有效地稚化自己的思维，贴近学生的实际开展教学活动，使师生之间在认识程序上“同频”，思维活动上“共振”，情感体验上“共鸣”；三是数学教学中如何引领学生进行数学思考、学会数学思维、深化数学理解，激发学习的兴趣，使学生“爱学”“乐学”，在学会知识的同时学会学习，促进学生的长效发展.

具体的研究工作体现在以下几个方面：一是对江苏省教育科学“十一五”规划立项课题“动态生成观指导下的高中数学教学案例研究”开展了扎实有效的研究，通过了省级鉴定，已顺利结题；二是以江苏省教育科学“十二五”规划重点自筹课题“‘教师稚化思维，促进学生理解’的理论与实践研究——以高中数学为例”为抓手做了大量的研究工作，通过了中期评估，获得了专家的好评；三是开展“基于理解的高中数学教学设计的行动研究”，在省级以上刊物上发表了30多篇代表研究主题的课例与教学论文，产生了一定的影响，取得了初步的研究成果.

2 研究成果主要解决的教学问题及解决教学问题的方法

“以学生为本”是新课程的一个重要理念，也是新课程在学习方式上有别于传统教学观的最明显的特征之一. 数学教学要考虑到学生的能力水平及自身的需求与兴趣，以学生的心理特点和知识经验为前提，用学生的眼光审视教学内容，和学生一道成为新知识、新技能的探索者，求得与学生在思维上的同步和心理上的共鸣，实现教学过程的优化和教学效益的提升.

但是在实际教学中，很多教师擅长于扮演专家的角色，高高在上，站在自己的角度来考虑问题和设计教学过程，脱离学生的认知基础和思维规律，不能激发学生的思考，难以引起学生的共鸣. 许多教师认为是很简单的问题，学生却无法理解，应用起来只能生搬硬套，久而久之，教师认为学生太笨，学生感到数学难学，渐渐地失去兴趣，严重地影响教学效益的提高.

本课题针对新课程教学中存在的这一突出的问题，以课题研究为抓手，以课例分析为突破口，立足课堂教学实际，在落实新课程的教学理念、提高课堂教学的效益上着力. 经过三年的实践和探索，通过大量的调查分析、对比实验、交流研讨，形成了数学教学中“稚化思维，引领思考，促进理解”的思路、方法和策略. 具体地讲，主要体现在以下三个方面：

2.1 要认真开展学情分析

学生是学习的主人，是课堂上求知和探索的主体，要提高教学效率，就必须从学生的实际出发，从研究学生开始，从准确把握学情开始，根据学生的实际情况（包括已有经验、认知规律、思维特征和学习风格等）分析教学内容、选择教学策略、设计教学方案、组织教学活动，真正做到想学生之所想，讲学生之所缺，解学生之所惑，答学生之所疑，纠学生之所错，练学生之所需，力求使有效学习发生在每一个学生的身上.

2.2 教师要稚化自己的思维

放低教学的起点，实施接地气的教学. 把思维降格到学生的水平，把熟悉的当成陌生的，把再次授课当成首次接触，运用学生的思维方式分析和思考问题，以与学生同样的好奇心、同样的求知欲、同样的认知兴趣、同样的学习情绪、同样的思维情境、共同的探究行为，和学生一起寻找攻克难关的对策，激发学生的兴趣，引起学生的共鸣，引领学生主动地参与教学活动，理性地进行数学思考，达到促进学生理解的目的. 其实施途径有：

2.2.1 摸清学生的知识经验，设计好先行组织者

奥苏贝尔有句名言：影响学习的唯一最重要的因素就是学习者已经知道了什么，要探明这一点，并应据此进行教学. 他认为：有意义学习的发生和保持的最有效策略，就是利用适当的引导性材料对当前所学新内容加以定向与引导，唯有如此才能确保新旧知识间建立实质性的、非人为的联系，并把这种引导性材料称之为“先行组织者”. 这就提醒我们，数学教学要从学生已有的生活常识、知识基础和活动经验出发，以学生的认知结构为起点，设计出学习新知识、解决新问题的情境，促进学生对新知识的理解并建立起良好的认知结构.

2.2.2 了解学生的思维特点,搭建好认知“脚手架”

学生的思维方式是教师进行教学设计时的重要依据之一,教学活动的开展应建立在学生已有的认知结构和思维特点之上.因此,教师必须充分了解学生的认知特点和思维特点,分析问题要充分估计到学生的思维障碍,帮助学生从原有知识和经验中寻找知识的生长点,获得解决问题的方法和途径.通过在学生原有的知识和所要完成的学习目标间搭建认知“脚手架”,增加从旧知识到新知识之间的层次,将学生引入一定的问题情境,使其在教师的启发和引导下,独立探索,沿“脚手架”逐步攀升,完成对所学知识的意义建构.

2.2.3 还原教师的思维过程,实现思维“同频共振”

数学是思维的科学,数学课堂是思维活动的场所,有教师的思维活动,也有学生的思维活动.与学生相比,教师“闻道在先”,具有知识上的优势,“师道尊严”,又有心理上的优势,但如果处理不当,也会因此而产生负面影响,变优势为劣势.经常有这样的情况:教师精心备课,对教材内容烂熟于胸,讲起课来如行云流水,学生也听得懂,可就是学不会.一个重要的原因就是教师将自己的思维活动过程过分提纯,过度包装,没有充分展现开来,因此不能有效地启迪学生的思维.

为了改变这种状况,教师应自觉地进行“心理换位”,经常扮演学生的角色,从学生已有的认知经验和思维水平出发,想学生所想,疑学生所疑,难学生所难,错学生所错,通过悬置自己成熟的想法和还原问题解决的思维过程来顺应学生,使教学过程自然流畅、合情合理.教师不要光讲“应该如何做”,还要讲清楚“为什么要这样做”和“我是怎样做的”,要告诉学生其中的原理,而不是给他个模型,要还原原始的思维过程,使学生从中受到启迪,力求使教学双方的思维活动“同频共振”.

2.3 关注课堂的动态生成

要打破“教师讲、学生听”的单一、封闭的局面,打造开放、民主、师生多向互动的生态课堂.要充分利用课堂上的生成资源,引发课堂上出现不同的声音甚至是激烈的争论,让“死”的知识活起来,让“静”的课堂动起来,变单纯的“传递”与“接受”为积极主动的“发现”与“建构”,在相互碰撞中不断生成新的教学资源和教学程序,促进学生深入地思考,放飞学生的思维,使课堂更加生动活泼,教学更加本真高效.

3 研究成果的创新点

本课题从调查分析实施新课程教学的现状入手,结合对新课程背景下高中数学教学理论及实践的深刻反思，运用行动研究的方法，以教学设计和教学案例为抓手，将教育科研课题研究与校本教研活动有机地结合在一起，立足于为学生而教的理念，基于“学生理解”实施数学教学，激发学生的学习兴趣，调动学生参与教学活动的积极性.通过教师稚化思维，引领学生思考，促进学生的数学理解，使学生不仅能学会，更要能会学，改变了数学教学中“为我”的状态而不是“为他”的状态，以及教师常常只是站在自己的认知角度而不是站在学生认知心理的角度来考虑问题的现状，有效地培养了学生的能力，提升了学生的数学素养，促进了学生的长效发展，为探索提高课堂教学效益、促进师生共同成长提供了一个贴近实际、易于实施、便于操作的新思路、新方法和新途径.

4 研究成果的推广应用效果

三年来，课题组的全体成员通过调查分析、学习研讨、合作交流和课堂教学的实践与探索，积累了大量的研究资料，有许多收获和体会，取得了显著的研究成果，其推广和应用效果主要体现在以下几个方面：

(1) 完成了江苏省教育科学“十一五”规划立项课题“动态生成观指导下的高中数学教学案例研究”的研究工作，顺利地通过了结题鉴定，课题成果获得了专家的肯定和好评；江苏省教育科学“十二五”规划重点自筹课题“‘教师稚化思维，促进学生理解’的理论与实践研究——以高中数学为例”通过了中期评估，一组课题论文共4篇集中发表在《教育研究与评论》杂志上，有2篇被人大资料复习中心全文复印，引起了关注.

(2) 将课题研究的实践与认识、经验与体会、感悟与反思撰写成教学论文、教学设计和教学案例，共有30多篇在《数学通报》《中学数学教学参考》《中国数学教育》《中学数学月刊》等省级以上刊物上发表，其中《数学思考：内涵理解与实践探索》发表在《中学数学月刊》上，《例谈稚化思维的教学策略》发表在《中学数学教学参考》上，分别被人大资料复习中心全文复印和索引，被多位作者引用，产生了较大影响.

(3) 开设“数学思想方法选讲”课程，尝试用数学思想方法引领学生学会数学思考，提升数学素养，深受学生欢迎.从“函数与方程思想”“数与形结合思想”“化归与转化思想”“分类与讨论思想”等数学思想以及“换元法”“构造法”“类比法”“待定系数法”“算两次方法”等数学方法两个板块整理出近20万字文稿，由江苏科学技术出版社正式出版，在新华书店发行，被评为江苏省优秀校本课程一等奖.

(4) 运用“稚化思维，引领思考，促进理解”的研究成果实施新课程教学，从学情分析入手，基于学生的认知经验、思维特征、学习习惯设计教学活动，贴近学生的实际，是一种接地气的教学，重视启迪学生思维、促进学生理解，深受学生欢迎. 有效地激发了学生的学习兴趣，发展了学生的数学思维，培养了学生的数学素养，促进了学校的数学教学质量的提升. 张长贵老师在江苏省青年数学教师优秀课评比和全国青年教师数学优质课评比活动中，运用这一成果实施教学，受到了专家评委的一致好评，获得了两个一等奖.

（5）课题组的教师利用江苏省、无锡市的教研活动，分别在江苏省天一中学、江苏省盐城中学、无锡市辅仁高级中学、无锡市市北高级中学、江苏省射阳中学，江苏省泰州中学等学校多次开设展示课，做相关的专题讲座，介绍和推广运用“稚化思维，引领思考，促进理解”的研究成果实施教学的经验和体会，交流激发学生数学学习兴趣、培养和发展学生理性思维能力、深化学生的知识建构和数学理解、提高学生数学核心素养的方法和途径，得到了听课教师的肯定和好评，为落实新课程理念、推动新课程改革、促进数学教学效益的提升做出了积极的贡献.

本课题的研究充分体现了新课程“以学生为本”“关注学生的发展”的教学理念，基于校本教研，与名师工作室和学科组的教研活动有机结合，立足课堂教学的实践，倡导为学生设计教学，不仅使我们的教学活动真正成为培养学生数学素养、促进学生终身发展的“推进器”，有效地提高了教学的效率，而且在研究的过程中促进了教师的学习，锻炼了教师的智慧，实现了师生共同成长，有一定的实践意义和推广价值.

执笔：毛锡荣

第二篇　课题论文

课题论文是对课题研究成果的文字表述，是课题研究和实践的结晶. 通过撰写课题论文，描述课题研究的过程，总结课题研究的经验和教训，反思课题研究中存在的问题，寻求解决问题的对策和措施，交流课题研究的理论和实践成果，探讨开展教学研究的方法，探索实践先进教学理念的途径，提升教育科研工作的能力，是开展课题研究的重要环节. 与一般论文撰写的不同之处在于，课题论文的撰写，必须紧扣课题研究的背景、理论、内容、问题和方法，贴近课题研究的主题，反映课题研究的指导思想，体现课题研究的价值和创新之处. 撰写课题论文的能力，是衡量一个教师的学识素养和科研水平的重要方面，许多事例证明，优秀的教师之所以优秀，是因为他们除了师德高尚、学识渊博、充满教学热情、富有教学智慧、教学成绩优秀、教学技艺精湛之外，还有一个共同的特点，就是他们善于开展课题研究，擅长撰写课题论文.

稚化思维：内涵理解与实践探索

在数学教学活动中，不少教师擅长扮演专家的角色，习惯于高高在上，总是站在自己的角度来考虑问题和设计教学过程，课堂上一厢情愿地进行滔滔不绝的讲解，不厌其烦地灌输，严重地脱离了学生的认知规律，影响了学生学习数学的兴趣以及未来的发展. 新课程提倡数学教学要以学生的发展为本，要考虑到学生的能力水平及自身的需求与兴趣，以学生的年龄特点、心理特点和知识经验为前提，用学生的眼光审视教学内容，和学生一道成为新知识、新技能的探索者，求得与学生在思维上的同步和心理上的共鸣，实现教学过程的优化和教学效益的提升. 这就要求教师必须学会换位思考，善于稚化思维. 那么，什么是稚化思维？数学教学中教师怎样稚化自己的思维？下面笔者结合教学实践谈几点认识和体会.

1 内涵理解

实施高中数学新课程教学，教师要从传统的角色中走出来，不仅需要从教育教学的规律出发给自己的工作和作用定位，而且需要了解社会对教师职业的新期待，进而形成新的教育教学行为. 课堂教学应该是教师有目的、有计划地组织学生实现有效学习的活动过程. 不同的教学理念会带来不同的教学活动，产生不同的学习效果. 关注知识的形成过程和学生的学习方法，关注教学环境、学生学习活动的设计，站在学生的角度思考，为学生设计教学是《普通高中数学课程标准(实验)》提出的重要理念.

从某种意义上讲，在课堂教学活动中，教师是专家，是学生学习活动的领路人，而学生则是初学者，对许多知识一无所知或知之甚少，显得很幼稚，两者之间存在明显的差异. 但专家也是从初学者成长起来的，实际上，学生在学习中出现的许多困惑和错误，也是教师当初学习时经常出现的，只是已经成长为专家的教师，忘了初学时的经历. 所以，教学时，教师有必要稚化自己的思维，将自己退到初学时的状态来思考学习的过程，体会学生在学习中出现的问题. 这样才能走近学生，了解并理解学生，从而有效地提高教学的效果.

所谓稚化思维，就是教师把自己的外在权威隐藏起来，教学时不以一个知识丰富的专家自居，而是把自己的思维降格到学生的思维水平，有意识地退回到与学生相仿的思维状态，把熟悉的当成陌生的，把再次授课当成首次接触，设身处地地揣摩学生的学习过程和思维活动，有意识地生发出一种陌生感和新鲜感，以与学生同样的好奇心、同样的求知欲、同样的认知兴趣、同样的学习情绪、同样的思维情境、共同的探究行为，和学生一起寻找攻克难关的对策，完成教学的和谐共创，从而达到和学生的思维保持“同频共振”的一种教学艺术.

著名数学家G.波利亚曾经告诫我们：让你的学生提问题，要不就像他们自己提问的那样由你去提出这些问题；让你的学生给出解答，要不就像他们自己给出的那样由你去给出解答.稚化思维就其本质而言，即教师在教学中要善于思维移位，能够换位思考，把思维的触角深入学生思维的领地，运用学生的思维方式分析和思考问题，尽量放低教学的起点，从学生的最近发展区设计问题，激发学生的兴趣，引起学生的共鸣，促进学生积极主动地参与课堂教学活动，达到因势利导、强化教学效果的目的.

稚化思维具有退化性、表演性和模拟性等特点.一个具有扎实的专业知识、高超的思维能力和丰富的教学经验的教师，在教学活动中能揣摩学生的认知水平和思维过程，设计一个浅显易懂的教学思路，能由浅入深、化难为易地分析问题、解决问题.其思维方式看似幼稚，实则更好地顺应了学生的认知特点，更符合学生的思维水平.“稚化思维”后的数学教学，以自然的、人本的和学生喜欢的方式展开.从数学角度看，它合乎数学知识的逻辑结构与发展规律；从学生角度看，它合乎学生的认知规律和心理年龄特征.

《普通高中数学课程标准(实验)》指出：学生的数学学习活动不应只限于接受、记忆、模仿和练习，高中数学课程还应倡导自主探索、动手实践、合作交流、阅读自学等学习数学的方式.这些方式有助于发挥学生学习的主动性，使学生的学习过程成为在教师引导下的“再创造”过程，让学生体验数学发现和创造的历程，发展他们的创新意识.探究学习是学生自己探索问题、研究问题、解决问题以获取知识技能的一种学习方式，是新一轮课改所倡导的重要理念.

把科学探究引进教学，其目的是希望学生能像科学家搞研究那样，独立地通过探究活动来获得知识，体会方法，形成能力，而不是由教师安排好一切，让学生顺着预定的途径“走”下去或把学生径直引向答案.学生的主体参与是探究学习的主要特征，组织探究学习，就是要让学生有效地参与到教学活动中来，这样数学教学才能真正实现有效，走向高效.

本课题以普通高中新课程改革实验为背景，教师在运用苏教版高中数学实验教材进行课堂教学的过程中，根据新课标关于“以学生为本”，教学中要高度“关注学生”的理念，注意换位思考，善于站在学生的角度，运用学生的思维方式分析、思考问题，尽量放低教学的起点，稚化自己的思维，激发学生的兴趣，引起学生的共鸣，促进学生参与课堂活动，积极探究知识发生、发展的过程，培养创造性思维，从而提高教学的有效性.

2　实践探索

2.1　摸清学生的知识经验，设计好先行组织者

奥苏贝尔有句名言：影响学习的唯一最重要的因素就是学习者已经知道了什么，要探明这一点，并应据此进行教学.他认为：有意义学习的发生和保持的最有效策略，就是利用适当的引导性材料对当前所学新内容加以定向与引导，唯有如此才能确保新旧知识间建立实质性的、非人为的联系，并把这种引导性材料称之为“先行组织者”.这就提醒我们，数学教学要从学生已有的生活常识、知识基础和活动经验出发，以学生的认知结构为起点，设计出学习新知识、解决新问题的情境，促进学生对新知识的理解并建立起良好的认知结构.

案例1　“二项式定理”一课的教学片断

“二项式定理”对于学生来说是一个较难理解的内容，教学时，笔者运用“先行组织者”的策略，通过稚化思维的方式，立足于学生的最近发展区，设计了如下的教学过程：

第一步：让学生回忆学过的形如$(a+b)^n$的公式，激发学生思考$(a+b)^4$如何展开.

$(a+b)^2=a^2+2ab+b^2$，$(a+b)^3=a^3+3a^2b+3ab^2+b^3$，$(a+b)^4=?$

第二步：巩固、明晰原有认知结构中的有关概念.

引导学生观察$(a+b)^3$的展开式，总结特征，探索展开式中可能会含有哪些形式的项以及这些项的系数怎么定.

先让学生回答：① 展开式中有几项？② 这些项是怎么得到的？③ 这些项的系数如何确定？

再让学生展开$(a+b)^4$，猜想$(a+b)^4$的展开式中的项数、项及其系数.

第三步：提出问题，探寻新知识.

问题：一般地，如何展开$(a+b)^n(n\in\mathbf{N}^*)$呢？展开后的结果是什么？有什么规律？

第四步：师生一起操作，探究得出二项式定理.

师：为了寻找规律，我们从$(a+b)^4$的展开式出发，把$(a+b)^4=(a+b)\cdot(a+b)(a+b)(a+b)$第一个括号中的字母分别记为$a_1$，$b_1$，第二个括号中的

字母分别记为 a_2,b_2，依此类推.请同学们用多项式乘法法则计算：

$$\begin{aligned}(a+b)^4 &= (a_1+b_1)(a_2+b_2)(a_3+b_3)(a_4+b_4)\\ &= a_1a_2a_3a_4+ \quad \cdots a^4\\ & a_1a_2a_3b_4+a_1a_2a_4b_3+a_1a_3a_4b_2+a_2a_3a_4b_1+ \quad \cdots a^3b\\ & a_1a_2b_3b_4+a_1a_3b_2b_4+a_1a_4b_2b_3+a_2a_3b_1b_4+a_2a_4b_1b_3+a_3a_4b_1b_2+ \quad \cdots a^2b^2\\ & a_1b_2b_3b_4+a_2b_1b_3b_4+a_3b_1b_2b_4+a_4b_1b_2b_3+ \quad \cdots ab^3\\ & b_1b_2b_3b_4. \quad \cdots b^4\end{aligned}$$

问题1：以 a^2b^2 项为例，有几种情况相乘均可得到 a^2b^2 项？这里的字母 a,b 各来自哪个括号？

问题2：既然以上的字母 a,b 分别来自4个不同的括号，那么 a^2b^2 项的系数你能用组合数表示吗？

问题3：请用类比的方法，将 $(a+b)^4$ 的二项展开式的其他各项系数用组合数表示出来.

问题4：一般地，你能得出 $(a+b)^n$ 的二项展开式吗？

这里，教师稚化自己的思维，降低教学的起点，从学生已有的知识经验出发，抓住新旧知识的连结点，充分利用二项展开式与多项式乘法的联系，以问题串的形式设计“先行组织者”，在学生的最近发展区和原有的思维水平上展开教学，让学生的思维在“旧知识固定点—新知识连结点—新知识生长点”上有序展开，使学习新知识的过程成为学生自己意义建构的过程，激发了学生的求知欲和探索新知识的积极性，使学生在思维的水到渠成中掌握新知识，有效地降低了学习新知识的难度，促进了知识的迁移和良好认知结构的形成.

2.2　了解学生的思维特点，搭建好认知“脚手架”

学生的思维方式是教师进行教学设计的重要依据之一，教学活动的开展应建立在学生已有的认知结构和思维特点之上.因此，教师必须充分了解学生的认知特点和思维特点，分析问题要充分估计到学生的思维障碍，帮助学生从原有知识和经验中寻找知识的生长点，获得解决问题的方法和途径.通过在学生原有的知识和所要完成的学习目标间搭建认知“脚手架”，增加从旧知识到新知识的层次，将学生引入一定的问题情境，使其在教师的启发和引导下，独立探索，沿“脚手架”逐步攀升，完成对所学知识的意义建构.

案例2　“函数单调性”的教学片断

上课开始，投影显示某市2014年12月某一天24小时内的气温变化图，提出如下问题：

问题1：说出气温在哪些时段内是逐步升高或下降的？

生：在[0,4]和[14,24]上是下降的，在[4,14]上是上升的.

问题2：你能用数学语言刻画“气温在[4,14]上是上升的”这一特征吗？

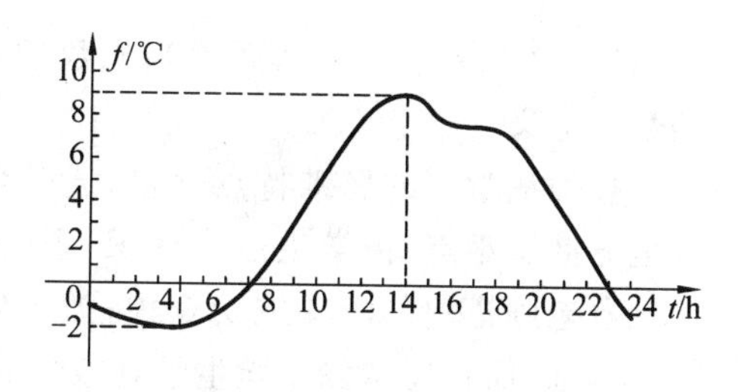

生1：气温在[4,14]上随着时间的增大而增大.

生2：函数 f 随着自变量 t 的增大而增大.

师：说得非常好，这是对初中函数增减性的直观说法.

问题3：对于“函数 f 随着 t 的增大而增大(减小)的特征”，你能给出具体的定量的刻画吗？(让学生思考1分钟)

(1) 在[4,14]上气温随时间增大而增大是什么意思？你能举一些具体例子说明吗？(请2～3位学生回答)

生：时间增大，譬如 $4<6$，气温随时间增大而增大则是 $f(4)<f(6)$；譬如 $8<12$，气温随时间增大而增大则是 $f(8)<f(12)$；….

(2) 你能写出所有的这些例子吗？用什么办法能解决好这个问题？

不少学生想到：对于任意的 $t_1,t_2\in[4,14]$，当 $t_1<t_2$ 时，都有 $f(t_1)<f(t_2)$.

问题4：反过来，对于任意的 $t_1,t_2\in[4,14]$，当 $t_1<t_2$ 时，都有 $f(t_1)<f(t_2)$，能否说明 $f(t)$ 在[4,14]上是增函数？

生：能！

教师请两位学生从具体到一般，尝试概括一下增函数的定义，师生补充如下：

设函数 $y=f(x)$ 的定义域为 A，区间 $I\subseteq A$. 如果对于区间 I 内的任意两个值 x_1 和 x_2，当 $x_1<x_2$ 时，都有 $f(x_1)<f(x_2)$，那么就说函数 $y=f(x)$ 在区间 I 上是单调增函数. I 称为 $y=f(x)$ 的单调增区间.(类似得出单调减函数的定义，略)

函数单调性的概念是学生学习中的一个难点，为了帮助学生认识和理解这一概念，本节课设置了4个递进的问题：问题1让学生说出气温在哪些时段内是逐步升高或下降的，为学生创设直观的情景，增加感性体验，为之后抽象定义做铺垫；问题2在于引导学生回顾初中学过的增减函数的直观定义；问题3为学生举例，这无疑给全体学生搭建了一个“脚手架”，促其拾级而上；问题4是让学生从反面体会：不论怎样取 $t_1,t_2\in[4,14]$，当 $t_1<t_2$

时，总有$f(t_1)<f(t_2)$，从而感知函数的单调增．最后，让学生归纳出单调增函数的定义．

教师从学生的思维特点出发，通过低起点、多台阶地呈现问题，不仅有效地分散了难点，使学生逐步认识、理解和明晰函数单调性概念的本质，从而顺着老师搭建的阶梯成功登顶，为今后运用函数单调性解决其他问题奠定了基础，而且还增强了学生学好数学的自信心，由学会转化为会学．

2.3　还原教师的思维过程，实现思维"同频共振"

数学是思维的科学，数学课堂是思维活动的场所，有教师的思维活动，也有学生的思维活动．与学生相比，教师"闻道在先"，具有知识上的优势，"师道尊严"，又有心理上的优势，但如果处理不当，也会因此而产生负面影响，变优势为劣势．经常有这样的情况：教师经过精心备课，对教材内容烂熟于胸，讲起课来如行云流水，学生也听得懂，可就是学不会．一个重要的原因就是教师将自己的思维活动过程过分提纯，过度包装，没有充分展现开来，因此不能有效地启迪学生的思维．

为了改变这种状况，教师应自觉地进行心理换位，经常扮演学生的角色，从学生已有的认知经验和思维水平出发，想学生所想，疑学生所疑，难学生所难，错学生所错，通过悬置自己成熟的想法和还原问题解决的思维过程来顺应学生，使教学过程自然流畅、合情合理．教师不要光讲"应该如何做"，还要讲清楚"为什么要这样做"和"我是怎样做的"；要告诉学生其中的原理，而不是给他个模型；要还原原始的思维过程，使学生从中受到启迪，力求使教学双方的思维活动"同频共振"．

案例3　"球的体积"的教学片断

师：按照我们的学习经验，如何求一个球的体积呢？

生1：可以将一个球放入盛满水的容器，排出来的水的体积就是球的体积．

生2：可以先称出球（实心球）的质量m，根据公式$V=\frac{m}{\rho}$（其中ρ是构成球的物质的密度，它必须是一个已知的量）．

师：很好！这样的方法对每一个球体都适用吗？比如，地球也可以认为是一个球，能用这样的方法来计算它的体积吗？

生：看来只有知道球的体积公式才好呢！

师：没有大胆的猜想，就做不出伟大的发现．同学们能不能先猜一猜球的体积公式可能会是一个什么样的式子？

生：因为球的大小只与半径有关，所以可以猜想球的体积一定是一个关于球的半径R的式子．联想到圆的周长$C=2\pi R$，圆的面积$S=\pi R^2$，可以猜

想球的体积 $V=mR^3$，其中 m 是一个与 π 有关的常数.

师：非常好！如果猜想不错的话，又如何确定 m 的值呢？

生：多做几次"将不同的球放入盛满水的容器，排出来的水的体积就是球的体积"的实验，可以估算出 m 的值.

师：这是一个不错的方法，但不够准确.有没有其他方法呢？你们以前见过与半径有关的几何体的体积吗？你能想出与它有类似未知量的问题吗？

生：有.圆柱的体积 $V=\pi R^2h$，圆锥的体积 $V=\frac{1}{3}\pi R^2h$.

师：球的体积 $V=mR^3$ 与圆柱的体积 $V=\pi R^2h$ 和圆锥的体积 $V=\frac{1}{3}\pi R^2h$ 能比较吗？

生：为了能进行比较，可以取圆柱和圆锥的底面半径及球半径都为 R，球的体积只能是关于半径 R 的立方的式子，而圆柱和圆锥的体积都是关于半径 R 的平方的式子，可取圆柱和圆锥的高为半径 R 的倍数，不妨都取为 $2R$.

师生共同做以下实验：将底面半径为 R、高为 $2R$ 的圆柱盛满水，将半径为 R 的球放入圆柱内，水溢出后取出球，圆柱中剩下的水正好倒满底面半径为 R、高为 $2R$ 的圆锥，从而发现：

$$V_{球}=V_{圆柱}-V_{圆锥}=\pi R^2\cdot 2R-\frac{1}{3}\pi R^2\cdot 2R=\frac{4}{3}\pi R^3.$$

以上过程，教师没有直接告诉学生球的体积公式是怎样推导出来的，而是站在学生的认知角度，积极创设问题情境，不断打破学生的认知平衡.教师置身于学生之中，和学生始终处于平等的探究状态，一起经历球的体积公式的推导过程，通过学生的猜想、实验和验证得出球的体积公式.这样就还原了探究球的体积公式的思维过程，学生对公式的建立既没有疑惑，也不会觉得突然，把学生的思维很自然地引入知识发生和形成的轨道中，实现了学生思维和教师思维的"同频共振".

在教学活动中，教师要处处暴露真实的思维过程，努力揭示对方法的思考和选择过程，特别要重视对歧路的剖析.有时不妨学学大数学家富克斯的做法，在课上把自己置于"险境"，开设"即席答题"课，对学生提出的难题"现想现推"，给学生一个机会，看看老师最初的解题设想是怎样碰壁的，更要看看遇到挫折后，教师是怎样调整自己的解题方案并最终逐步寻找到正确的对策而战胜挫折的，这样不仅可以减少学生获得知识的难度，为师生思维的"同频共振"创造良好的条件，而且可以教给学生正视挫折、战胜挫折的方法.

3 结束语

目前,新课程改革虽然已经取得了一定的进展,课堂教学虽然发生了一些可喜的变化,但受传统的教学观念、教学方式以及应试教育等诸多因素的影响,学校教育特别是课堂教学的一些问题并没有因为新课程的实施而得到根本解决,绝大多数的课堂在深层次上并没有发生实质性的变化.不少教师在实施课堂教学时,仍然习惯于高高在上,站在自己的角度,一厢情愿地进行滔滔不绝的讲解,课上“教师讲得天花乱坠,学生听得昏昏欲睡”的现象仍然存在,不仅影响了新课程理念的有效落实,而且影响了学生未来的发展.

从实施高中数学新课程教学的实际情况来看,教师转变自己的角色,稚化自己的思维,降低学生的认知难度,实现师生思维的“同频共振”,把课堂变成师生共同探索发现、共同提出问题、共同解决问题的阵地,让学生积极主动地学习,促进学生积极地参与课堂探究活动,让学生在亲身经历的活动中了解数学知识发生、发展的过程,体验数学知识的应用价值,培养数学学习的兴趣,学会数学学习的方法,全面提高自身数学素养,显得尤为迫切,是一个值得我们高度关注和认真研究的课题.

教师在课堂上习惯于稚化自己的思维是一种境界,是一种需要我们长时间有意识磨炼才能达到的境界,也只有在这种境界里,学生才能够养成积极主动思维的习惯,才能真正变得聪明起来.在教学中,教师应立足现实,不要把目标拔得过高;要多考虑学生的学习现状和最近发展区,做好衔接与递进,恰到好处,适可而止;不断依据课堂实际调整教学深度、难度和节奏;备课要“深入”,上课要“浅出”,要不断地了解学生,了解教学内容,善于“学生化”地考虑问题,稚化自己的思维,有效地实现师生互动,为实施新课程教学增添一份活力.

执笔:张建良　王名扬　钱军先

数学思考：内涵理解与实践探索

1　问题的提出

数学教学的本质是帮助学生获取知识、形成技能的一种思维过程，其根本价值在于让学生学会运用数学的思维方式去观察、思考、分析现实生活中的有关现象，去解决日常生活和其他学科学习中的有关问题，并建立起良好的进一步学习的情感. 我们应该把学生的数学思考作为整个教学活动的核心，更多地关注学生的数学思考：学生在思考什么，是怎样思考的，思考的结果怎样，这样的课堂才是真实的、有效的、智慧的、精彩的. 然而在日常教学活动中，我们却会不自觉地忘却学生的需求，忘却教学的本质，常常为了赶进度而忽视学生的感受，喜欢用现成的答案来取代学生的自主学习，用教师的讲解来替代学生的数学思考. 久而久之，学生养成了“衣来伸手，饭来张口”的习惯，既失去了原有的学习兴趣，也丧失了本该具备的思考能力，导致教学效率低下. 一个不争的事实就是，现在有疑问的学生越来越少，甚至有许多学生常年不问老师一个问题. 学生没有疑问，难道他们真的是什么问题都弄清楚了吗？细致地了解一下就会发现，其实他们还有许多问题没有弄懂，或者似懂非懂. 课堂上，我们教师讲得太多了，而且所讲的未必是学生想听的. 教学上最可怕的失误，就是把学生的主要精力用到消极地掌握知识上去. “学而不思则罔”，让学生学会数学思考，成为数学教学中一个亟待解决的问题.

2　数学思考的内涵理解

数学思考，从狭义的角度来讲是指学生关于数学对象的理解和认识的过程，从广义的角度理解还包括应用数学解决各种实际问题的数学式思考，就是在面临各种问题情境，特别是非数学问题时，能够从数学的角度运用“数学方式的理性思维”进行思考，发现其中所存在的数学现象，并运用数学知识与方法去解决问题. 数学是思维的体操，数学思考是数学教学的核心. 数学教学除使学生掌握一些必要的数学知识外，主要是使学生变得聪明，变得坚毅. 数学教学方法主要应激发学生思考的热情，使学生会思考，善于思考. 数学教学的过程应该是数学思维的过程，思维是智力发展的核心，思维能力的发展程度是整个智力发展的缩影和标志. 数学思考的能力是一种综合能力，是面对不同的情景，运用不同的思维方式、方法和技巧解决所面临的问题的能力. 要培养这种能力，首先必须让学生参与到具体的活动过程中去，并尽可能提高其参与度；其次是帮助学生逐渐掌握思维的方法和分析问题的方法；最后着眼于培养学生的思维品质，形成独立思考的意识和习惯. 学生的年龄特点及认知水平决定了其数学思考的程度具有相对性. 一般地，随着年龄的增长，认知水平和活动能力会不断提高，数学思考的能力也就会不断增强，学生的数学思考能力必须经历一个长期的过程才能逐步培养、构建并发展起来. 数学思考的一个重要形式是独立思考，独立思考并不排斥同学之间的合作互助，但合作学习必须建立在个体独立思考的基础上进行. 对于一个具体的问题，倘若没有形成自己独到的见解，就急于与他人合作和会话，必定会影响思维的主动性，从而影响思维能力的提高. 可以这么说：没有独立思考，也就没有合作学习的本质内容，合作讨论就成了无源之水、无本之木，因而合作也就只能流于形式.“从数学的角度去思考”的素养会使学生终身受益. 真正的好老师对学生的关心首先表现在让学生明白摆在他们面前的困难是什么，要想克服困难，不仅仅需要学生集中极大的注意力，而且需要他们付出极大的意志力. 要想真正地掌握知识，不仅仅要在学生面前揭示教材内容的本质，而且要教给学生怎样数学地进行思考，让他们独立地、自觉地深入教师的详细讲解中来. 学生被动、消极地掌握住的知识，对学生思维发展起不到多大的影响，而通过积极的努力，主动地去获取的知识，不但让人深信不疑，倍加珍惜，而且会不断激发学生积极思考的兴趣，以更大的热情投入到学习中来. 让学生在具体的教学情境中进行分析、对比的数学思考，让学生在自主探究中进行归纳、整理的数学思考，让学生在实践运用中进行判断、推理的数学思考，是提高学生的数学能力的有效措施.

3　数学思考的实践探索

3.1　创设问题情境，让学生在解决问题的过程中学会数学思考

现代认知心理学认为：思维的本质在于问题情境，而且以解决问题情境为目的. 思考的过程是一个“情境—探究—思考—发现—解决问题”的过程. 思维从问题开始，“问题是数学的心脏”. 恰当、巧妙、富有吸引力的问题，往往能拨动学生的思维之弦，弹奏出一曲曲耐人寻味的乐章. 因此，在数学教学中，教师要以问题为中心，精心地设计出能够与学生的认知产生冲突的问题情境，为学生营造出数学思考的氛围，努力把学生置于研究新的未知问题的气氛之中，激发学生积极思维，进而引发学生探求新知的欲望和动机，让学生在探索问题解决的过程中学会数学思考.

例如，在执教“曲线的参数方程”一课时，笔者设计了如下的问题情境：

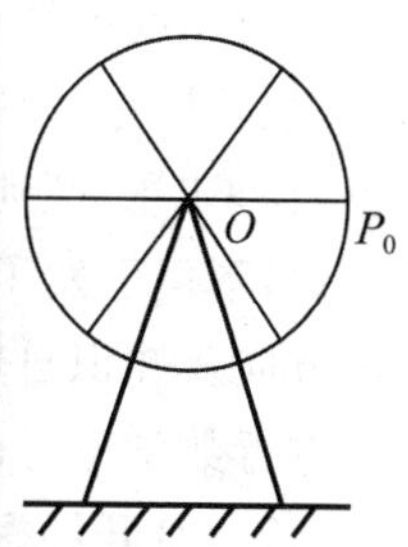

问题：锡城蠡湖公园新添了一道令人炫目的风景——亚洲最高的摩天轮，世界第一的水上摩天轮在此盛装登场，今年6月有望对游客开放．若该摩天轮的半径为60 m，按逆时针方向以$\frac{\pi}{600}$ rad/s的角速度匀速旋转．如图所示，某游客现在P_0点（其中P_0点和转轴O的连线与水平面平行），问经过t s，这个游客的位置在何处？（投影显示）

师：请大家思考，运用我们已经学过的知识，怎样解决这个问题？（停顿片刻）为了确定游客的位置，我们首先要做什么？

生1：建立坐标系．

师：怎样建系呢？

生1：以O为原点、OP_0为x轴建系，设经过t s，该游客在$P(x,y)$处，则$\begin{cases} x=60\cos\frac{\pi t}{600}, \\ y=60\sin\frac{\pi t}{600} \end{cases}$（$t\in[0,+\infty)$，$t$为参数）．

师：很好．我们建立了点P的坐标满足的关系式．由这个关系式，对不同的时间t，可以得到游客的不同位置．游客的不同位置，能否形成一个轨迹？

生众：能．

师：这个轨迹是什么？

生众：圆．

师：这个圆的方程是什么？

生2：$x^2+y^2=3600$．

师：上面的关系式能否作为圆的方程呢？为什么？

生3：能，可以利用曲线方程的定义来说明．

师：很好．圆的方程我们以前学过，有标准式，有一般式．这个方程是哪一种形式呢？

生：时间t参与了变化过程，我们把它叫作参数方程．

师：非常好．相应的，我们把表示x，y间的直接关系的方程叫作普通方程．下面我们就来对参数方程的有关问题进行一些研究．

教师从学生已有的生活体验和认知水平出发，在揭示数学知识的同时，通过精心设计的一系列问题，适时地提问，引起学生的认知冲突，唤起学生的“数学思考”，激发学生学习的内驱力，使学生很快地进入问题探究者的角色，真正“卷入”到学习活动中去，促使他们兴趣盎然地开动脑筋去思考、去探索，不但引发了学生数学学习的极大热情，而且也为学生提供了思考问题的方向及知识自然迁移的方法，为学习新知奠定了基础. 在这个过程中，学生进行数学思考的意识和能力得到了有效培养和锻炼.

3.2　开展探究活动，让学生在动手操作的过程中学会数学思考

布鲁纳曾经说过：探索，是数学教学的生命线．知识从哪里来？问题如何解决？依靠的是探索. 在探索的过程中，学生作为认知活动的主体，求知欲和学习的积极性可以得到极大的激发和调动. 因此，在组织教学活动时，教师要鼓励学生通过自身的内心体验、思维活动、操作过程，积极主动地参与课堂学习，充分挖掘各种教学资源，将教学内容与现实生活紧密联系，给学生发现问题的机会，并给予恰当的帮助，让学生在动手操作的过程中亲自去发现尽可能多的东西，提出更多的问题，使学生通过探索知识的过程，激发出数学思考的欲望，掌握科学的思维方式，建构起对新知的正确认识和深刻理解.

例如，在探究平面截几何体所得的截面的图形特征时，笔者设计了如下两个操作活动：

操作活动 1　平面截正方体

事先让学生准备好正方体模型（可以是橡皮泥、萝卜、红薯等），在课堂上用刀片去切，让学生发现截面的情况很多，有三角形、四边形、五边形、六边形.

问题 1：有没有同学得到七边形的？有没有可能得到七边形呢？为什么？

经过一番操作、争论、思考，同学们统一了意见，截面多边形的边数不可能超过 6，理由是截面多边形的边是截面与正方体表面的交线，正方体只有六个面，边数最多的可能是截面与正方体的每一个面都得到一条交线，即有六条边.

问题 2：如果截面是三角形，它会是特殊的三角形吗？

同学们发现截面可以是等腰三角形，可以是等边三角形，但不能是直角三角形. 为什么呢？原来所截取的三棱锥三条侧棱两两互相垂直，底面必定是锐角三角形，当然不可能是直角或钝角三角形.

问题 3：如果截面是四边形、五边形、六边形，会是特殊的四边形、五边形、六边形吗？

操作活动 2　平面截圆柱

同学们通过操作模型可以发现：用平行于圆柱底面的平面截圆柱，所得的截面是圆；用垂直于圆柱底面的平面截圆柱，所得的截面是矩形；用既不平行又不垂直于圆柱底面的平面截圆柱，所得的截面是什么呢？

学生：好像是椭圆，但又无法确定.

这时老师拿出事先准备好的模型. 如图 1，以圆柱的两底面为大圆的两个半球与截面相切，引导学生证明自己所得的猜想.

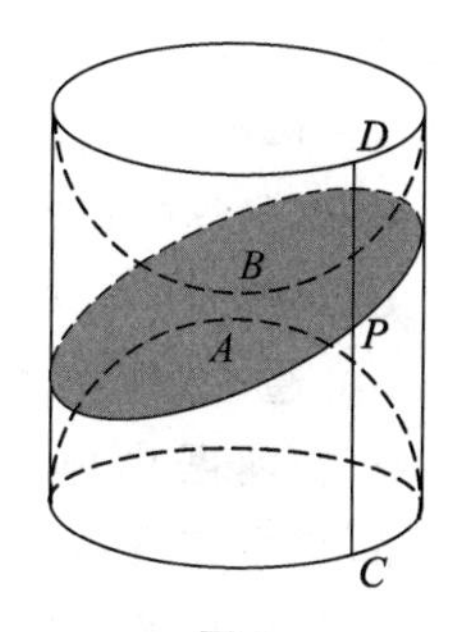

图 1

设切点为 A,B，在截面的边界线上任取点 P，过 P 点作两底面的垂线段 PC,PD.

因为 PA,PC 均与下半球相切，故 $PA=PC$. 同理，$PB=PD$. 故 $PA+PB=PC+PD=h>AB$，所以，截面的轮廓线为椭圆.

接着，老师又提出问题：把圆柱的侧面展开，截面的轮廓线会是什么曲线呢？你能证明你的结论吗？

只要把圆柱的侧面展开，不难发现截面的轮廓线在平面图形中成了波浪线，学生不难猜测其为正弦曲线，但要证实它却不是一件容易的事情. 这时教师先让学生进行充分的思考，并相互讨论，然后再给予适时且必要的帮助，形成如下证明思路：

如图 2，设 OB 沿逆时针方向旋转到 OP 所成的角为 x，$PQ=y$，作 $PM\perp AB$，垂足为点 M，作 $QN\perp DC$，垂足为点 N，连结 MN，显然有 $MN=PQ$.

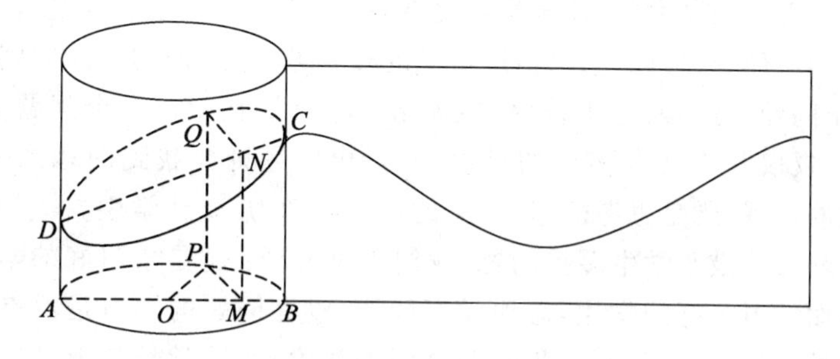

图 2

如图 3，不妨设 $AD=a,BC=b,OP=r$，则 $AM=r+r\cos x$，$\frac{ME}{b-a}=\frac{r+r\cos x}{2r}$，得 $ME=\frac{b-a}{2}+\frac{b-a}{2}\cos x$，

从而有 $y=a+ME=\frac{b+a}{2}+\frac{b-a}{2}\cos x$

$$=\frac{b+a}{2}+\frac{b-a}{2}\sin\left(x+\frac{\pi}{2}\right).$$

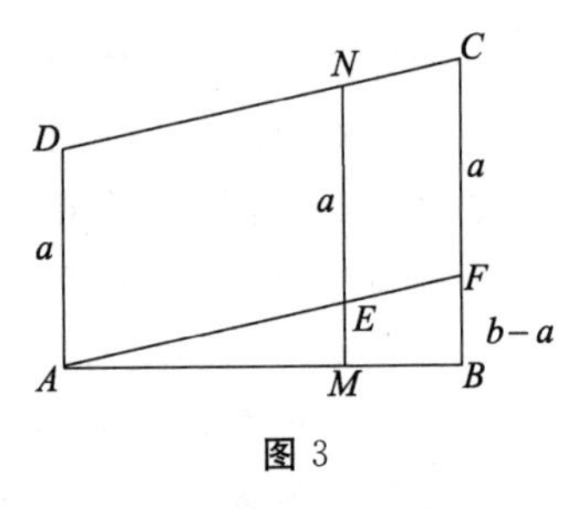

图 3

此时，学生的思维如开闸的洪水奔涌而出，他们惊叹：数学原来是如此奇妙，数学各分支内容的联系原来是如此紧密！

通过这样的活动，学生动手操作，自主探究，在实践中体验知识形成的过程和内在联系，自主完成知识的建构，完善知识系统，体会获得知识的喜悦. 教师提出问题，学生思考、操作、交流，在师生互动的过程中，学生数学思考的能力得到有效锻炼，知识得到有效深化，数学素养得到有效提升.

动手操作的本质是学生的“做”，这种活动不仅在立体几何的教学中大量存在，在其他内容的教学中也不容忽视. 有研究发现：让学生“说数学”比“做数学”的机会多得多. 苏霍姆林斯基曾指出：这种方式容易造成表面的积极性和一切顺利的假象. 在这样的学习方式下，那些后进生是否也有数学思考和独立解决问题的体验，我们不得而知，为他们感到不安. 为此，他建议：要把学生的独立的、个别的操作作为学习数学的基础，会“做数学”比会“说数学”更重要. 教学实践表明，安排适当的操作活动，让学生在动手操作过程中独立思考、自主探究，在“做数学”中发现问题，进而产生积极的思维活动，在“做数学”中去感悟、去理解、去喜欢属于他自己的学习方法和策略，使数学活动过程真正成为学生自觉的学习行为，这对于学生学会数学思考有着不可低估的作用.

3.3 鼓励质疑发问，让学生在提出问题的过程中学会数学思考

美国教育家布鲁巴克认为，最精湛的教学艺术，遵循的最高准则就是让学生提出问题. 爱因斯坦也曾说过：提出一个问题比解决一个问题更重要. 因为后者仅仅是方法和实验的过程，而提出问题则要找到问题的关键、要害. 问题的发现，既是思考的起点，又是思考的动力. 要让学生养成勤于思考的习惯，就必须鼓励学生多提问题. 我们不难发现：越是学习好的学生越是问题多，而学习不好的学生，总说没有问题. 没有问题的学习是没有思维的活动，是被动学习，究其原因是问题意识的淡漠. 在数学教学中，要注意“以疑为线索，以思为核心”，设置障碍、留出疑问、露出破绽，给学生提供“有问题可提”的机遇，通过诱发引导，使学生在思考的过程中养成多思善问的习惯，让学生在发现问题、提出问题的过程中学会数学思考.

例如，在“均值不等式”一课的教学中，笔者针对学生在学习了均值不等式后，极易因忽视对“等”的检验而导致出错的问题，给出了下面一道习题：

题目：求函数 $y=\frac{\sin x}{2}+\frac{2}{\sin x}(0<x<\pi)$ 的最小值.

通过引导学生针对求解过程中的问题，让学生质疑发问，探究致错原因和避免出错的途径，不但深化了学生对基本不等式的运用条件的认识和理解，而且让学生在自我发现错误、自我纠正错误的过程中学会了数学思考.

师：求函数的最值或值域是一类重要题型. 大家看看，这道题怎么解呢？

生1：由已知条件知道，$\frac{\sin x}{2}$ 和 $\frac{2}{\sin x}$ 都是正数，所以直接用均值不等式，即 $y=\frac{\sin x}{2}+\frac{2}{\sin x}\geqslant 2\sqrt{\frac{\sin x}{2}\cdot\frac{2}{\sin x}}=2$，故最小值为 2.

师：生1运用我们学习的基本不等式得出了函数的最小值为 2，大家有不同意见吗？

（学生思考）

生2：这样解是错误的，因为要取得最小值就要 $\frac{\sin x}{2}=\frac{2}{\sin x}$，即 $\sin x=2$，这是不可能的.

师：很好，使用均值不等式求最值必须验证等号是否成立. 如果不成立就取不到最值，那么怎么求解呢？

生3：可换元处理，令 $t=\sin x\in(0,1]$，则原函数变为 $f(t)=\frac{t}{2}+\frac{2}{t}$，可知函数 $f(t)$ 在 $(0,1]$ 上是减函数，所以 y 的最小值是 $f(1)=\frac{5}{2}$.（陆续有学生附和其正确性.）

师：好！换元转化，然后利用新函数 $f(t)$ 的单调性求解，答案是正确的. 不过这里 $f(t)=\frac{t}{2}+\frac{2}{t}$ 的单调性需要证明.

有的学生去完善单调性的证明过程，有的学生还在思考. 不一会儿，有学生提出疑问：是否只能采用这种方法求解呢？有点麻烦啊.（众生附和，师自忖：确实是麻烦了点.）

生4：我发现了一个简洁的解答过程：

$y=\left(\frac{\sin x}{2}+\frac{1}{2\sin x}\right)+\frac{3}{2\sin x}$，由 $x\in(0,\pi)$，得 $0<\sin x\leqslant 1$，$\frac{3}{2\sin x}\geqslant\frac{3}{2}$，所以 $y\geqslant 2\sqrt{\frac{\sin x}{2}\cdot\frac{1}{2\sin x}}+\frac{3}{2}=\frac{5}{2}$，当且仅当 $\frac{\sin x}{2}=\frac{1}{2\sin x}$，即 $\sin x=1$ 时取“$=$”.

众生（面带疑惑）：结果是对的，过程也没有问题，你是怎么想到的呢？

生4：因为最小值在 $\sin x=1$ 时取得，故先从较大的数 $\frac{2}{\sin x}$ 中分离一部分 $\frac{1}{2\sin x}$，使等号能够成立——凑出来的.（众生面露欣喜与赞许）

师：精彩！这说明均值不等式中等号成立的条件在解题中具有导向作用.

亚里士多德有句名言：思维是从疑问和惊奇开始的. 常有疑点，常有问题，才能常有思考，常有创新. 学生在数学学习中敢于提出问题、善于提出问题，本身就是一种创造性的学习活动. 学生只有在不断试图提出问题、解决问题的过程中，才能逐渐养成科学的探索精神和创造品质. 所以，在数学教学中不仅要使学生获得知识，更重要的是培养学生发现问题、提出问题的能力，使学生学会用数学的眼光去发现问题，引导学生从无到有、从少到多、从现象到本质地提出问题，进而解决问题，让学生在此过程中学会质疑，不断地提升数学思维的层次.

质疑是调动学生积极思维的“催化剂”，而质疑的前提是发现问题. 没有问题，也就难以诱发和激起求知欲望，感觉不到问题的存在，也就不会去深入思考. 质疑源于思考，它是学生主动学习的重要环节. 一个问题的提出往往需要时间和空间，只有留给学生充足的时间和空间，学生才能发现问题和提出问题. 在课堂教学中，教师要给学生提供质疑问难的机会，留给学生质疑问难的时间和空间，让学生慢慢地学会质疑，在质疑中学会数学思考.

4　结束语

学生学习数学的本质特征是“思考”，数学教学的重要目标就是培养学生的思考能力，让学生学会数学地思考. 在数学教学的过程中，教师要站在“一切为了学生的终身发展”的高度，从促进学生的数学思考的角度出发，提升情境创设、学生活动、知识建构、问题探索和练习设计等环节的思维含量，积极引发学生的数学思考，留给学生更多的数学思考的空间和机会，努力让学生始终沉浸在“理智的挑战、认知的冲突、心灵的震撼和无言的感动”之中，使数学课堂成为学生发现问题、思考问题、寻求解决问题途径的发源地，真正实现回归理性，走向高效.

执笔：毛锡荣　钱军先

凸显数学的思维过程　促进学生的长效发展

现行的数学教材基本上是按形式逻辑的要求展开的，所呈现的内容及其表述绝大部分是演绎论证，在一定程度上掩盖了发现这些数学知识的原始思维过程，如问题的发现过程、概念的形成过程、方法的思考过程、规律的揭示过程以及各种计算方法的逐步演变和优化过程等.即使有些教材对发现问题的客观背景能够有所揭示，但也仅仅是平铺直叙，让人感觉来得一帆风顺，而缺少尝试、曲折、反复以及思维形式的多样和复杂的过程.这给学生学习这些知识带来了许多困难，或是看不懂，或是难于理解，导致对所学的内容只知其然而不知其所以然，影响了对相关知识、方法、思想的体会和掌握以及学习的热情.

解决这一问题的有效办法是教师站在学生的视角，学会运用学生的思维方式思考，在实施教学时能够充分向学生展示数学思维的过程，努力架设起学生的思维活动和专家的思维活动之间的桥梁，成功地实现专家的思维活动、教师的思维活动与学生的思维活动的和谐统一.因此，教师一方面要熟悉思维规律，全面地对所讲授的内容进行深入的思维过程的分析和思维层次的安排，寻求或者模仿发明、发现这些数学知识和方法时的原始思维过程；另一方面要努力尝试与学生一起走入学生的原有经验，在学生已有的思维水平上展开教学，顺着学生的思维前行，让学生在思维的水到渠成中掌握新的数学知识、数学思想和数学方法，从而降低学习新知的难度，提高学习新知的效果.下面笔者结合教学实践谈一些认识和体会，供大家参考.

1　还原专家的思维活动过程，完成知识和方法的有效建构

数学教学中存在着三种思维活动：一是专家的思维活动，通常以演绎的形式将繁杂的思维过程处理成凝练的思维结果，以书面语言为载体出现在课本上；二是教师的思维活动，以教案、板书、语言等为载体呈现在课堂上；三是学生的思维活动，以答问、作业等形式反映出来.教学的过程就是学生在教师的指导下，学习专家的思维活动的过程.学生学习的思维过程应该与专家的思维过程（即数学知识的发现过程）同步，只有这样才能保证学生思维结构的形成和发展，使其愈来愈和专家的思维结构相似.这种同步和相似结构对于培养具有独立提出问题、解决问题的能力以及具有创新意识和创

造能力的人才显得尤为重要.

案例1 “二项式定理”一课的教学片断

师：在初中阶段学习多项式的乘法时，我们得到了完全平方公式和完全立方公式，同学们还记得这两个公式吗？

生众：$(a+b)^2=a^2+2ab+b^2$，$(a+b)^3=a^3+3a^2b+3ab^2+b^3$.

师：我们自然会想到更一般的问题，请同学们说出这个一般性问题.

生众：$(a+b)^n$ 展开后是什么？

师：很好！要注意 n 是正整数. 如何解决这个问题呢？请谈谈你们的想法.

生众：先猜后证. 先根据 $n=2,3,4$ 时的展开式，观察它们的规律，猜测出 $(a+b)^n$ 的展开式，再进行证明.

师：由特殊到一般，由具体到抽象，是我们研究问题的一种基本方法. 请按照这个方法试一试.

[学生计算 $(a+b)^4=(a+b)(a+b)^3=(a+b)(a^3+3a^2b+3ab^2+b^3)=a^4+4a^3b+6a^2b^2+4ab^3+b^4$，结合 $n=2,3$ 的展开式，似乎发现了一些规律，但对 $(a+b)^n$ 展开后是什么，仍感到困惑.]

师：大家猜出展开式是什么了吗？

生1：(有点沮丧)还没有，但我猜测 $(a+b)^n$ 展开式的每一项都是 n 次的，有 $n+1$ 项，系数具有对称性. 但系数究竟是什么还不清楚.

师：不错！虽然还没有完全解决，但已经有了很大的收获. 为避免字母的干扰，把 $n=2,3,4$ 时展开式的系数抽出来，排成三列，能发现什么规律？

生2：两端都是1，中间的系数是上方两个数的和.

师：非常好！我们在无意中穿越时空，得到了1000多年前我国古代数学家同样的一个发现. 请看大屏幕：(投影)

$$
\begin{array}{ccccccccccc}
 & & & & 1 & & 1 & & & & \\
 & & & 1 & & 2 & & 1 & & & \\
 & & 1 & & 3 & & 3 & & 1 & & \\
 & 1 & & 4 & & 6 & & 4 & & 1 & \\
1 & & 5 & & 10 & & 10 & & 5 & & 1 \\
 & \cdots & & & & & & & \cdots & &
\end{array}
$$

(介绍“杨辉三角”，略)

师：有点遗憾的是，尽管对于任意的自然数 n，通过杨辉三角形都可以写出 $(a+b)^n$ 的展开式，但还没有找到它统一的表达式. 直到1664年冬，一名伟大的物理学家和著名的数学家牛顿，才利用排列组合的原理，彻底解决了这个问题.牛顿是怎么解决这个问题的呢?

(学生茫然)

师:华罗庚先生曾说过:"善于'退',足够的'退','退'到最原始而不失重要的地方,是学好数学的一个诀窍."这是我们解决和探究数学问题的一种重要指导思想.有时为了认清数学问题的本质,我们需要退回到数学问题的起点,寻找数学问题之间的联系.

在我们试图从 $n=2,3,4$ 时的展开式出发,归纳猜想一般性结论时,已经运用了以退为进的思想了,但还没有成功.是否有别的"退"的途径呢?

(学生茫然)

师:我们能否从 $n=2,3,4$ 时展开式的生成过程来思考?先来看完全平方公式 $(a+b)^2=a^2+2ab+b^2$,这个展开式是怎么得到的?

生众:$(a+b)^2=(a+b)(a+b)$,再利用多项式乘法运算法则得到的.

师:很好!多项式乘方的本质是多项式自乘,其展开式是利用多项式乘法运算法则得到的,这样我们就从另一个途径"退"到最原始的地方了.

师:我们一起来分析 $n=3$ 时的情形.投影给出:

$(a+b)^3=(a+b)(a+b)(a+b)=\cdots=a^3+3a^2b+3ab^2+b^3$.

师:从中能发现每一项系数的形成规律吗?

生3:a^2b 是两个 a 和一个 b 相乘得到的,这两个 a 和一个 b 分别来自三个括号,三个括号中两个选 a 一个选 b.

师:为什么系数是3?

生4:用组合数表示系数为 $C_3^2\cdot C_1^1=3$.

师:很好,从选 a 的角度考虑,系数就是 C_3^2,余下的都选 b(一种情况,C_1^1 可以省略);如果从选 b 的角度考虑,系数是 C_3^1,余下的都选 a.习惯上按照组合数的上标依次递增.

师:请用组合数的形式写出 $n=2,3,4$ 时的展开式.

(学生用组合数的形式写出 $n=2,3,4$ 时的展开式.教师巡视,个别指导.)

师:通过上述探索,能否得到一般情况下的展开式呢?如何得到?

生5:$(a+b)^n=(a+b)(a+b)^{n-1}=a^n+C_n^1a^{n-1}b+C_n^2a^{n-2}b^2+\cdots+C_n^{n-2}a^2b^{n-2}+C_n^{n-1}ab^{n-1}+b^n$.

(教师板书)

师:要不要证明?为什么?

生众:由归纳猜想得到的结论不一定正确,要说明其正确性,就必须证明.

二项式定理是代数学最基本的内容之一，在数学发展史上占有重要地位，有着丰富的内涵和悠久的历史. 但是由于二项式定理在中学中的课时少，高考中占的分值较低，不少教师在教学时往往只注重形式，把二项式定理作为展开二项式的一个工具，让学生会机械地用它来做题就可以了，这种功利性的教学忽略了二项式定理更深层次的内涵和意义，使学生对二项式定理的发生和发展的过程一知半解，在整个教学关键处学生存在认知障碍，影响学生理解数学. 上述案例中，教师选用的内容全都源于教材，只是把教材中省略的专家的思维过程“还原”了，让学生经历了二项式定理形成和发现的真实过程，学会了科学合理的数学思维方法. 通过创设递进式的问题情境，激发了学生探究学习的欲望，利用预设的问题，引导学生像科学家当年推导发现二项式定理那样进行探索发现，不仅使学生了解了知识和方法的来龙去脉，完成了知识和方法的有效建构，而且有效地激发了学生探究学习的兴趣，培养了学生的数学思考、理性思维和科学发现的能力，使学生在学会知识的同时学会了学习.

2 展示教师的思维活动过程，实现重点和难点的有效突破

数学家萧荫堂认为：有时教授备课不足，笨手笨脚地算错了数，从他搔着首、念念有词的改正中，反而可以看出他的思路，真正学到些东西. 可见，展示教师的教学思维活动，关键是教师要蹲下身来与学生一起展开由未知到已知的探索活动，在探讨问题的过程中，边想、边讲、边写；当思维受阻时，再及时地改变思路，重想、重讲、重写. 教师要不断地在课堂上把自己置于危险的境地，引发出自己头脑中的思维火花、瞬时灵感和科学想象，这样可以使学生目睹教师灵感迸发、创意涌出的全过程，把学生不自觉地引向探讨问题的真实情境中，吸引到问题解决和发现创造的过程中来，了解教师是如何思考问题、如何创造性地得出结论，从而获得有益的启发，学会合理地联想、科学地思维，有效地解除学习的障碍，突破认知的难点.

案例 2 “椭圆的习题课”的教学片断

师：前面，我们学习了椭圆，了解了椭圆的定义、标准方程和几何性质，今天，我们上一节习题课，研究椭圆的有关知识在解决数学问题中的应用. 请大家先来思考下面这个问题：

问题：已知点 $A(2,2)$，设 F 为椭圆 C：$\frac{x^2}{25}+\frac{y^2}{9}=1$ 的右焦点，M 是椭圆上一动点，求 $AM+\frac{5}{4}MF$ 的最小值，并求此时 M 点的坐标.

师：要求最值，基本的思路是什么？

生众：建立目标函数，转化为求函数的最值.

师：很好！对于本题，能否建立目标函数？如何建立呢？

生 1：设 $M(x,y)$ 是椭圆上任意一点，则有：$AM+\frac{5}{4}MF=\sqrt{(x-2)^2+(y-2)^2}+\frac{5}{4}\sqrt{(x-4)^2+y^2}$，再利用$\frac{x^2}{25}+\frac{y^2}{9}=1$，将其转化为一元函数的最值问题.但要代入消元，有困难.

师：可否转化为三角函数求最值？

生 2：设椭圆 C 上任一点 M 的坐标为$(5\cos\theta,3\sin\theta)$，则 $AM+\frac{5}{4}MF=\sqrt{(5\cos\theta-2)^2+(3\sin\theta-2)^2}+\frac{5}{4}\sqrt{(5\cos\theta-4)^2+(3\sin\theta)^2}$.

师：最值能求吗？

众生：不太好求！

师：怎么办呢？大家有什么想法？

（学生困惑）

师：观察 $AM+\frac{5}{4}MF$，思考下列问题：(1) 点

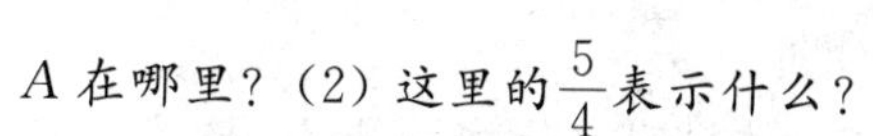

A 在哪里？(2) 这里的$\frac{5}{4}$表示什么？

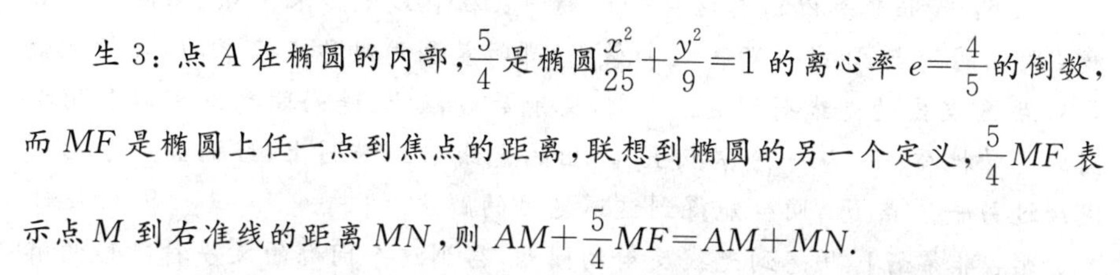

生 3：点 A 在椭圆的内部，$\frac{5}{4}$是椭圆$\frac{x^2}{25}+\frac{y^2}{9}=1$的离心率 $e=\frac{4}{5}$的倒数，而 MF 是椭圆上任一点到焦点的距离，联想到椭圆的另一个定义，$\frac{5}{4}MF$ 表示点 M 到右准线的距离 MN，则 $AM+\frac{5}{4}MF=AM+MN$.

师：画出图形看一看，你现在有什么想法？

生 3：从图形得知：当 AM,MN 共线时，$AM+\frac{5}{4}MF$ 最小，即 A 点到右准线的距离为 $AM+\frac{5}{4}MF$ 的最小值，此时过 A 点作右准线的垂线与椭圆的交点为所求的 M 点.

（解答由学生完成）

师：此题我们从观察入手，发现“特征数值$\frac{5}{4}$是椭圆的离心率的倒数”这一隐含条件，联想到椭圆的第二定义，从而使问题获得解决.

追问：通过这道题的求解，你有什么体会？若没有$\frac{5}{4}$，还能求最小值吗？

即题目改为：已知点 $A(2,2)$，设 F_2 为椭圆 $\frac{x^2}{25}+\frac{y^2}{9}=1$ 的右焦点，M 是椭圆上一动点，求 $AM+MF_2$ 的最小值，并求取得最小值时 M 点的坐标.

引导学生分析：MF_2 是椭圆上的点 M 到右焦点的距离，联想到点 M 到左焦点 F_1 的距离，连结 MF_1，有 $MF_1+MF_2=2a=10$，则有 $MA+MF_2=AM-MF_1+2a$.

生 4：噢，$\triangle AMF_1$ 中两边之差 $AM-MF_1$ 小于第三边 AF_1，当 M,A,F_1 三点共线时，$AM-MF_1$ 有最大值，不是最小值.

生 5：$\triangle AMF_1$ 中两边之差 $AM-MF_1$ 小于第三边 AF_1，应该加上绝对值，即 $-AF_1\leqslant AM-MF_1\leqslant AF_1$.

这样，左边代入是最小值，右边代入是最大值.

所以，此题的解法为：连结点 A 和左焦点 F_1，得到直线 AF_1 与椭圆交于 M_1,M_2 两点(图略)，求得点 M_1,M_2 的坐标. 当点 M 取 M_1 时，$AM+MF_2$ 有最小值 $10-2\sqrt{7}$；当点 M 取 M_2 时，$AM+MF_2$ 有最大值 $10+2\sqrt{7}$.

生 6：我想到一种方法，要在椭圆上找一点 M 使 $AM+MF_2$ 最小，只要想到，从点 F_2 发出的光线射到椭圆上，反射后经过点 A，而反射点就是所求的点.

师：你是怎样想到这个解法的呢？

生 6：我联想到以前有这样一道题目：在直线 l 上求一点 P，使其到直线 l 同侧的两点 A,B 的距离之和最小. 那时是利用对称点来求的，实际上就是从点 A 发出的光线射到直线 l 上，反射后过点 B. 进而联想到可以利用椭圆的光学性质——从一个焦点 F_2 发出的光线射到椭圆上，经椭圆反射后一定经过另一焦点 F_1，同样能得到这道题目的解法.

师：非常好！联想到光线反射的问题，得到这个问题的又一种巧妙的解法. 看来，学会联想，对数学解题来说太重要了！

简明的教学环节如剥茧抽丝，由环环相扣又层层递进的问题串引导学生展开数学思考，这个过程也是充分展示教师自己思维的过程. 层层递进的问题串，其实是告诉学生对这个问题，教师自己是怎么想的，这比直接讲解这道题怎么做更重要. 教师在展示自己思维的过程中，通过设问和追问，引领学生思考，启迪学生思维，让学生自己说出对问题的想法和解决问题的思路，这样一方面可以吸引学生的注意力，让学生尽可能多地参与到课堂共建中来，而不是觉得课堂仅仅是教师一个人的"独角戏"；另一方面，给学生一个很直观的感受就是：学生的思维与教师的思维贴近，有助于学生跟上教师的思路，清楚地发现自己容易犯错的地方，通过认真听课，更好地理解教师解决这类型问题时的思维方法，进而自然地将这个过程潜移默化地迁移到自己的解题过程中来，悟出对同一类问题的处理方法，并知道面对这类问题时应该如何入手、怎样思考，从而有效地掌握解决这一类问题的思维方法.

3　暴露学生的思维活动过程，促进学生认知的深化与理解

数学教育学家(苏)斯托利亚尔指出：数学教学是数学活动(思维活动)的教学，而不仅是数学活动的结果——数学知识的教学. 也就是说，数学教学不仅要反映数学活动的结果，而且还要善于暴露得到这些结果的思维活动的过程，教师的思维过程最终也代替不了学生自己的思维过程. 只有让学生亲自经历探索的曲折过程，使思维带有悬念色彩，才能增添学习的兴趣，从而成为“有意义的学习与保持”. 因此，要不断增强课堂活动的开放程度，引领学生主动地参与教学活动的过程中，抓住思维的启动、过程和诱因，创设广阔的思维空间和智力背景，给学生提供观察、操作、表达、思考、交流、表现等机会，使学生在开放的思维活动中获取知识，并借以训练和发展相应的数学能力.

案例 3　必修 5 阶段测试讲评课的教学片断

在高一数学必修 5 教学内容结束后进行的一次阶段测试中，有这样一道试题：

已知函数 $f(x)=\begin{cases}(3-a)x-3, & x\leqslant 7,\\ a^{x-6}, & x>7.\end{cases}$ 若递增数列 $\{a_n\}$ 满足 $a_n=f(n)$ $(n\in\mathbf{N}^*)$，则实数 a 的取值范围是________.

根据数列单调性的意义，可得如下解法：因为 $a_n=f(n)(n\in\mathbf{N}^*)$，并且 $\{a_n\}$ 是递增数列，所以函数 $f(x)=\begin{cases}(3-a)x-3, & x\leqslant 7,\\ a^{x-6}, & x>7\end{cases}$ 在 $[0,+\infty)$ 上为单调递增函数，从而实数 a 应满足 $\begin{cases}3-a>0,\\ a>1,\\ f(7)<f(8),\end{cases}$ 解不等式组得实数的取值范围是 $(2,3)$.

但是，许多同学给出的答案是 $\left(2,\dfrac{9}{4}\right)$. 问题出在哪里呢？这些同学在求解这道题时是怎样思考的呢？为了弄清这个问题，在试卷讲评时，笔者组织了交流活动，让学生充分地暴露自己的思维过程，从中了解学生解题错误的根源，然后进行有针对性的纠正，深化学生的认知和理解，取得了较好的教学效果.

生 1：要使数列 $\{a_n\}$ 是递增数列，一方面需使分段函数 $f(x)$ 在两个区间

上分别单调递增,即满足$\begin{cases}3-a>0,\\a>1;\end{cases}$另一方面,还需在临界点 $x=7$ 处满足 $7(3-a)-3<a^{7-6}$,从而可以解得 $2<a<\frac{9}{4}$.

(原来学生受函数单调性的影响,只注意到了数列单调性与函数单调性的联系,而忽略了数列单调性与函数单调性的区别.)

师:若把问题改为函数 $f(x)=\begin{cases}(3-a)x-3, & x\leqslant 7,\\a^{x-6}, & x>7\end{cases}$ 在$[0,+\infty)$上为单调递增函数,则实数 a 的取值范围是什么呢?

生 2:和生 1 的解法一样,结果也是 $2<a<\frac{9}{4}$.

师:上述两个问题有区别吗?

生 3:两个问题的定义域不同,第一个问题是指在一些孤立点$(n,a_n)$$(n\in\mathbf{N}^*)$呈现单调递增,而第二个问题是指由两段连续函数的图象组成的新图象呈现单调递增,它们应该有区别才对啊!

师:很好!既然两个问题是有区别的,那么反思生 1 和生 2 的解法,有什么不恰当的地方?应该怎么纠正?

生 4:生 2 的解法是对的,生 1 的解法忽略了数列单调性与函数单调性的区别.由 $3-a>0$,可得数列$\{a_n\}(n=1,2,3,4,5,6,7)$是单调递增数列;由 $a>1$,可得数列$\{a_n\}(n>7,n\in\mathbf{N}^*)$是单调递增数列,为使数列$\{a_n\}$是单调递增数列,只需 $7(3-a)-3<a^{8-6}$ 即可,从而可得正确答案为 $2<a<3$.

生 5:根据数列单调性的特点,原问题只要由 $a_6<a_7<a_8<a_9$ 求出 a 的范围即可,结果是一样的.

师:非常好!生 4 和生 5 的解法揭示了数列的单调性与函数的单调性之间微妙的差异.数列是一种特殊的函数,数列的单调性与函数的单调性既有联系又有区别,只有弄清了它们间的联系和区别,在解题中才能不出差错.请同学们思考这样的问题:怎样证明数列$\{a_n\}(n\in\mathbf{N}^*)$是单调递增数列?

生 6:只要证明 $a_{n+1}>a_n$ 对一切 $n\in\mathbf{N}^*$ 都成立就行了.

师:很好!有这样一个问题,请同学们完成.已知数列$\{a_n\}$的通项公式为 $a_n=\frac{1}{n+1}$,前 n 项和为 S_n,若对任意的正整数 n,不等式 $S_{2n}-S_n>\frac{m}{16}$ 恒成立,则常数 m 所能取得的最大整数为________.

上述案例中,教师既没有组织大量的题目让学生操练,也没有滔滔不绝的讲解和分析,而是通过提出一个典型的问题,让学生进行探究,并及时捕

捉学生思维的困惑和障碍，利用学生暴露出的错误思维，鼓励其开展探索活动，并在更高的层次上引领学生继续思考. 教师站在学生的立场上，抓住数列的本质特征和学生产生错误的根源，循着学生的思维轨迹，紧追不舍，不断地由此及彼，由浅入深，思路越探越清，问题越探越明，知识越探越多，学生的思维活动过程完全暴露了出来，不仅加深了对等差数列性质的认识和理解，而且从中迸发出创新的火花，体验了成功的快乐，调动起发自内心的学习和探究新知的积极性，培养了学生的问题意识，孕育了学生的创新精神，让我们真切地感受到了学生思维的激流涌动，使课堂真正地成为智慧飞扬的天地.

培养学生良好的思维品质，使学生学会数学地思考和理性地思维是数学教学的重要任务. 在数学教学活动中，教师要善于转变自己的角色，学会站在学生的视角思考问题，设法在专家的思维和学生的思维之间搭建起桥梁，努力实现专家的思维活动、教师的思维活动和学生的思维活动的和谐统一，把课堂变成师生共同提出问题、共同解决问题的阵地，让学生积极主动地学习，促进学生积极地参与课堂探究活动，让学生在自己亲身经历的活动中理解数学知识发生、发展的过程，体验数学知识的应用价值，培养数学学习的兴趣，学会数学学习的方法，全面提高学生的数学素养，从而为学生的终身发展奠定坚实的基础.

执笔：毛锡荣

例谈稚化思维的教学策略

在教学活动中，教师扮演着双重角色，一方面要扮演"教"的角色，担任学生的指导者和领路人；另一方面要能以学生的年龄特征、知识现状和生活实际为前提，以学生的眼光去审视将要学习的内容，扮演"学"的角色，和学生一道成为新知识、新技能的探求者. 但在实际教学中，不少教师习惯于以"先知先觉"者自居，擅长于扮演专家的角色，总是站在自己的角度来考虑问题和设计教学，脱离学生的认知规律，严重地影响教学效益的提高. 教师稚化自己的思维，促进学生积极参与课堂活动，成为数学教学中一个值得深入探讨的课题.

所谓稚化思维，就是教师把自己的外在权威隐藏起来，教学时不以一个知识丰富的专家自居，而是将自己的思维降格到学生的思维水平，有意识地退回到与学生相仿的思维状态，把熟悉的当成陌生的，把再次授课当成首次接触，设身处地地揣摩学生的学习过程和思维活动，有意识地生发出一种陌生感和新鲜感，以与学生同样的好奇心、同样的求知欲、同样的认知兴趣、同样的学习情绪、同样的思维情境、同样的探究行为和学生一起寻找攻克难关的对策，完成教学的和谐共创，从而达到与学生的思维保持"同频共振"的一种教学艺术.

稚化思维就其实质而言，是教师在教学中要善于思维移位，能够换位思考，有意识地返回与学生相仿的思维势态，把思维的触角深入学生思维的领地，运用学生的思维方式分析和思考问题，尽量放低教学的起点，从学生的最近发展区设计问题，激发学生的兴趣，引起学生的共鸣，促进学生积极主动地参与课堂教学活动，达到因势利导、强化教学效果的目的. 那么，在数学教学活动中，教师怎样稚化自己的思维，实现与学生在思维上的同步、心理上的共鸣呢？下面笔者结合教学实践谈一些认识和体会，供大家参考.

1 想学生之所想，以利其想

教学中，学生在想什么，是怎样想的？这是教师必须时刻关注的问题. 在进行教学设计时，教师要有心理换位意识，以学生的眼光审视教学内容，思考学生在学习过程中可能遇到的障碍，做到心中有数. 学生听老师讲课时，往往有很多想法，如果他们能自己将这些想法提出来，当然很好，但由于种种主客观原因，当他们未能暴露自己的想法时，就需要教师洞察他们的心理，及时探测和巧妙地点出他们之所想，更好地实现师生心灵的沟通，达到思维“同频”，引起教与学的“共振”，从而实现因势利导、强化教学效果的目的.

案例 1　“函数的单调性(2)”的教学片断

师：上节课，我们研究了函数的一个重要性质——单调性，请大家回忆一下：函数的单调性是怎样定义的？

[生众回忆并口述定义(略).]

师：请大家考虑下面的问题：已知函数 $f(x)=\begin{cases}(1-3a)x+2, & x<1,\\ -x^2+ax-2, & x\geqslant 1\end{cases}$ 是 $(-\infty,+\infty)$ 上的减函数，求实数 a 的取值范围.

师：怎么解决这一问题呢？哪位同学说说看？

生 1：因为函数 $y=f(x)$ 在 $(-\infty,+\infty)$ 上是减函数，所以函数 $y=(1-3a)x+2$ 在 $(-\infty,1)$ 上是减函数，并且函数 $y=-x^2+ax-2$ 在 $[1,+\infty)$ 上是减函数，所以 $\begin{cases}1-3a<0,\\ \dfrac{a}{2}\leqslant 1,\end{cases}$ 解得 a 的取值范围是 $\left(\dfrac{1}{3},2\right]$.

师：生 1 由题目条件，得出实数 a 所满足的不等式组，解不等式组求出了 a 的取值范围是 $\left(\dfrac{1}{3},2\right]$. 大家认为怎么样？有不同想法吗？

大多数同学与生 1 的想法类似，都得出了“$\dfrac{1}{3}<a\leqslant 2$”的结果，但有个别同学提出了疑问.

生 2：我感到有点疑问，但说不清问题出在哪里.

师：“函数 $f(x)=\begin{cases}(1-3a)x+2, & x<1,\\ -x^2+ax-2, & x\geqslant 1\end{cases}$ 是 $(-\infty,+\infty)$ 上的减函数”与“函数 $y=(1-3a)x+2$ 在 $(-\infty,1)$ 上是减函数，并且函数 $y=-x^2+ax-2$ 在 $[1,+\infty)$ 上是减函数”是一致的，有没有问题呢？

生 3：好像有问题，它们之间有差异. “函数 $y=(1-3a)x+2$ 在 $(-\infty,1)$ 上是减函数，并且函数 $y=-x^2+ax-2$ 在 $[1,+\infty)$ 上是减函数”不能保证“函数 $f(x)=\begin{cases}(1-3a)x+2, & x<1,\\ -x^2+ax-2, & x\geqslant 1\end{cases}$ 是 $(-\infty,+\infty)$ 上的减函数”.

师：能举例说明吗？哪位同学试试看？

生 4：函数 $y=-x-1$ 在 $(-\infty,1)$ 上是减函数，且函数 $y=-x+1$ 在 $[1,+\infty)$ 上是减函数，但函数 $f(x)=\begin{cases}-x-1, & x<1,\\ -x+1, & x\geqslant 1\end{cases}$ 在 $(-\infty,+\infty)$ 上不

是减函数.

师：为什么？

生 4：画出图象就清楚了！

师：非常好！函数的单调性具有显著的图形特征，我们要学会结合图形加以分析.怎样解决我们开始提出的问题呢？

生 6：画出函数 $f(x)=\begin{cases}(1-3a)x+2, & x<1,\\ -x^2+ax-2, & x\geqslant 1\end{cases}$ 的图象，可以发现，a 除了要满足 $\begin{cases}1-3a<0,\\ \dfrac{a}{2}\leqslant 1\end{cases}$ 外，还要满足 $(1-3a)\times 1+2\geqslant -1^2+a\cdot 1-2$，即 a 要满足 $\begin{cases}1-3a<0,\\ \dfrac{a}{2}\leqslant 1,\\ (1-3a)\times 1+2\geqslant -1^2+a-2,\end{cases}$ 解得 a 的取值范围是 $\left(\dfrac{1}{3},\dfrac{3}{2}\right]$.

这道题对教师来说是很简单的，但对刚学过函数单调性的高一学生而言，却有一定难度.教师在行间巡视时发现，好多同学的解法都跟生 1 类似，问题出在哪里呢？学生是怎么想的？这里笔者没有按照自己的思路直接讲解，而是让学生充分发表意见，认真倾听学生的想法，顺应学生的思维，让学生在思考和交流中寻找问题的症结，在水到渠成中由学生自己解决了问题.实践证明，只有想学生之所想，教师才能随时把握学生思维的脉搏，更好地实现与他们心理上的沟通，开启学生的思维，深化对所学知识的认识和理解.

2 惑学生之所惑，以利解惑

教师在课堂上常会碰到这样的情况：有些学生突然表情凝重，思维出现了"疙瘩"，产生了"疑惑".此时，若教师对学生思维中出现的"疑惑"不及时排除，必然造成他们心理上的不和谐，成为他们继续思考、继续学习的障碍.因此，教师要从学生的心智状态出发，将自己的思维退化到学生的思维势态，采取适当的措施，疑其所疑，惑其所惑，根据学生可能出现的疑惑来确定教学难点，或根据教学需要，蓄意制造引起疑惑的思维环境，通过设疑—析疑—释疑的过程，达到释疑解惑、优化教学的目的.

案例 2 "任意角的三角函数"的教学片断

师：在初中我们通过锐角三角形的边角关系，学习了锐角的正弦、余弦、正切等 3 个三角函数.请回忆：这 3 个三角函数分别是怎样规定的？

学生口述后教师投影展示，教师根据投影进行强调：

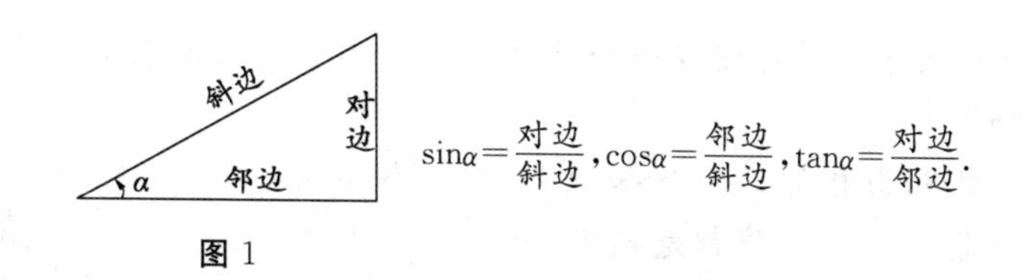

$$\sin\alpha=\frac{对边}{斜边},\cos\alpha=\frac{邻边}{斜边},\tan\alpha=\frac{对边}{邻边}.$$

图 1

师：我们已经把锐角推广到了任意角，锐角的三角函数概念也能推广到任意角吗？试试看，可以独立思考和探索，也可以互相讨论！

（留时间让学生独立思考或自由讨论，教师参与讨论或巡回对学困生进行启发引导.）

师：能推广吗？怎样推广？

（针对刚才的问题点名让学生回答. 用角的对边、邻边、斜边比值的说法显然是受到阻碍了，由于前面已经以直角坐标系为工具来研究任意角了，学生一般会想到继续用直角坐标系来研究任意角的三角函数.）

师：请同学们用直角坐标系重新研究锐角三角函数的定义！

师生共做（学生口述，教师板书图形和比值）：

把锐角 α 放在直角坐标系中，在角 α 的终边上任取一点 P，作 $PM\perp x$ 轴，垂足为点 M，构造一个 $\mathrm{Rt}\triangle OMP$，则 $\angle MOP=\alpha$（锐角）. 设 $P(x,y)(x>0,y>0)$，α 的邻边 $OM=x$、对边 $MP=y$、斜边 $OP=r$.

根据锐角三角函数的定义用 x,y,r 列出锐角 α 的正弦、余弦、正切这 3 个比值：

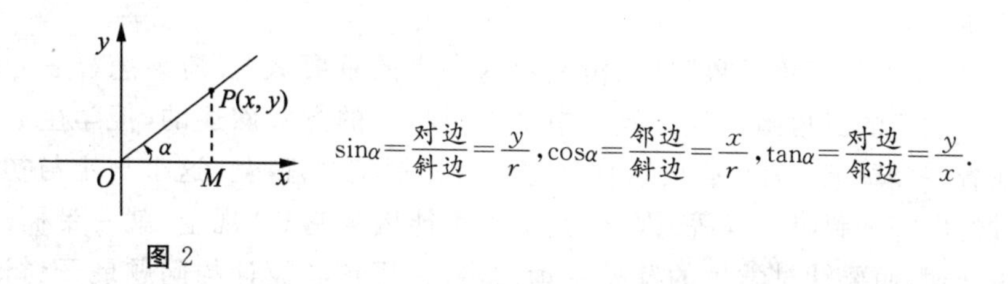

$$\sin\alpha=\frac{对边}{斜边}=\frac{y}{r},\cos\alpha=\frac{邻边}{斜边}=\frac{x}{r},\tan\alpha=\frac{对边}{邻边}=\frac{y}{x}.$$

图 2

师：对于确定的角 α，这 3 个比值是否会随点 P 在 α 的终边上的位置的改变而改变呢？

生：可以将点取在使线段 OP 的长 $r=1$ 的特殊位置上，这样就可以得到用直角坐标系内的点的坐标表示锐角三角函数：

$$\sin\alpha=\frac{MP}{OP}=y,\cos\alpha=\frac{OM}{OP}=x,\tan\alpha=\frac{MP}{OM}=\frac{y}{x}.$$

师：上述锐角 α 的三角函数值可以用终边上一点的坐标表示. 那么，角的概念推广以后，我们应该如何对初中学过的三角函数的定义进行修改，将其推广到任意角呢？本节课就研究这个问题——任意角的三角函数.

师：先请同学们考虑这样一个问题：上述3个比值与点 P 在终边上的位置有关吗？

生：如图3，由相似三角形知识知，对于锐角 α 的每一个确定值，3个比值都是确定的，不会随点 P 在终边上的移动而变化.

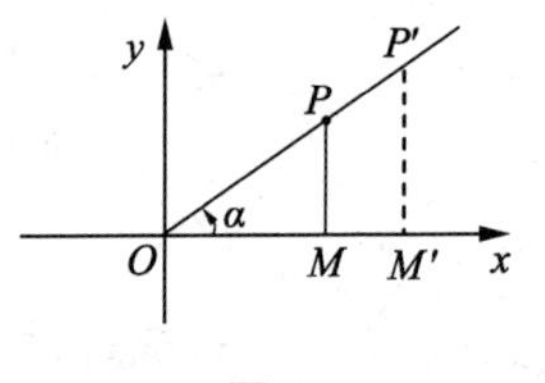

图3

师：结合上述锐角 α 的三角函数值的求法，我们应如何定义任意角的三角函数值呢？

生：只要在角的终边上找到一个点，使这个点到原点的距离为1，然后就可以类似锐角求得该角的三角函数值了.

师：在直角坐标系中，我们称以原点 O 为圆心、单位长度为半径的圆为单位圆. 请大家思考：如何利用单位圆定义任意角的三角函数？

师生共同得出：设 α 是一个任意角，它的终边与单位圆交于点 $P(x,y)$，那么：

(1) y 叫作 α 的正弦(sine)，记作 $\sin\alpha$，即 $\sin\alpha=y$；

(2) x 叫作 α 的余弦(cossine)，记作 $\cos\alpha$，即 $\cos\alpha=x$；

(3) $\frac{y}{x}$ 叫作 α 的正切(tangent)，记作 $\tan\alpha$，即 $\tan\alpha=\frac{y}{x}(x\neq0)$.

生：当 α 是锐角时，此定义与初中学过的定义相同(指出对边、邻边、斜边所在)；当 α 不是锐角时，也能够找出三角函数，因为，既然有角，就必然有终边，终边就必然与单位圆有交点 $P(x,y)$，从而就必然能够最终算出三角函数值.

“任意角的三角函数”是三角函数这一章的重要概念. 应该怎样去合理定义任意角的三角函数呢？教材中是以“规定”的方式叙述的，但学生心中存在着许多疑惑：为什么要这样规定？这样规定合理吗？这个规定与初中学过的内容一致吗？等等. 因此，教学中不能因为它是“规定”就一带而过，简单处理，而要针对学生的疑惑主动出击，运用精心设计的问题展开讨论，帮助学生消除疑惑，达成共识，明确这样的“规定”是对初中定义的合理推进，从而有效地帮助学生深化对这一概念的认识和理解，为进一步学习和研究奠定坚实的基础.

3 难学生之所难，以利克难

有些问题在教师看来似乎很容易，三言两语就可说清楚，但对不少学生来说，学习起来却有一定的困难，存在着较难逾越的障碍. 这时，教师若平铺直叙地讲解，轻描淡写地带过，学生的参与度就会降低，教学效果就会大打折扣. 相反，教师若能退化到学生的思维水平，模拟学生思考问题的方法来认识学生认为的难点，明确学生在概念理解上有什么困难，在思路探求中有什么困难，再以学生的身份和学生一起去探索、钻研，反而能更好地吸引学生的注意力，对学生的思维产生指引和激励作用，从而达到化难为易的效果.

案例3 “等差数列的前 n 项和”的教学片断

师：跟大家讲一个高斯小时候学数学的故事. 高斯，德国著名数学家，被誉为“数学王子”. 200 多年前，高斯的算术老师提出了下面的问题：$1+2+3+\cdots+100=?$

据说，当其他同学忙于把 100 个数逐项相加时，10 岁的高斯却用下面的方法迅速算出了正确答案：$(1+100)+(2+99)+\cdots+(50+51)=101\times50=5050$.

你能说出高斯的算法吗？

生：用的是首尾配对、倒写相加的方法.

师：很好！请大家再考虑下面的问题.

问题：世界七大奇迹之一的泰姬陵坐落于印度古都阿格，传说陵寝中有一个三角形图案，以相同大小的圆宝石镶饰而成，共有 100 层，你知道这个图案一共有多少颗宝石吗？（用多媒体展示三角形图案）

师：图案中，第 1 层到第 51 层一共有多少颗宝石？怎么计算？

生 1：原式 $=(1+2+3+\cdots+50)+51$.

生 2：原式 $=0+1+2+\cdots+50+51$.

生 3：原式 $=(1+2+\cdots+25+27+\cdots+51)+26$.

师：非常好，同学们实际上是用了“化归思想”，将奇数个项问题转化为偶数个项求解.

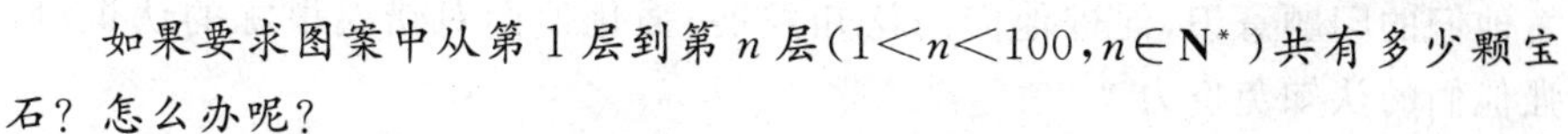

如果要求图案中从第 1 层到第 n 层（$1<n<100, n\in\mathbf{N}^*$）共有多少颗宝石？怎么办呢？

学生通过激烈的讨论后，发现 n 为奇数时不能配对，可以分 n 为奇数和 n 为偶数两种情况求解，再运用“首尾配对求和”的方法.

师：有没有可以避开讨论而直接求和的方法呢？

（生疑惑）

师：（用多媒体演示）如右图，在三角形图案右侧倒放一个与其全等的三角形，将原图补成平行四边形.你从中受到什么启发?

生：噢,我们知道怎么做了. $S=1+2+3+\cdots+(n-1)+n$.

$\because S=1+2+3+\cdots+(n-1)+n$,又 $S=n+(n-1)+(n-2)+\cdots+2+1$,两式相加,得 $2S=(n+1)+(n+1)+(n+1)+\cdots+(n+1)+(n+1)=n(n+1)$, $\therefore S=1+2+3+\cdots+n=\frac{n(n+1)}{2}$.

师：太妙了!这种方法叫作倒序相加法.请大家看下面的问题：在公差为 d 的等差数列 $\{a_n\}$ 中,定义前 n 项和 $S_n=a_1+a_2+\cdots+a_n$,如何求 S_n?

等差数列前 n 项和公式的推导,对教师来说是十分简单的,用倒序相加法可以很方便地得到,但对高一的学生来说,解决这一问题存在着很大的困难,什么是倒序相加法?为什么用倒序相加法?怎样用倒序相加法?他们一无所知.笔者在教学该内容时,充分估计到学生在认知上的障碍,设计了高斯求和及古印度的传说等既生动有趣又充满哲理的问题,进行了大量的铺垫,并借助几何图形的直观性,为倒序相加法的出现提供了一个直接的模型,使学生的思路豁然开朗,公式推导变得水到渠成、轻而易举,实现了对难点的有效突破.

4 错学生之所错,以利纠错

作为学生,在学习中犯一些知识性、方法性的错误是在所难免的,那么如何对待这些错误呢?作为老师,不仅要帮助学生发现错误,纠正错误,还要采取措施,给学生提供对错误追根溯源和自查自纠的机会,以达到少出差错的目的.在教学中,教师可针对学生学习中容易发生认知偏差的问题,装着浑然不知的样子,提供给学生常见的典型错误,让学生识别或引起争论,展开探究,或者从学生的思维错误入手,让学生充分暴露错误过程,借此激发他们的问题意识,促进他们的认知发展,强化他们对错误根源的认识,增强他们的认知免疫力.

案例 4 “基本不等式的应用”的教学片断

师：上节课学习了基本不等式并初步研究了它的应用,我们布置的作业中有一道题:“若 $a>0$, $b>0$,且 $2a+b=1$,求 $S=2\sqrt{ab}-(4a^2+b^2)$ 的最大值.”同学们有如下两种比较典型的解法(投影显示):

解法 1 $\because 4a^2+b^2\geqslant 4ab$, $\therefore S=2\sqrt{ab}-(4a^2+b^2)\leqslant 2\sqrt{ab}-4ab$,设 $t=\sqrt{ab}$,由 $2a+b=1$,得 $2\sqrt{2ab}\leqslant 1$,故 $0<t\leqslant\frac{\sqrt{2}}{4}$,于是 $2\sqrt{ab}-4ab=2t-4t^2=-4\left(t-\frac{1}{4}\right)^2+\frac{1}{4}$,即 S 的最大值为 $\frac{1}{4}$.

解法 2　$\because 4a^2+b^2\geqslant 4ab$，$\therefore S=2\sqrt{ab}-(4a^2+b^2)\leqslant 2\sqrt{ab}-4ab$，当且仅当 $4a^2=b^2$，即 $2a=b$ 时取等号，又 $2a+b=1$，故当 $a=\frac{1}{4}$，$b=\frac{1}{2}$ 时，S 有最大值$\frac{\sqrt{2}-1}{2}$.

请大家分析一下，上面的解法正确吗？

生 1：我认为解法 1 是错误的，这个解法没有考虑运用基本不等式变形时等号成立的条件. 在不等式 $S=2\sqrt{ab}-(4a^2+b^2)\leqslant 2\sqrt{ab}-4ab$ 中，等号成立的条件是 $2a=b$，而不等式 $2\sqrt{2ab}\leqslant 1$ 中，等号成立的条件为 $\sqrt{ab}=\frac{1}{4}$，也就是说 S 取到最大值必须 $2a=b$ 与 $\sqrt{ab}=\frac{1}{4}$ 同时成立，即 $2a=b=\frac{\sqrt{2}}{4}$，这与已知条件 $2a+b=1$ 矛盾，说明当 $2a=b=\frac{\sqrt{2}}{4}$ 时，对应的 $S=\frac{1}{4}$ 不是最大值.

生 2：我的做法与解法 2 一样，总感觉有些问题，但又看不出问题在哪里.

生 3：解法 2 也是错的，这个解法虽然注意到了等号成立的条件，但忽略了和或积必须是定值的要求. 事实上，当 $a=\frac{1}{4}$，$b=\frac{1}{2}$ 时，$t=\sqrt{ab}=\frac{\sqrt{2}}{4}$，而 $2\sqrt{ab}-4ab=2t-4t^2=-4\left(t-\frac{1}{4}\right)^2+\frac{1}{4}$ 取最大值$\frac{1}{4}$时，对应的 $t=\frac{1}{4}$，两者不吻合.

师：生 2 表达了他对解法 2 的困惑，可能有不少同学也有这样的困惑. 生 1 和生 3 分别指出了解法 1 和解法 2 的问题所在，那么这道题应该怎样解才正确呢？运用基本不等式求最值时怎样才能避免错误的发生呢？

生 4：这是一个多变元最值问题，求值的思路大致有三种：一是运用基本不等式整体处理；二是降元；三是换元. 我的解法是这样的：

由 $2a+b=1$，得 $\sqrt{2ab}\leqslant\frac{1}{2}$. ①　又 $4a^2+b^2\geqslant\frac{(2a+b)^2}{2}=\frac{1}{2}$，②

所以 $S=2\sqrt{ab}-(4a^2+b^2)=\sqrt{2}\sqrt{2ab}-(4a^2+b^2)\leqslant\frac{\sqrt{2}}{2}-\frac{1}{2}$，当 $2a=b$ 时，①② 两式同时取等号，又 $2a+b=1$，故当 $a=\frac{1}{4}$，$b=\frac{1}{2}$，S 有最大值$\frac{\sqrt{2}-1}{2}$.

师：很好！生 4 两次用基本不等式，保证两个不等式的等号成立的条件相同，得到这道题的正确解法.这就告诉我们，运用基本不等式求最值，“一正、二定、三相等”十分重要、缺一不可，解题过程中一定要将这个要求落到实处，认真检查，以防止出错.

学生在运用基本不等式求解有关求最值和范围的问题时常常出错，疑惑也很多，教学中教师虽然反复强调，多次提醒，但效果往往不理想，学生总是一听就懂，一做就错，症结何在呢？笔者在教学这一内容时，改变了以往的做法，没有代替学生思考，而是站在学生的角度，充分利用学生的解题偏差，抓住学生的典型错误，通过提问和追问，引导学生思考和分析、讨论和交流，让学生充分发表自己的见解，和学生共同探索如何改错，使学生在认识错因的基础上纠正错误，从中明确和体会避免错误的方法，有效地提高了教学的效果.

总之，在数学教学活动中，教师要善于转变自己的角色，学会稚化自己的思维，注意站在学生的角度，想学生之所想，难学生之所难，疑学生之所疑，错学生之所错，降低学生的认知难度，把课堂变成师生共同探索发现、共同提出问题、共同解决问题的阵地，使学生积极主动地学习，促进学生积极地参与课堂探究活动，让学生在自己亲身经历的活动中了解数学知识发生、发展的过程，体验数学知识的应用价值，培养数学学习的兴趣，学会数学学习的方法，全面提高学生的数学素养.

执笔：钱军先

学情分析：内涵理解、实践操作和教学思考

以学生为本是新课程的一个重要理念，也是新课程在学习方式上有别于传统教学观的最明显的特征之一. 学生是学习的主人，是课堂上主动求知和探索的主体. “一切为了学生，为了学生的一切”，迫使教师的教学观从对教师“教”的探索转到对学生“学”的探索上来. 越来越多的教师认识到：教学有效与否是针对学生而言的，要提高教学的有效性，就必须从学生的实际出发，从研究学生开始，从准确把握学情开始，根据学生的实际情况设计教学方案，组织教学活动. 搞好学情分析，是实现有效教学的核心和关键.

1　内涵理解

所谓学情分析，是指执教者对施教对象——学生的基本情况的分析和研究，是对学生实际情况(包括学生的知识、经验、思考、智慧、能力、情感等方面)的认识和了解. 它是伴随着现代教学设计理论产生的，是教学设计系统中“影响学习系统最终设计”的重要因素之一，也是现代课堂需要高度关注的问题之一.

现代教学设计理论认为：学习是学习者主动接受刺激、积极思维、知识建构与学习行为等发生持久变化的过程和结果. 学生的基本情况制约着学习的开展和深入，影响着教学目标的达成，认真研究学生的实际需要、能力水平和认知倾向，可以优化教学过程，更有效地达成教学目标，提高教学效率.

现代教学设计理论主张“为学习设计教学”. 任何教学活动都要以满足学习者的学习需要为出发点和落脚点，为学习者服务，以教学活动引导、促进学习者的学习活动，教学设计必须把学习和学习者作为焦点，以帮助每一个学习者有效地学习为主要目的.

现代教学设计理论强调“学情分析应当成为教学设计的依据”. 如果学生的特点能够准确把握，那么大多数学习系统设计中出现的问题都能得到妥善解决. 因此，进行教学设计要以学生为依据，从学生的实际出发，根据学生的需求分析教学内容，选择教学策略，设计教学程序，讲学生所缺，练学生所需，力求使有效学习发生在每一个学生身上.

学情分析是教学目标设定的基础. 没有学情分析的教学目标往往是空

中楼阁，因为只有真正了解学生的已有知识经验和心理认知特点，才能确定其在不同领域、不同学科和不同学习活动中的最近发展区，从知识、技能和能力等方面来科学地阐述和设定教学目标.

学情分析是教学内容分析（包括教材分析）的依据.研究学情是课堂教学预设必须关注的一个方面，进行教学设计，仅仅把握教学目标和内容、分析课程标准和教材是远远不够的，没有学情分析的内容分析往往是一盘散沙或无的放矢，只有针对具体学生才能正确地界定教学内容的重点、难点和关键点.

学情分析是教学策略选择和教学活动设计的落脚点.没有学情分析的教学策略往往是教师一厢情愿的自我表演，因为没有学生的知识经验作为基础，任何讲解、操作、练习、探究、合作、活动和交流等都很可能难以得到落实，学生参与教学活动、开展合作交流的有效性也就难以得到很好的保证.

新课程改革确立了“学生全面发展”的观念，实施教学改革的目的在于使每一位学生都能获得全面、健康、和谐与可持续发展.教学设计是教学工作的开端，实施新课程教学要求教师在进行教学设计时要围绕学生的学而展开，是以学促教，而不是以教促学.课堂教学的目的是促进每一位学生最大可能地发展，抓好学情分析这一环节对于课堂教学将会起到事半功倍的效果.

学情分析的内容主要包括对学生学习起点状态的分析和对学生潜在状态的分析两个层面.对学生起点状态的分析可以从3个维度展开：知识维度，指学生的认知基础；技能维度，指学生已有的学习能力；素质维度，指学生的学习态度、学习习惯、意志品质等.对学生潜在状态的分析主要指学生可能发生的状况与可能的发展，要说明学生已有的知识基础、认知结构，学生的情感和发展需要，学生在知识与技能，过程与方法，情感、态度与价值观方面都能参与到什么程度，达到什么状态，学生的学习习惯是怎样的，适宜采用何种学习方法完成学习任务，学生在课堂教学活动中可能会生成哪些教学资源，等等.

通常情况下，根据教学实际的需要，我们进行学情分析的着力点主要有以下几个方面：

1.1　学生已有经验分析

我们的学生并不是空着脑袋走进教室的，在日常生活中，在以往的学习中，他们已经积累了丰富的知识和经验，而且有些问题即使他们还没有接触过，没有现成的经验，但当问题一旦呈现在他们面前时，他们往往可以基于相关的知识和经验，依靠已有的认知能力，形成对问题的解释.作为教师，我

们必须珍惜学生的已有经验,因为这些经验是他们认识世界的开端,是建构他们对世界新认识的起点,是他们继续学习、深入探求之本.

在课堂教学中,学生已获得的知识与即将获得的知识是密切相关的,学生的学习要建立在已有经验的基础上.若缺乏已有知识和生活经验的停靠点,则无法形成新的认知结构.因此,教师在进行教学设计之前,要对全班学生过去的学习情况进行一次调查,对每名学生以前所学知识的掌握情况有一个综合研究,确切地了解每个学生的学习基础.

在具体备课时,教师要针对本节课或本单元的教学内容,确定学生需要掌握哪些知识,需要具备哪些生活经验,然后分析学生是否具备了这些知识和经验.可以通过单元测验、摸底考试、问卷调查等较为正式的方式,也可以采取抽查、提问或个别交谈等非正式的方式.如果发现学生知识经验不足,一方面可以采取必要的补救措施,另一方面可以适当地调整教学难度和教学方法.

1.2　学生认知能力分析

加涅的学习层次理论指出:学习是累积性的,较复杂、较高级的学习是建立在基础性学习之上的.学习任何一种技能,都是以已经习得的、从属于它们的知识技能为基础的.学生的认知水平是学生达成学习目标的基础.教学设计要遵循教学规律,符合学生的知识建构特点,符合教学原理,要研究学生的知识起点、能力水平,考虑学生的可接受性,把握学生学习的“最近发展区”,力求使教学内容和教学要求适合学生的能力水平,使学生能体验到“跳一跳摘到桃子”的滋味.

只有根据学习者的起点状态进行针对性的教学,才能获得良好的效果.若在教学开始之前将所面对的学习者看作一无所知,忽视对其起点能力的分析,教学内容的确定就会脱离学习者的实际.若将起点定得太高,脱离学习者的实际水平,就会使他们在高难度的学习内容面前望而却步;若将起点定得太低,则会造成时间和精力的浪费,使他们在低水平的内容上做无效的劳动,长此以往,必将导致学习兴趣降低.因此,比较准确地确定学习者的起点能力,可在一定程度上提高教学效率,收到良好的教学效果.

我们在进行教学设计和组织教学时,一定要认真分析学生理解掌握新知识的能力如何,学习新的操作技能的能力如何等因素,据此设计教学任务的深度、难度和广度.经验丰富、能力较强的教师还可以进一步分析本班学生中学习能力突出的尖子生和学习能力较弱的学困生的具体情况,明确个性差异,并因材施教,分层指导,采取灵活的教学策略.

1.3　学生心理特征分析

不同年龄阶段的学生有不同的心理特点、不同的兴趣爱好、不同的认知习惯和不同的思维方式，为了使教学更具针对性和实效性，我们在进行教学内容、教学方法以及教学活动等方面的设计时，首先必须准确地掌握学生的心理发展规律，使其尽可能地符合学生的年龄特点.因此，对学生年龄特点和心理特征的分析也是我们进行学情分析的一个重要环节.

学生学习的心理特点是指对学生学习有关内容产生影响的年龄、性别、认知成熟度、学习动机、情感、意志和气质等因素，这些因素虽然不像已有经验和起点能力那样与教学有直接的关系，但是会影响教师对教学内容、教学方法、教学策略、教学手段以及教学媒体等方面的合理选择和正确运用.

对学生的年龄特点和心理特征分析主要包括不同年龄阶段的学生是擅长于形象思维还是抽象思维，乐于发言还是喜欢思考，善于跟老师合作还是具有逆反情绪，不同年龄的学生有意注意的深度、广度和持久性也不同，还有不同年龄的学生感兴趣的话题也不尽相同，等等.在教学活动中，教师一方面要注意创设生动有趣的问题情境，尽量结合学生的兴趣和爱好展开教学；另一方面要能够根据教学需要进行适当引导，而不是一味地屈尊或者迁就学生的不良嗜好，要将学生的学习兴趣引入正确的轨道.

1.4　学生学习风格分析

一个班级的学生在一起时间长了会形成“班级性格”，有些班级思维活跃、反应迅速，但往往思维深度不够、准确性稍微欠缺；有些班级则较为沉闷，但可能具有一定的思维深度.不同的学生个体也是如此，教师应该结合教学经验和课堂观察，敏锐捕捉相关信息，根据不同学生的不同认知倾向，采用不同的教学策略.

认知倾向也称为认知风格，指的是学习者个体在认知即信息加工和组织的过程中，表现在认知方式方面的稳定的独特倾向，表现在学习者个体对外界信息的感知、注意、思考、记忆和解决问题的方式上.学习过程实际上就是学生对信息的加工、处理、存储的过程，不同认知风格的学习者对于信息的加工、处理方式是有差异的，不同的认知风格会影响学生的学习方式，因而，它是影响教学设计的一个重要因素.

学生的认知风格的表现会因教师的教学风格、教学策略及课堂教学目标和学习内容的类型等因素的影响而有所差异，它可以通过教学来加以培养和调整.在教学活动中，教师应该结合学生的认知风格，根据学生的认知差异不断改进教学法方法和教学策略，调整教学内容和教学目标，努力做到有的放矢.只有这样，才能有助于学生的学习进步，提高教学质量才能真正落到实处.

2　实践操作

我们已经知道,学生的学习都是以以往的学习作为基础的.学情分析就是要找到学生当前学习的起点是什么,并结合学习的目标找到学生当前学习的起点和预期目标之间的差异是什么,这样才能在教学过程中采用更为有效的方法帮助学生更好地发展.所以,对学习者的学情分析是教学起点分析中最重要的内容.那么,开展学情分析的常用方法有哪些,怎样才能科学有效地进行学情分析呢?

2.1　观察法

观察法是指教师在自然(不加控制)状态下,有目的、有计划地通过对学生个体的言语和行为的观察、记录来判断其心理特点的基本研究方法.观察法在教育、教学和心理研究中有着广泛应用.它要求教师要做有心人,在日常生活和学习活动中,要注意留心观察学生,养成关注学生的习惯,要充分认识到,许多珍贵的第一手资料都是可以通过观察而获得的.

2.2　谈话法

在与学生正式或非正式的交往中,要善于捕捉有利时机,和学生进行个别谈话、小组交流,一方面可以增进师生间的感情,使学生感到教师平易近人,因而愿意向你袒露自己的心声,喜爱你所任教的学科;另一方面,教师可以从中充分地了解学生的兴趣爱好、个性特征、学习方式和学习习惯等方面的基本信息,从而更好地了解学生,掌握学情.

2.3　资料法

资料法也是了解学情和进行学情分析所普遍使用的方法.它的特点是通过已有的文字记载材料间接地了解、研究学生已发生的事件或固定的基本情况.这里的文字记载材料包括档案、笔记本、练习本、作业、试题、班级日记、周记、成绩单等.通过查阅有关资料,可以比较系统地了解学生的学习、生活、思想、个性等方面的情况,并以此作为教育教学的重要依据.

2.4　问卷法

问卷是由教师精心设计的、让学生填写的问题表格,它是直接了解学情的一种方式.问卷有开放式的,即不予限制的,也有封闭式的,如选择题,还有图表式的等.问卷的设计必须体现效度原则,即问卷中的问题应能客观地反映问卷的目的要求,具有鲜明的针对性,要突出主题,简明扼要,易于回答,便于分析.通过对问卷调查得到的材料进行精心分析,掌握学生的基本情况.

2.5 实验法

实验法是有控制的观察，是有计划地控制规定条件或限定(改变)某一条件，观察学生的实际情况，得出在自然状态下了解不到的有用信息，从中验证教师的思考与观点. 在教学过程中，要善于运用实验的方法，全面了解本班学生的学习习惯、学习方式、思维特点、认知倾向等，进而设计出符合特定学生的教学方案，充分发挥教师在教学活动中的主导作用.

我们的教学是为学生的发展服务的，学习活动本身就要基于学生个体的实际情况. 进行学情分析的方法很多，也很灵活，作为教师，只有静下心来细心地观察与思考学生的实际状态，把学情分析当作一项不可或缺的工作来对待，认真地搞好学情分析，才能确立合适的教学起点，进而设计出切合学生的、有层次的、有针对性的学习过程，形成在学生真实现状基础上的学习活动.

3 教学思考

有学者提出：我国中学生的学习动力更多地来自外部控制和外部压力，而不是内在的自主性. 这对于新课程所倡导的自主、自我、主动的学习方式来说，是一个重要的提示. 教学中，不仅仅教材要与学生的心向相匹配，教师也要不断调整教学内容与学生需求之间的关系，及时做出判断，以恰当的形式来调节学生的学习心向，充分发挥新课程的优势. 开展学情分析既是实施新课程教学对我们提出的要求，也是搞好新课程教学的重要因素之一. 为了做好学情分析工作，除了要明确学情分析的意义，了解学情分析的内容，掌握学情分析的方法以外，还必须注意以下几个方面的问题：

3.1 认识开展学情分析的重要性

要使课堂教学有效，就应当对学生做更为深入和具体的分析. 好的教学设计，教学内容的层次感，课堂研讨的核心问题和关键点等都基于对学生的充分了解. 好的构思和创意都有很强的针对性，都需要对学生的基本情况有真切的认识. 关注学情和针对学情的变化来灵活组织教学，是课堂教学艺术的灵魂. 我们都知道，在课堂上，作为教师，我们应面向全体学生，准确地把握学生真实的学习状态，这样才能真正促进学生有效地学习，让他们实现主动发展.

传统的备课中也有对学情的分析，但通常把学情分析简单化. 例如，把对学习者认知基础的分析单纯地理解为知识点的罗列，没有具体分析每一类学生在面临新的教学内容时已经具备怎样的知识结构，可能会有什么困难与障碍，更没有思考解决的对策. 在新课程背景下，基于有效教学理念的学情分析特别强调以生为本，学会学习，增强师生对话，重视学生对教师教学的反馈意见，以提高教学的针对性和可操作性．学情分析是建立在资料的判别或更富于体系色彩的思考基础之上的，是教学预设的依据；学情分析要渗透到教学设计的预想中，成为教学设计开放性的一个保证；充分研究学情，认识教育的规律，才能有针对性地对课堂教学进行合理的预设，从而更好地实现有效教学和高效教学．

3.2　关注开展学情分析的阶段性

学情是在一定时期内相对稳定的关于学生学习的一些情况，它具有恒常性．重要的学情分析应该是从学期初的教学计划拟定阶段就要进行的，在教学工作计划中得以体现的，有时候还有必要形成书面文字．此外，在一定的教学阶段，如一个单元的教学工作结束时，一个大周的工作小结时，都有必要进行学情的分析，对所了解的学生情况做出判断，为教学内容的组织、教学目标的制订、教学活动的设计、教学方法的选择和教学媒体的运用提供可靠的依据．学情分析的一个重要目的就是为了更好地进行教学设计．

教学设计是教师重要的基本功．在信息时代教师获取信息的途径很多，有些可以资源共享，而学情分析必须针对具体的学生，针对每一个学生，教师只能自己去研究．现存的好的教学设计层出不穷，要使好的教学设计变成好课，一定需要了解学情、研究学情、分析学情．教学设计是一门艺术，学情分析更是艺术中的艺术，需要我们不懈地去进行探索和研究．

3.3　开展学情分析要保持灵活性

学情可以在每堂课中由教师随时发现、分析和加以利用．虽然它具有所谓的恒常性，但它的表现是丰富的．学情分析不仅仅是备课过程中需要注意的问题，而且贯穿于整个课堂教学的过程中，在课后的教学反思、作业批改、个别辅导等过程中也需要进行学情分析．传统的备课是施教前的精心设计，一旦物化为教案，就一劳永逸，反复使用．按新课程标准来看，完整的、规范的教学设计应该是教学前的预案加教学中的记录、调适以及教学后的反思，教学设计的精华在于教学中的记录和调适、教学后的反思和升华．

教学中，有时候学生的行为并不符合教师的设计意图，教师要观察、倾听和了解学生的原始理解，发现学生富有创意的闪光点，从而调整教学目标、教学问题、教学流程，完成第二次备课．教学活动不能让活人围绕“死”的教案转，要在适时调整中获得新的发展，在超越预定目标中获得创新．备课不能是定案，只能是预案，预案调适的原则不是教师牵着学生走，而是学生的思维推着教师走，使学生的个性得到充分发展．老师既不扼制学生的想法，又不搁置学生的问题，而是顺着学生的思维探究下去，时时刻刻都体现

"心中有人"的教学理念，实现预设与生成的有效统一.

3.4 学情分析要与教学内容相结合

学情分析不是孤立地分析学生会了什么、不会什么，而应该结合教学内容进行有针对性的分析.学情分析的涉及面很广，在进行教学设计时不必要也不可能对所有方面都做详尽的分析.教师要抓住与教学内容和教学任务关系比较密切的特点进行分析，特别是将重点放在学生是否掌握预备技能的分析上.实际操作中，学情分析有时会出现脱离或偏离教学内容的情况，这是一个值得注意和需要加以克服的问题.对学生的分析决定了对教学内容的取舍、对重难点的确定，基于对教材、对学生的准确分析，才能选择有效的教学方式和教学手段.基于对学情的充分了解而确定教学内容、教学方法，能够充分体现以学生为本的教学理念，能够有效地形成让教师"用教材"教学生"学"的教学方案，从而才能有效地提高教学效果.

作为一名教师，我们常有这样的感觉，如果一节课准备不够充分，走进教室那一刻内心是不安的，走出教室的那一刻虽松了一口气，但却常常为一节不完美的课而耿耿于怀.为了能充满自信地走进课堂，心满意足走出课堂，我们就必须做好充分的准备工作，特别是做好学情分析.在进行学情分析的过程中，也许会遇到这样或那样的困难，但是，我们必须坚信"方法总比困难多""有付出才有回报".只要我们坚持在做好学情分析的基础上，选择、设计吻合学生需求的教学方式，并在教学过程中不断调整和优化教学设计，真正落实"分层要求、尊重差异、以学定教、据学施教"的思想和策略，有效教学和高效教学就一定可以实现.

执笔：邵梦芯　钱军先

精心设计课堂活动　有效突破教学难点

——以“函数的奇偶性”一课的教学为例

函数的奇偶性是继函数的单调性之后函数的又一重要性质.一方面,它从形的角度刻画了函数图象的对称性;另一方面,它又从数的角度刻画了自变量取互为相反数的值时函数值的变化规律.对学生来说,从图象上发现对称性并不难,但要从数的角度理解函数奇偶性的形式化定义就不太容易了.教学实践表明,由于高一学生认知能力的局限性,抽象概括能力薄弱,对建构奇偶性的概念造成了一定的困难,使得“概念的数学化提炼过程”成为教学的一个难点.为数不少的同学在对函数的奇偶性进行研究时,由于对概念的认识不深刻、理解片面而出现这样或那样的错误也是常有的事,教师常抱怨“纠正了多少遍怎么就改不过来呢”.如何精心设计课堂活动,在概念生成上做足功课,在概念理解上下够功夫,从而有效地突破“函数奇偶性形式化定义”这一难点,成为教学中需要着力解决的问题.下面谈谈笔者的实践、认识和体会,供大家参考.

1　在有效对话中促进学生的理性思考

苏格拉底认为:教育是一个对话不断展开的过程,不是知者随便带动无知者,而是师生、生生共同探求真理,对话正是探求真理的有效途径.对学生而言,对话意味着心态的开放,主体性的凸显,创造性的解放;对教师而言,对话意味着上课不仅是传授知识,而且要分享理解;对教学而言,对话意味着参与,即学生、数学教材、教师之间进行一次又一次真情地交流.数学课堂应激发学生的心理矛盾和问题意识,启发学生大胆质疑、认真思考、积极探索,让学生探索规律、发现问题、提出问题、发表见解,使学生在对话过程中实现思维碰撞、学会数学思考,完成对知识、思想和方法的领悟与理解,实现技能提升和思维发展.

教学片断1　师生对话,建构函数奇偶性的概念

师:同学们,前面我们研究了函数的单调性,知道了函数的单调性是研究函数在某一个区间上的变化趋势,从图象上看,就是“上升”还是“下降”的特性.这节课,我们要研究函数的另一个重要性质——奇偶性.

我们还是先从图象上着手,我们知道函数的图象除了具有“上升”和“下降”的特性外，还有“对称”的特性. 这一点，在初中的学习中大家已经有所认识了. 你们能举一些例子说明吗？

生1：二次函数 $y=x^2$ 的图象是一个轴对称图形，y 轴是它的对称轴.

生2：反比例函数 $y=\dfrac{1}{x}$ 是中心对称图形，坐标原点是它的对称中心.

师：你是根据什么来判断它是轴对称图形或是中心对称图形的？

生3：把它们“折”过去，看它是否重合.

以二次函数 $y=x^2$ 为例，学生一边说一边画出图象，用图形演示它是关于 y 轴对称的.

师：在上述演示中，我们注意到 $x\in\mathbf{R}$，如果把它改为 $x\in[-1,3]$，它的图象还关于 y 轴对称吗？

生4：不对称！因为点(2,4)在图象上，而点(2,4)关于 y 轴对称的点(−2,4)不在图象上.

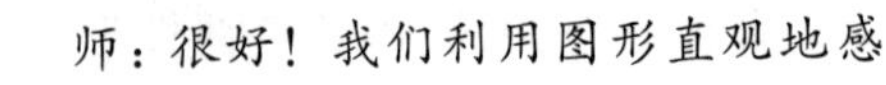

师：很好！我们利用图形直观地感知了函数图象的对称性. 我们能从数量关系的角度来刻画函数的这一性质吗？

学生感到有点困惑. 教师提出下面的问题：记 $f(x)=x^2$，试求下表中的函数值并比较：

x	-3	-2	-1	0	1	2	3
$f(x)=x^2$							

追问：大家发现了什么？

生5：对于 $f(x)=x^2$，有 $f(-3)=f(3)$，$f(-2)=f(2)$，$f(-1)=f(1)$.

师：你能从中得出怎样的结论？

生：对于 $f(x)=x^2$，由于图形关于 y 轴对称，故对于任意 $x\in\mathbf{R}$，都有 $f(-x)=f(x)$.

师：非常好！事实上，我们取点 $P(x,f(x))$，$Q(-x,f(-x))$，如图. 若它们关于 y 轴对称，则有 $f(-x)=f(x)$；若它们关于原点对称，则有 $f(-x)=-f(x)$.

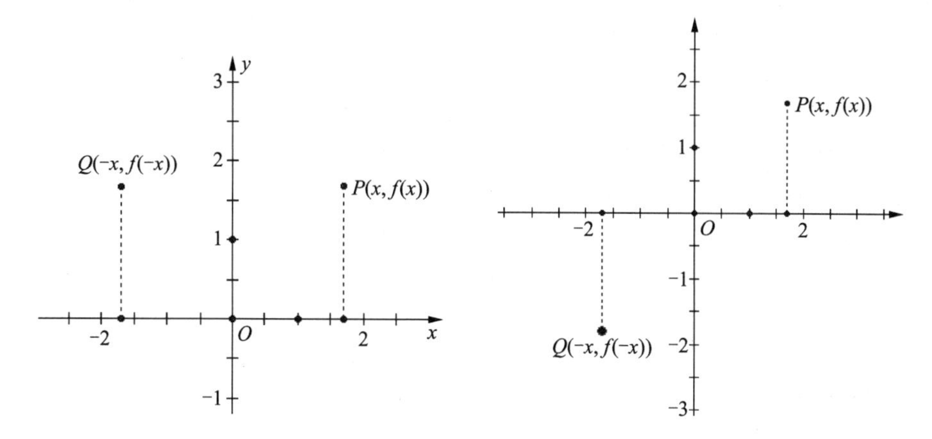

我们把图象关于 y 轴对称的函数叫作偶函数，图象关于原点对称的函数叫作奇函数. 函数的这种性质叫作函数的奇偶性. 通过上面的研究，你能给出函数奇偶性的定义吗？

……

数学概念是数学思维的一种形式，数学概念的形成过程就是数学思维的过程. 数学概念的教学不应是“一个结论，几个注意点”，而是要让学生在经历概念发生、发展的过程中，揭示出数学概念的本质. 教概念的本质必须考虑学生的接受能力，学生掌握数学概念的本质是一个循序渐进的过程，特别是对于刚进入高中的高一学生来说尤其重要. 在上述教学活动中，教师根据学生的认知特点，设计了一个个问题，运用设问、追问和反问等方式，让学生思考，与学生对话，学生从形到数，感受和认识了函数奇偶性的本质特征，使函数奇偶性的概念的生成自然流畅、水到渠成.

在数学教学中，我们要高度重视师生之间的对话与交流，在对话和交流中实现精神的敞开和思维的碰撞. 教师要鼓励学生积极地表达自己独特的见解、感悟和体验，允许他们有自己不同的、粗糙的、原生态的甚至错误的看法. 要善于从学生的对话中捕捉有效的信息与合理的成分，并及时引导和点拨，促进学生的思维逐步深入并向正确的方向发展. 要通过对话和对话中的交流、碰撞、吸纳、合作，使内在的缄默的过程显现化，促使学生由不明白逐步到明白，由不正确逐步到正确，由不合理逐步到合理，让学生在对话和交流的活动中完善认知结构，学会理性思考，实现自主发展.

2 在耐心倾听中了解学生的思维过程

著名美籍匈牙利数学家、教育家 G. 波利亚指出：教师讲了什么并非不重要，但更重要千百倍的是学生想了些什么，学生的思路应该在学生自己的头脑中产生，教师的作用在于系统地给学生发现事物的机会，启发学生在允许的条件下亲自去发现尽可能多的东西.教师想知道学生到底想了些什么，是怎么想的，最好的途径是让学生将自己的想法讲出来，教师则要能够耐下心来倾听，在倾听的过程中了解学生思维的轨迹，找出学生的问题所在，从而有针对性地展开教学活动.

教学片断2　问题探究，领悟函数奇偶性的内涵

师：前面我们学习了函数奇偶性的定义，明确了什么是奇函数，什么是偶函数.请同学们看下面的问题：已知函数 $f(x)=\frac{x^2+x}{x+1}$，试判断其奇偶性，并说明理由.

生1：是非奇非偶函数.

师：理由呢？

生1：因为 $f(-x)=\frac{(-x)^2+(-x)}{(-x)+1}=\frac{x^2-x}{-x+1}$，显然 $f(-x)\neq -f(x)$，并且 $f(-x)\neq f(x)$，由函数奇偶性的定义知函数 $f(x)=\frac{x^2+x}{x+1}$是非奇非偶函数.

师：噢！你是这样想的，看起来还是有理有据的.大家有不同看法吗？

生2：是奇函数.

师：说说你的理由.

生2：因为 $f(-2)=\frac{(-2)^2+(-2)}{(-2)+1}=-2$，$f(2)=\frac{2^2+2}{2+1}=2$，有 $f(-2)=-f(2)$，由奇函数的定义知，函数 $f(x)=\frac{x^2+x}{x+1}$是奇函数.

师：根据奇函数的定义，要说明函数 $f(x)$是奇函数，需要得出怎样的关系才行呢？

生2：对定义域内的任意 x，有 $f(-x)=-f(x)$，我任意取了一个数2，是符合的啊！

师：“任意”是什么意思呢？取定了2还任意吗？

生3：定义中“任意”是指“所有”“每一个”的意思，2是一个特定的数，虽然是任意取的，但一经取定，就不是任意的了，它不能代表每一个.

生2：噢！原来是这样，我错了！

师：对函数 $f(x)=\frac{x^2+x}{x+1}$的奇偶性的判断，大家还有什么不同的想法？

生4：我认为 $f(x)=\frac{x^2+x}{x+1}$是奇函数.因为 $f(x)=\frac{x^2+x}{x+1}=\frac{x(x+1)}{x+1}=x$，

对任意 x，有 $f(-x)=-x=-f(x)$.

师：对 $f(x)=x$，的确满足 $f(-x)=-x=-f(x)$，但 $f(x)=\frac{x^2+x}{x+1}$ 与 $f(x)=x$ 是同一个函数吗？

生 4：是啊！$f(x)=\frac{x^2+x}{x+1}$ 化简后就得到 $f(x)=x$ 了.

生 5：不是，因为定义域不同.

师：很好！看来由 $f(x)=x$ 是奇函数得出 $f(x)=\frac{x^2+x}{x+1}$ 是奇函数的结论还是不可靠的. 那么，正确的结论究竟是什么呢？

生 6：我认为还是非奇非偶函数.

师：为什么呢？

生 6：因为在 $f(x)=\frac{x^2+x}{x+1}$ 中，$x=-1$ 时函数无意义，即定义域为 $(-\infty,-1)\cup(-1,+\infty)$，关于原点不对称，当 $x=-1$ 时 $f(x)$ 就无意义了.

师：非常好！从这里同学们能体会出怎样根据定义去判断或证明一个函数的奇偶性了吗？

……

面对学生的模糊认识和错误，教师没有急于做出纠正，也没有进行滔滔不绝的讲解，而是耐下心来，认真地倾听学生的想法，从学生的发言中捕捉学生的认知障碍，分析学生的问题所在，再通过设问和追问的方式，把球踢还给学生，引领学生展开探究活动，进行交流和辩论，在学生的交流和辩论中找出了错误的根源，归纳出判断和证明函数奇偶性的方法及其注意事项，既加深了对函数奇偶性的概念的认识和理解，又有效地训练了学生的思维，收到了“四两拨千斤”的效果.

日本著名学者佐藤学说过：应当追求的不是“发言热闹的教室”，而是“用心相互倾听的教室”. 只有在“用心相互倾听的教室”里，才能通过发言让各种思考和情感相互交流，否则交流是不可能发生的. 所以，在课堂教学中，教师要善于倾听学生的声音，走进学生的心灵世界，创造机会让学生充分地暴露思维过程，从中了解学生的认知障碍，判断学生对概念的理解程度，找出学生思维的误区和漏洞，从中发现有价值的教学资源，从而有针对性地实施相应的教学活动，帮助学生纠正模糊的认识，建构起正确的思维方式和知识体系，从而有效地突破教学的难点，提高教学的效率.

3　在变式训练中深化学生的数学理解

在概念拓展和反馈处进行师生对话，在巩固概念的基础上，完善知识体系的外延，为进一步进行知识体系的建构打好基础.“一题多变”“一题多解”是一种非常有效的教学方式，这种方式的好处是既能让学生在对比中掌握知识和技能，深化对概念的理解，也能节省时间提高课堂效率.这项工作既可以由教师来完成，也可以放手让学生来进行，这样既可以避免学生只是跟着教师的变式疲于拼命地做题，也能更好地调动学生学习的积极性和主动性.为了让学生能够适应自己设问的课堂模式，可以从简单的变式开始，改变几个字词，或转化为等价的命题，这些都是比较容易操作的方法.

教学片断3　变式训练，深化对函数奇偶性的理解

师：给出函数 $f(x)=x^2-|x|$，你能判断其奇偶性吗?

生1：因为函数的定义域为 $\mathbf{R}$，又对任意 $x\in\mathbf{R}$，有 $f(-x)=(-x)^2-|-x|=x^2-|x|=f(x)$ 都成立，根据偶函数的定义，知函数 $f(x)=x^2-|x|$ 是偶函数.

师：很好！要判断函数的奇偶性，一个重要的方法就是利用定义.如果把问题做一些改变，可得到如下变式：

变式1　设 $f(x)=x^2-|x|(x\in[-1,2])$，判断其奇偶性.

生2：因为定义域 $[-1,2]$ 关于原点不对称，如2在定义域内，-2 不在定义域，$f(2)=0$，但 $f(-2)$ 不存在，所以是非奇非偶函数.

师：依据仍然是定义，从这里我们发现，若一个函数的定义域关于原点不对称，则这个函数一定是非奇非偶函数.判断函数的奇偶性，第一步就是要看定义域是否关于原点对称.

变式2　判断函数 $f(x)=\begin{cases}-x^2+1, & x\in(0,+\infty),\\ x^2-1, & x\in(-\infty,0)\end{cases}$ 的奇偶性.

师：这个函数的定义域是什么？关于原点对称吗?

生3：$(-\infty,0)\cup(0,+\infty)$，关于原点是对称的.

师：它的奇偶性如何呢？如何判断呢?

生4：当 $x\in(0,+\infty)$ 时，$-x\in(-\infty,0)$，有 $f(-x)=(-x)^2-1=x^2-1=-(-x^2+1)=-f(x)$，所以 $f(x)$ 是奇函数.

师：对吗？这样判断有没有问题?

生5：有问题，他只证明了 $x\in(0,+\infty)$ 时 $f(-x)=-f(x)$，对 $x\in(-\infty,0)$ 的情况没有研究，与定义的要求不符.

师：按照定义，要说明 $f(x)$ 是奇函数，必须说明对定义域中的每一个 x，$f(-x)=-f(x)$ 都要成立，生5真正理解了定义，请你帮他完成这个问题的解答.

生5：当 $x\in(-\infty,0)$ 时，$-x\in(0,+\infty)$，有 $f(-x)=-(-x)^2+1=$

$-x^2+1=-(x^2-1)=-f(x)$.

综上，对一切 $x\in(-\infty,0)\cup(0,+\infty)$，都有 $f(-x)=-f(x)$，所以 $f(x)$ 是奇函数.

师：非常好！只有紧扣定义，准确地运用定义，才能保证解题不出差错. 请大家再看下面的变式：

变式 3　设 $f(x)$ 是 $\mathbf{R}$ 上的奇函数，且当 $x\in(-\infty,0)$ 时，$f(x)=-x^2-4x-3$，求 $f(x)$ 的解析式，并指出其单调区间.

这里从一个简单的问题出发，通过一组变式题，在教师的引领启发下，组织学生展开探究学习，进行变式训练，不仅帮助学生了解了判断函数奇偶性的方法、步骤和注意事项，深化了对函数奇偶性概念的认识和理解，体会了函数奇偶性的定义在分析问题、解决问题中的应用，而且学生的思维能力在递进问题的探索中得到了发展，情感在互动交流中获得了升华，知识在一步步思考中得以丰富.

数学"玩"的是概念和思维，学好概念是学好高中数学的基础. 那么，如何在教学实践中"玩概念"呢？章建跃先生认为，数学中"玩概念"包含两个方面：一是定义概念，二是利用概念研究数学规律. 在数学概念的教学中，既要让学生弄清楚"是什么"，又要让学生搞明白"为什么"，还要让学生学会"怎么用". 最忌讳的就是"重结果，轻过程"，忽视学生在探索过程中的主体地位，匆忙地抛出概念，紧接着讲解各种题型及大量的重复训练，导致学生只能知其然而不知其所以然，更谈不上发展思维了. 教师应该设计丰富多彩、灵活多样的教学活动，让学生弄清概念的来龙和去脉，理解概念的内涵和外延，掌握概念的本质和应用，并且在概念的生成和建构中，体验过程，领悟方法，学会探究，发展思维.

执笔：芮国英　钱军先

教学设计：不能忽视学习者的学习需求

课堂教学活动是在教师的指导下有组织、有步骤、有计划的一项复杂的心理活动和智力活动.为了使数学课上得既生动又有效，教师就必须有课前的周密策划，即准确地把握教材内容，全面地了解学生的学习需求，有效地开发教学的丰富资源.其中，学习的主体——学生的学习需求显得尤为重要.瑞士著名教育家皮亚杰说过：儿童是具有主动性的人，所教的东西要引起儿童的兴趣，符合他的需要，才能有效地促使他的发展.课堂教学中，只有努力满足学生的学习需求，激发学生的学习兴趣，使学生能够爱学、喜学和乐学，激活学生的认知活动，才能促使学生积极主动地参与教学过程.但是，教学实践中，许多教师在进行教学设计时，往往忽视对学习者学习需求的分析与研究，从而使课堂教学走向误区.关注学生的学习需要，激发学生的学习兴趣，促进学生积极参与课堂活动，成为我们在进行教学设计时不容忽视的重要因素.那么，在教学设计时从哪里入手去关注学生的学习需求呢？下面笔者谈谈自己的实践与体会，供大家参考.

1 创设积极的求知情境，激发学生的学习需求

案例 1 “函数的奇偶性”一课的教学片断

师：实际生活中，对称性在许多地方起着极其重要的作用.例如：火箭为保持飞行方向和飞行平稳，尾翼成中心对称设计；汽车为易于驾驶设计成轴对称等(用多媒体动画演示).对称也是函数图象的一个重要特征，通过图象的对称进而得到函数(函数值变化)的一个重要性质.(板书课题——奇偶性)

下面请大家按照列表、描点、画图的过程画出函数 $y=x^2$ 的图象，并观察和分析随自变量的改变函数值间的变化特征，说说你有怎样的发现.

生 1：$y=x^2$ 的图象关于 y 轴对称.

生 2：当自变量 x 的取值互为相反数时，函数 y 的值相等，如 $f(-1)=f(1)$，$f(-2)=f(2)$，…，一般地，有 $f(-x)=f(x)$.

师：很好！函数 $y=x^2$ 具有这样的特征：从图象上看，关于 y 轴对称；从数量关系上看，对定义域中的每一个 x，都有 $f(-x)=f(x)$.我们把具有这种性质的函数叫作偶函数.

用类似的方法，请同学们对函数 $y=\frac{1}{x}$ 进行研究，能有怎样的发现？（由此得出奇函数的概念）

通过上面的讨论，同学们对函数的又一个重要性质——奇偶性有了初步的认识，能够说出它们的数学定义吗？

（先指导学生看书，然后投影奇函数与偶函数的定义并加以分析.）

鲁宾斯基曾经说过：对于形成任何一种能力，都必须首先引起对某种类型活动的十分强烈的需要. 需要是产生动力的源泉，要激发学生的学习需求，调动学生学习的积极性，教学中就应该努力为学生创设积极的求知情境，把教师要教的变成学生要学的. 案例 1 通过创设联系实际生活的问题情景，从生活中的轴对称问题入手，通过学生动手操作、动脑联想，使学生了解了函数的奇偶性与日常生活实际的紧密联系，明确了研究函数奇偶性的意义和价值，使学生不但知其然而且也能知其所以然，激发了学生学习函数奇偶性的内在需求和数学探究的兴趣与欲望，为学生的数学学习营造了良好的氛围.

2　以问题为出发点，引发学生的认知冲突

案例 2　“幂函数”一课的教学片断

师：请同学们研究下面的问题（用多媒体投影显示）：

(1) 某人买每千克 1 元的蔬菜，则其需付的钱数 p（元）和购买的蔬菜的质量 w（千克）之间有何关系？

(2) 正方形的面积 S 和它的边长 a 之间有何关系？

(3) 正方体的体积 V 和它的边长 a 之间有何关系？

(4) 问题(2)中，边长 a 是 S 的函数吗？

(5) 问题(3)中，边长 a 是 V 的函数吗？

(6) 某人在 t s 内行进了 1 km，那么他行进的平均速度 v 为多少？

学生：很容易得出这 6 个关系式（都是函数关系式）分别是

$$p=w, S=a^2, V=a^3, a=S^{\frac{1}{2}}, a=V^{\frac{1}{3}}, v=t^{-1}.$$

师：这 6 个函数关系式从结构上看有什么共同的特点吗？

（这时，学生自己观察有些困难，教师提示：可以用 x 表示自变量，用 y 表示函数值，则上述函数式变为：$y=x$，$y=x^2$，$y=x^3$，$y=x^{\frac{1}{2}}$，$y=x^{\frac{1}{3}}$，$y=x^{-1}$.）

生：它们都是形如 $y=x^{\alpha}$ 的函数.

师：我们把这一类函数叫作幂函数，今天这节课，我们就来研究幂函数

的有关知识.(板书课题——幂函数)

师：你能再举出一些具体的幂函数的例子吗？你能说出幂函数与指数函数有什么联系和区别吗？有了幂函数的概念后，我们接下来做什么？通过什么方式来研究？

问题是数学的心脏，是产生认知冲突的焦点. 新课程背景下的数学教学，要以问题作为知识教学的纽带，把知识的认知和建构的过程当作问题解决的过程. 也就是说，要把学习看作是学生独立探索、发现和解决问题的过程. 以问题为纽带的教学，就是引导学生用自己的智慧去发现和解决问题. 教学中，要根据教学内容及学生已有的知识基础和生活经验，创设某种情境，引出所要研究的问题，并让学生在自主、合作、探究性的学习中，锻炼思维，体验求知的艰辛和快乐，增强自信心，激发求知欲. 问题可以由教师设置，也可以由学生自己发现. 由学生自己发现、提出的问题，更能贴近学生的思维实际，更能激发学生学习的欲望. 案例 2 中的教学设计，以问题为出发点，通过一系列贴近学生思维实际的问题，将学生引入对新知识的学习活动中来，教师以“平等中首席的身份”，既提出问题让学生思考，又启迪学生自己提出问题，让学生在发现问题、提出问题和解决问题的过程中引起认知冲突，在问题解决的过程中获得成功的乐趣，有效地调动了学生学习数学的积极性.

3 组织探究活动，满足学生的好奇心和表现欲

案例 3 “推理案例赏析”一课的教学片断

师：我们知道前 n 个正整数的和为 $S_1(n)=1+2+3+\cdots+n=\frac{n(n+1)}{2}$，那么，前 n 个正整数的平方和 $S_2(n)=1^2+2^2+3^2+\cdots+n^2=?$

不知道结果，怎么办？

生：探究！

师：如何探究？

生：试着计算几个特殊值，寻找规律.

师：从特殊到一般，是什么推理？

生：归纳推理.

师：好，我们一起试试看.

(当学生算到 $n=4$ 时，说没有发现规律. 老师提醒：有的时候要多算几项的值，才能看出规律. 学生接着又计算出几个数值，还是没能发现规律.)

由这些结果猜想的确有困难，能否换个角度？从前后知识的联系中寻找.

探索不一定一次就能成功，但失败后需要总结经验和吸取教训，失败乃成功之母！刚才是从结果中猜测，能否换一个角度思考呢？

求前几项的值，再进行比较．要求：先独立思考2分钟，再分组讨论2分钟．

有没有哪一组同学发现规律？［学生口述，教师板书：$S_2(n)=S_1(n)\cdot\frac{2n+1}{3}=\frac{n(n+1)(2n+1)}{6}$］

上面得到的结论只是一种归纳推理，是否正确，还需要验证．如何验证呢？我们能否从$S_2(n)$式子的形式结构上找到联系呢？请按原来的组讨论．

生：$1^2=1, 2^2=1+3, 3^2=1+3+5, \cdots, n^2=1+3+5+\cdots+(2n-1)$，左右两边分别相加，得

$S_2(n)=n\cdot 1+(n-1)\cdot 3+(n-2)\cdot 5+\cdots+[n-(n-1)]\cdot(2n-1)=n[1+3+5+\cdots+(2n-1)]-[3+2\cdot 5+3\cdot 7+\cdots+(n-1)(2n-1)]$.

师：想法很好，但是第二个括号难以计算出结果，目的尚未实现，还要继续努力．这个过程能否给我们一些启示呢？

生：将平方展开得到$S_1(n)$，类比：将立方展开变形，是否可以得到$S_2(n)$呢？

师：想法很好，下面我们一起来尝试吧．

教学艺术的本质，不仅仅在于传授知识，而且关键在于激励、唤醒和鼓舞．求知欲是人们主动探索问题和深入研究问题的原动力，在教学过程中，教师要努力激发学生的好奇心和求知欲望．当学生发现了令他们迷惑不解或者感到有趣的事物时，好奇心就会被激发起来，接着他们就会提出一些问题，并想方设法寻找问题的答案．在案例3中，教师通过组织学生开展探究活动，给学生提供人人参与的机会，帮助学生在自主探索和合作交流的过程中真正理解和掌握数学知识与技能，熟练掌握数学思想和方法，获得广泛的数学活动的体验和经验，以满足学生的好奇心和求知欲，使学生对研究的问题充满兴趣，使学生进行学习活动的积极性得到了极大的激发．

4　结束语

学生的学习过程是一个特殊的认知活动，认知的主体是学生，而不是教师，教师的作用主要是组织、启发和诱导．课堂教学不仅要让学生掌握相应的知识，还要给学生提供一种“经历”，使他们在这种“经历”中，能够实现情感态度、意志品质、创新精神和实践能力等方面的协调发展．而人们的认识总是从形象思维过渡到抽象思维，起关键作用的是人的主观能动性．如果学生缺少学习的主动性和积极性，教学就将成为无帆之船，缺少方向性，从而

显得苍白无力.因此,在进行教学设计时,要根据学生的年龄特点,从学生的学习需求出发,注意创设问题情境,引起学生的认知冲突,想方设法启动学生思维的闸门和想象的翅膀,让学生积极、主动地投入到学习活动中去,从而提高数学教学的实效性.

执笔:钱　铭　钱军先

在稚化思维中激发潜能　于合作交流中提升素养

——从一道解几题的教学谈培养学生运算素养的方法和途径

1　问题提出

人民教育出版社章建跃先生认为：数学学习的基本任务是学会运算和推理，运算离不开推理，推理在高中乃至整个基础教育阶段的数学学习中的展现形式就是运算．“能推理，会运算”是从数学学习中养成的基本素质，运算在数学教学中几乎无处不在．近年来，高考数学试题十分关注对数学核心素养中运算能力的考查，要求考生在理解、应用、实施运算的过程中，分析运算条件、探究运算方向、选择运算方法、设计运算程序（考查算法算理）．但是，由于各种原因，目前大部分学生的运算能力普遍很低，在课堂练习、课后作业和阶段性测验中都凸显出来了，如计算方法单一、速度慢、准确率低，偏重模仿例题和套用公式，缺乏灵活性和创新性，对综合性比较强的运算题望而却步等．所以，培养学生的运算能力，促进学生养成准确、合理、简捷、迅速的运算素养，成为数学教学中值得我们认真研究的课题．

通过多年的教学实践，笔者深刻地感受到：学生运算能力的低下，一定程度上与教师对运算教学的重视不够有关．从高一到高三，不少教师往往注重知识和方法的落实，却忽视运算能力的生根．普遍存在的教学现象是重解题思路的探索，重解题方法的训练，而且新课标中教学内容增多，教学课时却没有相应增加，使得平时的教学忙于应付进度，没有太多时间关注运算方面的教学，许多计算都是留给学生课后完成，而学生也认为计算是“小事一桩”，不加以重视，大多数人以为知道方法就可以了，殊不知真的算下去，还会碰到许多问题和困难．久而久之，造成一些学生在运算方面存在眼高手低、似是而非、会而不对、对而不全等现象，甚至在遇到复杂一些的运算时，会产生畏难情绪和恐惧心理，影响整个问题的解决．

那么，在数学课堂教学中，如何实施有效的运算教学来培养学生的运算能力、提升学生的运算素养呢？下面以高三复习课上一道解析几何题的教学为例，谈谈笔者的一些做法和体会，与读者交流，供大家参考．

2　案例描述

问题：椭圆 C：$\frac{x^2}{a^2}+\frac{y^2}{b^2}=1(a>0,b>0)$的离心率为 $e=\frac{1}{2}$，直线 l：$x-my-1=0(m\in\mathbf{R})$过椭圆 C 的右焦点 F 且交椭圆 C 于 A，B 两点.

(1) 求椭圆 C 的标准方程.

(2) 已知 $D\left(\frac{5}{2},0\right)$，连结 BD，过点 A 作垂直于 y 轴的直线 l_1，设直线 l_1 与直线 BD 交于点 P，试探索：当 m 变化时，是否存在一条定直线 l_2，使得点 P 恒在直线 l_2 上？若存在，请求出直线 l_2 的方程；若不存在，请说明理由.

对于(1)，学生很快求得椭圆 C 的标准方程为$\frac{x^2}{4}+\frac{y^2}{3}=1$. 下面重点研究问题(2)的解法.

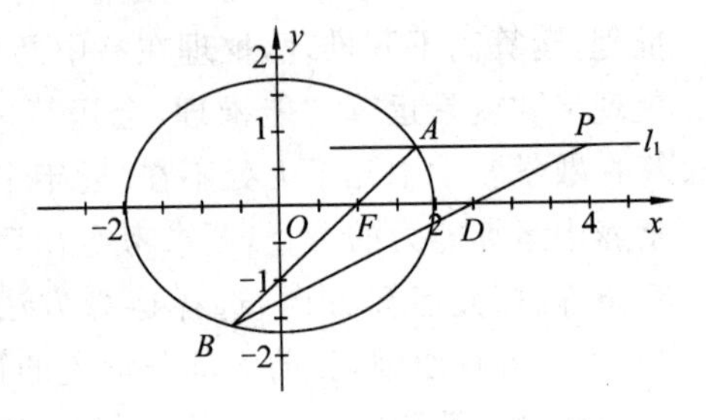

设 $A(x_1,y_1)$，$B(x_2,y_2)$，

由$\begin{cases}x-my-1=0,\\3x^2+4y^2=12,\end{cases}$消去 x 得

$(4+3m^2)y^2+6my-9=0$ (*)，则$\begin{cases}y_1+y_2=-\frac{6m}{4+3m^2},\\y_1y_2=\frac{-9}{4+3m^2}\end{cases}$(* *).

又直线 BD 的方程为 $y=\frac{2y_2}{2x_2-5}\left(x-\frac{5}{2}\right)$，由$\begin{cases}y=\frac{2y_2}{2x_2-5}\left(x-\frac{5}{2}\right),\\y=y_1,\end{cases}$得

$P\left(\frac{2x_2y_1-5y_1+5y_2}{2y_2},y_1\right)$.

不少学生算到这里不知道该如何继续了，这时教师没有急于给出提示，而是先听听学生的心声. 学生反馈的困难主要有两个：一是本题不同于常规的定直线求法，没有明确的运算方向；二是字母多，无从下手，有畏惧心理.

我们知道，数学问题的研究从来都是"先大胆猜想，再小心求证"的过程. 教师当然可以根据高等几何中极点极线的相关理论去认识试题的背景、探寻点 P 轨迹的证明方向. 但是一般的学生不具备这样的背景知识. 所以，教师需要降低思维层次，站在学生的思维角度，引导学生探寻运算方向.

师：我们知道，两点确定一条直线，能不能找到两个特殊的点，猜测定直线的大致情况？

生1：将图中的直线 AB 关于 x 轴对称，得到另一个符合题意的点

P'(P与P'关于x轴对称),我们可以猜测点P的轨迹应该是一条垂直于x轴的直线.

师:很好,你给出了接下去的运算方向:点P的横坐标是一个常数.刚才同学们谈到字母太多,感觉化简有困难,请大家先尝试解决.

教师发现一位女生遮遮掩掩,似乎不好意思展示自己的解法,于是特意请她交流.

生2:我这个解法比较"土",也比较繁,主要是想把y_1和y_2用求根公式求出来,但不知道好不好算.

师:"土"不要紧,说不定你的解法才接地气呢!

在老师的鼓励下,生2完成了解题:

由(*)式得$y=\dfrac{-3m\pm 6\sqrt{m^2+1}}{4+3m^2}$,不妨设$y_1>y_2$,则

$$x_p=\frac{2my_1y_2-3y_1+5y_2}{2y_2}$$

$$=\frac{-\dfrac{18m}{4+3m^2}-3\cdot\dfrac{-3m+6\sqrt{m^2+1}}{4+3m^2}+5\cdot\dfrac{-3m-6\sqrt{m^2+1}}{4+3m^2}}{2\cdot\dfrac{-3m-6\sqrt{m^2+1}}{4+3m^2}}$$

$$=\frac{-24m-48\sqrt{m^2+1}}{2\cdot(-3m-6\sqrt{m^2+1})}=4.$$

面对学生给出的复杂的运算过程,教师没有急于去否定"这个算法太复杂了,你应该这样算,这样算才简单".往往教师"给"出的"好"的算法除了让学生惊叹数学的奇妙之外,并不能助推学生发展运算能力.

能根据数学公式对式子进行运算变形是运算能力的一个重要体现.利用求根公式进行化简往往会被视为烦琐的、低层次的算法,但事实证明这也是很多学生最先能想到的办法."能不能算""好不好算"都需要学生亲自去尝试和感受.基础性的算法是学生领悟更高层次算法的开始,也是选择更优算法的基础,更为重要的是,还能起到锻炼学生意志品质的作用.

生3:既然能化简到一个常数,分母是y_2,那么只需要将分子用y_2表示即可.

$$x_p=\frac{(my_2+1)\left(-\dfrac{6m}{4+3m^2}-y_2\right)-\dfrac{5}{2}\left(-\dfrac{6m}{4+3m^2}-y_2\right)+\dfrac{5}{2}y_2}{y_2}$$

$$=\frac{-m(4+3m^2)y_2^2+(6m^2+16)y_2+9m}{(4+3m^2)y_2}.$$

生3的想法并不是一帆风顺的,分子和分母的情况未能如愿变形,大家

感到有一些困惑.学生通过讨论提出解决办法.

生4：观察(＊)式，发现 $-m(4+3m^2)y_2^2+9m$ 可以整体处理成 y_2 的形式.

$$x_p=\frac{-m[(4+3m^2)y_2^2-9]+(6m^2+16)y_2}{(4+3m^2)y_2}$$

$$=\frac{-m(-6my_2)+(6m^2+16)y_2}{(4+3m^2)y_2}=4.$$

生5：分析产生 y_2^2 项的原因，利用韦达定理可以避免产生 y_2^2 项：

$$x_p=\frac{my_1y_2-\frac{3}{2}y_1+\frac{5}{2}y_2}{y_2}$$

$$=\frac{m\cdot\frac{-9}{4+3m^2}-\frac{3}{2}\left(-\frac{6m}{4+3m^2}-y_2\right)+\frac{5}{2}y_2}{y_2}$$

$$=\frac{\frac{-9m}{4+3m^2}+\frac{9m}{4+3m^2}+4y_2}{y_2}=4.$$

生6：再优化一下，可以直接使得分子只剩下 y_2 项：

$$x_p=\frac{my_1y_2-\frac{3}{2}y_1+\frac{5}{2}y_2}{y_2}=\frac{my_1y_2-\frac{3}{2}(y_1+y_2)+4y_2}{y_2}.$$（下略）

优秀的运算能力体现在：能选择合理的运算求解方法，减少运算量，保证运算的准确性和速度.高考对运算的考查往往是考查学生对运算简捷性的把握能力，重在算理和算法，兼顾对数学思维的考查.

有目标的运算是算理的一种体现，需要学生运用分析、综合、比较、概括等数学思维能力.生3将分子中的 y_1 全部转化为 y_2，从而消去 y_2，得到一个常数.平时的教学中教师要有意识地引导学生分析运算方向，制订明确的计算目标，并大胆实施下去，培养学生追求优法运算的习惯.通过学生的表达，可以引导学生不断探索、调整运算方向，优化运算过程.

生7：我可以通过特殊情况先算出点 P 在定直线 $x=4$ 上，再证明呀！

取 $m=0$，得 AB：$x=1$，故 $A\left(1,\frac{3}{2}\right)$，$B\left(1,-\frac{3}{2}\right)$，所以 BD：$y=x-\frac{5}{2}$.

由 $\begin{cases}y=x-\frac{5}{2},\\ y=\frac{3}{2},\end{cases}$ 得 $x=4$.

下面证明 $\frac{my_1y_2-\frac{3}{2}y_1+\frac{5}{2}y_2}{y_2}=4$ 恒成立，即证明 $my_1y_2-\frac{3}{2}y_1-$

$\frac{3}{2}y_2=0$，代入韦达定理即得.

逻辑推理是高中数学的核心素养之一，也是得到数学结论的重要方式，从特殊到一般属于其中一类. 以概念假设为前提，合理选择运算方向，便容易求得结果.

生 8：设 BD：$y=k\left(x-\frac{5}{2}\right)$，联立直线 BD 和直线 l 的方程得 $B\left(\frac{5km-2}{2km-2},\frac{3k}{2km-2}\right)$，代入椭圆方程得 $3k^2m^2+4k^2=4(1-km)(*)$. 由 $\begin{cases}x=my+1,\\3x^2+4y^2=12\end{cases}$ 得 $y_A=\frac{-9(2km-2)}{3k(3m^2+4)}$，即得 AP 的方程. 由 $\begin{cases}y=\frac{-9(2km-2)}{3k(3m^2+4)},\\y=k\left(x-\frac{5}{2}\right)\end{cases}$ 得 $x_p=\frac{-6(km-1)}{3k^2m^2+4k^2}+\frac{5}{2}$，将 $(*)$ 式代入此式，得 $x_p=4$.

3　教学感悟

对学生运算能力和运算素养的培养不是一蹴而就的，而是一个长期的过程，必须与日常学习紧密结合，必须渗透到教学过程的每一个环节，方法和策略很多，如强化技能的教学、关注算理的渗透、养成反思的习惯等，这些许多文献中都有介绍，就不再赘述. 下面提出的两点希望对大家能有一些启发和帮助.

3.1　在稚化思维中激发学生的运算潜能

高中生学习压力大，作业多又难，学习机动时间少，而数学解题中的一些繁难的运算耗时费力，学生往往会有这样的心理“反正知道怎么做就行了”，因此就会混过去，长此以往，他们就会害怕运算. 课堂教学中，激发学生的运算兴趣，调动学生运算的积极性就显得相当重要. 笔者常用的一种方法就是蹲下身来，稚化自己的思维，站在学生的角度思考，贴近学生的思维，与学生一起确立运算的方向，选择运算的路径，完成运算的过程，享受运算成功的快乐，在师生思维的“同频共振”中调动学生运算的兴趣，激发学生运算的潜能.

学生的思维方式是教师进行教学设计时的重要依据之一，任何教学活动的开展都应建立在学生已有的认知结构和思维特点之上. 学生的想法、解法是教师稚化思维的起点，也是突破运算障碍的着力点. 许多问题的运算过程，教师是心中有数的，而学生往往是一无所知，教师要站在学生的立场上，运用学生的思维方式分析和思考，放低思维的起点，要充分估计到学生的思维障碍，设计好恰当的探究问题，搭建起“脚手架”，做好铺垫，让学生的运算快速而准确，在提高学生运算信心的同时提升学生的运算能力.

3.2　于合作交流中提升学生的运算素养

运算能力的主要标识不在运算本身，而是运算方向的确定和运算路径的设计，这来自对问题的深刻理解.运算目标在运算过程中起到了十分重要的作用，没有运算目标的指引，合理的运算路径就很难形成.学生在运算实施过程中往往缺乏进一步选择合理、简捷的运算途径的意识，常常是一开始选择了运算方向就开始运算，一旦遇到障碍就无法解决，最终的选择就是放弃.事实上，高考中许多问题的解决都要求学生拥有“在实施运算过程中遇到障碍而调整运算的能力”，尤其是后面三大题的解答更是如此.

课堂上，许多学生解题思路是清楚的，目标是明确的，却往往陷于“复杂”的运算中不能自拔.学生处在欲进不得、欲罢不能之时，教师要注意利用恰当的问题引领学生积极动脑思考分析，组织学生合作交流、群策群力，引导学生深挖题目中的隐含信息，帮助学生走出困境，此时学生收获的不仅仅是解题技能的提高，更是思维水平的提升和数学学习兴趣的激发.这样的活动过程强化了学生的理性思维，有效地促进了学生对运算的认知和理解，提高了学生自觉通过提高思维水平来提高运算水平的认识.

总之，在数学教学过程中，要把培养学生的运算能力列为明确的教学目标，辅之以相应的教学素材和教学设计，要把对学生运算能力的培养渗透到每一节课和每一道题中.任何一道精心编拟的数学试题，均蕴涵着运算的通性通法或者是在数学思想方法基础上所表现出来的合理、简捷的运算方式.如果注意渗透、适时讲解、反复强调，并贯穿于整个教学活动的始终，学生就会深入于心，形成良好的运算心理、意识和品质，数学运算素养的培养就能得到有效落实，数学运算能力就能得到极大的提升.

执笔：张长贵　钱军先

构建知识间的联系　提升复习课的品位

——“函数 $f(x)=ax^3+bx^2+cx+d$ 的性质”的教学案例与点评

1　背景描述

第七届全国高中青年数学教师优秀课展示与研讨活动由中国教育学会中学数学教学专业委员会主办，于 2014 年 12 月 7 日—9 日在重庆举行，我们无锡市辅仁高级中学的张长贵老师，作为江苏省 3 名优秀青年数学教师的代表之一，在这次活动中向大会展示了“函数 $f(x)=ax^3+bx^2+cx+d$ 的性质”的教学案例，受到了与会代表和专家评委的高度肯定和一致好评，获得了全国一等奖的荣誉.

这次活动的展示课的课题有两种类型，一类是自选课题，另一类是指定课题.其中，指定课题是在培养学生的创新精神和实践能力上有较大意义的、体现教育信息化要求的、普遍存在教学疑难的内容，具有较强的探索性和挑战性.“函数 $f(x)=ax^3+bx^2+cx+d$ 的性质”是 8 个指定课题之一，组委会的要求是：通过对函数 $f(x)=ax^3+bx^2+cx+d$ 性质的探究，引导学生建立起讨论函数性质的基本框架，知道函数性质的基本内容和作用，掌握研究函数性质的基本过程和方法，帮助学生建立起良好的认知结构，为解决综合性较强的问题打下基础.

作为一节高三专题复习课，为了实现帮助学生系统地掌握知识和方法，形成良好的认知结构，培养学生的思维品质，提高学生的解题能力的教学目标，打造出一节内涵深、品味高的优质复习课.通过准确定位、精心设计、反复研磨，在教学过程中围绕以下几个方面花功夫、下力气，取得了良好的教学效果：

一是站在系统的高度组织复习内容.通过精心设计的“问题串”引导学生回顾研究函数性质的过程和方法，在实际问题中构建具体的函数模型，运用数形结合的手段展开性质探究，从中归纳出以导数为工具研究函数性质的一般方法，帮助学生形成完整的认知结构，学会学习.

二是站在学生的角度开展教学活动.根据学生的思维特点和认知基础，运用引导发现和讲练结合的方法，尽可能多地给学生提供课堂参与的机会，提出问题让学生分析、思考和交流，借助多媒体课件、图形计算器等工具，让学生动手操作，在尝试和探索中掌握方法，体会思想，形成技能.

三是突出对数学思想方法的提炼和渗透.通过典型例题及其变式的教学，由浅入深，逐层递进，不断地给学生提供比较、分析、归纳、综合的机会，保持积极有效的思维活动，帮助学生在解题总结和反思中领悟转化与化归、分类讨论、数形结合等数学思想方法在数学学习中的价值和作用.

下面是这节课的课堂实录与教学评析，供大家参考.

2 课堂实录

2.1 问题引领

师：同学们，今天这节课我们来研究函数 $f(x)=ax^3+bx^2+cx+d$ 的性质.老师先与大家交流几个问题.

问题1：在高一、高二阶段我们主要研究过哪些函数模型？

生：指数函数、对数函数、幂函数、三角函数等.

师：今天我们要研究的这个函数是一个多项式函数.如果 $a=0$，这个函数已经研究过.我们着重研究 $a\neq0$ 的情形，不妨称之为三次函数.请大家先回忆一下：以前在研究一些常见函数的性质时，是怎么研究的，研究了哪些问题，以便为今天的研究提供参考.我们就以指数函数为例.

问题2：你能回忆一下指数函数性质的研究过程和方法吗？

生：研究指数函数时，先给出一些 a 的值.

师：赋予底数 a 一些特殊的值，就是从特殊的指数函数到一般的指数函数.那么，研究的方法是什么呢？

生：作图.

师：好，老师来概括一下.

教师总结：具体——一般；数——形.（板书）

2.2 整体感知

师：我们研究一类函数的性质，实际上就是要探讨这类函数有哪些共同的特征.那么，我们常研究函数的哪些性质呢？

问题3：我们常研究函数的哪些性质？

生：定义域、值域、单调性、奇偶性、极值、最值、周期性、零点等.

师：（板书学生的回答）总结得很好.函数的性质就是函数图象在运动变化中的规律性、不变性和特殊性.

问题4：你能勾画一下研究函数 $f(x)=ax^3+bx^2+cx+d(a\neq0)$ 性质的过程和方法吗？

生：先赋值，比如取 $a=b=c=d=1$.

师：[板书 $f(x)=x^3+x^2+x+1$]你准备从一个具体的函数入手研究．老师也来举个例子．

2.3　组织探究

例题：某制造商制造并出售球形瓶装的某种饮料．瓶子的制造成本是 $0.8\pi r^2$ 分，其中 r(单位：cm)是瓶子的半径．已知每出售 1 mL 饮料，制造商可获利 0.2 分，且制造商能制作的瓶子的最大半径为 6 cm．问：瓶子半径 r 为多大时，能使每瓶饮料的利润 y 最大？

师：我们要研究利润的最值首先要做什么？

生：建立利润与半径的函数关系式．(学生在草稿纸上建立函数关系式)

生：由于瓶子的半径为 r，所以每瓶饮料的利润是

$$y=f(r)=\frac{4}{3}\pi r^3\times0.2-0.8\pi r^2=\frac{4}{15}\pi(r^3-3r^2),r\in(0,6].$$

师：将对实际问题的研究转化为研究函数．若抛开实际背景，则可以得到函数 $f(x)=x^3-3x^2$．我们就先从它研究起．

问题 5：你准备如何研究函数 $f(x)=x^3-3x^2$ 的性质？分别从什么角度入手研究？

生：定义域为 $\mathbf{R}$，值域也为 $\mathbf{R}$.

师：你是怎么得到值域的？

生：当 $x\to+\infty$ 时，$f(x)\to+\infty$；当 $x\to-\infty$ 时，$f(x)\to-\infty$.

师：那就是从解析式得到了函数的值域．其他性质呢？

生：它既不是奇函数也不是偶函数．单调性和极值可以用导数的方法来研究．

师：好，那请同学们用导数的方法研究这个函数的单调性和极值．

(教师投影展示一位学生的解答过程，师生共同分析．)

师：同学们，单调性反映了函数的变化趋势，极值反映了函数在某点附近的性质．我们知道可以用配方的方法很漂亮地解决二次函数的极值问题，但是这只是特殊情况下的特殊解法，并不能解决像三次函数等一般函数的极值问题．从这个过程中我们可以知道，导数是研究函数的单调性和极值的有力工具．有了这些性质，能不能把函数的草图作出来？

师生活动　学生根据上述性质在预先准备好的方格纸上作出函数的草图．教师投影展示学生画出的草图．教师用图形计算器作出函数图象，请学生验证自己的草图，并交流作图时注意运用函数的变化趋势、极值以及零点等性质．

师：[教师利用图形计算器画出导函数 $f'(x)=3x^2-6x$ 的图象以及函数 $f(x)=x^3-3x^2$ 的图象]你能描述导函数 $f'(x)$ 的性态对函数 $f(x)$ 单调

性的影响吗？

生：在区间$(-\infty,0)$上，$f'(x)>0$，所以$f(x)=x^3-3x^2$在区间$(-\infty,0)$上单调递增；在区间$(0,2)$上，$f'(x)<0$，所以$f(x)=x^3-3x^2$在区间$(0,2)$上单调递减；在区间$(2,+\infty)$上，$f'(x)>0$，所以$f(x)=x^3-3x^2$在区间$(2,+\infty)$上单调递增.

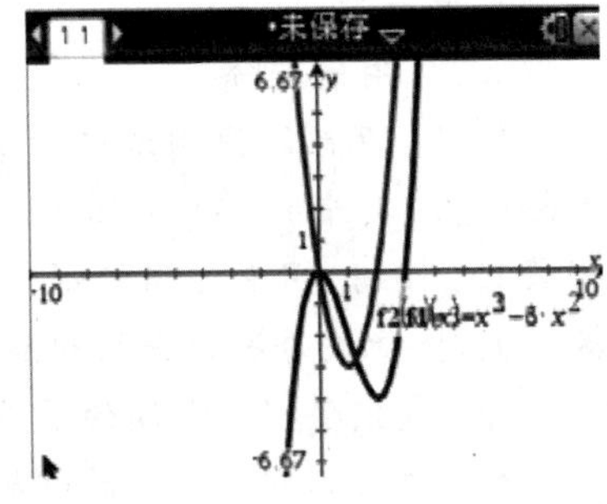

师：一个函数的导函数也是我们研究该函数性质的重要方面.（教师板书：导函数图象）

问题6：$f(x)=ax^3+bx^2+cx+d(a\neq0)$的导函数$f'(x)=3ax^2+2bx+c(a\neq0)$的图象如图(1)(2)(3)所示，则$f(x)=ax^3+bx^2+cx+d(a\neq0)$的大致图象可能是(A)(B)(C)(D)中的哪一个？

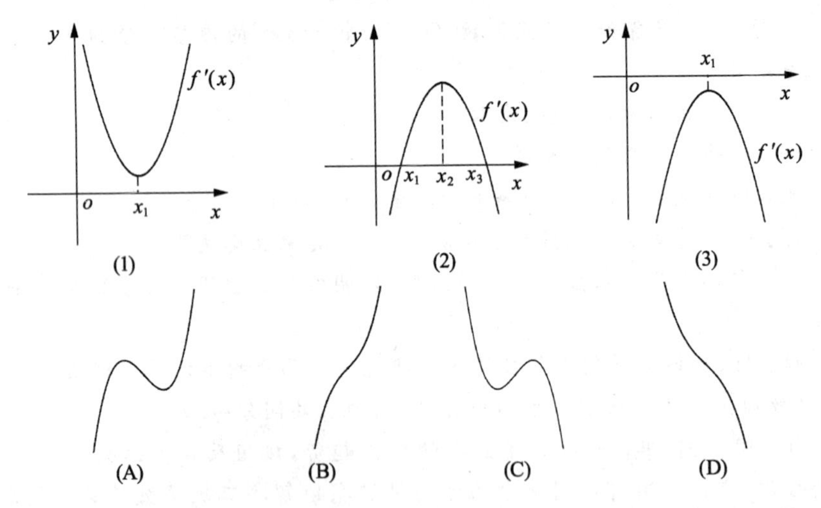

(1)　(2)　(3)

(A)　(B)　(C)　(D)

问题7：你能借助导数写出在(A)(B)(C)(D)四种不同情形下，导函数$f'(x)$各系数应满足的关系式吗？

生：$f'(x)=3ax^2+2bx+c$，$f'(x)=0$的判别式$\Delta=4(b^2-3ac)$，系数应满足的关系式分别为

(A) $a>0,\Delta>0$；　　(B) $a>0,\Delta\leqslant0$；

(C) $a<0,\Delta>0$；　　(D) $a<0,\Delta\leqslant0$.

师：这就告诉我们，对一个函数“形”的研究最终回到了对“数”的研究. 好，回到开头提出的实际问题，饮料公司若想使利润最大，饮料瓶的半径应为多大？

生：$f(x)=x^3-3x^2$ 在$(0,6]$上的最大值在 $x=6$ 时取到，所以半径应定为 6 cm.

师：那么是不是半径越大利润就越大？

生：不对. 在$(0,2]$上，半径越大，利润越小（利润为负值，是亏本）；在$(2,+\infty)$上，半径越大，利润越大.

2.4　抽象概括

问题 8：一般地，对于函数 $f(x)=ax^3+bx^2+cx+d(a\neq 0)$，你能研究它的性质了吗？

生：定义域、值域都为 $\mathbf{R}$，当 $b=d=0$ 时 $f(x)=ax^3+cx$ 是奇函数，单调性、极值、最值都可以通过导数来研究.

师：同学们，对于这样一个函数，我们经历了研究其性质的过程，着重从"数"和"形"两个角度研究，体会了导数在研究函数性质中的巨大作用.

2.5　实践体验

例题：设函数 $f(x)=ax^3+3x-1(a\in\mathbf{R})$，求 $f(x)$的单调区间和极值.

生：函数 $f(x)$的导函数为 $f'(x)=3ax^2+3$.

(1) 当 $a\geqslant 0$ 时，$f'(x)=3ax^2+3>0$，$f(x)$在$(-\infty,+\infty)$上单调递增，$f(x)$无极值；

(2) 当 $a<0$ 时，由 $f'(x)=3ax^2+3=0$ 得 $x=\pm\sqrt{\frac{1}{-a}}$.

x	$\left(-\infty,-\sqrt{\frac{1}{-a}}\right)$	$-\sqrt{\frac{1}{-a}}$	$\left(-\sqrt{\frac{1}{-a}},\sqrt{\frac{1}{-a}}\right)$	$\sqrt{\frac{1}{-a}}$	$\left(\sqrt{\frac{1}{-a}},+\infty\right)$
$f'(x)$	$<$	0	+	0	$<$
$f(x)$	↓	极小值	↑	极大值	↓

所以 $f(x)$的单调减区间是$\left(-\infty,-\sqrt{\frac{1}{-a}}\right)$和$\left(\sqrt{\frac{1}{-a}},+\infty\right)$，单调增区间是$\left(-\sqrt{\frac{1}{-a}},\sqrt{\frac{1}{-a}}\right)$.

$f(x)$的极小值为 $f\left(-\sqrt{\frac{1}{-a}}\right)=a\left(-\sqrt{\frac{1}{-a}}\right)^3+3\left(-\sqrt{\frac{1}{-a}}\right)-1=-2\sqrt{\frac{1}{-a}}-1$，$f(x)$的极大值为 $f\left(\sqrt{\frac{1}{-a}}\right)=a\left(\sqrt{\frac{1}{-a}}\right)^3+3\times\sqrt{\frac{1}{-a}}-1=2\sqrt{\frac{1}{-a}}-1$.

变式1：若函数 $f(x)$ 有3个不同的零点，求实数 a 的取值范围.

生：该函数在定义域上是先减后增再减，所以要保证有3个不同的零点，需要极小值在 x 轴下方，极大值在 x 轴上方.

师：那就是极小值小于零，极大值大于零. 它一定有极值吗？

生：不一定.

(1) 当 $a\geqslant 0$ 时，$f'(x)=3ax^2+3>0$，$f(x)$ 在 $(-\infty,+\infty)$ 上单调递增，故不可能有3个零点；

(2) 当 $a<0$ 时，由 $\begin{cases} f\left(-\sqrt{\dfrac{1}{-a}}\right)<0, \\ f\left(\sqrt{\dfrac{1}{-a}}\right)>0 \end{cases} \Rightarrow -4<a<0.$

综上所述，实数 a 的取值范围为 $(-4,0)$.

师：这个结论你是从哪里得到的？

生：根据函数的图象得到的.（教师作出函数的草图）

变式2：若对任意的 $x\in[-1,1]$，都有 $f(x)\leqslant 0$ 成立，求实数 a 的值.

生：用分离参数 a 的方法，将不等式变形为 $ax^3\leqslant -3x+1$.

(1) 当 $x=0$ 时，$a\in\mathbf{R}$；

(2) 当 $x\in(0,1]$ 时，$a\leqslant -\dfrac{3}{x^2}+\dfrac{1}{x^3}$，令 $g(x)=-\dfrac{3}{x^2}+\dfrac{1}{x^3}$，设 $t=\dfrac{1}{x}\in[1,+\infty)$，则 $g(t)=t^3-3t^2$，$t\in[1,+\infty)$，易知 $g(t)_{\min}=-4$，所以 $a\leqslant -4$；

(3) 当 $x\in[-1,0)$ 时，$a\geqslant -\dfrac{3}{x^2}+\dfrac{1}{x^3}$，令 $g(x)=-\dfrac{3}{x^2}+\dfrac{1}{x^3}$，设 $t=\dfrac{1}{x}\in(-\infty,-1]$，则 $g(t)=t^3-3t^2$，$t\in(-\infty,-1]$，易知 $g(t)_{\max}=-4$，所以 $a\geqslant -4$.

综上所述，$a=-4$.

师：还有其他方法吗？

生：直接求 $f(x)_{\max}\leqslant 0$. 通过对 a 分类讨论求 $f(x)$ 的最大值.

师：好，留待大家课后完成. 回顾一下这道题目，不等式恒成立问题和函数的零点个数问题，我们是如何解决的？

生：转化为函数的单调性、极值和最值问题研究.

师：这是数学中的转化思想. 对含有参数的复杂问题，我们是怎么处理的？

生：分类讨论.

师：好，我们还借助于函数的图象分析问题，比如零点的个数，很好地运用了数形结合的思想. 通过本题我们再次感受到解决函数的单调性、极值和最值问题,导数是个有力的工具.

2.6　总结提升

师:同学们,今天我们研究了函数 $f(x)=ax^3+bx^2+cx+d$ 的性质.下面通过几个问题一起来回顾一下本节课的学习过程和收获.

(1)为什么研究?

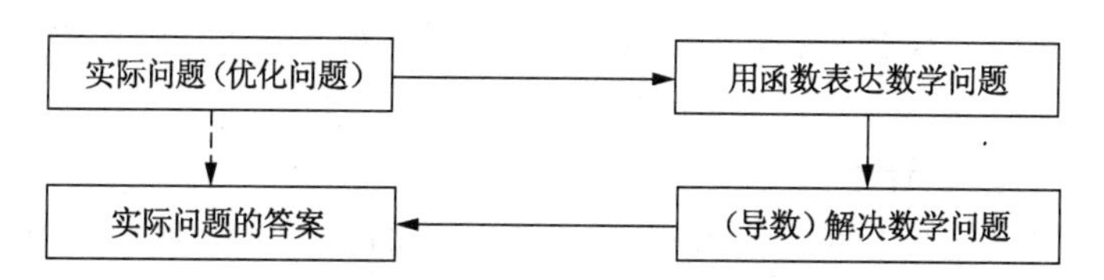

生:能够解决很多的实际问题.

师:函数是描述客观世界变化规律的重要模型,很多实际问题的研究最后都归结为研究函数.我们研究函数的目的是为了掌握事物的变化规律.研究函数的性质既是解决实际问题的需要,也是数学本身的自然要求.对函数 $f(x)=ax^3+bx^2+cx+d$ 性质的研究也不例外.

(2)研究了什么?

生:主要研究了函数的性质.

师:事物的变化趋势、对称特征、用料最省、利润最大、周而复始现象等问题,反映到函数上就是要研究函数的基本性质,函数的性质就是函数变化中的规律性、不变性和特殊性.那么,我们本节课着重研究了函数的哪些性质?

生:单调性、奇偶性、最值、极值、零点等.

(3)怎么研究的?

师:对一类新函数,我们的研究过程是什么?

生:从几个具体的函数入手,从具体到一般的研究过程.

师:我们研究函数 $f(x)=ax^3+bx^2+cx+d$ 的性质,方法是什么?

生:数形结合.

师:很好.我们借鉴研究指数函数性质中从形到数的研究方法,但是我们又有了导数这个工具,所以拓宽了我们的研究思路,不拘泥于从形到数,我们可以在数和形之间灵活转换.

(4)获得了什么?

师:在这节课的学习中有哪些重要的数学思想方法在统领着我们的研究?

生:数形结合、转化与化归、分类讨论等数学思想.

师:你能借鉴今天的研究过程和方法去研究其他的函数吗?

3 案例评析

“函数 $y=ax^3+bx^2+cx+d$ 的性质”是一节高三专题复习课，张长贵老师站在新课程理念的高度和学生的角度设计课堂，立意深远，内涵丰富、结构清晰、本色高效，处处闪烁着教学的智慧和数学思想的光芒，学生收获的不单纯是知识和技能，更重要的是丰富了经验，锻炼了思维. 其教学特色主要体现在：

3.1 问题设计恰当

给复习课注入全新的活力，让学生在复习的同时获得理性精神的给养，最好的方式莫过于“问题引领”，用恰当的问题点燃学生的学习热情. 张老师的这节课围绕着教学内容精心地设计了一系列问题，构成课堂教学的主线，将知识的复习、方法的梳理和思维的训练巧妙地结合在一起，形成了一个有机的整体.

3.2 学生活动充分

张老师在这节课所设计的问题以及围绕这些问题所做的铺垫，为学生的数学探究活动营造了一个良好的氛围，搭建了一个很好的平台. 课堂上，学生精神饱满，主动参与，积极思维，师生互动，合作交流，老师给学生留下了足够的体验、实践、思考和表现的机会，学生的思维能力和数学素养得到了有效的提升.

3.3 例题选取精炼

就一般的复习课而言，通常教师会选取大量的例题和习题进行讲评，“大容量”“快节奏”，其实效果并不好. 张老师的这节课只选取了一个引例和一道例题，运用一题多解和变式探究的方法，由小见大，由点及面，由浅入深，由远及近，最大化地挖掘和利用了例题的教学功能，真正做到了例题选取的精炼化.

3.4 思想渗透到位

数学思想方法是数学的灵魂，提炼和渗透数学思想方法，是数学教学的一项重要内容. 张老师十分重视数学思想方法的渗透，追求数学的本真，以问题为载体，通过观察、思考、归纳、抽象、概括和运用，教给学生运用数学思想方法分析、解决问题的思维策略，引导学生体会数学思想方法的价值，让学生受益终生.

高三数学复习是学生站在高中数学整体高度上的“二次学习”. 高三数学复习课教学，不仅要注意对知识概念的重温建构和思想方法的概括提炼，更要让学生在课堂活动和问题求解的过程中实现知识的关联，聚焦于能力的整合，提升数学素养，学会数学学习．张老师的这节课在这方面做了有益的尝试和积极的探索，为我们提供了一个很好的范例，有许多值得学习和借鉴的地方．

当然，这节课也有一些不足，存在一些需要改进的细节．例如，课堂上，虽然教师在核心知识的教学中比较重视对知识本质的认识和理解，在构建知识间的联系上下足了功夫，但留给学生思考的时间略显不足，学生思维的参与缺乏深度，对学生的探究活动教师引导过多，放手不够．如果能在这些环节上做一些调整和优化，课堂的品位将更高，效果将更好．

执笔：张长贵　钱军先

高中数学教学中学生思考能力培养的现状分析与对策研究

1 现状分析

爱因斯坦曾经说过:学习知识要勤于思考,思考,再思考.这句话充分说明了思考对于学习的重要性.学习的过程中,只有“思考”才是最本真的.数学是思维的科学,数学教学的本质是帮助学生获取知识、形成技能的一种思维过程,其根本价值在于让学生学会运用数学的思维方式去观察、思考、分析现实生活中的有关现象,去解决日常生活和其他学科学习中的有关问题,并建立起良好的进一步学习的情感.所以,我们应该把学生的数学思考作为整个教学活动的核心,更多地关注学生的数学思考.正如苏联教育家苏霍姆林斯基所说的那样:一个真正的学校应当是一个积极思考的王国,一个有生命力的课堂应当是一个能令人产生无限遐想的学习空间.

然而,在日常教学活动中,我们却会不自觉地忘却学生的需求,忘却教学的本质,常常为了赶进度而忽视学生的感受,喜欢用教师的讲解来替代学生的数学思考.生怕让学生思考会耽误教学时间,贻误教学进度,完不成教学任务.“讲都讲不完了,哪有时间给学生思考?”教师的包办代替造就了学生认为“学习不需要思考”的现实,认为学习数学只需将老师讲过的知识和方法背熟记牢即可,认为“不会没关系,老师会讲的”.久而久之,学生养成了“衣来伸手,饭来张口”的习惯,既失去了原有的学习兴趣,也丧失了本该具备的思考能力.人民教育出版社从事中学数学教材研究与编写工作的章建跃先生明确指出,目前我们许多中学的数学教学＝题型教学＝刺激反应,缺少知识的发生发展过程,对学生有害无益.数学要教人学会思考.让学生学会思考,成为当前数学教学中一个亟待解决的问题.

2 对策研究

2.1 创设情境,营造学生思考的氛围

现代认知心理学认为:思维的本质在于问题情境,而且以解决问题情境为目的.恰当的问题情境不但可以激发学生的学习兴趣,启发学生积极思维,更重要的是可以让学生学会如何学习,如何思考.因此,在数学教学中,教师应紧密联系教学实际,注意结合学生的认知特点,精心创设问题情境,为学生营造数学思考的氛围,努力把学生置于研究新的未知问题的气氛之

中，激发学生积极思维，进而引发学生探求新知的欲望和动机.

案例 1　"函数的零点"一课的教学片断

师：观察这幅图，你发现了什么？（投影显示图片，略）

生 1：发现了 3 张脸.

师：从左面看，是一个少女；从正面看，是一个老妇人；从侧面看，是一个老头. 同一幅图，从不同的角度看，得到不同的结果，你从这里能得到怎样的启发？

生 2：我们看问题，要善于从不同的角度进行思考.

师：很好！（投影：从不同的角度看问题）对 $y=2x-1$，你有怎样的思考？

生 3：是一次函数，它的图象是一条直线.

师：两种结果了，还有吗？假如让初一学生看，没学过函数，他将如何回答？

生(齐)：二元一次方程.

师：对，$y=2x-1$ 可以理解为一次函数，也可以理解为二元一次方程，还可以看作一条直线. 如果令其中的 $y=0$，可求出 $x=0.5$，对 $x=0.5$，怎样理解？

生 4：可以看作方程 $2x-1=0$ 的根.

师：这是从数的角度来对它进行刻画，假如从形的角度来看，0.5 又具有怎样的意义呢？

生 5：是函数 $y=2x-1$ 的图象与 x 轴交点的横坐标.

师：因而 0.5 既具有数的意义，又具有形的意义. 其实，这个 0.5 还有一个名字，叫函数 $y=2x-1$ 的零点. 这就是我们今天这节课要研究的问题.（板书课题——函数的零点）

创设良好的问题情境是激发学生数学思考的有效教学途径. 上述案例中的情境设计，从学生已有的生活体验和认知水平出发，在揭示数学知识的同时，通过教师精心设计的富有哲理的问题，引起学生内心的冲突，唤起学生的"数学思考"，激发了学生学习的内驱力，使学生很快地进入问题探究者的"角色"，真正"卷入"到学习活动中去，促使他们兴味盎然地开动脑筋去思考、去探索. 不但引发了学生数学学习的极大热情，而且也为学生提供了思考问题的方向及知识自然迁移的方法，为学习新知奠定了基础.

2.2　鼓励探索，激发学生思考的欲望

布鲁纳曾经说过：探索，是数学教学的生命线. 知识从哪里来，问题如何解决，依靠的是探索. 在探索的过程中，学生作为认知活动的主体，求知欲和学习的积极性可以得到极大的激发和调动.因此,在组织教学活动时,教师要鼓励学生通过自身的内心体验、思维活动、操作过程,积极主动地参与课堂学习,在探索知识的过程中,激发出数学思考的欲望,掌握科学的思维方式,建构起对新知的正确认识和深刻理解.

案例2 “函数性质习题课”的教学片断

上课伊始,教师提出问题:已知定义在$\mathbf{R}$上的奇函数$f(x)$满足:$f(x+2)[1-f(x)]=1+f(x)$,$f(0)=2-\sqrt{3}$,求$f(2018)$的值.

师:这个问题有一定的难度,但具有新意,对同学们的学习有一定的挑战性,怎么解决呢?

生1:由题设可得$f(x+2)=\dfrac{1+f(x)}{1-f(x)}$,结合$f(0)=2-\sqrt{3}$,可算出$f(2)$,$f(4)$,…,逐步递推就能求得$f(2018)$的值.

师:这里运用了归纳推理的方法,不过,这样算下去是不是很累啊?有其他方法吗?

学生思考,教师提示:在三角函数的学习中,见过与$f(x+2)=\dfrac{1+f(x)}{1-f(x)}$类似的关系式吗?

生2:$\tan\left(x+\dfrac{\pi}{4}\right)=\dfrac{1+\tan x}{1-\tan x}$与这个关系式的结构类似.

师:很好!大家由此能得出怎样的联系呢?

生3:相似的结构可能具有相似的性质.$y=\tan x$是周期为π的周期函数,我们可以猜想$f(x)$是周期函数,并且周期为8.

师:这个猜想正确吗?

生4:正确的,因为我们能够证明这一结论.

师:大家证证看!

(学生证明,教师板书)

$$f(x+8)=\frac{1+f(x+6)}{1-f(x+6)}=\frac{1+\dfrac{1+f(x+4)}{1-f(x+4)}}{1-\dfrac{1+f(x+4)}{1-f(x+4)}}$$

$$=-\frac{1}{f(x+4)}=-\frac{1}{\dfrac{1+f(x+2)}{1-f(x+2)}}$$

$$=-\frac{1-f(x+2)}{1+f(x+2)}=-\frac{1-\dfrac{1+f(x)}{1-f(x)}}{1+\dfrac{1+f(x)}{1-f(x)}}$$

$=f(x)$，

所以 $f(x)$ 是周期为 8 的周期函数.

师：有了上面证明的结论，我们怎么求 $f(2018)$ 的值呢？

生 5：$f(2018)=f(252\times 8+2)=f(2)=f(0+2)=\frac{1+f(0)}{1-f(0)}=\frac{1+(2-\sqrt{3})}{1-(2-\sqrt{3})}=\frac{3-\sqrt{3}}{\sqrt{3}-1}=\frac{\sqrt{3}(\sqrt{3}-1)}{\sqrt{3}-1}=\sqrt{3}$.

教师通过适时的提问，为学生搭设思维跳板，帮助其拓展思路，鼓励其开展探究活动，并在更高的层次上引导学生继续思考. 教师循着学生的思维轨迹，紧追不舍，不断由此及彼，由浅入深，思路越探越清，问题越探越明，知识越探越多. 学生不仅从中迸发出创新的火花，体验了成功的快乐，而且调动了发自内心的学习和探究新知的积极性，培养了问题意识，孕育了创新精神. 我们能真切地感受到学生思维的激流涌动，课堂真正成为智慧飞扬的天地.

2.3　诱导质疑，培养学生思考的意识

美国教育家布鲁巴克认为，最精湛的教学艺术，遵循的最高准则就是让学生提出问题. 我们不难发现：越是学习好的学生越是问题多，而学习不好的学生，总说没有问题. 没有问题的学习是没有思维的活动，是被动学习，究其原因是学生问题意识淡薄. 在数学教学中，要注意设置障碍、留出疑问、露出破绽，给学生提供“有问题可提”的机遇，通过诱发引导，使学生在思考的过程中养成提问的习惯，在发现问题、提出问题的过程中学会思考.

案例 3　“数列的概念与简单表示法”一课的教学片断

在必修 5“数列的概念与简单表示法”的教学中，笔者选用了这样一道习题：已知数列 $\{a_n\}$ 的通项公式 $a_n=3n^2-28n$，求这个数列中最小的项.

由于通项公式具有鲜明的二次函数特征，学生很快地就利用二次函数的图家和性质解决了这个问题.

师：解决这个问题，还有其他方法吗？

在教师的启发引导下，学生尝试着从不等式的角度分析问题，求出这个数列中最小的项.

师：一般地，求数列 $\{a_n\}$ 中的最大项或最小项 a_n，可通过不等式组 $\begin{cases}a_n\geqslant a_{n+1},\\ a_n\geqslant a_{n-1}\end{cases}$ 或 $\begin{cases}a_n\leqslant a_{n+1},\\ a_n\leqslant a_{n-1}\end{cases}$ 来确定.

原以为对数列初学者来说，获得“函数法”和“不等式法”的粗浅认识后，就会很满足，所以教师事先也没有进行严密思考，没想到我们的学生却没有我们预想的那样简单和含糊.

生：若一个数列是摆动数列，也能用列不等组的方法求出其最大项或最小项吗？

在常见习题中，很少出现摆动数列的最大项与最小项问题，但它又是一种常见数列，其最大项与最小项怎么求呢？教师犯了经验主义错误，对此没有认真思考. 学生的这一意外发问非常好，激起了师生的疑惑与争论. ……最后，经过师生的交流与讨论，得到如下结论：

(1) 单峰、单谷式摆动数列，可用上述“不等式组法”求最大(小)项，如数列$\left\{(n+1)\left(\frac{10}{11}\right)^n\right\}$，$\{2n^2-9n-2\}$等；

(2) 波浪式摆动数列不能用上述“不等式组法”求最大(小)项，如数列$\{(n+2)(n-1)(n-4)\}$等，这些数列以后可用函数思想、导数工具来研究其最值；

(3) 一般的无规则的摆动数列，则无法研究它的最大(小)项.

疑问的解除，不仅让学生更深刻地认识了数列的概念，还让学生的类比联想、推理论证、运算求解等基本能力得到了很好的锻炼，质疑和批判的精神也得到了有效的培养.

亚里士多德有句名言：思维是从疑问和惊奇开始的. 常有疑点，常有问题，才能常有思考，常有创新. 学生在数学学习中敢于提出问题，善于提出问题，本身就是一种创造性的学习活动. 学生只有在不断试图提出问题和解决问题的过程中，才能逐渐养成科学的探索精神和创造品质. 所以，在数学教学中不仅要使学生获得知识，更重要的是培养学生发现问题、提出问题的能力，使学生学会用数学的眼光去发现和提出问题，进而解决问题，引导学生从无到有、从少到多、从现象到本质地提出问题，让学生慢慢地学会质疑，不断提升数学思维的层次.

2.4　布白留余，提供学生思考的空间

画家绘画，总要留点空白，所谓“密不透风，疏可奔马”，留给欣赏者无限的遐想；文人作诗，尤其讲究含蓄，所谓“隐之为体，义生文外”，让读者从有限的文字中体会无尽之意. 如果将写诗作画中这种“留白”艺术巧妙地运用于数学课堂教学之中，在情境创设、知识建构、问题探究、规律总结等环节，合理地布白留余，不但能使学生拥有充分的从事教学活动的机会，而且能留给学生思维驰骋的空间和数学思考的余地，让课堂更加精彩，更具有灵魂.

案例4　“等比数列前 n 项和”一课的教学片断

师：在古印度，有个名叫西萨的人发明了国际象棋，当时的印度国王大为赞赏，对他说：我可以满足你的任何要求. 西萨说：请给我棋盘的 64 个方格上，第一格放 1 粒小麦，第二格放 2 粒，第三格放 4 粒，往后每一格都是前

一格的2倍，直至第64格.国王令宫廷数学家计算，结果出来后，国王大吃一惊.为什么呢？（留白）

师：同学们，你们知道西萨要的是多少粒小麦吗？（留白）

在教师的引导下，学生写出麦粒总数：$1+2+2^2+2^3+\cdots+2^{63}$.

师：你们能知道这些麦子究竟有多少吗？（留白）

（带着这样的问题，学生动手算了起来，他们想到用计算器依次算出各项的值，然后再求和.教师对他们的思路给予肯定后，接着提问.）

$1,2,2^2,2^3,\cdots,2^{63}$是什么数列？有何特征？应归结为什么数学问题呢？（留白）

生1：是首项为1、公比为2的等比数列，要求的就是这个等比数列前64项的和.

师：很好！设$S_{64}=1+2+2^2+2^3+\cdots+2^{63}$，记为(1)式，注意观察每一项的特征，有何联系？（留白）

生2：后一项都是前一项的2倍.

师：如果我们把每一项都乘以2，就变成了它的后一项，(1)式两边同乘以2，则有$2S_{64}=2+2^2+2^3+\cdots+2^{63}+2^{64}$，记为(2)式.比较(1)(2)两式，你有什么发现？（留白）

[经过比较、研究，学生发现：(1)(2)两式有许多相同的项，把两式相减，相同的项就消去了，得到：$S_{64}=2^{64}-1$.]

这种方法叫作错位相减法，请同学们纵观全过程，反思：为什么(1)式两边要同乘以2呢？（留白）

生3：2是公比，乘上2以后可以实现中间项相消.

师：非常好！我们能否将这个问题一般化呢？

生4：可以的.设等比数列$\{a_n\}$，首项为a_1，公比为q，运用上面的方法，可以求出其前n项和S_n.

师：怎么求？试试看.（留白）

（这里让学生自主完成，并请一名学生上黑板板书，然后对个别学生进行指导.在学生推导完成后进行交流.）

师：由$(1-q)S_n=a_1-a_1q^n$得$S_n=\dfrac{a_1-a_1q^n}{1-q}$，对不对？这里的$q$能不能等于1？等比数列中的公比能不能为1？$q=1$时是什么数列？此时$S_n=$？（留白）

（引导学生对q进行分类讨论，得出公式，同时为后面的例题教学打下基础.）

结合等比数列的通项公式$a_n=a_1q^{n-1}$，如何把S_n用a_1,a_n,q表示出来？

（留白）

（引导学生得出公式的另一形式.）

探究等比数列前 n 项和公式，还有其他方法吗？（留白）

（学生思考片刻）

$S_n=a_1+a_1q+a_1q^2+\cdots+a_1q^{n-1}=a_1+q(a_1+a_1q+\cdots+a_1q^{n-2})$，我们能否利用这个关系来求出 S_n 呢？根据等比数列的定义，又有 $\frac{a_2}{a_1}=\frac{a_3}{a_2}=\frac{a_4}{a_3}=\cdots=\frac{a_n}{a_{n-1}}=q$，能否联想到等比定理从而求出 S_n 呢？

在推导等比数列前 n 项和公式的教学过程中，不少教师舍不得花时间让学生思考，急急忙忙地抛出“错位相减法”，快速地推导出公式，然后进行大量的公式应用的训练，这样做有悖于学生的认知规律：由求和想到相加，这是合乎逻辑、顺理成章的事，为什么要相减呢？在整个教学关键处学生有认知障碍，影响理解. 本案例的教学处理中，教师营造了一个让学生主动观察、积极思考的氛围，留出了足够的时空给学生探索，同时，教师从学生的思维角度预设相应的问题引导学生思考，让学生在思考中产生顿悟、获取新知. 在这里，“留白”，促进了学生的思考，为课堂留出了一片精彩.

2.5　问题引领，教给学生思考的方法

思维从问题开始，“问题是数学的心脏”. 纵观数学历史，正是由于丰富的数学问题，才使近代数学硕果累累，及时发现问题、善于捕捉问题的能力正是创新能力的基础和要素之一. 恰当、巧妙、富有吸引力的问题，往往能拨动学生思维之弦，弹奏出一曲曲耐人寻味的乐章. 因此，在数学教学中，教师要以问题为中心，精心地设计出能够与学生的认知产生冲突的问题. 通过问题驱动，激起学生的思维浪花，让学生掌握思考的方法，提升思考的能力.

案例 5　“等差数列习题课”的教学片断

师：前面，我们学习了等差数列，请大家看一个问题（投影显示）：

在等差数列 $\{a_n\}$ 和 $\{b_n\}$ 中，S_n 和 T_n 分别是其前 n 项和，若 $\frac{S_n}{T_n}=\frac{4n+3}{2n+5}$，求 $\frac{a_8}{b_8}$.

从不同的角度思考，可以得到这个问题的不同解法. 请大家尝试，看谁解得快解得好，想到的方法多.

生 1：因为 $\frac{S_n}{T_n}=\frac{4n+3}{2n+5}$，所以可设 $S_n=4n+3$，$T_n=2n+5$，于是 $a_8=S_8-S_7=4\times8+3-(4\times7+3)=4$，$b_8=T_8-T_7=2\times8+5-(2\times7+5)=2$，得

$\frac{a_8}{b_8}=\frac{2}{1}$.

生 2：因为$\frac{S_n}{T_n}=\frac{4n+3}{2n+5}$，所以可设 $S_n=k(4n+3)$，$T_n=k(2n+5)$，于是 $a_8=S_8-S_7=k(4\times8+3)-k(4\times7+3)=4k$，$b_8=T_8-T_7=k(2\times8+5)-k(2\times7+5)=2k$，得$\frac{a_8}{b_8}=\frac{4k}{2k}=\frac{2}{1}$.

师：生 1 和生 2 的解法不同，但所得的结果都是$\frac{2}{1}$，他们的解法对吗？

生 3：生 1 的结论对，但解法不对，因为由$\frac{S_n}{T_n}=\frac{4n+3}{2n+5}$不能得到 $S_n=4n+3$，$T_n=2n+5$，生 2 的解法是对的.

师：生 3 指出了生 1 的解法错误，肯定了生 2 的解法，大家有不同意见吗？

生 4：生 2 的解法也不对，设 $S_n=k(4n+3)$，$T_n=k(2n+5)$，表明了数列$\{a_n\}$和$\{b_n\}$的前 n 项和都是 n 的一次式. 而等差数列如果不是常数列，它的前 n 项和 S_n 是一个形如 an^2+bn 的二次式，因此，应该设 $S_n=kn(4n+3)$，$T_n=kn(2n+5)$，从而得到 $a_8=S_8-S_7=k\cdot8(4\times8+3)-k\cdot7(4\times7+3)=63k$，$b_8=T_8-T_7=k\cdot8(2\times8+5)-k\cdot7(2\times7+5)=35k$，故得$\frac{a_8}{b_8}=\frac{9}{5}$.

师：生 4 指出了生 1 和生 2 的解法的错误所在，并给出了正确的解法与答案，非常好！由 $S_n=na_1+\frac{n(n-1)}{2}d$ 知，只有当等差数列是常数列时，才能将其前 n 项和设为 $S_n=an+b$ 的形式，而本题并没有这样的条件，生 1 和生 2 都犯了偷换题设的错误，其原因在于对等差数列的前 n 项和公式的特征认识不到位. 请大家进一步思考，这个问题能不能运用其他方法来求解呢？可以相互讨论.

在上述案例的教学设计中，教师既没有组织大量的题目让学生操练，也没有滔滔不绝的讲解和分析，而是通过提出一个典型的问题，让学生进行探究，并及时捕捉学生思维的困惑和障碍，利用学生错误的解法，引导学生展开讨论. 教师站在学生的立场上，抓住等差数列的本质特点和学生产生错误的根源，引领学生生成问题，展开自我探究，让学生在认知冲突中质疑、感知、思考、省悟，把知识结构提升为认知结构，不但加深了对等差数列性质的认识和理解，而且学会了数学思考，学会了数学学习，收到了良好的教学效果.

3 结束语

学生学习数学的本质特征是“思考”，数学教学的重要目标就是培养学生的思考能力，让学生学会数学地思考. 正确的思考，比多知道一些更有价值. 在数学教学的过程中，教师要站在“一切为了学生的终身发展”的高度，从促进学生的数学思考的角度出发，提升情境创设、学生活动、知识建构、问题探索和练习设计等环节的思维含量，积极引发学生的数学思考，留给学生更多的思考空间和机会，努力让学生始终沉浸在“理智的挑战、认知的冲突、心灵的震撼和无言的感动”之中，使数学课堂成为学生发现问题、思考问题、解决问题的发源地，真正实现回归理性，走向高效.

执笔：毛锡荣

揭示概念的本质　演绎过程的精彩

——“对数的概念”一课的教学设计与感悟

2013 年 9 月下旬，江苏省高中数学青年教师优质课评比与观摩活动在我校举行，笔者有幸作为参赛选手，在这次活动中开设了题为“对数的概念”的展示课，在引领学生揭示数学概念的内涵和本质属性、经历数学概念发生和发展的过程方面做了一些探索和尝试，受到了评委和听课老师们的一致好评，以小组第一的成绩获得省一等奖. 下面是这节课的教学设计与教后感悟，与同仁们共享，供同仁们研讨.

1　基本情况

1.1　学情分析

无锡市辅仁高级中学是一所具有百年历史的江南名校，是江苏省首批四星级重点高中. 本次展示课的学生来自该校的一个普通班，他们基础扎实，思维活跃，喜爱数学，善于思考，勇于发表自己的见解. 进入高中阶段的学习近一个月，已基本适应了高中数学的学习方法，学习能力尤其是自学能力得到了较好的锻炼，他们不仅有很强的模仿能力，也具备了一定的类比迁移和探索创新的能力. 这些为本课内容的学习奠定了坚实的基础.

1.2　教材解读

“对数的概念”是苏教版必修 1 第 3.2 节“对数函数”的第 1 课时的教学内容，安排在指数函数后、对数函数前，是对指数概念和指数函数的回顾、深化和延续，同时又是学习对数运算性质和对数函数的基础；另外，对学生来说，它还是一种全新的运算. 此前，学生已经学习了分数指数幂、指数函数等内容，知道了指数运算就是已知底数和指数求幂值，而本节课要学习的对数则是已知底数和幂值反过来求指数. 对数的学习既能加深学生对指数的理解，又可以为后面对数的运算性质和对数函数的学习打好基础，起到承上启下的作用.

1.3　目标定位

根据以上分析，结合《普通高中数学课程标准（实验）》及《江苏省高中数学课程标准教学要求》，本节课确立的教学目标为：

（1）通过具体实例使学生认识到引进对数的必要性，让学生在实际背景中了解对数的意义，经历对数概念的形成过程；

(2) 帮助学生理解对数的概念，引导学生认识对数与指数的相互联系，会熟练地进行指数式与对数式的互化，体会转化与化归的思想；

(3) 引导学生发现关于对数的几个常用结论，了解常用对数和自然对数，了解对数的发明历史，培养学生的探究意识和发现问题、分析问题、解决问题的能力.

1.4 教学重点和难点

教学重点：对数的概念，指数式与对数式的互化.

教学难点：对数概念的理解.

1.5 教学方法

本节课的内容看起来十分简单，通过直接告知概念、强化题型训练也能完成教学任务，但这样将会失去培养学生数学学习兴趣、提高学生数学素养的绝佳机会. 对数知识内涵丰富，对其发生发展过程的参与和本质属性的挖掘可加深学生对概念的理解，帮助学生形成数学学习和研究的良好习惯. 因此，本节课的教学，要充分运用引导发现和讲练结合的方法，突出教师的“导”和学生的“探”，借助多媒体课件、计算器等工具，在教师的引领下，让学生经历知识发生和发展的过程，理解概念的本质属性，在积极参与和充分活动中学会思考，大胆探索，建构知识，体会思想，形成技能.

2 过程设计

2.1 创设情境，引出课题

师：同学们，在指数函数的学习中我们研究过这个问题：

某种放射性物质不断变化为其他物质，每经过 1 年，这种物质剩留的质量是原来的 84%. 写出这种物质的剩留量关于时间的函数关系式(课本 P_{68} 例 4).

我们知道，若设该物质最初的质量是 1，则经过 x 年，该物质的剩留量为 $y=0.84^x$. 建立这个函数关系式可以实现计算和预测的功能，只要知道时间 x 就可以计算剩留量 y. 比如，经过 3 年，剩留量是多少?

问题	经过了 3 年，剩留量是多少?
数学语言	$0.84^3\approx$ 0.592704
运算类型	指数运算 $a^b=N$(已知底数 a 和指数 b，求幂值 N)

反过来，如果我们测得了剩留量 y，怎么求出所经过的时间 x 呢? 比如剩留量为 0.5，经过了多少年?

问题	剩留量为__0.5__，经过多少年？
数学语言	$0.84^x=0.5$，则 $x=$__?__
运算类型	（一种新运算）__已知底数 a 和幂值 N，求指数 b__

“已知底数和幂值求指数”是一种新运算，这是我们这节课将要研究的问题.

设计意图　通过具体实例说明研究对数的必要性，引导学生用数学语言表述问题，回顾指数运算.“由剩留量 y 求出所经过的时间 x”的设问让学生发现“已知底数和幂值求指数”是个新问题，引发学生的认知冲突，激发学生的学习兴趣.

师：$0.84^x=0.5$ 中 x 存在吗？唯一吗？能否借助之前所学的指数函数内容加以说明？

师生活动　引导学生利用指数函数的图象和性质分析得出 $0.84^x=0.5$ 中 x 存在且唯一.

设计意图　关注学生的认知规律，引导学生用旧知识解决新问题，反映知识间的关联性，体现数形结合的思想，同时为引入对数打下基础.

师：既然这样的数是存在的，那么它是多少呢？我们如何表示它呢？解决的办法就是给它一个新记号.比如，若 $a^3=5$，则 $a=\sqrt[3]{5}$.这里我们用一个简单的数学符号来表示 x，记作 $x=\log_{0.84}0.5$，读作以 0.84 为底 0.5 的对数.那么，一般地，已知底数 a 和幂值 N，怎么求指数呢？（板书课题：对数的概念）

2.2　师生活动，建构数学

2.2.1　定义概念

引导学生得出：

如果 $a\ (a>0,\ a\neq 1)$ 的 b 次幂等于 N，即 $a^b=N$，那么就称 b 是以 a 为底 N 的对数，

记作 $\log_a N=b$，其中 a 叫作对数的底数，N 叫作真数.

（板书）$a>0,\ a\neq 1,\ a^b=N \Longleftrightarrow \log_a N=b$.

2.2.2　概念解读

师：b 叫作以 a 为底 N 的对数，a 叫作对数的底数，N 叫作真数.

师：在指数式中，a,b,N 的名称叫什么？（待学生思考后给予回答）

师：对数的写法和符号表示也有讲究.我们用四线三格来规范书写.

正确写法：$\log_a N$　$\log_2 3$

错误写法：$\log_a^N$ $\log aN$ $\log 23$

$\log_a N$ 是一个整体，离开了底数和真数的孤立符号"log"是没有意义的，类似于$\sqrt{\ }$.

设计意图 对数符号是学生学习的难点，注意对数的书写，避免因书写不规范而产生错误，进一步强化学生对对数符号的认识和理解. 实际教学表明：学生在学习对数符号 $\log_a N$ 表示的意义以及读法和写法时遇到了困难. 这里联系英文单词书写中的"四线三格"进行规范，可以收到较好的效果.

师：我们引进了对数式 $\log_a N=b$，它的含义是什么呢？

生：对数式 $\log_a N=b$ 的含义就是指 $a^b=N$.

师：因此，根据对数的定义可知，$a^b=N$ 与 $\log_a N=b$ 两个等式所表示的是 a,b,N 这 3 个量之间的同一个关系. 两种写法可以相互转化.

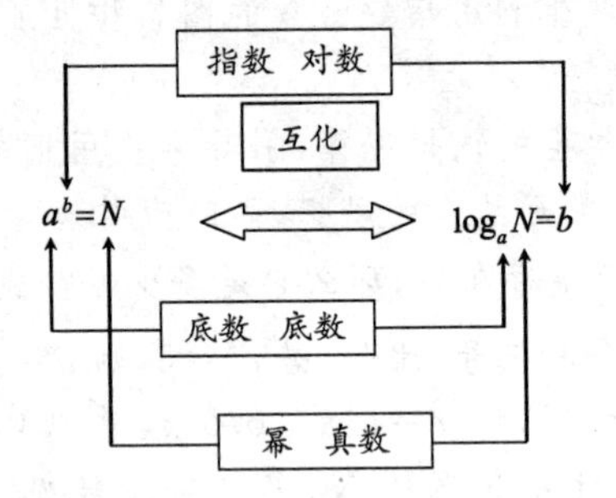

设计意图 明确指数式和对数式中 a,b,N 是同一个量，理解指数式与对数式的相互关系，互化也体现了等价转化这个重要的数学思想，为探究对数的基本性质和对数式与指数式的互化做好铺垫. 同时，通过调整教材内容呈现的顺序，为后续的概念应用拓展了研究空间.

2.2.3 性质探究

师：根据定义，$a>0$，$a\neq1$，那么对数式中 b 和 N 的范围是什么？

师生活动 教师引导学生认识，两个式子中字母的位置和名称都发生了变化，但它们始终表示同一个量. 学生回忆指数函数 $y=a^x$ 的图象和性质，回答 a,N,b 的范围.

生：底数 $a>0,a\neq1,b\in\mathbf{R},N>0$（因为 $a>0$，所以无论 b 是什么实数，都有 $N>0$，或者从指数函数的图象恒在 x 轴上方来说明）.

教师在连线图上标示 a,b,N 的范围，并强调负数和零没有对数.

板书：负数和零没有对数.

设计意图 引导学生利用指数式与对数式的互化关系和已学过的指数幂的相关知识来认识 a,b,N 的范围，促进学生加深对定义的理解.

例如：$3^2=9 \Leftrightarrow \log_3 9=2$，$\log_4 2=\frac{1}{2} \Leftrightarrow 4^{\frac{1}{2}}=2$.

师：根据对数的定义，写出下列各对数的值($a>0,a\neq 1$)：

(1) $\log_5 1=$______；(2) $\log_3 1=$______；(3) $\log_a 1=$______；

(4) $\log_5 5=$______；(5) $\log_3 3=$______；(6) $\log_a a=$______.

学生活动 学生口答，并提炼结论：$\log_a 1=0$，$\log_a a=1$.

板书两个常用结论：$\log_a 1=0$(1的对数为0)，$\log_a a=1$(底数的对数为1).

师：你能举出和-1相等的对数吗？

学生活动 学生举例，比如$\log_2 \frac{1}{2}=-1$，$\log_{\frac{1}{3}} 3=-1$，并发现$\log_a \frac{1}{a}=\log_{\frac{1}{a}} a=-1$.

设计意图 尝试使用对数的定义探究出对数的一些基本性质，体会数学定义的价值和指数式与对数式相互转化过程中蕴含的等价转化的思想方法.

师：我们发现根据对数的定义，可以实现对数式与指数式的互化，也能求出一些对数值.

2.3 尝试应用，深化理解

例1 将下列指数式改写成对数式：

	指数式	对数式
(1)	$2^4=16$	
(2)	$3^{-3}=\frac{1}{27}$	
(3)	$5^a=20$	
(4)	$\left(\frac{1}{2}\right)^b=0.45$	

学生活动 先让学生口答，再请学生到黑板上展示解答结果.

例2 将下列对数式改写成指数式：

	指数式	对数式
(1)		$\log_5 125=3$
(2)		$\log_{\frac{1}{\sqrt{3}}} 3=-2$
(3)		$\log_{10} a=-1.699$

学生活动 以口答的形式回答上述问题.

师：$\log_5 125=3$ 正确吗？

生：正确，回到指数式 $5^3=125$ 来看就清楚了.

师：很好！说明大家已经把握住对数概念的本质了.

设计意图 熟悉指数式与对数式的相互转化，加深理解对数的概念.从说、写两个方面来规范学生的数学表达.

例3 求下列各式的值：

(1) $\log_2 64$；　　(2) $\log_9 27$.

师生活动 学生解答，教师巡视答题情况，并利用投影交流学生的解法.

(1) 生1：由 $2^6=64$，得 $\log_2 64=6$.

生2：设 $\log_2 64=x$，则 $2^x=64=2^6$，所以 $x=6$.

师：设 x 的目的是什么？

生2：将对数式转化为指数式，从而解决问题.

教学预设 由于很容易看出 $2^6=64$，故此处学生可能不需要设 x，不强求；第(2)问中学生不会很容易得出相应的指数式，通过设 x 将对数式转化为指数式的可能性更大.

(2) 设 $\log_9 27=x$，由定义知 $9^x=27$，即 $3^{2x}=3^3$，得 $2x=3$，所以 $x=\frac{3}{2}$，即 $\log_9 27=\frac{3}{2}$.

师：在应用对数式还不熟练的时候可以先假设要算的对数值为 x，再转化为指数式，根据指数式确定 x 的值，也就是用对数的定义去解决问题.不管用什么方法解题，都离不开定义，都是从对数式回到指数式.

设计意图 帮助学生在应用的过程中进一步认识对数概念的本质，加深对对数概念的理解，掌握对数式与指数式的互化方法，培养学生的运算能力和分析问题、解决问题的能力.

学生练习 求下列各式的值：

(1) $\log_4 64$；(2) $\log_7 \sqrt{7}$；(3) $\log_{\frac{1}{3}} 9$；(4) $\log_2 \frac{1}{8}$；(5) $\log_{10} 100$.

设计意图 了解学生对对数概念的掌握情况，巩固所学知识，为引入两个重要结论做好准备.

师生探究 将上面各式的结果写成下面的形式：

(1) $\log_4 64=\log_4 4^3=3$；(2) $\log_7 \sqrt{7}=\log_7 7^{\frac{1}{2}}=\frac{1}{2}$；

(3) $\log_{\frac{1}{3}} 9=\log_{\frac{1}{3}}\left(\frac{1}{3}\right)^{-2}=-2$；(4) $\log_2 \frac{1}{8}=\log_2 2^{-3}=-3$；

(5) $\log_{10}100=\log_{10}10^2=2$.

你能提炼出一般性结论吗？($a>0,a\neq1,b\in\mathbf{R},\log_a a^b=$ <u>b</u>)

师生活动　师生共同探讨如何证明这个结论：定义中两个式子 $a^b=N$ ①和$b=\log_a N$②中 a,b,N 是同一个量，能否通过代换得到结论？

猜想：$a>0,a\neq1,N>0,a^{\log_a N}=$ <u>N</u>. 将②代入①，可以得到结论 $a^{\log_a N}=N$.

板书：$a>0,a\neq1,b\in\mathbf{R},N>0$ 时，有 $\log_a a^b=b,a^{\log_a N}=N$.

设计意图　通过思考题的设置，借助练习与讨论的方式，让学生自己提炼出结论并进行证明，培养学生分析问题、观察归纳的能力. 重要结论的发现和证明又进一步深化学生对对数概念的认识和理解.

回扣结论：$\log_a 1=0,\log_a a=1,\log_a \dfrac{1}{a}=\log_{\frac{1}{a}}a=-1$ 都可以统一于结论 $\log_a a^b=b$.

回扣例题：例 3　求下列各式的值：(1) $\log_2 64$；(2) $\log_9 27$.

设计意图　引导学生利用结论 $\log_a a^b=b(a>0,a\neq1,b\in\mathbf{R})$解决问题. 利用发现的结论再次来解答前面的例题，将例题和练习融合，从概念到应用，从练习再回到例题，交替螺旋上升，始终围绕着对数概念这个中心.

师：$\log_{10}100$ 这是一个以 10 为底的对数. 通常将以 10 为底的对数称为常用对数，对数 $\log_{10}N$ 简记为 $\lg N$. 比如，$\log_{10}12$ 简记为 $\lg 12$，$\log_{10}0.84$ 简记为 $\lg 0.84$. $\lg 12$，$\lg 0.84$ 的值是多少？

师生活动　请同学们用计算器计算 lg12 和 lg0.84(保留四位小数). 教师指导学生使用计算器.

设计意图　鼓励学生使用计算器等工具进行探索发现，感受现代信息技术在数学中的作用，促进学生的学习.

师：同学们在使用计算器时有没有注意到在“lg”这个按键的右边有“ln”这个符号？

在科学技术中，常常使用以 e 为底的对数，这种对数称为自然对数(natural logarithm). $e=2.71828\cdots$是一个无理数. 正数 N 的自然对数 $\log_e N$ 一般简记为 $\ln N$，如 $\log_e 2$，$\log_e 15$ 分别记为 $\ln 2$，$\ln 15$ 等.

师：同学们，“常用对数”“自然对数”这两个特殊对数的名称很特别. 为什么称之为常用对数？自然对数又自然在哪里？对这个内容感兴趣的同学，老师向大家推荐两本课外阅读书《不可思议的 e》和《漫话 e》，从中你一定能找到答案.

设计意图 指导学生查阅有关资料，了解一些数学文化方面的知识，渗透数学发展史和数学文化的教育，激发学生学习数学的兴趣，提升学生的数学素养.

师：回到开头的问题，计算出 $\log_{0.84}0.5\approx3.9755$，即经过大约4年，剩留量是原来的一半.

有些同学的计算器上不能设置底数和真数，是计算器的设计缺陷吗？那么碰到底数不是10和e的对数怎么办？还能利用计算器计算吗？这个问题留待后续解决.

设计意图 呼应本节课开头的问题.借用计算器能否设定底数和真数这个问题激发学生对后续相关内容的求知欲.

2.4 回顾反思，提炼升华

师：同学们，让我们一起来回顾一下对数知识发生和发展的整个过程.(师生共同总结回顾)

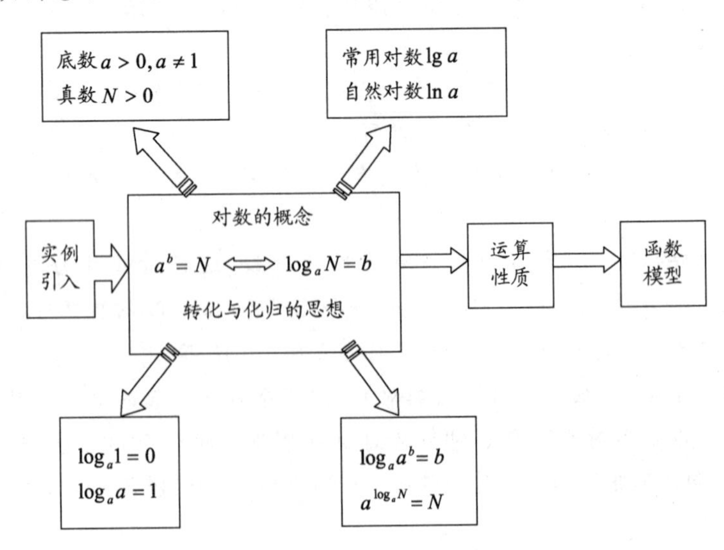

任何数学模型都是以大量的具体例子为现实原型的.我们由具体问题引入对数的概念.从对数概念的建立过程可以看出指数与对数的互化关系，这也体现了一个重要的数学思想——转化与化归，验证了知识间是相互联系的观点.

基于这一互化关系，我们畅游于指数式和对数式之间，得到了对数的基本性质：$a>0$，$a\neq1$，$N>0$，总结出4个常用结论：$\log_a 1=0$，$\log_a a=1$，$\log_a a^b=b$，$a^{\log_a N}=N$.我们还认识了对数中的两个宠儿"常用对数"和"自然对数"，这所有的一切都围绕着定义.

请看课本79页"阅读".（第一段：对数是由苏格兰数学家……；第二段：18世纪的欧拉……）（学生看书，教者动画显示并朗诵配音）

师：同学们，历史上对对数的研究早于对指数的研究，这也是数学史上的珍闻.我们今天的学习体系是从指数到对数，这中间也凝聚了数学家的大量心血.

师：同学们，对数诞生了，但对数的真正价值在哪里?

请大家看"阅读"的最后两段.（第五段：恩格斯在他的著作……；第六段：由此可见……）（学生看书，教者动画显示并朗诵配音）

师：对数在简化运算中有着巨大的作用.我们已经研究了指数的运算性质，对数源于指数，那么对数会有什么运算性质呢?

自然世界和社会生活中许多变化现象需要不同的函数模型来刻画，我们还将研究新的函数模型.这些内容我们将在接下来的几节课中加以研究.

设计意图　通过小结，对本节课的教学内容进行梳理和概括.将课本第79页的"阅读"内容有机地融入课堂总结中.数学史的学习既让学生了解了对数的发明历史，又向学生介绍了对数在简化运算中的价值，感受数学对推动社会发展的作用，激发学生学习数学的热情，将本节课与后续对数的运算性质和对数函数模型等内容连贯起来.

3　教后感悟

3.1　体会课程的意图，用好教材的资源

接到参加比赛的通知，面对"对数的概念"这一课题时，最让笔者纠结的问题就是"如何组织教学内容".无锡市教科院数学教研员张建良老师的一句话让笔者茅塞顿开："要深刻理解教材的编写意图，充分用好教材的资源."诚如所言，教材是课程资源的核心部分，是教学活动的媒介和载体，也是教师开展教学活动的主要依据.在新课程理念下，教师要树立"用教材去教"的思想，合理而有效地去使用教材，根据学生的情况，在对教材进行适当

的取舍和调整上展示自己的教学智慧，演绎教学的精彩.

于是，在反复阅读教材的基础上，笔者拟定了教学过程的4大板块：一是设计问题情境，通过教材中的具体实例让学生体会学习对数的必要性，从而引出课题；二是让学生在对数概念的发生、发展的过程中了解知识形成的脉络，认识其内涵与外延，实现意义建构；三是在尝试运用概念的过程中探究对数的性质，体会分类、转化等数学思想方法，深化对对数概念的本质理解；四是利用阅读材料，渗透数学史，引导学生对学习过程进行回顾和反思，梳理知识和技能，经历"再发现"，在提炼中升华.

在上述4个板块的具体实施中，笔者充分利用了教材中的问题、例题和习题，对其进行多角度、多层面、立体式的挖掘，并借助多媒体课件和计算器等现代教学技术，让学生在积极思考、动手操作和合作交流的过程中获取知识、体会思想、掌握方法、形成技能、学会学习，收到了很好的教学效果. 授课结束后，评委和听课老师们对笔者求真务实、"用教材教"给予了高度的评价，认为笔者能把握住教材的编写意图，在课堂教学的过程中创造性地使用了教材，设计得很精彩，值得学习和借鉴，这使笔者深受鼓舞.

3.2 揭示概念的本质，促进学生的理解

《普通高中数学课程标准(实验)》中指出：数学概念教学要让学生在生成中感受数学本质，切实提高学生的数学素养，凸显数学教学的育人功能. 这表明：对数学概念本质属性和内在联系的揭示是概念教学的重要环节. 数学概念的教学要以概念的发生和发展过程为线索，通过问题驱动，引导学生积极思考，使学生在探索、辨析、感悟和运用中认识概念的内涵和外延，把握概念的本质特征，提升自己的思维水平，完善自己的知识体系，构建自己的数学思想，促进自己的数学理解.

对数概念的本质属性体现在"运算、等价、符号"这3个关键词上. 对学生而言，对数是一种新运算，要让学生在经历困惑的同时感到运算生成的必要性. 笔者从运算入手，希望学生在建构定义时顿悟. 指数式和对数式的"等价"，是对数概念的核心，蕴含着化归与转化的思想，为解决本节课的所有问题提供了依据，教学时要着力解决. 对数符号体现了数学化的思想，是制约学生理解概念的一个不可忽略的因素，教学时通过类比"若 $a^3=5$，则 $a=\sqrt[3]{5}$"，帮助学生理解对数符号的意义，从而建构起对数的完整概念.

概念的内涵是反映概念中对象的本质属性. 在教师的启发下学生能模仿得出对数的定义，接下来的任务就是解读定义，"逐句分析""咬文嚼字"是常用方法. 通过对"运算、等价、符号"的剖析，从不同角度揭示对数概念的内涵，实现对概念的理解. 在此基础上，围绕"等价"进行"互化"训练，围绕"运

算”运用不同的方法求对数值.在运用的过程中,落实“符号”的规范书写.最后,借助特例启迪,引导学生探究发现,得出对数的重要性质和若干结论,使学生领略对数的优越性.从学生反馈的情况看,这样处理的效果很好.

3.3　理清知识的脉络,演绎过程的精彩

数学思维研究中的核心是问题解决,而问题解决的关键则是对数学概念的深刻理解.这就要求学生不仅要学习概念的知识——形式化的结论和内容,而且必须经历概念发生、发展和应用的过程,探索数学知识的源泉,理清数学知识的脉络.对数的发展史告诉我们,对数的概念源自实际需要,其产生从阿基米德到纳皮尔《奇妙的对数表的说明》的问世,人类思维经历了一个由具体形象到形式抽象的漫长过程.现行教材中对数的概念是建立在指数基础上的,这种处理是从知识的系统性和联系性来考虑的,是合理的,但存在简单化的倾向.

人类经过两千多年的漫长探索才逐渐形成对数的概念和运算方法,这反映出人们对对数的理解存在一定的难度,前人如此,学生更是如此.怎样化解这一难点,是教学中需要着力解决好的问题.认知的历史发生原理告诉我们:数学学习的认知顺序应该与历史上该内容的发生和发展的顺序相一致.基于此,在设计教学时,笔者按照数学史上对数概念形成的难点进行分析,探索学生在学习此概念时可能存在的障碍,让学生亲历概念形成过程中数学家对于该概念的探究活动,感知对数概念的发现历程,体验数学发现的喜悦.

本节课在教师的引领下,借助多媒体课件和计算器等现代教学技术,学生经历了数学家发现和完善对数概念的过程.通过解决实际问题的需要和对加减、乘除等互逆运算的类比,学生接受和认识了对数运算;教学中抓住指数式与对数式的“等价”关系,进行互化训练,深化了学生对概念的理解;在解决对数值的近似计算的问题时,利用计算器,自然巧妙地引出常用对数和自然对数;在“回顾反思”中将阅读材料的学习和数学史的渗透有机地结合在一起,将课堂推向了高潮.学生不仅学会了知识,而且学会了学习.

当然,这节课也有许多不足,存在一些缺憾.例如,课堂上担心内容多,害怕时间紧,在提出问题时,给学生思考、讨论和交流的时间少了些,对学生的疑问与困惑关注不够,这样会挫伤学生学习的积极性.又如,在情境创设的引入部分显得有些琐碎,花的时间有点多,而在组织学生去探究对数的重要性质和结论时又比较匆忙,没能很好地从对数和指数的关系入手,引导学生利用已有的指数性质,通过推理得出对数的性质.这些将在今后的教学中,注意改进,让课堂教学更有利于学生的学习和成长.

执笔:张长贵　钱军先

例谈难点突破的教学策略

"三角函数的应用"是苏教版高中数学必修4第1章《三角函数》第3节第4部分的内容.教科书专门设置这一节,意图是让学生感受三角函数在解决具有周期性变化规律的问题中的作用,体会三角函数与日常生活和其他学科的联系.建立和运用三角函数模型解决实际问题,对教师来说是很简单的,但对高一学生而言,却是一个全新的内容.对于什么是简谐运动,为什么三角函数模型能描述和刻画简谐运动,怎样建立三角模型解决具有周期性运动特征的实际问题,他们既感到陌生,又难以理解.

为了有效地突破这一教学难点,在教学过程中,教师要充分了解学生的已有经验和认知特点,站在学生的角度,想学生之所想,设计贴近学生实际的、层次分明的递进性问题,与学生一起走入学生的原有知识和经验中去,通过合作交流的探究活动,展示建构刻画周期性现象的数学模型的思维过程,帮助学生突破认知的难点,促进学生的知识建构和数学理解.基于这样的思考,笔者在教学实践中运用"适时铺垫,搭建台阶""操作活动,暴露思维"和"技术支持,促进理解"等教学策略,取得了良好的效果.

1 适时铺垫,搭建台阶

精心设计一系列有层次、由浅入深的梯度问题作为铺垫,搭建台阶是帮助学生突破难点的重要手段.学生在学习中遇到的难以解决的问题,其中有很大一部分是由于问题的内容跨度大,思维层次高,学生没办法领会,更别说去加以解决.此时教师只有在学生思维的最近发展区精心设计一系列难度由浅入深、思维跨度由低到高的问题链,为学生铺设台阶、搭建起思维活动的"脚手架",通过问题链之间的前后衔接、相互呼应,引导学生积极思维,大胆质疑,才能有效地降低学生思维的难度,缩小思维的落差,在师生共同思考、合作探究和问题反馈中一步步剖析问题、解决问题,实现知识的建构,促进学生的数学理解.

片断1 问题1:如图1,在以O为圆心、A为半径的圆上有一点P,如何刻画点P的位置?

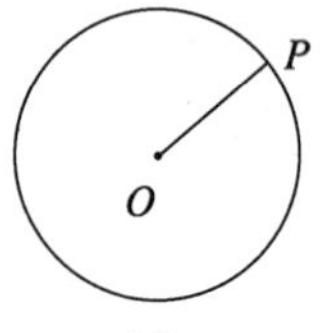

图1

生:以圆心O为原点,建立坐标系,可用坐标表示点P.

师:在图1中建立平面直角坐标系,并设$P(x,y)$,如果

把点 P 看作从 x 轴开始旋转得到的，还可以用什么方法表示？

生：用以 Ox 为始边、OP 为终边的角 θ 表示.

师：在图中标出 θ，两种表示方法有什么关系，依据是什么？

生：$\begin{cases} x=A\cos\theta, \\ y=A\sin\theta, \end{cases}$ 根据任意角三角函数的定义.

问题 2：如图 2，在平面直角坐标系 xOy 中，在以 O 为圆心、A 为半径的圆上有一点 P，从 P_0 处开始沿逆时针方向做匀速圆周运动，角速度为 ω(rad/s)（单位时间内转过的角），如何确定 t(s)后点 P 的位置？

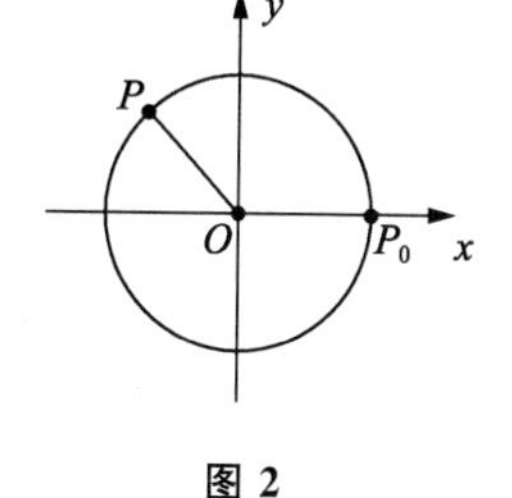

图 2

生：设 $P(x,y)$，OP 在 t(s)内转过的角为 ωt，所以 $\theta=\omega t$，所以 $\begin{cases} x=A\cos\omega t, \\ y=A\sin\omega t. \end{cases}$

问题 3：如图 3，在平面直角坐标系 xOy 中，在以 O 为圆心、A 为半径的圆上有一点 P，从 P_0 处开始沿逆时针方向做匀速圆周运动，角速度为 ω，如何确定 t(s)后点 P 的位置？

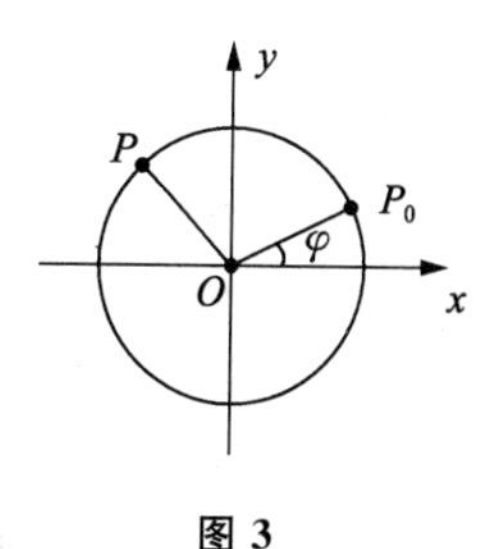

图 3

生：设 $P(x,y)$，OP 在 t(s)内转过的角度为 ωt，

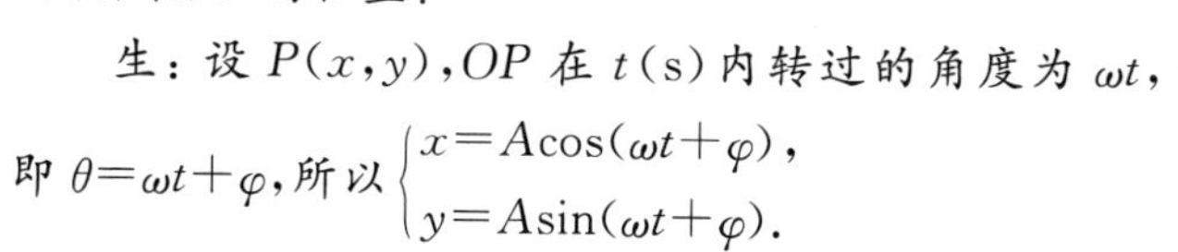
即 $\theta=\omega t+\varphi$，所以 $\begin{cases} x=A\cos(\omega t+\varphi), \\ y=A\sin(\omega t+\varphi). \end{cases}$

师：由问题 3 发现，若点 P 的起始位置不在 x 轴上，需要引入初始角 φ. φ 可以任意取值吗？

生：能，φ 是以 Ox 为始边、OP_0 为终边的任意角.

师：通过以上探究，我们知道了如何用三角函数刻画做匀速圆周运动的点 P 的位置.

需要注意的是，在引导学生解答系列问题的过程中，教师应该做好“角色换位”，充分考虑到学生认知结构中难以同化新知识的环节，给学生提供思维的某些特定信息和“提示语”，诱导学生围绕问题的内容积极展开思考，不过分介入学生的思考. 首先，让学生自觉地先对问题进行研究，建立对问题的充分直觉，使学生始终处于紧张的学习状态之中；然后，教师通过对自身思维的“稚化”，与学生共同经历知识的发生、发展过程，在这个过程中唤起和保持学生的注意力和兴趣；最后，通过问题链，层层推进，促使学生将已有的知识反馈给教师，教师及时修正和调整后，学生再反馈，最终达到教学的完美共建.

2 操作活动，暴露思维

数学教育学家(苏)斯托利亚尔指出：数学教学是数学活动(思维活动)的教学，而不仅是数学活动的结果——数学知识的教学. 也就是说，数学教学不仅要反映数学活动的结果，而且还要善于暴露得到这些结果的思维活动的过程. 在数学教学中，教师不能也不应该将事先准备好的解题思路匆匆“抛”给学生，而应当充分暴露学生的思维过程，通过暴露学生的思维过程，还原学生思维活动的本来面目，保留或再现思维过程中失败的部分，才能找到学生思维的障碍或潜在现象背后的本质，才能了解学生思维活动的特点，把握学生的认知进程，引导教学活动的开展，有针对性地进行释疑或弥补，从而顺利地突破教学难点.

片断 2　问题：一半径为 3 m 的水轮如图 4 所示，水轮圆心 O 距离水面 2 m，已知水轮每分钟逆时针转动 4 圈，如果当水轮上点 P 从水中浮现时(图中点 P_0)开始计算时间，试将点 P 距离水面的高度 z(m)表示为时间 t(s)的函数.

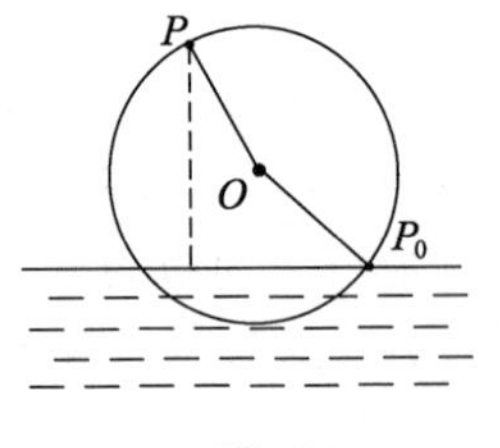

图 4

师：请大家思考一下，运用我们已经学过的知识怎样解决这个问题？可以相互讨论.

生：只要确定点 P 的位置，写出点 P 的纵坐标.

师：如何确定点 P 的位置，我们首先要做什么？

生：建立坐标系.

师：怎样建系呢，建系的最优标准是什么？

生：以 O 为原点、水平方向为 x 轴建系，建系要尽量使计算简单，图形尽量对称.

师：在图 4 中建立平面直角坐标系，现在能表示点 P 的纵坐标了吗？

生：不能，点 P 的起始位置不在 x 轴上，需要引入初始角 φ.

师：设哪个角为 φ？

生：设 $\angle P_0Ox=\varphi$.

师：我们可以这样表示任意角吗？

生：哦，应该设以 Ox 为始边、OP_0 为终边的角为 φ.

师：φ 角有范围限制吗？

生：φ 角的终边在第四象限，所以 $\varphi\in\left(-\frac{\pi}{2},0\right)$.

师：现在能给出解答了吗？

生：可以了，根据题意，OP 在 t(s)内转过的角度为 $\frac{4\times2\pi}{60}t=\frac{2\pi}{15}t$，所以点 P 的纵坐标为 $3\sin\left(\frac{2\pi}{15}t+\varphi\right)$，所以 $z=3\sin\left(\frac{2\pi}{15}t+\varphi\right)+2$.

师：怎么求 φ?

生：因为，当 $t=0$ 时，$z=0$，所以 $\sin\varphi=-\frac{2}{3}$，又因为 $\varphi\in\left(-\frac{\pi}{2},0\right)$，所以 $\varphi\approx-0.73$，所以 $z=3\sin\left(\frac{2\pi}{15}t-0.73\right)+2$.

师：本题看上去关系复杂，但构建恰当的平面直角坐标系后，转化为用角的正弦来表示点 P 的纵坐标，进而表示出高度 z，关键是如何确定以 Ox 为始边、OP 为终边的角，这在问题 3 中已得到了解决的方法，随后就可以把实际问题抽象为三角函数模型.

简明的教学环节如剥茧抽丝，教师充分利用设问、追问、反问等手段，通过环环相扣又层层递进的问题引领学生展开数学思考，让学生的思维在碰撞中迸发出智慧的火花，并不断向纵深发展，使学生的思维活动过程完全暴露出来. 以学生为主体的课堂，要鼓励学生讨论和交流，让学生的各种想法直接交锋，使学生在交流和会话的过程中对所学知识和方法建立自己的思考与认识，让学生在互动合作中“明道”，这是帮助学生突破教学难点、发展学生的数学思维、提升学生的数学素养的有效途径.

3　技术支持，促进理解

对于教学难点的突破，传统教学中有很多方法，但有些难点用传统方法来实现突破，效果往往不理想. 随着信息技术的成熟，几何画板、Flash 动画等技术手段越来越多地介入数学教学中，为教学难点的突破提供了新的技术条件. 教材中的例 1 是有关简谐运动的实际问题，在讲解 $y=A\sin(\omega x+\varphi)$ 的图象时作为引例出现过，前期教学中教师一般是一带而过，有的甚至刻意回避，所以学生仍不知简谐运动是什么，心里有一个理解上的疙瘩. 为了解决这一问题，笔者借助信息化手段，用几何画板动画演示，形象地解释了简谐运动的特点，降低了认知困难，为学生直接使用三角函数模型解决与简谐运动有关的实际问题扫清了障碍.

片断 3　师：刚才我们研究的是实际问题中做匀速圆周运动的点 P 的运动规律，下面让我们改变一下观察角度，请观看动画(如图 5)，如果有一束平行光把点 P 投影到 y 轴上，那么投影点 P' 的运动特点是什么？

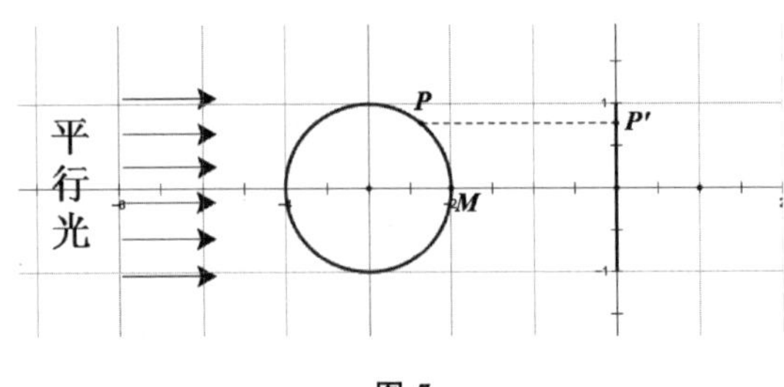

图 5

生：点 P' 在做往复运动.

师：正确，这在物理中称为简谐运动，可以用什么函数刻画这个运动呢？请继续观看动画（如图 6、图 7）.

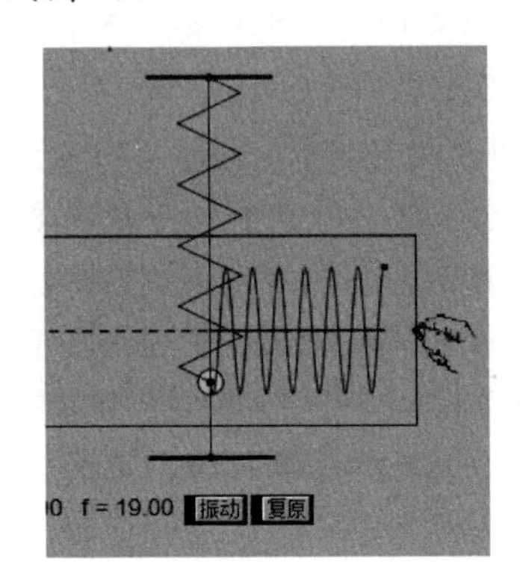

图 6

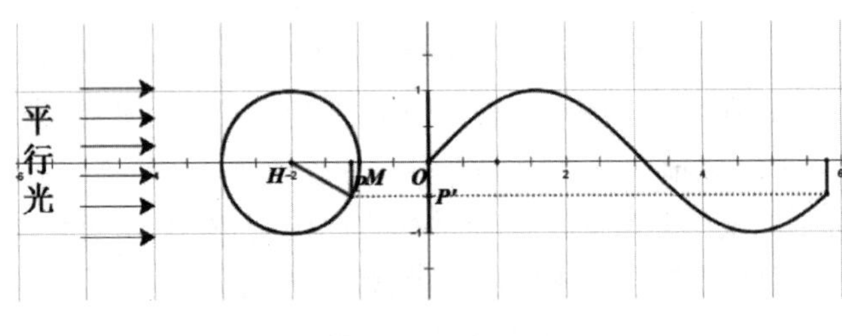

图 7

生：三角函数.

师：很好，你能回忆一下教科书上是怎么介绍简谐运动的吗？

（学生并不熟悉，教师用 PPT 展示教材第 34 页上的相关内容，板书简谐运动的三角函数模型）

已知简谐运动，可以直接使用三角函数模型解决有关问题. 看下面的例题，请解说题意.

例题　如图 8，点 O 为做简谐运动的物体的平衡位置，取向右方向为物体位移的正方向，若已知振幅为 3 cm，周期为 3 s，且物体向右运动到距平衡位置最远处时开始计时.

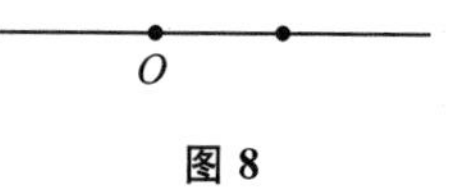

图 8

(1) 求物体对平衡位置的位移 x(cm)和时间 t(s)之间的函数关系；

(2) 求该物体在 $t=5$ s 时的位置.

生：点 O 右侧位移为正，左侧位移为负；当 $t=0$ 时，位移 $x=3$.

师：很好，请大家完成在作业纸上.

(学生自主完成后，教师选择几位有代表性的学生的解法用手机拍照，借助《茄子快传》软件实时投影讲评.)

师：这道题可以直接使用模型，因为物理中的简谐运动的"运动学"定义就是"相对于平衡位置的位移和时间满足正弦型或余弦型规律的机械振动". 三角函数在物理中有比较多的应用，如单摆运动、波的传播、交流电等，都可用三角函数来分析和理解.

将现代信息技术应用于数学教学，服务于教学，这不应该是句空话，要落到实处. 教科书是一个重要的载体，信息技术能够帮助学生化解函数的高度抽象性带来的学习困难，借助信息技术可以实现教学内容的可视化、动态化，增强学习活动的可操作性. 在现代信息技术的教学环境下，教学信息的呈现方式多样且有趣，可以使"抽象问题形象化，复杂问题简单化，枯燥问题有趣化，微观问题宏观化""把快变慢，把慢变快". 恰当的技术手段不仅有助于突破教学难点，还可以在引入新课、创设情境、培养学生的能力、激发学生的学习兴趣、增加课堂容量等方面发挥显著的辅助作用.

在组织"三角函数的应用"这一内容的教学活动时，通过创设情境中 3 个问题的铺垫，找到了知识的固着点，给学生的思维活动搭建了台阶，再通过接下来的探究活动，使学生的思维达到了一定的深度，具备了突破难点的能力. 这时，教师抓住学生思维发展的有利契机，立即进行变式训练和解决水轮这一典型问题的操作活动，使学生经历由实际问题建立数学模型、解决实际问题的数学建模过程，体会三角函数模型在描述和刻画具有周期性变化规律的实际问题中的作用，实现教学难点的有效突破，培养了学生运用三角函数的知识分析和解决实际问题的能力.

执笔：毛锡荣

站在系统的高度设计　立足发展的角度引领

——"向量的概念及表示"一课的教学案例与评析

1　背景描述

2017年12月12日，具有优良传统的百年名校江苏省泰州中学举办了以"质疑、商讨、体验"为核心要素的"体用课堂"教学研讨活动，来自省内外各学科的数百名专家和教师们参加了这一活动.我校的张长贵老师有幸在这一活动中开设了一节研讨课，课题是"向量的概念及表示".

从教材的结构来看，本节课是这一章的起始课，具有"统领全局"的作用，是本章学习的"先行组织者".从课型上来看，本节课又是一节概念型课，最大的特点是概念多且实际背景丰富.通过本节课的教学，不仅要让学生掌握向量的概念及其表示方法，理解相等向量、相反向量、共线向量等概念的本质，更重要的是让学生在经历这些概念形成的过程中，学习研究新概念、学习新内容的"基本套路"，即获得数学研究对象、认识数学新对象的基本方法和基本框架，为学好全章内容打好基础.

为了更好地突出教学重点，突破教学难点，完成教学任务和目标，张老师站在系统的高度精心设计，立足于发展的角度引领，组织学生开展探究活动，通过"章节引领，提出问题""创设情境，归纳共性""抓住本质，抽象定义""认识特殊，辨析升华""归纳小结，拓展反思"等教学环节，循序渐进地引导学生研究新对象，合乎情理地定义新对象，让学生积极参与概念本质特征的概括活动，帮助学生逐步形成研究向量的一般套路，体会学习新知识的基本方法，以求高质量地实现本节课的教学目标.

在本节课的教学中，张老师高度关注学生的主体地位，把学生定位为向量及其相关概念的建构者，自己只是帮助学生建构新知识的组织者、合作者和参与者，其主要任务就是为学生建构新知识提供支架.学生对新知识的建构情况是多样的，并不是一蹴而就的，因此，张老师在设计本节课时，根据学情对每一个建构活动都做好了充分的预案，针对学生的不同建构，灵活地引导启发、提示点拨，帮助学生获得对新知识和方法的认识与理解，取得了较好的教学效果，受到了听课专家和教师们的一致肯定与好评.

2　课堂实录

2.1　章节引领，提出问题

导入语：老师先与大家谈一谈第2章．“平面向量”对大家来说是一个新知识．平面是一个定语，限定我们暂时研究的范围是在平面内，“平面”让我们很容易想到“空间”，说不定以后可以进行推广．标题的主语是向量，这是一个新的概念．

问题1：请大家回忆一下，研究一类新的数学问题的基本思路和研究流程是什么？以必修1中的“对数”为例．

生活中的放射性物质问题　　（获得数学研究对象）

⇩

对数的概念、对数的表示　　（认识数学研究对象）

⇩

对数的运算性质　　（丰富数学研究对象）

⇩

对数的应用　　（应用数学研究对象）

师：我们从生活中的放射性物质问题抽象出对数的概念；研究对数的表示，自然要研究它的运算性质；最后是对数的应用．这样一个一般的研究流程在本章的学习中也不例外．下面我们一起开始本章第1节“向量的概念及表示”的学习．

设计意图　发挥章头图的引领作用，借此说明向量的研究对象及研究方法，揭示向量与几何、代数之间的关系，为学生勾画学习蓝图．

2.2　合作探究，体验过程

师：生活中用到的“量”很多，我们可以信手拈来，如人的身高、体重、我与你的距离．

问题2：身高、体重、距离，这些量有什么共同特征？

生：数量，在取定单位后用一个实数就能表示．

问题3：你能不能再举出一些数量的例子？

学生活动　让学生举出生活中的一些数量的例子．

问题4：右图中，A处的我方军机可以如何报告C处敌机的位置？

预设　通过一个角度，比如C在A点北偏东45度、30千米处．

其他预设 ① 建立直角坐标系，用两点的坐标刻画；

② 以 A 为坐标原点建立直角坐标系，用点 C 相对于 A 的距离、方向刻画；

③ 以 A 为圆心、线段 AC 为半径作一个圆，利用半径和角度刻画．

师：表示这个位置都需要一个方向（方位），还需要一个长度，这里一种常用的办法是用 C 点与 A 点之间的方位和距离来确定点 C 的位置．在前一章中我们还学过有向线段，我们可以用有向线段$\overrightarrow{AC}$表示 A 点与 C 点之间的位移．

问题 5：敌机沿$\overrightarrow{CB}$方向逃窜，我方军机要抵近拦截．如果我方军机的时速值大于敌机，是不是就可以拦截到敌机？为什么？

师：我们不仅要关注飞机速度的大小，还要关注飞机速度的方向．经测算，最终我方军机在 B 处拦截到敌机．从 A 到 B 有一个位移，从 C 到 B 也有一个位移．在这个例子中提到的位移、速度等都是物理学中重要的量．那么，位移与距离这两个量有什么不同吗？

生：位移有方向，距离没有，它们都有大小．

师：你能不能再举出一些既有大小又有方向的量？

师生活动 学生举例：力（重力、弹力、浮力），加速度等．教师展示图片，并以重力为例强调研究重力必定要说明其方向（竖直向下）和大小（物体的质量越大，重力越大）．

设计意图 通过实例让学生充分感受“既有大小又有方向的量”是客观存在的，进而让学生发现并认识现实生活中具有这个特征的量，为概念的抽象提供大量的实际背景．

师：我们可以发现，像位移、速度、力这些量在生活中的确大量存在，通过抽象发现这类量具有一个共同特征——既有大小又有方向．以前我们从一支笔、一本书、一张桌子抽象出只有大小的数量 1，今天我们对以上这些既有大小又有方向的量进行抽象，就形成了一种新的量——这就是我们今天要研究的“向量”．

2.2.1 向量的概念

具有共同属性的示例 ⇨ 归纳共性 ⇨ 数学抽象 ⇨ 新的对象

位移
速度
加速度
力 } ⇨ 既有大小又有方向 ⇨ 向量（vector）

……

师：你能给出向量的定义吗？

生：既有大小又有方向的量称为向量.

师：你觉得向量这个名称起得好不好？

生：好.

师：好在哪里？

生：有方向的量.

师：对，突出了向量的重要特征：有方向. 从向量的概念可以看出，大小和方向是向量两个最重要的特征，大小是从“数”的角度看，方向是从“形”的角度看，向量结合了数和形两个特征于一身. 我们要注意区分它与“数量”的不同之处，数量只有大小而没有方向，向量既有大小又有方向.

数学文化　向量最初来自力学. 物理学中把既有大小又有方向的量称为“矢量”，只有大小没有方向的量称为标量. 建议同学们课后认真读一读书上 94 页“向量源自力学”的内容.

2.2.2　向量的表示

师：数学中，定义概念后，为了进一步研究的方便，通常要表示它，如用数轴上的点来表示实数，用符号 $\log_a N$ 表示对数. 那么，结合已有的经验，怎样把所举例子中的向量表示出来？以我方军机从发现点到拦截点的位移为例.

学生活动　先让学生在纸上画，并让学生上黑板来画向量.

（如果学生没有思路，给予引导：物理学中我们是如何形象地表示力、位移的？）

（1）几何表示.

师：同学们用带箭头的线段来表示向量. 给线段加上方向，其实就是一个有向线段嘛，箭头所指的方向就是向量的方向. 用一条有向线段表示向量.

（2）符号表示.

师：在初中我们用符号 AB，CD，a，b，c 等表示线段，现在我们还用符号 AB 表示向量合理吗？（不合理）为什么？（没有体现方向）那怎么办？（加箭头）怎么加？（$\overrightarrow{AB}$）

我们把起点为 A、终点为 B 的向量表示为$\overrightarrow{AB}$，向量也可以用小写字母 $\boldsymbol{a}$，$\boldsymbol{b}$，$\boldsymbol{c}$ 来表示（印刷用粗体 $\boldsymbol{a}$，书写用$\vec{a}$）. 这是向量的符号表示.

问题 6：AB，BA 表示同一线段，那么向量$\overrightarrow{AB}$，$\overrightarrow{BA}$表示同一向量吗？为什么？

生：不表示同一向量，$\overrightarrow{AB}$，$\overrightarrow{BA}$方向正好相反.

师：对，方向是向量的两个重要属性之一，有向线段使得向量的“方向”得到了表示. 大小是向量的另一个属性，那么，向量的大小又该如何表示呢.

(3) 向量的模.

师：我们用有向线段的长度来表示向量的大小. 向量$\overrightarrow{AB}$的大小称为向量的长度(或称为模)，记作$|\overrightarrow{AB}|$. 现在我们已经研究了向量的定义和表示，可以进一步研究它了.

问题7：所有的实数构成了实数集，所有的向量也构成了一个集合. 这无数的向量中，我们该先研究谁呢？

师：研究实数集时我们最先研究了自然数0和1，0是数正负的分界点，有0就可以定义相反数了，1是“单位”，作用也很大. 类比研究实数的经验，我们自然要关注一般中的特殊性，从特殊的向量入手研究，所谓“特别的爱给特别的你”嘛.

问题8：你认为哪些向量比较特殊？

2.2.3　特殊向量

(1) 零向量：长度为0的向量称为零向量，记作$\mathbf{0}$.

(2) 单位向量：长度等于1个单位长度的向量，称为单位向量.

问题9：(1) $\vec{0}$与0有区别吗？(一个是向量，一个是数量)

(2) 零向量和单位向量的方向呢？(任意的)

(3) 平面直角坐标系内，起点在原点的单位向量，它们的终点的轨迹是什么图形？(圆)

师：好，我们类比实数中的0和1，通过关注向量的长度的特殊性，发现了两类特殊的向量：零向量和单位向量. 这就定义了向量中的零元和单位元，它们在以后的向量运算中会有很大的作用. 有特殊长度的向量，那么有没有特殊关系的向量？

2.2.4　特殊关系

问题10：观察图中的正六边形$ABCDEF$，给图中的一些线段加上箭头表示向量，写下你所标注的向量，并说说你所标注的向量之间的关系.

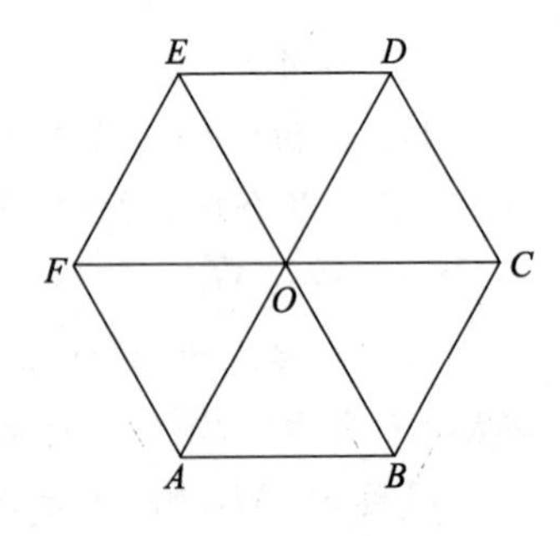

师：请你推荐一组具有特殊关系的向量，并说说你的推荐理由.

师生活动　用GeoGebra软件展示学生的研究，讨论并形成认识.

生：$\overrightarrow{FE}$与$\overrightarrow{AD}$.

师：你怎么看待这两个向量间的关系？

生：平行.

师：你依据什么来判断两个向量平行？

生：所在的直线平行.

师：对向量的方向有什么特别要求吗？对向量的长度有要求吗？

生：方向相同或相反都可以，对向量的长度没要求.

师：也就是说考查向量的方向，相同或相反都可以. 请阅读课本第 59 页.

(1) 平行向量：方向相同或相反的非零向量，称为平行向量，记作 $\boldsymbol{a}/\!/\boldsymbol{b}$.

规定：零向量与任一向量平行.

师：定义中剔除了零向量，合理吗？为什么？(零向量方向的任意性)下面又规定：零向量与任一向量平行. 又是为什么？

学生活动 (略)

师：因为零向量方向具有任意性，所以定义中把它剔除. 但是平行向量是对全体向量而言的，本不应该歧视零向量，所以再补充一句话，为了完善数学的系统. 这就是数学严谨性的魅力.

请写出几个与向量$\overrightarrow{FE}$平行的向量. 在这几组平行向量中，有没有关系更特殊的向量？

生：$\overrightarrow{FE}$与$\overrightarrow{BC}$.

师：这两个向量特殊在哪里？

生：长度相等，方向相同.

师：你打算怎么称呼这样的向量？

生：相等向量.

师：你能定义"相等向量"吗？

生：长度相等且方向相同的向量叫作相等向量.

师：好，我们既关注长度又关注方向，定义了"相等向量". 请阅读课本第 60 页：

(2) 相等向量：长度相等且方向相反的向量叫作相等向量. 记作：$\boldsymbol{a}=\boldsymbol{b}$.

生：$\overrightarrow{FE}$与$\overrightarrow{OA}$.

师：这一组向量有什么特殊关系？

生：长度相同，方向相反.

师：你想怎么定义这组向量的关系？

生：相反向量.

师：你能给相反向量下个定义吗？

生：长度相等且方向相反的向量叫作 $\boldsymbol{a}$ 的相反向量.

(3) 相反向量：我们把与向量 $\boldsymbol{a}$ 长度相等、方向相反的向量叫作 $\boldsymbol{a}$ 的相反向量，记作 $-\boldsymbol{a}$，$\boldsymbol{a}$ 与 $-\boldsymbol{a}$ 互为相反向量. 并且规定零向量的相反向量仍是零向量. 于是，对任一向量 $\boldsymbol{a}$ 有 $-(-\boldsymbol{a})=\boldsymbol{a}$.

问题 11：将一个向量平移后所得的向量，与原来的向量还相等吗？为什么？

师生活动 操作 GeoGebra 软件平移一个向量.

生：相等，因为方向没变，长度没变.

师：研究向量的关键在于抓住方向和长度这两个要素，我们在本章中所学的向量都是自由向量，可以平行移动，仅跟方向和大小有关，与起点位置无关. 这些平行向量都可以平移到一条直线上，由此得出共线向量的概念，平行向量又称为共线向量.

问题 12：两个共线向量一定要在同一条直线上吗？

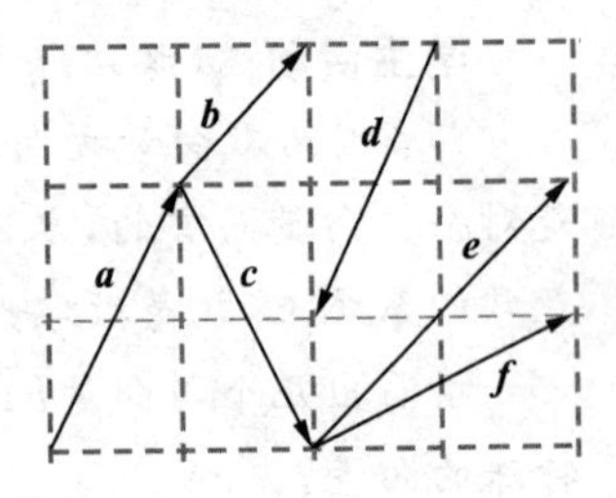

生：不需要，只要平行就是共线，只要能平移到同一条直线就是共线向量.

思考：在如图所示的向量 $\boldsymbol{a},\boldsymbol{b},\boldsymbol{c},\boldsymbol{d},\boldsymbol{e},\boldsymbol{f}$ 中（小正方形的边长为 1），是否存在平行向量、相等向量、相反向量？

2.3 概念辨析，把握本质

问题 13：下列结论哪些是正确的？

(1) 若两个向量相等，则它们的起点和终点分别重合；

(2) 模相等的两个平行向量是相等的向量；

(3) 若 $\boldsymbol{a}$ 和 $\boldsymbol{b}$ 都是单位向量，则 $\boldsymbol{a}=\boldsymbol{b}$；

(4) 两个相等向量的模相等；

(5) 单位向量均相等；

(6) 任一向量与它的相反向量不相等.

师生活动 （略）

2.4 数学运用，深化理解

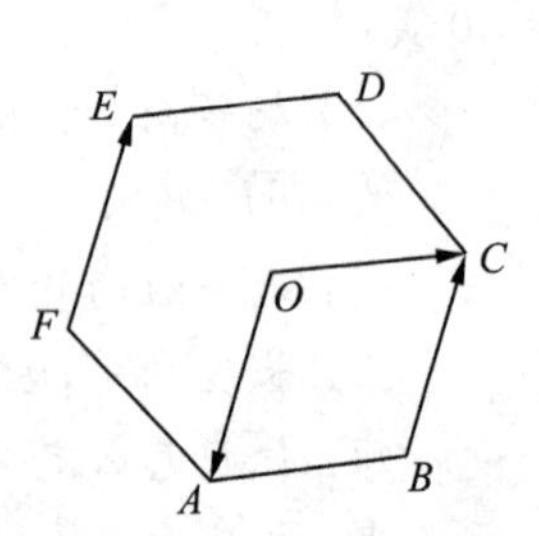

例 1 已知点 O 为正六边形 $ABCDEF$ 的中心，在图中所标出的向量中：

(1) 试找出与 $\overrightarrow{FE}$ 共线的向量；

(2) 确定与 $\overrightarrow{FE}$ 相等的向量；

(3) $\overrightarrow{OA}$ 与 $\overrightarrow{BC}$ 相等吗？

例 2 右图中的 4×5 方格纸中有一个向量 $\overrightarrow{AB}$ 是分别以图中的格点为

起点和终点所作的向量,其中与$\overrightarrow{AB}$相等的向量有多少个？与$\overrightarrow{AB}$长度相等的共线向量有多少个($\overrightarrow{AB}$除外)？

2.5　课堂总结,完善认知

师：回顾一下今天的学习内容,有什么收获？

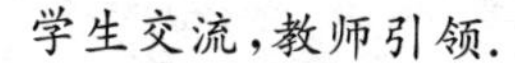
学生交流,教师引领.

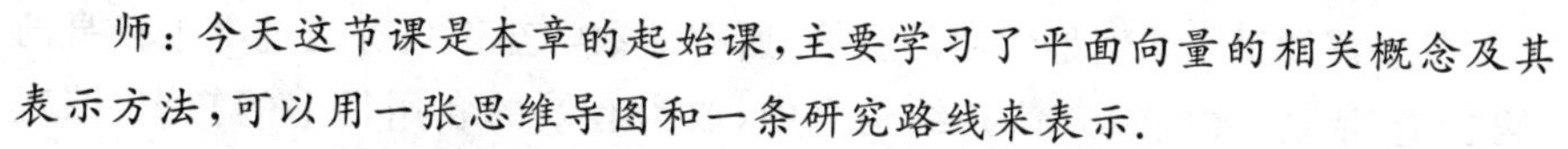
师：今天这节课是本章的起始课,主要学习了平面向量的相关概念及其表示方法,可以用一张思维导图和一条研究路线来表示.

(1) 一张思维导图(略).

(2) 一条研究路线(略).

放眼整个章节,我们还将研究些什么？

3　案例评析

"向量的概念及表示"是章节起始课,也是一节概念课,它具有实际背景丰富、概念繁多琐碎、内容简单易懂等特点,看起来平淡无奇,"没有什么东西可讲",教学中要想出新出彩有较大的难度.简单的课怎样才能上出韵味来？如何创造性地运用教材,挖掘出隐藏在内容背后的深刻内涵,构建出生动活泼的问题情境,让学生在探索中求知,在思考中生智,在品味中赏美,使课堂充满灵动、演绎精彩？这对教师的教学智慧是一个极大的挑战和考验.

张老师的这节课让我们眼前一亮、耳目一新,产生了"数学课这样上才有味"的感慨.张老师从新课程的教学理念出发,站在系统的高度和促进学生发展的角度,紧紧抓住学生思维的最近发展区,精心创设问题情境,组织学生开展探究活动.他以"问题串"为主线,以问题驱动为策略,启发学生通过自主观察、类比联想、主动思考、相互讨论和合作交流,引领学生抽象建构起每一个概念并逐步优化和完善,使得知识自然地生长,思想和方法在潜移默化中渗透,使我们从中能够得到许多有益的启发.

3.1　教学设计高端大气

张老师的这节课沿着"挖掘实际背景,经历建构过程,揭示概念本质,渗透研究方法,构建学习蓝图"的思路展开,显得非常高端和大气.他根据学生已有的知识和学习经验,从数学内部提出问题,通过学生回忆数的学习方法,提出向量的学习问题,引起学生的认知冲突,引发学生对新知的学习欲望和探究热情,一下子就抓住了课堂,抓住了学生,为学生的学习营造了良好的氛围,很好地解决了学什么、怎么学和为什么学的问题.紧接着,用"问题串”的方式和问题驱动的方法，引领学生进行探究和建构向量的有关概念，在思考辨析中认识向量，在尝试应用中理解向量，在总结反思中完善认知．整节课以一张思维导图和一条研究路线作为课堂教学的明线和暗线，把零散繁多的概念串联在一起，使学生不但掌握了知识，而且学会了研究的方法，体会了蕴含在知识中的思想，训练了思维品质，为整章的学习奠定了基础，实现了“教师的高位引领，学生的深度发展”．

3.2　师生活动丰富多彩

我们都知道：学生是学习的主体，所有的数学知识只有通过学生自身的“再创造”活动，才能纳入认知结构之中，成为有效的和用得上的知识．综观张老师的这节课，他很好地贯彻了新课程“以学生的发展为本”的理念，师生的活动特别是思维活动非常充分、相当精彩．无论是在课题的引入、概念的建构、应用的尝试，还是课堂的总结和问题的反思，每一个环节都能给予学生充分的时间进行思考、探索和尝试，每一个概念和每一种方法都是由学生在老师的引领下自主得出的．张老师没有因为内容简单、学生易懂，就把知识直接灌输给学生，而是根据教材内容，精心设计了一系列的问题情景，让学生去讨论、去探索、去发现，然后进行总结归纳，使之规范化．在这一过程中，学生的想，学生的说，学生的做，构成了课堂教学的一道美丽的风景．张老师能充分地关注每一位学生，走下讲台，走到学生的中间，了解学生的学习情况，把握学生的思维动向，即时进行点拨和引导、肯定和赞赏，使整个课堂洋溢着朝气、充满着灵动．

3.3　思想渗透润物无声

平面向量具有“数”和“形”的双重身份，是联系几何与代数的桥梁，是数形结合的典范．在向量内容的学习中，蕴含着丰富的数学思想和方法．作为向量学习的起始课，张老师的教学十分注重对数学思想方法的提炼和渗透，他反复利用联系的观点、类比的思想引导学生结合已有的数学知识和数学经验，进行探究学习，探索向量的基本概念．例如，抓住“数”和“形”两个特征来建构向量的概念，把握向量的两个基本要素；联系实数中特殊的数0和1，结合向量的两个要素来认识和理解零向量和单位向量；用几何图形中两直线的平行类比得到平行向量和共线向量；类比实数的运算，大胆地预见向量也可以有运算；等等．以学生已学的知识作为产生新知识的固着点和生长点，让学生通过类比和思考，较为自然地得出新知识，为后续教学埋下了伏笔．在潜移默化中渗透了类比、转化与数形结合等数学思想和方法，训练了学生的理性思维，提升了学生抽象和概括等核心素养，收到了“潜移默化，润物无声”的效果．

3.4 目标达成精准高效

从教学效果来看，张老师的这节课，教学目标达成精准，学生收获满满，课堂本真高效. 在这节课上，我们看到：张老师以民主的精神、开放的态度、合作的方式组织教学活动，教学过程充满了双向的交流、动态的建构、成功的愉悦和发展的快乐，课堂成为师生共同活动的舞台. 张老师不仅仅在用理智上课，同时也投入了自己的激情，十分尊重学生的主体地位，为学生探索新知创设条件、营造氛围，高度关注学生的感受和见解，鼓励学生自主探究与合作交流，力求使学生在学会知识的同时学会学习. 张老师用自己的情感激发学生的情感，用自己的智慧启迪学生的智慧，用自己的思维引领学生的思维，学生在课堂上学到的不仅仅是知识、方法、技能，更是生活、思考、习惯、态度和为人，理性思维、数学素养和精神世界都有实质性的发展和提升，新课标中“促进学生全面、和谐、可持续发展”的理念得到了有效的落实和体现.

当然，这节课也存在一些遗憾和不足. 例如，在时间安排上，前松后紧，对概念辨析和数学运用环节的着力不够，显得有些匆忙. 但是，这节课教学设计新颖独特、富有创意，教学过程自然流畅、精彩纷呈，学生在快乐有趣的气氛中既掌握了数学知识，又学到了思想方法；既提高了探究能力，又增强了合作意识；既领悟了概念的形成过程，又培育了数学的核心素养. 不失为一节高潮迭起、精彩纷呈、内涵厚重、本真高效的好课，值得我们好好地学习和研究.

执笔：张长贵　钱军先

数学课堂：在师生的有效对话中绽放精彩

以学生为主体，关注学生的发展，是新课改的重要理念.高中数学新课程教学倡导师生互动、合作交流的教学方式，课堂中师生的有效对话受到了教师们的高度关注，成为一个热门话题.课堂对话是指课堂上师生之间、生生之间为达成教学目标而进行的语言交流活动.数学是思维的科学，数学教学是思维活动的教学，数学课堂是动态的思维场，教学活动的开展离不开对话，因为通过对话能促进师生、生生间的思维交流，课堂因为对话会更加生动活泼而富有灵气.著名教育家叶澜教授说过：教学的本质意义是交往与对话.通过对话，师生的心灵距离才能拉近；通过对话，教师才能实现对学生真正有效的引导；通过对话，学生的个性才会有彰显的平台.课堂中师生的有效对话有助于挖掘学生的潜能，启迪学生反思和感悟，凸显学生的主体地位，实现学生“要学”“会学”和“乐学”.搞好课堂中师生的有效对话，对提升学生的数学素养、促进学生的长效发展有着不可低估的作用.

1　在师生的有效对话中营造氛围、启动探究

苏霍姆林斯基说过：如果教师不想办法使学生产生情绪高昂和智力振奋的内心状态就急于传授知识，那么这种知识能使人产生冷漠的态度，而使不动感情的脑力劳动带来疲劳.因此，每一堂课都要注意调动学生的兴趣，开拓学生的思维，激发学生学习的积极性，起到情感传导的作用，把学生引入无比瑰丽的知识世界.教师要善于运用多种方法营造氛围，让师生共同融入和谐的学习情境之中，以引发学生强烈的求知欲望，敢于说出自己的想法，乐于表达自己的心声，让探究学习的活动在师生的有效对话中自然、顺畅地展开.

案例1　“三角函数的周期性”一课的教学片断

师：（观看教室前面墙壁上贴的“课程表”，故意发出惊讶声.）一学期有20几周，150多天，为什么这个“课程表”只列出了5天的课程？

生：从星期一到星期五，每周的课程都是一样的，即重复出现，所以只要列出星期一到星期五这5天的课程表，就可以知道这学期每一天的课程了.

师：很好！大家说，这种规律反映的是一个怎样的现象？

生：周期现象.

师：在我们的经验中，此类现象多吗？

生：很多啊，除“课程表”外，还有日出日落、月圆月缺、潮涨潮落、寒来暑往等，都呈现出这种周期性.

师：说得太好了，在自然界和我们的日常生活中，周期现象是大量存在的，那么在我们的数学学习中，大家有接触过周期现象吗？

生：有！正弦函数和余弦函数的值都是会重复出现的，它们都具有周期性.

师：非常好！正弦函数和余弦函数都具有周期性，称之为周期函数. 这节课我们就来研究三角函数的周期性. 你们知道，什么叫函数的周期性吗？怎样的函数叫周期函数？

生：函数值能重复出现的函数叫周期函数.

师：能把它作为周期函数的定义吗？

生：这只是粗略的文字语言，表述不够精确.

师：先来看正弦函数 $f(x)=\sin x$，因为 $f(x+2\pi)=\sin(x+2\pi)=\sin x=f(x)$，所以当自变量 x 每增加 2π 时，正弦函数的值就重复出现，因此正弦函数是周期函数，周期是 2π. 你能类似地对余弦函数是周期函数加以说明吗？

生：余弦函数 $f(x)=\cos x$，因为 $f(x+2\pi)=\cos(x+2\pi)=\cos x=f(x)$，所以当自变量 x 每增加 2π 时，余弦函数值就重复出现，因此余弦函数是周期函数，周期是 2π.

师：很好，下面我们就来研究三角函数的周期性（板书课题）.

数学学习并非空中楼阁，它必须建立在学生现实学习的起点上，教师需要充分认识到这一点，并以此为基点设计情境对话. 教师的职能不仅仅是传递和训导，而要更多地去激励与帮助；师生之间的关系不仅以知识传递为纽带，也要以情感交流为纽带；教师的作用不再是去填满仓库，而是要点燃火炬. 学生学习的灵感既要在静如止水的深思中产生，更要在宽松的情景、积极的发言和相互的辩论中突然闪现. 上述案例中，执教者以一个学生非常熟悉的“课程表”作为问题情境展开教学对话，通过师生的对话帮助学生认识自然界中大量存在的周期现象，自然流畅地过渡到数学学习中的周期函数，进而提出研究函数的周期性这一话题，把学生带进函数周期性的探究活动中来，有效地调动了学生课堂参与的热情，为学生的探究学习营造了轻松愉悦、自然和谐的氛围.

2 在师生的有效对话中经历过程、完善认知

建构主义学习理论认为，学生的学习不是知识由外到内的简单转移，而

是通过新经验与原有生活和知识经验的相互作用来充实、丰富和改造自己的认知结构.对话教学的目的就是通过对话的过程实现信息的交流互动、生成和建构新的意义,使知识增值、价值提升.因此,为使教学本真高效,就必须给学生充足的思考和对话的时间,让学生在有效对话中经历知识发生、发展的过程,建构起对新知识的认识和理解.课堂上师生的有效对话不仅仅是让学生说,还要引导学生深入思考,更要鼓励学生积极地发表独特见解,让学生在有效对话的过程中实现知识的积淀、人文的浸润、智慧的构筑和心灵的沟通.

案例 2 "直线的斜率"一课的教学片断

师：同学们研究过直线吗?

生：在初中平面几何中学习过直线,还有一次函数 $y=kx+b$ 的图象是直线.

师：很好！直线是大家熟悉的图形,请思考：确定一条直线需要哪些条件?

生：两点确定一条直线.

师：还有其他确定直线的方法吗?

(学生困惑)

师：(提示)小时候玩过跷跷板游戏吧?

生：噢,我知道了,一个点和方向也能确定一条直线.

师：点可以用它的坐标表示,方向用什么刻画呢?

(学生互相交流)

师：大家见过斜拉桥,其拉索可看成方向不同的一些直线,对于桥面而言,它们的倾斜程度不同.那么,怎样来刻画直线的倾斜程度呢?

(学生讨论,总结出倾斜程度和高度与宽度的比即坡度有关.)

师：如果任意给出一条直线,你能判断出它们的倾斜程度吗？以直线 AB 为例,已知两点 $A(x_1,y_1)$,$B(x_2,y_2)$,怎样用它们的坐标来刻画其倾斜程度?

生：倾斜程度为 $\dfrac{y_2-y_1}{x_2-x_1}$.

师：我们把它叫作直线的斜率,用 k 表示,即 $k=\dfrac{y_2-y_1}{x_2-x_1}$.

生：$x_1=x_2$ 时怎么办？点 A 和点 B 是随意取的吗?

师：这是两个很有思考价值的问题,同学们来看看怎样解决这两个问题呢?

生：当 $x_1=x_2$ 时,上面的式子无意义,这表明：直线与 x 轴垂直时,其斜率不存在.

师：很好，这就是说，只有当 $x_1 \neq x_2$ 时，即直线不与 x 轴垂直时，其斜率才存在. 对第二个问题，怎么解决呢？

生：如果把 A，B 两点沿直线方向分别移动到点 A_1 和 B_1，那么由 A_1，B_1 两点确定的斜率没有发生变化，说明点 A 和点 B 可以随意取.

师：很好，现在你能给出直线斜率的定义吗？

生：已知两点 $P(x_1, y_1)$，$Q(x_2, y_2)$，如果 $x_1 \neq x_2$，那么直线 PQ 的斜率为 $k=\frac{y_2-y_1}{x_2-x_1}$.

数学知识间的内在联系十分紧密，任何新知识或者因为某种需要而产生，或者因为某种需要在原有知识的基础上进行延伸和扩展，所以新知识都有着发生、形成和发展的过程，如果忽略这一过程，只是就知识教知识，那么学生只能得到零散、孤立的知识，只能知其然而不能知其所以然，只能完成知识的简单积累，而不能使原有的知识得到扩充和改造，不能实现对新知识的有效建构和深层理解. 本案例中，执教者精心设计了一系列问题，从确定直线的条件、直线的方向与直线的倾斜程度的关系、用坡度刻画直线的倾斜程度等入手，运用师生对话的方式，让学生在平等交流和愉快的对话中经历了直线斜率概念的形成过程，在直线的斜率与相关知识间内在联系的基础上建构起对直线斜率概念的认识，深化了对直线斜率概念的理解，完善了认知，取得了良好的教学效果.

3 在师生的有效对话中探索规律、启迪思维

《普通高中数学课程标准(实验)》中指出：数学教学是数学活动的教学，是师生之间、学生之间交往互动与共同发展的过程. 对学生而言，对话意味着心态的开放，主体性的凸显，创造性的解放；对教师而言，对话意味着上课不仅要传授知识，而且要分享理解；对教学而言，对话意味着参与，即学生、教材、教师之间进行真情的交流. 数学课堂应激发学生的心理矛盾和问题意识，启发学生大胆质疑、认真思考、积极探索，让学生寻求规律、发现问题、提出质疑、发表见解，使学生在对话的过程中实现思维碰撞、学会理性思考，完成对知识、思想和方法的领悟与理解，更好地促进学生技能的提升和思维的发展.

案例 3 “等比数列前 n 项和”一课的教学片断

师：在古印度，有个名叫西萨的人发明了国际象棋，当时的印度国王大为赞赏，对他说：“我可以满足你的任何要求.”西萨说：“请给我棋盘的 64 个方格上，第一格放 1 粒小麦，第二格放 2 粒，第三格放 4 粒，往后每一格都是

前一格的2倍，直至第64格."国王令宫廷数学家计算，结果出来后，国王大吃一惊.为什么呢?

师：同学们，你们知道西萨要的是多少粒小麦吗?

在教师的引导下，学生写出麦粒总数：$1+2+2^2+2^3+\cdots+2^{63}$.

师：这些麦子究竟有多少呢?

(带着这样的问题，学生动手算了起来，他们想到用计算器依次算出各项的值，然后再求和.教师对他们的思路给予肯定后，接着提问.)

师：$1, 2, 2^2, 2^3, \cdots, 2^{63}$是什么数列?有何特征?可以归结为怎样的数学问题?

生：是首项为1、公比为2的等比数列，要求的就是这个等比数列前64项的和.

师：很好！设$S_{64}=1+2+2^2+2^3+\cdots+2^{63}$，记为(1)式，注意观察每一项的特征，有何联系?

生：后一项都是前一项的2倍.

师：如果我们把每一项都乘以2，就变成了它的后一项，(1)式两边同乘以2，则有$2S_{64}=2+2^2+2^3+\cdots+2^{63}+2^{64}$，记为(2)式.比较(1)(2)两式，你有什么发现?

[经过比较和研究，学生发现：(1)(2)两式有许多相同的项，把两式相减，相同的项就消去了，得到$S_{64}=2^{64}-1$.]

师：这种方法叫作错位相减法.为什么(1)式两边要同乘以2呢?

生：2是公比，乘上2以后可以实现中间项相消.

师：非常好！我们能否将这个问题一般化呢?

生：设等比数列$\{a_n\}$，首项为a_1，公比为q，运用上面的方法，可以求出前n项和S_n.

师：怎么求?试试看.

(让学生自主完成，并请一名学生在黑板上板书，然后对个别学生进行指导.在学生推导完成后，进行交流.)

师：由$(1-q)S_n=a_1-a_1q^n$得$S_n=\dfrac{a_1-a_1q^n}{1-q}$，对不对?这里的$q$能不能等于1?等比数列中的公比能不能为1?$q=1$时是什么数列?此时$S_n=$?

(引导学生对q进行分类讨论，得出公式，同时为后面的例题教学打下基础.)

在推导等比数列前n项和公式的教学过程中，不少教师舍不得花时间让学生思考和交流，急急忙忙地抛出"错位相减法"，快速地推导出公式，然后进行大量的公式应用的训练，这样做有悖于学生的认知规律：由求和想到相加，这是合乎逻辑、顺理成章的事，为什么要相减呢？在整个教学关键处学生有认知障碍，影响理解．上述案例的教学处理，教师营造了一个让学生主动观察、积极思考的氛围，留出了足够的时间给学生探索，让学生交流．同时，教师从学生的思维角度预设相应的问题，引导学生思考，让学生在思考中形成认识、产生顿悟，在师生的合作交流中明确了规律、获取了方法．在这里师生的有效对话，引领了学生的思考，激发了学生的热情，启迪了学生的思维，使课堂精彩纷呈、本真高效．

4 在师生的有效对话中正本清源、深化理解

数学思维是解决数学问题的心智活动，总是指向于问题的变换与解决．课堂是众多学生的课堂，在这个系统中，每一个个体都是鲜活的，呈现出来的思维也是异常丰富的．对话的重要目的在于展现学生的思维，教师在教学活动中的一个重要作用就在于通过有效的对话机制，尽可能多地暴露和展现学生的思维过程，特别是一些错误的思维过程，引领学生逐步逼近解决问题的目标．在对话的过程中，教师从学生的知识盲点、难点和易混淆点不断地提出质疑，引起学生认知上的冲突和思维上的碰撞．通过对话，以达到对学生认知状态的了解，并依据实际情形做出导引．通过教师的巧妙点拨和同学间的合作交流，达成对知识的理解、同化和顺应，实现对新知的深度理解．

案例 4 “基本不等式的应用”一课的教学片断

师：前面我们学习了基本不等式，并初步了解了它的应用，这节课我们将围绕这一内容做进一步的探讨．请大家先来看下面的问题：

问题 1：求函数 $y=\dfrac{x^2+2}{\sqrt{x^2+1}}$ 的值域．

师：要求函数的值域，一般情况下，如果能够求出函数的最大值和最小值，问题就解决了．首先请大家思考一下，这个函数有没有最大值呢？

生 1：没有！因为 x 趋向无穷大时，y 也趋向无穷大．

师：那你觉得此题的答案应该是何种形式？

生 1：因为 x^2+2 与 $\sqrt{x^2+1}$ 都大于等于 0，所以答案肯定是从某个非负数到正无穷大．

师：很好！那么求解这道题只需求出 y 的最小值就可以了．请同学们考虑一下，怎样求出这个最小值呢？可以相互讨论．

生 2：把原式变形为 $y=\dfrac{x^2+1+1}{\sqrt{x^2+1}}=\sqrt{x^2+1}+\dfrac{1}{\sqrt{x^2+1}}$，因为 $\sqrt{x^2+1}$ 和 $\dfrac{1}{\sqrt{x^2+1}}$ 都是正数，根据均值定理，当且仅当 $\sqrt{x^2+1}=\dfrac{1}{\sqrt{x^2+1}}$，即 $x=0$ 时，

函数取得最小值2，所以函数的值域为$[2,+\infty)$.

师：非常好！函数式经过变形后，出现了和的结构，又具备了正数与积为定值的条件，只要能取到等号，就可以求出函数的最小值，这是利用基本不等式求最值的一种常用方法.

师：如果把函数式变更一下，得出下面的问题，请大家思考，怎样求解？

问题2：求函数 $y=\dfrac{x^2+5}{\sqrt{x^2+4}}$ 的值域.

生3：这好办，和问题1一样，可以得到 $y=\dfrac{x^2+4+1}{\sqrt{x^2+4}}=\sqrt{x^2+4}+\dfrac{1}{\sqrt{x^2+4}}\geqslant 2$，因此所求的值域是$[2,+\infty)$.

师：请同学们思考，生3的解法是否正确？

生4：生3的解法没有考虑等号成立的条件，上述函数能取得最小值2的条件是$\sqrt{x^2+4}=\dfrac{1}{\sqrt{x^2+4}}$，即$x^2+4=1$，由此得$x^2=-3$.这是一个矛盾的结论，因此函数的值域不是$[2,+\infty)$.

师：那么，这个函数的值域是什么？

学生感到有些茫然，教者提示：不妨先研究下面的问题.

问题3：求函数 $y=x+\dfrac{1}{x}$ 的值域.

经过讨论，同学们运用均值定理，很快得出这样的结论：当 $x>0$ 时，$y_{\min}=2$，此时 $x=1$；当 $x<0$ 时，$y_{\max}=-2$，此时 $x=-1$. 所以，函数 $y=x+\dfrac{1}{x}$ 的值域为$(-\infty,-2]\cup[2,+\infty)$.

师：如果将上述函数的定义域变为$[2,+\infty)$呢？还能运用均值定理吗？

问题4：求函数 $y=x+\dfrac{1}{x}(x\in[2,+\infty))$ 的值域.

生5：不能.因为取“=”号的条件是 $x=1$，而 $x=1\notin[2,+\infty)$.

师：很不错，可以取到“=”号是运用均值定理求最值的一个必不可少的前提条件，这在解题时必须注意.那么，怎么办呢？

生6：我想起来了，上学期我们研究过函数 $y=x+\dfrac{1}{x}$ 的单调性，这个函数在$(0,1]$上是减函数，在$[1,+\infty)$上是增函数.因此，当 $x=2$ 时，函数 $y=x+\dfrac{1}{x}(x\in[2,+\infty))$ 取得最小值$\dfrac{5}{2}$，故值域为$\left[\dfrac{5}{2},+\infty\right)$.

师：好，棒极了！从这里我们可以体会到，对于形如 $y=x+\dfrac{1}{x}$ 的函数，当具备了“一正、二定、三相等”的条件时，可以运用基本不等式直接求出其最值，当上述条件不完全具备时，就不能机械地套用基本不等式了，这时我们可以运用函数的单调性来求解.现在，回过来看问题2，你能求出函数$y=\frac{x^2+5}{\sqrt{x^2+4}}$的值域吗？怎么求解呢？

生7：作代换，令$t=\sqrt{x^2+4}(t\geqslant 2)$，则$y=t+\frac{1}{t}(t\geqslant 2)$，所以所求函数的值域为$\left[\frac{5}{2},+\infty\right)$.

师：如果把上述函数变为$y=\frac{x^2+7}{\sqrt{x^2+4}}$，你们谁能很快地求出它的值域？

生8：还是令$t=\sqrt{x^2+4}(t\geqslant 2)$，得$y=t+\frac{3}{t}(t\geqslant 2)$，这个函数在$[2,+\infty)$上是增函数，其最小值是$2+\frac{3}{2}=\frac{7}{2}$，所以值域为$\left[\frac{7}{2},+\infty\right)$.

师：函数$y=t+\frac{1}{t}$在$[2,+\infty)$上是增函数，函数$y=t+\frac{3}{t}$在$[2,+\infty)$上也是增函数吗？为什么呢？

生8：是的，根据函数单调性的定义，可以证明函数$y=t+\frac{3}{t}$在$(0,\sqrt{3}]$上是减函数，在$[\sqrt{3},+\infty)$上是增函数，所以在$[2,+\infty)$上也是增函数.

师：生8对函数$y=t+\frac{1}{t}$的单调性的认识很深刻.一般地，函数$y=t+\frac{m}{t}(m>0)$在$(0,\sqrt{m}]$上是减函数，在$[\sqrt{m},+\infty)$上是增函数.一个函数，如果通过变形，能够将其变形为$y=t+\frac{m}{t}(m>0)$的形式，要求其值域，从上面的讨论中，大家发现了什么规律呢？

生众：如果符合“一正、二定、三相等”的条件，利用均值定理求出其最值就可以了；如果上述条件不全满足，那么可以通过研究其单调性求出值域.

师：很好！你们能举出类似的问题吗？

生9：这样的问题很多，例如：

问题5：设$x\in\left(0,\frac{\pi}{2}\right)$，求函数$y=\sin x+\frac{1}{\sin x}$的值域.

问题6：设$x\in(0,\pi)$，求函数$y=\sin x+\frac{5}{\sin x}$的值域.

师：这是一类比较重要的问题，看来大家掌握得很不错.1997年全国高考试题中有一道实际应用题，建模以后，也可以归结为这类问题，请大家课后探究.

问题7：甲、乙两地相距 s 千米，汽车从甲地匀速行驶到乙地，速度不得超过 c 千米/时，已知汽车每小时运输成本(以元为单位)由可变部分和固定部分组成：可变部分与速度 v(千米/时)的平方成正比，比例系数为 b；固定部分为 a 元.

(1) 把全程运输成本 y(元)表示为速度 v(千米/时)的函数，并指出这个函数的定义域；

(2) 为了使全程运输成本最小，汽车应以多大速度行驶?

学习数学的过程是一个“试误”的过程，通过“试误”，一方面可以充分暴露学生思维过程中的薄弱环节，有利于对症下药；另一方面，错误是正确的先导，有时错误比正确更具有教育价值. 正如当代科学家、哲学家波普尔所说：错误中往往孕育着比正确更丰富的发现和创造因素，发现的方法就是试误方法. 学生的错误是积极活动的一种必然现象，也是一种宝贵的课堂资源. 上述案例中，执教者没有急于点拨或包办代替，而是把球踢回给学生，将解决问题的主动权交给学生，组织学生开展了一场精彩的辩论比赛. 通过师生的有效对话，让学生在主动参与辩错的过程中逐渐认识到错误的根源所在，找到了解决问题的正确方法. 学生既加深了对知识的理解和掌握，又学会了科学的思维方法，提高了分析问题和解决问题的能力，享受了探究成功所带来的快乐.

苏格拉底认为：教育是一个对话不断展开的过程，不是有知者随便带动无知者，而是师生、生生共同探求真理，对话正是探求真理的有效途径. 数学课堂上，师生的有效对话对学生而言，意味着心态的开放、主体性的凸显、个性的彰显和创造性的解放；对教师而言，意味着上课不是单纯传授知识，而是一起分享理解，上课不是无谓地消磨时光，而是生命活动、专业成长和自我实现的过程. 数学课堂中的师生对话，是针对数学相关的内容，以数学语言的形式发表意见、展示思考路径、交流方法理解的探究活动，也是师生间敞开精神世界、彼此接纳数学智慧与情感的过程. 组织好数学课堂上的师生对话，让学生在课堂上自主学习、合作探究，思维得以飞扬，灵感得到激发，使我们的数学课堂变得越加精彩灵动、魅力无限，应该成为我们不懈追求的教学境界.

执笔：毛锡荣

突出过程的探索　做足概念的理解

——"三角函数的周期性"一课的教学设计与反思

1　问题提出与背景描述

数学是思维的科学，数学概念是数学思维的细胞，数学是用概念思维的. 中国科学院李邦河院士认为：数学根本上是玩概念的，而不是玩技巧. 从数学的发展过程看，数学概念凝聚着人类认识事物的思想精华；从数学概念的形成过程看，概念教学是获取研究对象，认识数学新对象，具有本源性的概括过程；从学生的认知角度看，学生是用已获得的知识来理解新概念，将新概念融入已有认知结构的吸纳过程. 一个数学概念的背后往往蕴含着丰富的数学思想，有的数学概念本质就是一种数学观念，是一种分析、处理问题的数学方法.

长期以来，受应试教育的影响，不少教师在数学课堂教学中以追求概念教学最小化和习题讲解最大化为目标，存在对概念背景引入着墨不够，没有给学生提供充分概括本质特征的机会，过早引入定义，以"一个定义＋几项注意"的方式进行概念教学的现象. 更有甚者认为，在概念教学上耗费时间不如让学生多做几道题来得实惠. 这些现象和观念都造成了数学概念与数学解题脱节，学生的学习过程机械化，更多的是在模仿，缺乏自己的理解和创造.

以教学"三角函数的周期性"为例，很多教师通常是照本宣科，忽视概念发生、发展的过程，舍不得花时间去引导和帮助学生，学生能懂则懂，不懂的就按照公式计算. 学完了这一内容后，不少学生对周期函数概念的理解只停留在直观记忆的阶段，解题也仅仅是会套几个公式，并不能从周期函数概念的内涵和本质上加以分析. 学生不仅对周期函数的定义不甚了解，而且题目稍有变化，便束手无策. 因此，加强概念教学的研究，提高概念教学的效率，是一个值得我们高度关注的课题.

在无锡市教学新秀评比活动中，笔者有幸作为选手，执教了"三角函数的周期性"一课. 根据对概念教学中存在的问题的分析和概念教学有效性的研究，以"教师稚化思维，促进学生理解"为指导思想进行设计，在突出概念发生、发展的过程，揭示概念的本质属性，深化学生的概念理解上花力气、下功夫，取得了较好的教学效果，受到了评委专家和听课老师们的好评. 下面是这节课的教学设计和几点思考，与大家共享.

2 内容解读与教学设想

2.1 内容解读

"三角函数的周期性"是苏教版高中数学教材(必修4)第1章第3节第1课时的教学内容，这是在学生学习了诱导公式之后，对三角函数进行的又一次探讨. 三角函数是刻画圆周运动的数学模型，周而复始的基本特征必定蕴含在三角函数的性质中. 三角函数的周期性是三角函数的一个重要性质，是研究三角函数其他性质的基础. 本课的学习不仅能进一步培养学生的推理论证能力、分析问题和解决问题的能力，而且能使学生把这些认识迁移到后续的知识学习中去，为后面研究三角函数的其他性质打下基础. 所以，本课既是前期知识的发展，又是后续有关知识研究的前驱，起着承前启后的作用.

2.2 学情分析

学生已学习了任意角的三角函数、三角函数线、诱导公式等内容，对于他们而言，生活中"周而复始"的现象比比皆是，并不陌生，但是如何将这些现象数学化，即用数学语言来刻画一般函数的周期性就不是那么容易的了. 周期性概念是怎样发生和发展的呢？它的内涵和本质是什么？有什么价值和作用？学生对这些内容不但知之甚少，而且也不易理解，是学习过程中的一个难点，需要教师在教学中精心策划、着力解决.

2.3 目标定位

(1) 了解周期函数的概念，会判断一些简单的、常见函数的周期性，并会求一些简单三角函数的周期；

(2) 从自然界、生活中的周期现象出发，通过对生活中的周期原型的分析、概括、抽象，建构起周期函数的概念，经历知识发生、发展的过程；

(3) 使学生在对周期现象有一个初步认识的基础上，感受数学来源于生活，体会从感性到理性的思维过程，了解特殊与一般的辩证关系.

2.4 教学重点与难点

教学重点：周期函数概念的建构和三角函数的周期性的探求.

教学难点：周期函数概念的刻画和最小正周期的概念的理解.

2.5 教学设想

概念教学要从学生的认知特点和思维的最近发展区出发，注意创设贴近学生实际、源于生活、有利于学生活动的问题情境，引导学生自己去学习，突出学生在概括、建构数学概念过程中的主动性，帮助学生通过思考建立起对数学的自我理解、构建和发展认知结构，逐步学会如何学习，实现培养其学习能力、提升其数学素养的目标. 基于这样的认识，本节课采用“问题—探究—概括—应用”的教学模式，按照下列程序进行教学：问题情境→学生活动→知识建构→深化理解→数学应用.

3　过程设计与意图分析

3.1　创设情境，提出问题

问题1：上周，也是星期二. 在苏州大学，我们感受到了悠久的历史，厚重的文化，别具风格的建筑(钟楼：半点当当作响，日复一日，见证了每个苏大人最美的青春)，还有这个季节最优美的景色(枫叶：年复一年，每到仲秋，金灿灿的一片，尤胜二月花). 我们把这种日复一日、年复一年的周而复始的现象称为周期现象.

在自然界和日常生活中周期现象有很多，请同学们说一说.(对学生所描述的现象进行点评)

设计意图　周期概念不是凭空产生的，通过生活实例，学生可以感受周期现象的广泛存在和研究这类性质的必要性. 省略这一环节，会使概念研究成为无源之水，学生少了思维起点，会觉得概念来得突然. 这样设计既有助于实现从自然现象到数学现象的迁移，又能充分调动学生的学习兴趣，促使学生积极参与课堂活动.

3.2　学生活动，体验数学

数学源于生活，高于生活，服务生活. 数学是自然规律的高度概括和抽象，在我们的数学学习中，有呈现周期现象的问题吗？(学生：函数)如何用数学语言刻画函数的周期性呢？

问题2：我属狗，2018年是我的本命年. 请同学们算一算我是哪一年出生的. 若生肖依次用1～12(比如11表示生肖狗)表示，f表示年份与生肖的对应，这些年份的f值有什么关系？易得$f(1982+36)=f(1982+24)=f(1982+12)=f(1982)=\cdots\cdots$若年份记为$x$，对应到$f$(生肖)，更一般化的方程为$f(x+12)=f(x)$.(学生得出其中的$x$为哪一年？板书：每一年)再比如，$h$表示某一天$(x)$与星期的对应，能否建立关于$h$值的等式呢？$h(x+7)=h(x)$(板书：每一天).

现在我们能否用数学语言来刻画函数的周期性呢？

设计意图　通过熟悉的生肖这一具有周期性的模型，从学生已有的经验和知识入手，经过问题的巧妙设置和师生的共同讨论，并经过适当的提炼，将周期现象数学化，找到周期函数的数学特征，引导学生归纳出周期函数的定义，既有利于学生理解周期函数的概念，也有利于培养学生的概括能力.

3.3　数学抽象，概念建构

启发学生抽象出周期函数的定义，板书如下：

定义：一般地，对于函数 $f(x)$，如果存在一个非零的常数 T，使得定义域内的每一个 x 值，都满足 $f(x+T)=f(x)$，那么函数 $f(x)$ 就叫作周期函数，非零常数 T 叫作这个函数的周期.

在学生初步得出周期函数的定义后，教师让学生看课本第 24 页周期函数的定义，并提出下列问题：

问题 3：常数 T 为何要非零？

问题 4："定义域中的每一个 x 值，都满足 $f(x+T)=f(x)$"怎么理解？

追问 1：从这句话的表述你会联想到函数的哪个性质？

追问 2：如何判断函数是否具有周期性？

设计意图　概念抽象需要典型且丰富的实例，让学生通过实例逐级、逐段地进行概括抽象，可以感悟概念形成的过程，对概念的属性有深刻的理解. 把 sin 和 cos 抽象成 f，把 $2\pi, 4\pi, \cdots, -2\pi, \cdots$ 抽象成 T，得到周期函数的定义，进而使周期函数不仅具有高度的抽象性，而且更具有广泛的应用性，体现了函数从具体到一般、周期从实数向字母抽象的过程.

3.4　概念辨析，深化理解

问题 5：下列函数具有周期性的是________(填序号).

(1) $f(x)=2$；(2) $f(x)=x^2$；(3) $f(x)=\log_3 x$；(4) $f(x)=\sin x$.

问题 6：判断下列说法是否正确，并简述理由.

(1) 当 $x=\frac{\pi}{4}$ 时，$\sin\left(x+\frac{\pi}{2}\right)=\sin x$，则 $\frac{\pi}{2}$ 一定是函数 $y=\sin x$ 的周期；

(2) 当 $x=0$ 时，$\sin\left(x+\frac{\pi}{2}\right)\neq\sin x$，则 $\frac{\pi}{2}$ 一定不是函数 $y=\sin x$ 的周期.

小结：(1) 紧扣定义，用定义说明一个函数是否为周期函数；证明函数不是周期函数，可以举反例.

(2) 周期函数在形方面的特征.

设计意图　抓住定义中的关键字词设计反例，目的是让学生从正反两个方面认识定义的本质，加深对周期函数概念的理解，使概念理解过程成为学生主动思辨的过程. 教师提出反例，让学生设计反例，是概念教学的重要环节. 从不同角度加深对概念内涵的理解，体现了对数学概念正面理解和反面理解相结合的思想，让学生形成“要判断一个函数是周期函数，必须使得对定义域中的每一个 x 值都满足 $f(x+T)=f(x)$，而要否定一个函数为周期函数，只需举一个反例”的认识，为后面的应用做好铺垫.

问题 7：按照定义，我们知道 $y=\sin x$ 为周期函数，$2\pi, 4\pi, \cdots, -2\pi, -4\pi, \cdots$ 都为 $y=\sin x$ 的周期. 一般性结论：若 $y=f(x)$ 的周期为 T，kT 也为函数 $f(x)$ 的周期，其中 $kT\neq 0$，k 为整数. 对于函数 $f(x)=\sin x$ 而言，有比 2π 小的正周期吗？

我们一起来尝试从三角函数的几何表示中找出答案(板书：三角函数线). 请观察三角函数线的变化，并填表.

说明：严谨的证明见教材第 26 页的链接. 给出最小正周期的概念：对于一个周期函数 $f(x)$，如果在它的所有周期中存在一个最小的正数，那么这个最小的正数就叫作 $f(x)$ 的最小正周期. 以后不加特殊说明，所说的周期一般都是指函数的最小正周期.

设计意图　三角函数线既直观地表示了三角函数，同时也是三角函数图象的生成工具，所以在整个章节中对于三角函数的研究和理解发挥了重要作用. 利用 GeoGebra 作出三角函数线，软件中三角函数线动态地变化，既能具体、生动地展示三角函数的周期，也有利于激发学生学习概念的兴趣，引导学生主动观察、表述，提高教学质量.

问题 8：所有周期函数都有最小正周期吗？

结论：$f(x)=2$ 是周期函数，无最小正周期.

知识内容小结：

(1) 三角函数 $y=\sin x$，$y=\cos x$，$y=\tan x$ 的最小正周期分别为 2π，2π，π；

(2) 最小正周期的概念.

设计意图　有意识地引导学生从数与形的角度去理解和构建最小周期的定义，充分运用问题表征的多元性，合理地将描述性表征与直观性图象表征进行互化，揭示周期性概念的本质. 从学习过程来看，数学理解实质上就是外在表征内化与内在表征外化相互作用的过程；从学习结果来看，数学理解其实就是多元外在表征转化为多元内在表征，成为数学认知结构的有机组成部分.

3.5　典例研讨，巩固概念

例 1　求函数 $f(x)=\cos 2x$ 的周期.(给学生时间思考，并展示过程)

提示：先直觉理解，再从定义中等式 $f(x+T)=f(x)$ 出发.

板演整个解题过程：

对任意 $x\in\mathbf{R}$，$f(x+T)=\cos2(x+T)$，$f(x)=\cos2x$，令 $u=2x$，即 $\cos(u+2T)=\cos u$，因为 $y=\cos x$ 的周期为 2π，所以 $2T=2\pi$，所以 $T=\pi$.

变式：求函数 $f(x)=2\cos\left(3x+\frac{\pi}{4}\right)$的周期.

教师展示学生的做法.

结论：一般地，函数 $y=A\sin(\omega x+\varphi)$及 $y=A\cos(\omega x+\varphi)$（其中 A,ω,φ 为常数，且 $A\neq0,\omega>0$）的周期 $T=\frac{2\pi}{\omega}$.

问题：分子为什么是 2π?

延伸：$y=A\tan(\omega x+\varphi)$的周期呢？

考查学生对这些知识的掌握程度.

练习：课本第 26 页第 2,3 两题并展示.

知识运用小结：一般地，函数 $y=A\sin(\omega x+\varphi)$及 $y=A\cos(\omega x+\varphi)$（其中 A,ω,φ 为常数，且 $A\neq0,\omega>0$）的周期 $T=\frac{2\pi}{\omega}$.

我们一起研究了函数的周期性，着重研究了特例：三角函数的周期性，我们为什么要着重研究三角函数的周期性？

设计意图 数学课堂教学不仅要给学生传授知识与方法，而且更要把数学的思想、本质规律及内部联系等"灵魂"性的东西揭示出来，内化为学生的素质. 通过对例题的分析与探究，引导学生归纳总结一般性的规律和结论：

(1) 根据函数图象求函数周期的方法及函数周期性的简单运用；

(2) 求函数 $y=A\sin(\omega x+\varphi)$与函数 $y=A\cos(\omega x+\varphi)$周期的一般性结论.

例 2 若钟摆的高度 h(mm)与时间 t(s)之间的函数关系如图所示.

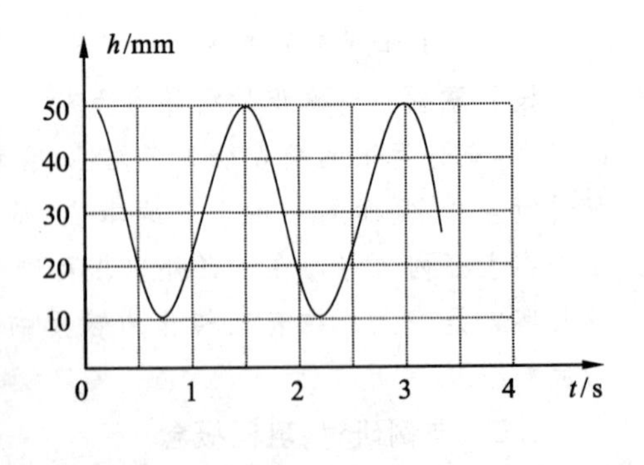

(1) 钟摆运动是不是周期性运动？若是，请求出周期.

(2) 求 $t=10$ s 时钟摆的高度.

小结：周期运动的图象重复出现；用有限的已知去探索无限的未知.

问题：如果让你选择一个函数来刻画这个钟摆的运动，你会选择哪个函数？

从这个例子我们更能体会数学源于生活，高于生活，服务于生活.（板书）

最后总结：知识内容；方法过程（对照PPT加以说明）；态度、情感和价值观（略）.

设计意图　这里适当改变问题呈现的顺序，让学生依次学会读图、识图、用图，先思考周期性的应用，再通过例题验证，让学生在交流和汇报中提升.题目解决后的反思，是为了培养学生良好的解题习惯，也有利于学生优化认知结构.

4　教后感悟与反思

4.1　领会教材编写的整体意图

挖掘教材内容，领会教材编写的整体意图是教学设计时首先要考虑和着力解决的问题."三角函数的周期性"是三角函数的一个重要性质，是研究三角函数其他性质的基础.本节课的主要内容是周期函数的概念及正弦、余弦函数的周期性.教材一方面希望通过对"周而复始"的变化规律及特征的感知，让学生对周期性概念建立比较深刻认知的基础上，引导学生了解用数学语言刻画图象"周而复始"的变化规律，从形与数的角度揭示周期函数概念的数学本质；另一方面，正弦函数、余弦函数的周期性，在理论知识和实际问题之间架起了一座桥梁，与后面高中物理中研究的"单摆运动""简谐运动""机械波"等知识有着密切的联系，促使学生把这些认识迁移到后续知识的学习中去，为后面研究三角函数的其他性质和分析、解决实际问题打下坚实的基础.

本节课的设计，在领会教材的编写意图方面，有一个地方处理得不够恰当.受以往教学习惯的影响，按照定义我们知道 $y=\sin x$ 为周期函数，2π，4π，…，-2π，-4π，…都为 $y=\sin x$ 的周期.从这里我们可以得到一般性结论：若 $y=f(x)$ 的周期为 T，kT 也为周期，其中 $kT\neq 0$，k 为整数.但根据苏教版教材对周期性的定义，这一结论是值得仔细推敲的.以一个简谐振动的数学模型 $f(t)=12\sin\left(2t+\frac{\pi}{3}\right)(t>0)$ 为例，π 是它的一个周期，但 -2π 并不是它的周期.这就牵涉到周期性与定义域的有界性之间的关系，新教材对此不做要求，但这对教材内容的拓展和深挖不但没有起到帮助学生理解概念本质的作用，而且还增加了学生的困惑.在实际教学中不少教师都有这样的安排，教学结束后，回过来研讨教材与课标，感到这样做是有待商榷的.

4.2　突出概念发生、发展的过程

《普通高中数学课程标准（实验）》指出：由于数学高度抽象的特点，注意体现基本概念的来龙去脉.在教学中要引导学生经历由具体实例抽象数学

概念的过程，在初步运用中逐步理解概念的本质. 在应试教育和功利思想的影响下，数学课堂教学一直盛行“呈现规律—操练做题—反馈巩固”的模式，做题和讲题成了课堂的主旋律. 有的教师认为，一节课必须拿出足够的时间来让学生解题才叫突出“主体性”，讲授只能在一个时间段内，否则就叫“满堂灌”，这是不妥当的. 就本节课的教学内容而言，周期现象虽然在身边经常出现，但要用数学化的方式刻画出来，对高一年级的学生来说还是很有难度的. 为此，教师要给学生营造问题情境，引领学生构建刻画三角函数周期性的特征，学生思维活动深层参与，师生质疑、反思、讲、练交融，这种注重过程的概念教学值得我们认真探索和研究.

概念形成的教学通常围绕着概念的核心展开，实际上是掌握同类事物的共同、关键属性的过程，因此，需要有一个从外到内、由表及里的过程. 例如：函数周期性概念的“核心”就是“周而复始”这一性质的数学符号表示及形式化的过程. 回顾函数单调性、奇偶性概念的生成，大体都经过了这样一个过程：图象特征—点的坐标关系—形式化定义. 而苏教版教材在顺序上的改变，导致学生缺乏概括周期性概念的具体图象. 因此，本节课从生活中的实例引入，再利用 GeoGebra 直观演示三角函数线的周期性变化，进而借助学生已经掌握的诱导公式 $\sin(x+2\pi)=\sin x$，分析得出形式化定义，在学生充分经历周期性概念发生、发展过程的基础上建构起概念，并运用自然语言、符号语言、图形语言等不同表征方式来加深学生对概念的认识和理解.

4.3　做足深化概念理解的文章

弗赖登塔尔认为，与其说让学生学习数学，还不如说让学生学习数学化. 数学化的最终结果是学生形成自己对数学概念和问题情境的理解. 三角函数的周期性是对“周而复始”运动的本质刻画. 周期性概念的教学便是一个数学化的过程，从生活实际问题出发，用数学眼光来观察，用数学语言来刻画. 功夫应花在发挥情境呈现周期本质、深化学生理解的作用上. 抓住概念的本质，对教与学都是非常有益的，可避免走一些弯路，而概念的本质总是掩藏在形式的背后. 因此，课堂教学要引领学生透过形式进行本质理解. 数学概念的理解过程是进一步认识数学概念的重要环节，数学概念的形成依靠的是学生的理解，而不是靠大量的题目训练出来的. 如果对数学概念的认识只是停留在表面，而没有深层次的理解，这样的“熟”不一定能生“巧”. 数学理解的本质是对已有结果的不断反思，反思的结果是修正原有图式，提高认知水平.

概念表述的严谨是数学学科的特点之一. 严谨的表述需要用精当的语言，这又会给概念的理解带来困难. 让学生正确理解概念，既需要正例的巩固，也需要反例的净化.概念的正例传递了最有利于概括的信息，反例则传递了最有利于辨别的信息.在概念理解过程中运用恰当的正例，如利用周期函数的概念求周期，利用周期求函数等，可以让学生剔除概念的非本质属性，把握其本质属性，概括并形成概念.同时，反例可以让学生换一个角度剔除概念的非本质属性，不仅可以弥补正例教学的不足，而且可以提升学生的思辨能力，从而获取对数学概念的本质理解.让学生在辨别、判断的过程中加深对周期函数本质的理解，防止因理解偏差而误入陷阱.让学生认识到：判断一个命题正确，必须有足够的依据；否定一个命题，只需找一个反例，善于找反例，才不会上当.

心理学研究表明：知识不是老师教会的，而是学生通过接受老师传递的信息自己领悟的.由此可见，教会学生学习比单纯传授知识更重要.因此，在概念教学的设计过程中，要把实验与观察、类比与比较、分析与综合、具体与抽象、一般与特殊、猜想与辨析等思维活动真真切切地还给学生，让学生体会概念学习就是把一些特定的数学对象通过去粗取精、去伪存真的思维加工，由“朴素直观”到“精致抽象”的过程.只有这样，概念教学的过程才会因学生的积极参与和主动探索而显得生动活泼、本真高效.

执笔：朱福进　钱军先

概念教学中教师稚化思维的策略探讨

——以"三角函数的周期性"的教学为例

1 问题提出

在教学中，我们经常听到两种声音，学生说："听听就懂，做做就不会."教师说："都讲了几遍了，怎么还是不会?"形成这种状况的原因当然多种多样，但笔者认为，在课堂上的"自行其是"是导致这一结果的重要原因.教师与学生的数学水平和经验本就不在同一个水平上，如果教师在教学时高高在上，对一些概念及方法不进行适当引导就直接给出，在教师看来觉得是理所当然的，可是从学生的角度来看则显得突如其来.正如G.波利亚所言：帽子里突然跑出一只兔子的证明.除了让学生感受到教师出色的技巧之外并无帮助.学生在欣赏教师的高超水平，教师在表演自己的卓越技巧，各行其是，最终导致教学效率低下.

因此，在教学中，将教师和学生的思维拉到同一水平，是教学设计中至关重要的技巧，显然拉高学生的水平不易做到，所以更多的时候，教师应该放低身段，稚化自己的思维，回到初次接触一个数学概念、数学方法的状态，体会学生所遇到的困难和易犯的错误，从而和学生一起经历概念的生成过程，提高教学的效果.

下面以"三角函数的周期性"一课为例，比较两位教师在一些细节上不同的处理方式，从稚化教师思维的角度进行分析，并就概念教学中教师稚化思维的策略提几点建议，供大家参考.

2 教学策略

"三角函数的周期性"是苏教版高中数学必修4第1.3.1节的内容，本节内容研究的是周期现象，建构的是刻画周期现象的数学模型，教材突出周期函数的概念以及三角函数的周期，为下面一节"三角函数的图象"做好准备.这节课的重点是周期函数的定义和三角函数的周期，难点是周期函数的概念.学生的主要困难在于：对周期函数概念的理解与符号语言的描述.为此，教师要"蹲"下来，想学生之所想，思学生之所思，把握好学生的心理和思维特点，从学生已有的认知经验和思维水平出发，设身处地地考虑学生学习中可能出现的困难，设计合理的教学活动，解决学生的困惑，促进学生理解数学、高效学习.

2.1　惑学生之所惑

呈现1：通过自然界中的日升月落，请学生总结出周期性就是事物在发展过程中，每隔相同时间重复出现的特征.以中国传统文化中的十二生肖为例，进一步明确“间隔相同时间”和“重复出现”这两个关键点，然后提出数学模型.设年份为x，该年的生肖为$f(x)$.间隔12年，同样的生肖重复出现用函数如何描述呢？引导学生回答“是什么间隔了12”“又是什么在重复地出现”，从而得到自变量x每增加或减少12，函数值(生肖)就重复出现.我们就把这样的函数称为周期函数.再请学生从$\sin(x+2\pi)=\sin x$总结出正弦函数满足自变量增加或减少相同的量时，函数值重复出现，所以正弦函数也是周期函数.

呈现2：以歌词“春去春会来”、诗词“离离原上草，一岁一枯荣”引导学生发现周期性.通过三角函数线观察正弦值的变化，请同学总结，正弦函数如何体现周期性.

分析：呈现2的结果是学生无法回答正弦函数所表现出的周期性，或只能停留在周而复始、交替出现等浅显理解.因为一开始教师就没有和学生统一对周期性的理解，学生将周期性表述为“自变量增加或减少相同的量时函数值不变”是非常困难的，而教师因为已知函数周期性的定义，认为这是理所当然的，双方在课堂上思维并没有交汇，所以沟通出现困难，学生觉得难以组织语言，教师认为学生说得不到位.呈现1的处理就自然得多，一开始就站在学生的角度，明确周期性的字面意思，转化为函数周期性的文字描述，教师与学生一起回到最初的状态重新探究，学生回答起来自然流畅，教师也可以做到顺水推舟，水到渠成.

2.2　难学生之所难

呈现1：由自变量增加或减少相同的量时，函数值重复出现，学生很容易得到$f(x+T)=f(x)$这一表达式，再模仿偶函数的定义，由学生自己写出周期函数的定义：“一般地，设函数$f(x)$的定义域为A.若对于任意的$x\in A$都有$f(x+T)=f(x)$，则称$f(x)$为周期函数，T为周期.”接着提问：这里的T是变量还是常数？学生补充“存在常数T”，得到一个与单调性、奇偶性相同体系的周期函数的定义.

呈现2：引导学生得到$\sin(x+2\pi)=\sin x$的表达式，再给出对正弦函数的描述“设函数$f(x)=\sin x$.若存在常数2π，对于任意的x都有$f(x+2\pi)=f(x)$，则$f(x)=\sin x$为周期函数，2π为周期”.学生模仿得出周期函数的定义，教师提醒T为非零常数.

分析：呈现2中直接给出的表述就好像"帽子里突然冒出的兔子"，学生固然可以看懂，但没有内化为自己的知识，即使模仿能够成功，今后遇到类似的数学语言表达时，依然无从下手，这就是典型的"看看都懂，做做都不会". 用数学语言表述周期函数的概念是本节课的难点，也是学生学习数学的难点. 教师经验丰富且已经熟知周期函数的定义，而学生并没有这样的经验，这里教师还是应该放低身段，给学生搭建台阶，找到学生的最近发展区. 呈现1中利用偶函数的定义请同学模仿是符合学生的认知水平的，也是今后遇到类似问题时可以参照的方法，同时也需要学生具有一定的语言组织能力，而不是纯粹的模仿，让学生获得成功的体验，增加学习的兴趣和信心.

2.3 错学生之所错

呈现1：学生在描述定义时一般不会想到要指明 T 为非零常数，教师故意装作不知，给出下面的辨析：$\sin(x+0)=\sin x$，则0为函数 $y=\sin x$ 的周期. 学生发现，若0可以是一个函数的周期，则所有函数都是周期函数，这显然是不合适的，所以应该给 T 加上"非零"这个条件.

呈现2：在学生表述定义之后，马上追问"$T=0$，可不可以"，学生发现不可以，所以定义里的 T 应加上非零的条件.

分析：从学生的思维出发，很难注意非零这个条件，因为学生对周期函数认知甚少，自然缺乏经验，想不到也是正常的. 此时，若教师能让学生自己发现错误或引起争论，让学生自己去纠正错误，可以强化学生对错误根源的认识. 而呈现2中，少了这个过程，学生固然可以明白加上非零条件的原因，却没有积累任何犯错的经验，无非就是再次认识到教师的权威性与正确性，这对教学是毫无帮助的.

3 教后感悟

满足学生的心理需求和符合学生认知规律与思维水平的教学，才合情合理，才有生命力. 无论在教学设计中还是在教学活动的组织中，教师都不应总是抱着固有经验，占据教学制高点对学生加以指导，而应心中始终装着学生，悬置自己的成熟想法，稚化自己的思维，使其与学生形成思维交汇点，把实验与观察、类比与比较、分析与综合、具体与抽象、一般与特殊、猜想与辨析等思维活动真切地还给学生，让学生感悟到概念的形成过程自然，应用回归自然，思路来得自然. 只有这样，学生才能理解概念的数学本质，学会灵活应用概念.

3.1 在学生的最近发展区引入周期性概念

学生的最近发展区是教学的起点. 就本节课的教学而言，学生已经从生活中的周期原型(圆周运动)建构到数学中的周期模型(三角函数),但对三角函数周期性的认识仍只是感性的认识.怎样把这种感性认识上升到理性认识?不同的学生其知识水平、能力和认知方式都存在差异,要根据学生的实际,从学生已有的经验出发,搭建适合学生的“脚手架”.是(主动)接受式学习还是发现式学习?是学生独立思考还是合作交流?等等.三角函数的周期性理解到位后,对于函数的周期性,你能用数学语言来刻画吗?怎样刻画?这是本节课中学生最大的困难,但学生有类似的经验——函数奇偶性的定义,通过类比奇偶性的概念帮助学生建构起函数周期性的概念也是一个不错的选择.

3.2　运用问题驱动深化学生对周期性概念的理解

问题是学生思维的起点.数学是思维的科学,强调逻辑思维,一个问题的提出,后续问题实际上就是该问题的逻辑展开,所以,教学设计一定要关注问题的设计,问题的呈现可以是问题链,也可以是问题串,无论是怎样的问题形式,脉络要清晰,层次要分明.通过对“为什么三角函数具有周期性?为什么三角函数可以刻画周期现象?你是怎么知道三角函数可以刻画周期现象的?”等问题的探究,深化对周期性概念的认识和理解.本节课主要解决两个问题:一是三角函数是怎样体现其周期性的?二是如何用数学语言刻画函数的周期性?这两个问题若处理好,对于周期概念的辨析自然就落实在学生周期概念的建构过程中,理解起来也就瓜熟蒂落、水到渠成了.

3.3　在例题及其变式中完善周期性概念的建构

例题是学生优化认知结构的固着点.当学生面对新的问题情境[如求函数 $f(x)=\sin 2x$ 的周期]时,自然要思考如何运用新知(周期函数的定义)进行判断、推理和计算,直至解决问题.但学生原有的认知结构无法提供直接的解题思路,这就打破了原有的认知平衡,怎么办?教师可以先讲道理,通过精心设问引导学生回到周期定义中,由特征方程 $f(x+T)=f(x)$ 出发,寻求解题思路;也可以让学生先说一说直觉的理解[学生已经知道函数 $f(x)=\sin x$ 的周期],然后再根据周期函数的定义进行理性的判断;最后,引导学生通过变式推广探究,并能用数学语言表达过程.无论采取哪一种教学方式,都要适合学生的思维能力,特别要思考“你的学生会怎么想”,进而帮助学生把刚刚掌握的“静态的”陈述性知识内化为“动态的”程序性知识,从而进一步优化和完善认知结构.

总之,数学教学活动的对象是学生,因此,我们要从学生的需要出发,惑学生之所惑,想学生之所想,错学生之所错,让课堂在师生思维的“同频共振”中绽放活力,演绎精彩.

执笔:李思聪

关注复习课的新鲜感　提升复习课的有效性

在现行的高考制度下，高中数学教学几乎形成了一个共识：三年课程两年学完，高三一年忙于复习和考试. 如果算上高一、高二的单元、期中、期末复习，复习课要占去近一半的教学时间. 如何提高复习课的有效性，是一线数学教师一直在探索、思考和研讨的热点话题. 由于工作的需要，笔者近来多次听高三的数学复习课，大多数教师采用的课堂模式通常有以下两种：一种是先通过小题训练复习基础知识和基本方法，然后是例题讲解，最后是学生的巩固练习；另一种是结合例题分析考点，然后给出几道题目让学生练习. 课堂上陷入了"做题—讲题—再做题"的题海怪圈. 学生感觉：上数学复习课枯燥、乏味、无激情. 教师感叹：讲过多遍的数学题学生还是错. 如何克服上述弊端，使数学复习课的教学能够更加有效？笔者以为：从学生的学习需求与心理特点出发，关注复习课的新鲜感，让复习课生动有趣，是我们组织高三数学复习时不容忽视的一个问题.

1　创设问题情境，营造复习氛围

有研究表明：面对有趣的问题情境时，学生基于兴趣和好奇，会产生一定的问题意识. 在新授课上，创设情境受到了教师的重视，但在设计复习课时，不少教师认为：高三内容多，节奏快，时间紧，课堂的主要任务是复习知识，总结方法，提高解题能力，创设情境实在是多余，"开门见山、直奔主题"的方式被普遍采用，导致课堂机械而死板，学生了无兴趣. 事实上，在复习课的开头，设计一个好的问题情境虽然会花去一些时间，但可以为学生的复习营造一个良好的氛围，激发学生复习的兴趣和激情，对提高复习的效果有着不可低估的作用.

案例 1　无锡市第一中学的华志远老师在复习数列、研究数列中探索性问题的解法时，设计了如下的问题情境：

师：大家知道是什么现象触发牛顿发现万有引力定律的吗？

生：苹果从树上掉下来.

师：很多人都可以看到这一现象，怎么唯独牛顿发现了这一规律呢？

生：这是因为牛顿聪明.（大笑）噢！他具有一种探索的意识.

师：当然仅有这种意识还不够，还要有科学的思维方法（如特殊到一般、具体到抽象、感性到理性)、勇于探索的精神、严谨的治学态度.虽然长大后,我们当中未必都成为大科学家,但这种探索的意识、方法、精神和态度还是值得大家借鉴和学习的.本节课,我们就以数列为载体,探讨一下解决探索性问题的常用策略.

为了将学生引入课堂学习的大门,华老师在引课环节,不惜浓墨重彩,精心创设了“牛顿发现万有引力定律”的问题情境,在问题情境中串起一堂课的主线,缓缓铺来,不仅让学生自然地深入学习,还使学生感到别样的新鲜,产生探索的欲望和积极的学习态度,从而能收到较好的复习效果,而且对学生的情感、态度、价值观和数学素养的形成也起到了潜移默化的作用.

2　开展探究活动,激发学生兴趣

著名教育家苏霍姆林斯基说过:在人的心灵深处,都有一种根深蒂固的需要,就是希望自己是一个探索者、发现者、研究者,而在儿童的精神世界中,这种需要特别强烈.倡导积极主动、勇于探究的学习方式,是高中课程改革的基本理念之一.通过积极的探究活动使学生体验数学发现和创造的历程,可以培养学生的创新意识和创新精神.为此,作为教师,在教学过程中,要善于设计问题情景,并激励和引导学生去发现去探究,展现习题的精彩,享受探究的乐趣.

案例2　在复习“三角函数求值”时,笔者利用下面的一道习题“已知 $\cos\alpha+2\sin\alpha=-\sqrt{5}$,求 $\tan\alpha$”组织学生开展探究活动.

探究1　怎样求解这道题?哪种方法简便?

学生通过探究得到两种常用解法,一种是由题设,结合同角三角函数的基本关系,先求出 $\sin\alpha$ 和 $\cos\alpha$ 的值,再求得 $\tan\alpha=2$;另一种方法是利用合一变形,得到 $\cos\alpha+2\sin\alpha=\sqrt{5}\sin(\alpha-\varphi)=-\sqrt{5}$,其中 $\sin\varphi=\frac{2}{\sqrt{5}}$,$\cos\varphi=\frac{1}{\sqrt{5}}$,于是有 $\alpha=2k\pi+\pi+\varphi(k\in\mathbf{Z})$,从而得到 $\tan\alpha=\tan\varphi=2$.

探究2　还有更简捷的解法吗?

学生积极思索,没有头绪.教师提示:对一个等式的两边同时求导数,可以吗?试试看.

学生求导后,立即得到 $-\sin\alpha+2\cos\alpha=0$,从而有 $\tan\alpha=2$.有学生惊呼:这种方法太神了,也有学生嘀咕:这是“巧合”.

师:你说说看,为什么是“巧合”?

生:因为对于 $\cos\alpha+2\sin\alpha=m(m\in\mathbf{R})$,两边求导后都有 $\tan\alpha=2$,这是不合常理的.

师：这位同学真厉害，这种“巧合”是我特意设计的.

探究 3 你能找出隐藏在这种“巧合”背后的真相吗？

学生的探究热情一下子被激发起来了，通过同学间的合作与交流，学生终于知道了“巧合”的真相：$-\sqrt{5}$恰好是函数 $f(x)=\cos x+2\sin x$ 的一个极值，函数 $f(x)$在极值点处的导数为 0. 因此，对于本题，两边求导得到的结果是正确的，但条件变为 $\cos\alpha+2\sin\alpha=m(m\in\mathbf{R})$就不一定可行了.

设计这样的探究活动，不但避免了“教师讲得头头是道、学生听得昏昏欲睡”的状况，增加了课堂的新鲜感，活跃了课堂的气氛，而且在复习三角函数求值方法的同时，复习了导数的知识，体会了在等式两边同时求导的解题方法，培养了学生的探究意识和严谨的学习态度. 在复习课的教学中，教师要深入钻研教材，巧妙地将数学知识和方法设计成一系列能引导学生自主探究的问题，让学生积极开展探究活动，体验探究过程，并在探究活动中不断获得成功的体验.

3 关注课堂生成，提升教学品位

课堂教学是一个动态的不断发展和推进的过程，这个过程既有规律可循，又有灵活的生成性和不可预测性. 新课程要求我们在教学中抓住课堂中的生成性资源，运用适当的评价进行引导、挖掘、升华. 因此，我们要能通过对课堂生成资源的适度开发和有效利用，促进预设教学目标的高效率完成或新的更高价值目标的生成. 新授课如此，复习课也应如此. 高三数学复习课既需要教师在课前精心预设，更需要教师充分发挥自己的教学机智，及时捕捉课堂中的生成资源，使课堂焕发出生命的活力.

案例 3 在复习基本不等式的应用时，笔者设计了如下问题：“已知 x，$y\in\mathbf{R}^*$，且 $2x+3y=4$，求$\frac{1}{x}+\frac{1}{y}$的最小值.”

学生经过尝试后很快得出解法：$\frac{1}{x}+\frac{1}{y}=\frac{1}{4}(2x+3y)\left(\frac{1}{x}+\frac{1}{y}\right)=\frac{1}{4}\left(5+\frac{3y}{x}+\frac{2x}{y}\right)\geqslant\frac{1}{4}(5+2\sqrt{6})$，当且仅当$\begin{cases}\frac{2x}{y}=\frac{3y}{x},\\2x+3y=4,\end{cases}$ 即$\begin{cases}x=2\sqrt{6}-4,\\y=4-\frac{4\sqrt{6}}{3}\end{cases}$时取等号. 所以$\frac{1}{x}+\frac{1}{y}$的最小值为$\frac{5}{4}+\frac{\sqrt{6}}{2}$.

从学生的解答中反馈出学生已初步掌握了基本不等式的应用，笔者感到很满意，对学生的解法给予了充分的肯定后，就准备转入下一个问题的研究.谁知这时有一位同学提出：若问题的条件不变，不求$\frac{1}{x}+\frac{1}{y}$的最小值，而是变为求$\frac{1}{x^2}+\frac{1}{y^2}$的最小值，又如何求解呢？

面对这一突如其来的问题，笔者事前对此毫无思想准备，怎么办？解答这一问题吧，肯定要花去不少时间，影响教学进度.敷衍过去吧，显然要打击学生学习的积极性，降低学生的学习热情，更严重的是学生要失去一次难得的探究活动的好时机和好题材.这位同学课前肯定进行了预习，对这个问题有了一些思考，而且敢于提出问题，这种精神值得提倡.最后我调整预设，鼓励学生进行探究.为了便于问题的解决，将条件变得简单一些：把“$2x+3y=4$”改为“$x+y=2$”.两分钟后，就有几位同学获得了解决问题的途径：

$\because x,y\in\mathbf{R}^*$ 且 $x+y=2$，$\therefore \frac{1}{x^2}+\frac{1}{y^2}=\frac{1}{4}(x+y)^2\left(\frac{1}{x^2}+\frac{1}{y^2}\right)=\frac{1}{4}\left(\frac{x^2}{y^2}+\frac{2y}{x}+\frac{2x}{y}+\frac{y^2}{x^2}+2\right)=\frac{1}{4}\left[2+\left(\frac{x^2}{y^2}+\frac{y}{x}+\frac{x}{y}\right)+\left(\frac{y}{x}+\frac{x}{y}+\frac{y^2}{x^2}\right)\right]\geqslant\frac{1}{4}(2+3+3)=2$，当且仅当$\frac{x^2}{y^2}=\frac{y}{x}$，$\frac{y^2}{x^2}=\frac{x}{y}$且$x+y=2$，即$x=y=1$时取等号.所以$\frac{1}{x^2}+\frac{1}{y^2}$的最小值为2.

学生对问题的认识有一个渐进的过程，但他们的创造潜能是巨大的，教学活动的关键是怎样充分激发学生的创造潜能，使他们能得到有效的发展，而不是一味地赶进度.在这里，学生不但能将二元基本不等式推广到三元来加以使用，而且还学会了平均分拆的技巧，说明他们已经基本掌握了运用基本不等式的精髓，同时还具备了通过改变题目的条件或结论编制新的数学问题的意识.基于这样的情况，笔者又要求同学们通过改变原来问题的条件和结论得到一些新的问题变式，并探求其解法.

学生通过和同桌之间的讨论与交流，思考得到了许多探究的成果，例如：

(1) 已知$x>0$，$y>0$，且$x+y=1$，求$\frac{2}{x}+\frac{1}{y}$的最小值；

(2) 已知$x>0$，$y>0$，且$\frac{3}{x}+\frac{2}{y}=1$，求$x+y$的最小值；

(3) 已知$x>0$，$y>0$，且$\frac{1}{x}+\frac{4}{y}=1$，求$xy$的最小值；

(4) 已知a,b,c,p,q都是正常数，x,y是正变数，且$ax+by=c$，求$\frac{p}{x}+\frac{q}{y}$的最小值.

这样做虽然打乱了原来的设计，事先准备好的几个例题来不及研究，课堂没能按预设的思路进行，但精彩的生成让平淡的课堂变得跌宕起伏，趣味无穷.本节课不仅将学生在参与活动的过程中动态生成的信息转化为有效的教学资源，而且在动态变化的过程中促使教学内容不断生成，知识不断建构并得到了有效的内化，使数学课堂成为激情与智慧综合表现的场所，成为教师与学生共同成长的舞台，收到了预想不到的复习效果.

4　加强变式训练，激活学生思维

著名的数学教育家G.波利亚曾经说过：好问题如同蘑菇，它们都成堆地生成，找到一个以后，你应当在周围找一找，很可能附近就有好几个.在高三数学复习课上，为了揭示不同知识点、不同解题方法之间的内在联系，便于学生系统地掌握问题的本质，使思维能力得到有效的提升，需要精心设计有层次、有坡度的问题系列，对学生开展渐进式的拓展训练，在变中求进、进中求通，让学生有新鲜感，有参与教学活动的兴趣和欲望，使课堂灵动，使复习高效.

案例4　在“线性规划”的复习中，根据复习教学的目标和学生的实际情况，笔者从下面的一道典型问题出发，复习了求解线性规划问题的基本方法后，提出一系列的问题变式，对学生进行强化训练.

原题：已知$\begin{cases}x\geqslant 1,\\x+y-4\leqslant 0,\\2x-y-2\leqslant 0,\end{cases}$求$z=2x+y+2$的最小值.

变式1：求$z=|2x+y+2|$的最小值.

变式2：求$z=x^2+y^2+2$的最小值.

变式3：求$z=\dfrac{y+3}{x+1}$的最小值.

变式4：求$z=\dfrac{2x+y+2}{x+1}$的最小值.

变式5：若$z=ax+y+2$取最大值的最优解有无穷多个，求a的值.

变式6：若满足$\begin{cases}x\geqslant 1,\\x+y-4\leqslant 0,\\ax-y-2\leqslant 0\end{cases}$的点$P(x,y)$构成一个三角形区域，求实数$a$的取值范围.

变式7：已知实数x,y满足$\begin{cases}x\geqslant 1,\\x+y-4\leqslant 0,\\ax+by+c\leqslant 0,\end{cases}$且目标函数$z=2x+y+2$

的最大值为 9,最小值为 2,求 a,b,c 的值.

对这些变式学生感到既熟悉又新鲜,欣喜过后又陷入深思：到底怎样来解决这一系列问题？学生产生了要“弄清楚这些问题”的好奇心.这时,教师鼓励学生积极思维、互动交流,探索出上述变式的解法后,再引导学生进行比较分析,将获得的结论与头脑中原有的知识相融合,使学过的知识和方法有机地统一起来,不仅激发了学生参与的热情,同时也使学生形成新的认知结构.

总之,在高三数学复习课中,教师要树立“以人为本”的教育理念,以学生的认知特点和学习需求为切入点,高度关注复习课的新鲜感,通过形式多样的教学方式,让学生积极参与教学活动中,充分发挥学生的主体作用,构建师生心灵共鸣的和谐课堂,让课堂真正充满活力,促进学生身、心、智的全面发展和可持续发展.

执笔：邵梦芯

基于教师稚化思维的高三习题课教学

"稚化思维"是指在教学活动中，教师把自己学术性的话语权威隐藏起来，不以知识丰富的指导者自居，而是把自己的思维降格到学生的思维水平，充分关注学生的原有认知结构，有意识地返回到与学生相仿的思维状态，把熟悉的当作陌生的，揣摩学生的思维，努力迎合学生的心态，以与学生同样的认知兴趣、学习情绪、思维情境、探究行为来完成教学的和谐共创，从而达到和学生的思维保持"同频共振"的一种教学艺术. 教师有效稚化自己的思维，就是在教学中要善于站在学生的角度，运用学生的思维方式分析、思考问题，尽量放低教学的起点，从学生思维的最近发展区设计问题，激发学生的兴趣，引起学生的共鸣，促进学生积极主动地参与课堂教学活动.

1 逐层设计问题情景，激活学生的数学思维

在知识的传授过程中，教师应该自始至终把解决学生的认知从不知、片面、肤浅到认识、全面、深刻作为课堂教学的主线. 这就要求教师创设目的性明确的问题，进而激活学生的数学思维，提高课堂教学效果.

笔者在"基本不等式"的习题课教学中，在学生初步掌握基本不等式的特征的基础上，利用变式的形式，讲解基本不等式的题型.

例题：当 $x>0$ 时，求 $x+\frac{1}{x}$ 的最小值.

解析：$\because x>0$，$\therefore x+\frac{1}{x}\geqslant 2$，当且仅当 $x=1$ 时取等号，故最小值为 2.

变式 1：当 $x\neq 0$ 时，求 $x+\frac{2}{x}$ 的最小值.

分析：利用不等式时要满足"一正、二定、三相等"，在这里 x 的正负不确定，所以要讨论正负.

变式 2：已知 $x,y>0$，且 $x+4y=1$，求 xy 的最大值.

分析：满足基本不等式的特征，和与积的转化.

变式 3：已知 $x,y>0$，$x+2y+2xy=8$，求 $x+2y$ 的最小值.

分析：先将已知条件变形为 $x+2y=8-2xy$，然后利用基本不等式，实现和与积的转化.

变式 4：已知 $x,y,z>0$，$x-2y+3z=0$，求 $\frac{y^2}{xz}$ 的最小值.

分析：多变量时，基本处理方法是消元，本题先将 y 换元，$\frac{y^2}{xz}=\frac{(x+3z)^2}{4xz}=\frac{x^2+6xz+9z^2}{4xz}=\frac{x}{4z}+\frac{9z}{4x}+\frac{3}{2}$，然后利用基本不等式.

本例通过变式的问题情景，从易到难，教师稚化自己的思维，设计的问题都在学生思维的最近发展区，学生容易入手. 学生通过讨论这些问题，轻松解决难题. 同时也认识到一个难题实际上是几个容易题的组合，解这类问题的关键是善于化解问题，变难为易.

2　明确学生的认知结构，顺应学生的思维发展

解析几何是中学数学教学的重点与难点，从解析几何在考试中的地位来看，其重要性不言而喻. 学生在处理解析几何问题时，既要准确理解题意，又要准确计算，这对于学生来说困难重重. 而对教师来说，如何讲解解析几何的习题课，是一大学问，也是一大难点，所以在讲解习题课时，可以多关注学生已有的认知结构，分析并拆解学生的解题思维以及过程，顺应学生的思维发展，扩大学生的认知区域.

例题：已知点 $A(0,-2)$，椭圆 E：$\frac{x^2}{a^2}+\frac{y^2}{b^2}=1(a>b>0)$ 的离心率为 $\frac{\sqrt{3}}{2}$，F 是椭圆 E 的右焦点，直线 AF 的斜率为 $\frac{2\sqrt{3}}{3}$，O 是坐标原点.

(1) 求椭圆 E 的方程；

(2) 设过点 A 的动直线 l 与椭圆 E 相交于 P，Q 两点，当 $\triangle OPQ$ 的面积最大时，求 l 的方程.

第(1)问比较基础，学生很容易得出椭圆 E 的方程：$\frac{x^2}{4}+y^2=1$.

第(2)问以三角形面积的最值为切入点，对于三角形面积的基本处理方法有 3 种：一是底乘高的一半，二是 $S=\frac{1}{2}ab\sin C$，三是分割拼凑. 方法的选择是处理问题的关键，下面给出本题的一种解法.

设原点到直线 l 的距离为 h，则 $\triangle OPQ$ 的面积 $S=\frac{1}{2}PQ\cdot h$.

当直线 l 的斜率不存在时，$\triangle OPQ$ 不存在，不合题意；

当直线 l 的斜率存在时，设为 k，则直线 l 的方程为 $y=kx-2$. 设 $P(x_1,y_1)$，$Q(x_2,y_2)$，将 $y=kx-2$ 代入椭圆方程得到 $(1+4k^2)x^2-16kx+12=0$.

当 $\Delta=16(4k^2-3)>0$，即 $k^2>\frac{3}{4}$ 时，$x_1+x_2=\frac{16k}{1+4k^2}$，$x_1x_2=\frac{12}{1+4k^2}$.

由弦长公式得 $PQ=\sqrt{1+k^2}|x_1-x_2|=\sqrt{(1+k^2)[(x_1+x_2)^2-4x_1x_2]}=\sqrt{(1+k^2)\left[\left(\frac{16k}{1+4k^2}\right)^2-\frac{48}{1+4k^2}\right]}=\frac{4\sqrt{(k^2+1)(4k^2-3)}}{1+4k^2}$，原点到直线 l 的距离为 $h=\frac{2}{\sqrt{1+k^2}}$，所以$\triangle OPQ$的面积 $S=\frac{1}{2}PQ\cdot h=\frac{4\sqrt{4k^2-3}}{1+4k^2}$. 设 $\sqrt{4k^2-3}=t$，则 $t>0$，$S=\frac{4t}{t^2+4}=\frac{4}{t+\frac{4}{t}}\leqslant 1$，当且仅当 $t=2$，即 $k=\pm\frac{\sqrt{7}}{2}$时等号成立. 所以$\triangle OPQ$的面积最大时，直线 l 的方程为 $y=\frac{\sqrt{7}}{2}x-2$ 或$y=-\frac{\sqrt{7}}{2}x-2$.

变式 1：当$\angle POQ$为钝角时，求直线 l 的斜率范围.

分析：此类问题可用向量解决，当$\angle POQ$为钝角时，有$\overrightarrow{OP}\cdot\overrightarrow{OQ}<0$，即 $x_1x_2+y_1y_2<0$，再利用根与系数的关系解决.

变式 2：若 P，Q 两点均在以点 $M\left(0,\frac{1}{2}\right)$为圆心的圆上，求直线 l 的斜率.

分析：P，Q 两点均在以点$M\left(0,\frac{1}{2}\right)$为圆心的圆上，即 $MP=MQ$，设 PQ 的中点为 D，则 $D\left(\frac{x_1+x_2}{2},\frac{y_1+y_2}{2}\right)$，再利用等腰三角形的性质$k_{MD}\cdot k_{PQ}=-1$ 求出答案.

变式 3：若$\overrightarrow{AP}=2\overrightarrow{AQ}$，求直线 l 的斜率.

分析：若$\overrightarrow{AP}=2\overrightarrow{AQ}$，则$(x_1,y_1+2)=2(x_2,y_2+2)$，即 $x_1=2x_2$，再由根与系数的关系联立方程组，可以求解出来.

本例通过对同一个图象变换不同条件，在学生已有知识的基础上产生变式，将图象的特征稍加改变，变成新的问题，这样学生很容易上手，也很容易产生比较，顺应了学生的思维结构，学生在做题时更加得心应手.

总之，教师在课堂教学中，要摒弃滔滔不绝的讲课方式，特别是高三习题课，要让学生参与到课堂中来，改变学生学得被动、教师讲得辛苦，效果又不尽理想的局面. 教师应站在学生的角度精心设计问题，设计教学过程，尽可能地从学生的已有认知出发，稚化自己的思维，让学生从知识的发生、发展过程中去发现问题、提出问题，使学生在问题的激发下主动学习，促进学生思维能力的发展，优化课堂教学.

执笔：李　聪

促学生理解 使课堂高效

——“理解性教学”理念下“二项分布”课例分析

“理解性教学”是20世纪80年代由美国哈佛大学教授加德纳首先提出的一种教学思想，与我们新课程所倡导的“理解是中学数学教学的重要目标”是一致的.在现实课堂中我们的教师也强调学生理解的问题，但大多是为了记忆、掌握以及应用知识，理解只是整个教学思维过程的一个环节，只具有“工具价值”，从而导致大卫·珀金斯所说的“脆弱知识综合征”.而“理解性教学”思想认为，“理解”本身就是教学价值，“理解”才是教育真正的核心目标.格兰特·威金斯提出的“理解”的6个维度：解释、释义、运用、洞察、移情、自我认识，可以帮助我们认识“理解”是多维的、复杂的、具有不同层次的.教师在课堂中的作用就是通过各种情境，通过师生相互的交往、合作，引导和帮助学生达成“理解”.

基于这样的认识，又恰逢张家港市中小学通式工作室与无锡市辅仁高级中学数学特级教师工作室联合举办教学研讨活动，笔者于2011年4月26日在江苏省梁丰高级中学，以数学选修2-3第2.4节“二项分布”为题，开设了一节研究课.这节课的学习任务就是两个概念：n次独立重复试验、二项分布和一类模型：n次独立重复试验.仅就知识的难度和在高考中所占的比重来说，对高中生来说都不算大，模仿解题应该不难，但要达到真正的理解则并不容易.在教学过程中，笔者以“理解性教学”的理念为指导，渗透了从特殊到一般的数学思想方法，通过精心设计的一系列问题，组织学生动手实践、合作交流、展开探究活动，使学生的理解维度层层递进，收到了较好的教学效果，受到参与研讨活动的专家与同行们的一致好评.

1 理解在学习者主动建构的前提下发生

“理解性教学”的基本理论告诉我们，理解的发生，不是靠授予、告知，也不是靠重复或机械识记现成的答案；真正的理解，一定是学习者在一定的情境中通过对意义的主动建构才能发生.这里的关键词，一是“情境”，二是“主动建构”.

理解只有通过完成各种各样具有真实情境的任务才能表现出来，理解的发生必须以真实情境的任务或项目为基础.因此，在实际教学中，教师要根据预期的学习结果设计合理的真实情境.当时，2011年世界中学生篮球锦标赛正在江苏省张家港市举行，梁丰高级中学是赛场之一，校园比赛进行得如火如荼.在此情境下，上课前，笔者循环播放姚明投篮的视频，学生反应非常热烈，一下子消融了师生第一次见面的拘束，为整堂课任务的圆满完成奠定了基础.接着提出情境问题：姚明作为中锋，他职业生涯的发球命中率达到0.8，假设他每次命中率相同，请问他3投2中的概率是多少？这样现场生成的贴近学生实际的问题，有效地激发了学生的学习兴趣，使得学生在课堂上能够充满热情、积极地去进行思考.

理解的发生除了具有情境性，还具有明显的主观性.建构主义的知识观认为，知识不是先于或独立于学习者而存在，而是学习者主动建构的结果；对知识的理解，不是发现已经客观存在的知识、接受知识的活动，而是学习者探究、建构知识的过程.因此，理解性教学十分强调学习者在学习活动中的积极作用.在教学活动中，学生不应该是被动、消极的知识接受者，而是主动、积极的知识探究者，教师的作用就是要形成有助于学生独立探究的情境，让学生自己寻求问题解决的思路与途径.本节课的教学实施，在教师营造的适时、热烈的情境中，激发了每一位学生的探究热情，使课堂始终在积极思考的活动中，学生的理解自然而然地就发生了.

2 理解在学习者“前理解”的基础上形成

“前理解”主要指在理解活动发生之前主体就已经具有的、对理解有着导向和制约作用的语言、历史、文化、经验、情感、思维方式、价值观念以及对于对象的预期等因素的综合.任何学习都必须建立在先前学习的基础上，是一种累积性学习.

学生在学习本节课前，已有事件独立性和随机变量及其概率分布的知识基础，所以对课堂给出的这一具体的问题情境，学生可以运用树状图分析投篮试验的过程，又根据试验的独立性，投篮命中这一事件A在指定的2次发生时，余下的1次就不发生，其概率为$0.8^2\times0.2$，而3次试验中发生2次事件A的方式有C_3^2种，故$P=C_3^2\times0.8^2\times0.2=0.384$.

接着学生自然能解决问题2：姚明在投篮训练中每次的命中率为0.8，投篮3次，设随机变量X是投中的次数，求随机变量X的概率分布.这时再提出问题3：若姚明每次投篮命中的概率都是$p(0<p<1)$，则在3次投篮中姚明恰好命中$k(k=0,1,2,3)$次的概率是多少？进一步提出问题4：若姚明每次投篮命中的概率都是$p(0<p<1)$，则在n次投篮中姚明恰好命中$k(k=0,1,2,3)$次的概率是多少？学生一步步经历由特殊到一般的过程，自

然而然得到了 n 次独立重复试验的概率公式.

在这个过程中学生原有的相关知识充分参与,通过分析、推理、对照、综合等心理活动过程,与所学习的新知识相互作用.通过学习者的同化和顺应,在头脑中构建新的知识结构,实现对知识真正的理解.教师的任务就是启发、引导、帮助学生把新知识纳入或同化到原有的认知结构之中,重新构建起新的认知结构,顺应和丰富新知识,这样才能有效地形成真正的理解.

3 理解在学习者视域融合的过程中深化

视域指人的判断,它具有开放的属性,人的前判断发生改变,视域也会发生变化.理解性教学理论告诉我们,在进行解释时,人都是带着自己的前理解从自己的当下情境出发,去和需要理解的问题的"视域"相接触,去把握问题所揭示的意义,从而发生了解释者的视域、问题的视域和当下情境的视域融合的现象,以达成理解.

问题5:随机抛掷质地均匀的硬币100次,请你猜测一下正好出现50次正面向上的概率大约会有多大?再请你通过计算确认.

有很多学生脱口而出"概率为$\frac{1}{2}$".但是通过思考以及进一步计算:设 X 为抛掷100次硬币出现正面的次数,依题意,随机变量 $X\sim B(100,0.5)$,$P(X=50)=C_{100}^{50}\ p^{50}q^{100-50}=C_{100}^{50}\ 0.5^{100}\approx 8\%$,发现计算结果与我们最初的直觉相去甚远.那么怎么来解释这一问题呢?看着同学们哗然过后思考的眼神,笔者引导他们探讨问题6.

问题6:随机抛掷质地均匀的硬币100次,求出现47~53次正面的概率.同学们经过计算:设 X 为抛掷100次硬币出现正面的次数,则

$P(X=47)=C_{100}^{47}0.5^{100}\approx 0.0666$,

$P(X=48)=C_{100}^{48}0.5^{100}\approx 0.0735$,

$P(X=49)=C_{100}^{49}0.5^{100}\approx 0.078$,

$P(X=50)=C_{100}^{50}0.5^{100}\approx 0.08$,

$P(X=51)=C_{100}^{51}0.5^{100}\approx 0.078$,

$P(X=52)=C_{100}^{52}0.5^{100}\approx 0.0735$,

$P(X=53)=C_{100}^{53}0.5^{100}\approx 0.0666$,

所以 $P(47\leqslant X\leqslant 53)\approx 0.5166$.

得出结论:总体来看,出现正面的次数约占$\frac{1}{2}$,这和"抛掷均匀硬币出现正面的概率为$\frac{1}{2}$"是一致的.

这样，学生从前理解出发，以两个问题为触发点，在教师的引导下，体悟问题的内在含义，澄清原有的误解，建立正确的概率直觉，并将自身的体验融入理解中. 通过质疑与批判，学生超越了原有的视域，新旧视域得以融合，进入一个更为广阔的境界，达成一个更高层面的视域融合，产生了新的意义，理解也因而发生，同时也完成了新的前理解的重建. 理解的产生过程就是从前理解到视域融合的一个不断循环的过程.

4 理解在学习者的合作交流活动中达成

教学活动中的理解之所以发生，是因为教师、学生、课程设计者之间视域的不断融合，而视域的融合是通过教学活动中各方的相互交流、沟通、对话、认同来达成的. 因此，可以说理解性教学是"合作的交往的教学".

在教学中，教师应该给学生与数学大师神交的机会，所以我向学生介绍了瑞士数学家雅·伯努利. 教师还应该给学生足够的时间，让他们有与学习伙伴沟通、协作的机会.

问题 7：设某保险公司吸收 10000 人参加人身意外保险，该公司规定：每人每年付给公司 120 元，若意外死亡，公司将赔偿 10000 元. 如果已知每人每年意外死亡的概率为 0.006，问：该公司会赔本吗？

这一问题的难点在于要把实际问题抽象为数学模型. 学生们相互提问，相互启发，"公司赔本在数学中的表达是什么？""利润小于零怎么表达？""设死亡人数是 X，公司要赔偿 X 万元，公司的利润为 $(120-X)$ 万元，利润小于零即 $120-X<0$""就是死亡人数超过 120 人的可能性""是 X 大于 120 的概率""死亡人数可以认为是 n 次独立重复试验""X 服从二项分布：$X\sim B(10000, 0.006)$". 学生通过思维碰撞，思考不断深入，解决了这一难点，也使理解得以深化. 接着学生解决这一数学模型，再转换为原问题的解答就是水到渠成的了.

解析：设这 10000 人中意外死亡的人数为 X，依据题意，$X\sim B(10000, 0.006)$，于是有 $P(X=k)=C_{10000}^{k}0.006^{k}(1-0.006)^{10000-k}$.

死亡人数是 X 人时，公司要赔偿 X 万元，此时公司的利润为 $(120-X)$ 万元，由上述分布，公司赔本的概率为 $P(120-X<0)=1-P(X\leqslant 120)=1-\sum_{k=0}^{120}P(X=k)=1-\sum_{k=0}^{120}C_{10000}^{k}0.006^{k}\cdot 0.994^{10000-k}\approx 0$. 这说明公司几乎不会赔本.

学习者的理解往往是内在地隐含在学习者的心智中的，教师和同伴很难探知学习者的理解. 通过交互性学习环境中的师生互动和生生互动，学习者有可能将他们本来隐含的理解外显，这样教师和同伴便能根据学习者理解的情况提供反馈和支撑,促进学习者的深刻理解.

总之,为了促使学生达成真正的理解,教师应该精心预设,营造积极的课堂学习氛围,预备并激活先期知识,使课堂以学生的思考为中心,帮助学生获取新知.进一步地,要融合新旧知识体系,进行深度加工,以使所习得的知识产生意义,进行迁移.因为学科中的概念是不能孤立理解的,要掌握一个概念意味着要依靠很多相关的部分,并认识到这部分在整个学科中的功能与作用,“知识结构”的意识对学生的理解是至关重要的.

执笔:韩　玮

着力教学设计　打造高效课堂

——例谈打造高三数学复习课高效课堂的几个着力点

复习是一种特殊的教学形式，是学习活动中一个十分重要的环节，其基本任务是：在教师的引导下，帮助学生系统梳理学过的基础知识，整合要点，构建网络，总结规律，熟练技能，掌握方法，体会思想，使认知结构得到完善，思维能力得到发展. 根据目前的教学现状，高三数学的学习过程主要是在复习课中进行的，如何提高复习课的效率，成为广大数学教师探讨和研究的热点话题. 笔者多年担任高三数学复习教学工作，通过不断的实践、总结和反思，认为构建和打造高效的数学复习课堂，必须在以下几个方面着力.

1　创设问题情境——找准切入点

托尔斯泰曾说：成功的教学所需要的不是强制，而是激发学生的兴趣. 而学生的兴趣源自具体的情境. 从数学的角度看，“情境”就是一种以情感调节为手段，以学生的生活实际为基础，以促进学生主动参与、整体发展为目的的、优化了的数学学习环境. 情境是一种激发人的感情的境界，对学生的学习来讲，情境是一个猎场，学生要在这里发现猎物；情境是一个迷宫，学生要在这里寻找出路；情境是一块跳板，学生要在这里实现飞跃. 有研究表明：面对有趣情境或者问题情境时，学生基于兴趣和好奇，会产生一定的问题意识. 创设问题情境，成为有效课堂的一个显著特征.

在新授课教学中，创设问题情境受到了教师们的高度重视，然而，在设计复习课时，不少教师则认为：高三数学内容多，节奏快，时间紧，课堂教学的主要任务是复习知识、总结方法、提高解题能力，创设情境实在是多余的，“开门见山，直奔主题”的方式被普遍采用，这导致课堂机械死板，学生了无兴趣. 殊不知，在复习课的开头，设计一个好的问题情境，虽然会花去一些时间，但是可以为学生的复习营造一个良好的氛围，激发学生复习的兴趣和激情，对提高复习的效果有着不可低估的作用. 复习课更需要创设合理的教学情境，以此为切入点，吸引学生注意，调动学生参与，以保证课堂教学的有效性.

案例1　“概率复习课”的教学片断

师：同学们，今天我发现了一个秘密，你们当中有同年同月同日生的同学！

生：真的吗？是谁？

师：不知道是谁，但是确实有.

生：您是怎么知道？

师：我是猜测的.

生：瞎猜，我们不相信.

师：不信？让我们来做个调查.

（在举手核查的过程中，一月份没有，二月份没有，三月份没有……我故意显得越来越紧张，学生却越来越得意.最后，终于发现了同是10月10日生的两位女同学，我轻松地笑了，学生却想不通.）

生：老师你怎么猜的？为什么这么准？

师：真想知道？

生：是的.

师：好吧，我来告诉你们其中的秘密：这乃概率知识助我一臂之力也！因为运用概率的方法计算，每43个人中有两个人同月同日生的概率大约为0.9，而我们班级有54位同学，基本上又是同一年出生的，没有同学同年同月同日生的可能性太小了.

生：啊！概率的知识这么神奇啊！

师：是的，实际上，许多数学知识在日常生活、生产实践和科学研究等领域都有着十分广泛的应用.下面我们就来复习概率的有关知识，并研究它在解决实际问题中的应用.（板书课题——概率复习课）

实现高效教学的前提是学生的主动参与和积极探索.没有学生的广泛参与和积极探索，学生对数学知识的自主建构与主动生成就成了空话.为了将学生引进课堂学习的大门，给学生的复习和学习注入动力与活力，上述案例中，在引课环节，笔者不惜浓墨重彩，精心创设了“生日相同的秘密”的问题情境，在问题情境中串起一堂课的主线，缓缓铺来，不仅让学生感到新鲜有趣，产生探索的欲望和积极的学习态度，从而收到较好的复习效果，而且对学生的情感、态度、价值观和数学素养的形成，也起到了潜移默化的作用.

2 揭示数学本质——抓住关键点

《普通高中数学课程标准（实验）》中明确指出：高中数学课程应该返璞归真，努力揭示数学概念、法则、结论的发展过程和本质.数学概念是数学基础知识的核心，它揭示了事物的本质属性和相互间的内在联系.高三数学复习首先是要帮助学生建构完善的知识结构，掌握数学知识的本质、形成条理清晰的知识系统是复习的重中之重."无知无能"，没有知识一切都是空谈.而独立的、零散的、无序的知识不利于学生形成解题技能.高三复习对学生基础知识的掌握提出了更高的要求，更强调知识的内在联系.《考试说明》对知识考查的要求是"系统地掌握知识的内在联系""注重对知识的本质和内在联系的考查".

在高三数学复习课中，部分老师的"课堂教学"演变成为"题型教学"，"题型教学"又进一步蜕化为"刺激—反应—训练"，解题过于注重技巧，淡化对概念的理解，忽视对蕴含其中的核心数学思想方法的揭示，从而使整个讲解过程显得立意不高，学生的思维能力没有得到实质性的发展，结果往往是事倍而功半.章建跃先生在《理解数学，理解学生，理解教学》一文中指出：只有围绕数学概念的核心展开教学，在概念的本质和数学思想方法的理解上给予点拨、讲解，让学生在理解概念及其所反映的数学思想和方法的基础上，对细节问题、变化的问题进行深入思考，这样才能实现有效教学.

案例 2 "数列的通项公式复习课"的教学片断

在复习了数列及其通项公式的概念后，笔者出示了下面的问题：

问题：在数列$\{a_n\}$中，$a_1=1$，$a_n=2a_{n-1}+1(n\in\mathbf{N},n\geqslant 2)$，求数列的通项公式.

生 1：在递推公式的两边加上 1，得到 $a_n+1=2(a_{n-1}+1)(n\in\mathbf{N},n\geqslant 2)$，然后转化为等比数列求出 $a_n+1=2^n$，即 $a_n=2^n-1$.

师：这是一种非常不错的方法，在递推公式的两边加上 1，将非等差、非等比数列转化为等差或等比数列来处理，很"妙"，你是怎么想到的呢？

生 1：老师以前讲过这种题型，我记得是这样做的.（其他学生一起附和）

师：我把递推关系改变一下，得到下面的变式，又怎么解呢？

变式：在数列$\{a_n\}$中，$a_1=1$，$a_n=2a_{n-1}+2^n(n\in\mathbf{N},n\geqslant 2)$，求数列的通项公式.

学生由于没有见过这种题型，感到有些束手无策.这时笔者让学生回过来看原题，还有其他解法吗？通过启发引导，得出如下几种解法：

方法 1：列举归纳法.

通过计算特殊项，猜出通项公式，然后用数学归纳法加以证明.这是一种由特殊到一般的方法，在研究数列问题时有着广泛的应用.

方法 2：消去常数法.

由已知递推式得，当 $n\geqslant 2$ 时，$a_n=2a_{n-1}+1$，当 $n\geqslant 3$ 时，$a_{n-1}=2a_{n-2}+1$，两式相减得：$n\geqslant 3$ 时，$a_n-a_{n-1}=2(a_{n-1}-a_{n-2})$，于是有 $a_n-a_{n-1}=2^{n-1}$，

再利用累加法即可求得 $a_n=2^n-1$.

方法 3：递推代入法.

将递推公式反复代入，得 $a_n=2a_{n-1}+1=2(2a_{n-2}+1)+1=2^2a_{n-2}+2+1=2^2(2a_{n-3}+1)+2+1=2^3a_{n-3}+2^2+2+1=\cdots=2^{n-1}a_1+2^{n-2}+2^{n-3}+\cdots+2+1=2^{n-1}+2^{n-2}+2^{n-3}+\cdots+2+1=2^n-1$.

方法 4：待定系数法.

重新审视生 1 的解法，其关键是知道递推式两边同时加上什么数就可以转化为等差或等比数列，怎么想到加 1 的？我们不妨一般化，将 $a_n=2a_{n-1}+1$ 改写为 $a_n+x=2(a_{n-1}+x)$，展开整理后再与原式比较，即得$x=1$.

师：这种方法叫作待定系数法，一般地，形如 $a_n=ka_{n-1}+b$(k，b 为常数)的递推数列，都可以运用这种方法求出其通项.

从这个思路出发，在递推式的两边同时加 1 的想法就不是神来之笔了，它的出现应该是有理有据的. 我们知道，数列的本质是特殊的函数，从这个角度看，联想到函数不动点的求法，先求出 $f(x)=2x+1$ 的不动点，令 $f(x)=x$，解得不动点 $x_0=-1$，作代换，令 $a_n=a_n-x_0$，得 $a_n+1=2a_{n-1}+1+1=2(a_{n-1}+1)$，由此从函数角度找到了生 1“妙解”的深层依据.

通过上述探索，学生对求数列通项的本质有了深刻的认识和理解，回过来再看变式的求解，就显得轻车熟路、水到渠成了.

数学本质是对问题的深刻刻画和抽象理解，抓住了本质就是抓住了解决问题的思想方法；反之，思想方法是对数学本质的精确描述，运用本质的思想方法可以对复杂的问题进行高度概括和凝练，使问题变得统一、有序和富有规律性，揭示数学本质才是数学教学的灵魂. 对一个问题的实质理解，可以帮助我们更清醒地认识变化多样的各种问题，找到多题一解的本质解法、一题多解的开阔思路. 我们的复习课教学，不能仅仅局限于教会学生解题，还应该看学生能否通过解题明白一些原理，学会数学思维，领悟数学本质，实现知识与技能、过程与方法以及情感、态度与价值观的和谐统一.

3　开展探究活动——占领制高点

倡导积极主动、勇于探究的学习方式，是高中课程改革的基本理念之一. 通过积极的探究活动使学生体验数学发现和创造的历程，可以培养学生的创新意识和创新精神. 为此，作为教师，在教学过程中，要善于设计问题情景，并激励和引导学生去探究并发现，展现习题的精彩，享受探究的乐趣. 高三复习课要求教师真正让学生的思维动起来，教师能为学生做的最好的事情就是帮助并引导学生自己获得一个好的思路，在教学设计上精“抛锚”，巧

“搭桥”，铺设探究性通道，让学生去领悟隐含于例题中的数学思想方法，并自觉地运用到今后的解题中去，最终达到用思想指导方法的解题习惯.

高考数学《考试说明》要求命题者精心设计好三种类型的试题：一是考查数学主体内容、体现数学素质的试题；二是考查反映数学本质、突出数和形运动变化的试题；三是研究型、探究型、开放型试题. 研究型、探究型、开放型试题必须通过研究性学习来应对. 因此，在复习课教学中，教师要适时地为学生提供材料，摒弃代庖，设计航标，让学生亲历数学家探究的过程，引导学生对试题进行多层次、多视角的加工、引申、探究，使学生在情境变化中“既见到珠宝又寻到宝库”，深刻领悟解题方法，促进学生的数学思维提高到一个由例及类的档次，形成有效的思维链，学会数学地思考，全面提升思维品质和解题题力.

案例 3 “圆锥曲线定义的运用复习课”的教学片断

上课伊始，笔者通过 PPT 显示下面的问题：

问题 1：抛物线 $y^2=4x$ 上有 A,B,C 三点，F 为其焦点，若$\overrightarrow{FA}+\overrightarrow{FB}+\overrightarrow{FC}=\mathbf{0}$，则$|\overrightarrow{FA}|+|\overrightarrow{FB}|+|\overrightarrow{FC}|=$__________.

（提出问题后，让学生思考，探索解法.）

生 1：设 $A(x_1,y_1),B(x_2,y_2),C(x_3,y_3)$，则 $|\overrightarrow{FA}|+|\overrightarrow{FB}|+|\overrightarrow{FC}|=\sqrt{(x_1-1)^2+y_1^2}+\sqrt{(x_2-1)^2+y_2^2}+\sqrt{(x_3-1)^2+y_3^2}=\sqrt{(x_1-1)^2+4x_1}+\sqrt{(x_2-1)^2+4x_2}+\sqrt{(x_3-1)^2+4x_3}=|x_1+1|+|x_2+1|+|x_3+1|=x_1+1+x_2+1+x_3+1$.

又由$\overrightarrow{FA}+\overrightarrow{FB}+\overrightarrow{FC}=\mathbf{0}$，得 $x_1-1+x_2-1+x_3-1=0$，即 $x_1+x_2+x_3=3$，从而$|\overrightarrow{FA}|+|\overrightarrow{FB}|+|\overrightarrow{FC}|=6$.

生 2：设 $A(x_1,y_1),B(x_2,y_2),C(x_3,y_3)$，根据抛物线定义可得$|\overrightarrow{FA}|+|\overrightarrow{FB}|+|\overrightarrow{FC}|=x_1+1+x_2+1+x_3+1$，下面同生 1 的解法.

师：生 2 的解法较生 1 的解法简捷. 凡是涉及抛物线上的点到焦点距离的问题，显然用定义将其转化为抛物线上的点到准线的距离更简捷. 能不能将条件或结论改变一下，变成一个新的问题？

生 3：条件$\overrightarrow{FA}+\overrightarrow{FB}+\overrightarrow{FC}=\mathbf{0}$可以换成 F 是$\triangle ABC$ 的重心.

师：很好！生 3 对重心的向量表示很熟悉，这样改变就创造了等效的新情境，还有没有其他的改变方法？

生 4：能不能将三个点变成四个点？

师：非常好！下面我们就来研究对于四个点会有怎样的结论.

探究 1 抛物线上的点个数增加.

问题 2：已知抛物线 $y^2=4x$ 上有 A,B,C,D 四点，F 为其焦点，若$\overrightarrow{FA}+$

$\overrightarrow{FB}+\overrightarrow{FC}+\overrightarrow{FD}=\mathbf{0}$,则$|\overrightarrow{FA}|+|\overrightarrow{FB}|+|\overrightarrow{FC}|+|\overrightarrow{FD}|=$__________.

生5:由抛物线的定义,得$|\overrightarrow{FA}|+|\overrightarrow{FB}|+|\overrightarrow{FC}|+|\overrightarrow{FD}|=x_1+1+x_2+1+x_3+1+x_4+1$.

再由$\overrightarrow{FA}+\overrightarrow{FB}+\overrightarrow{FC}+\overrightarrow{FD}=\mathbf{0}$,得$x_1-1+x_2-1+x_3-1+x_4-1=0$,故原式$=8$.

师:其实四个点的处理方法和三个点是一样的,能不能再多些点呢?

生6:对于n个点应该也类似!

问题3:抛物线$y^2=4x$上有$P_1,P_2,\cdots,P_n$共n个点,F为其焦点,$\overrightarrow{FP_1}+\overrightarrow{FP_2}+\cdots+\overrightarrow{FP_n}=\mathbf{0}$,则$|\overrightarrow{FP_1}|+|\overrightarrow{FP_2}|+\cdots+|\overrightarrow{FP_n}|=$__________.

生7:类似于问题1的推广,得$|\overrightarrow{FP_1}|+|\overrightarrow{FP_2}|+\cdots+|\overrightarrow{FP_n}|=2n$.

师:这样看来,问题1、2都是问题3的特殊情况,解决方法一致!对于问题3,能不能再推广?

生8:抛物线$y^2=4x$可以换成$y^2=2px(p>0)$.

探究2 推广到一般的抛物线.

问题4:抛物线$y^2=2px(p>0)$上有$P_1,P_2,\cdots,P_n$共n个点,F为其焦点,$\overrightarrow{FP_1}+\overrightarrow{FP_2}+\cdots+\overrightarrow{FP_n}=\mathbf{0}$,则$|\overrightarrow{FP_1}|+|\overrightarrow{FP_2}|+\cdots+|\overrightarrow{FP_n}|=$__________.

生9:由抛物线的定义知$|\overrightarrow{FP_1}|+|\overrightarrow{FP_2}|+\cdots+|\overrightarrow{FP_n}|=x_1+\frac{p}{2}+x_2+\frac{p}{2}+\cdots+x_n+\frac{p}{2}$,再由$\overrightarrow{FP_1}+\overrightarrow{FP_2}+\cdots+\overrightarrow{FP_n}=\mathbf{0}$,得$x_1-\frac{p}{2}+x_2-\frac{p}{2}+\cdots+x_n-\frac{p}{2}=0$,从而原式$=np$.

师:同学们觉得这个问题的解决主要是利用了什么?

生10:主要是运用了抛物线的定义.

师:具有准线和焦点的曲线不只是抛物线,这个命题还能再推广吗?

生11:我想,对于椭圆、双曲线也会有类似的结论.

探究3 类比到椭圆和双曲线.

问题5:椭圆$\frac{x^2}{a^2}+\frac{y^2}{b^2}=1(a>b>0)$的左焦点$F(-c,0)(c>0)$到左准线的距离为$p$,离心率为$e$,椭圆上有$P_1,P_2,\cdots,P_n$共$n$个点,$\overrightarrow{FP_1}+\overrightarrow{FP_2}+\cdots+\overrightarrow{FP_n}=\mathbf{0}$,则$|\overrightarrow{FP_1}|+|\overrightarrow{FP_2}|+\cdots+|\overrightarrow{FP_n}|=$__________.

(学生口述,教师完善并板演.)

根据圆锥曲线的统一定义,得$\frac{|\overrightarrow{FP_i}|}{x_i+\frac{a^2}{c}}=e$,$|\overrightarrow{FP_i}|=e\left(x_i+\frac{a^2}{c}\right)$,从而

$|\overrightarrow{FP_1}|+|\overrightarrow{FP_2}|+\cdots+|\overrightarrow{FP_n}|=e(x_1+x_2+\cdots+x_n)+\frac{nea^2}{c}$. 由$\overrightarrow{FP_1}+\overrightarrow{FP_2}+\cdots+\overrightarrow{FP_n}=\mathbf{0}$，可得 $x_1+c+x_2+c+\cdots+x_n+c=0$，故原式$=-nec+\frac{nea^2}{c}=ne\frac{b^2}{c}=nep$.

师：对于双曲线呢？

问题 6：双曲线$\frac{x^2}{a^2}-\frac{y^2}{b^2}=1(a>0,b>0)$的右焦点$F(c,0)(c>0)$到右准线的距离为 p，离心率为 e，双曲线右支上有 $P_1,P_2,\cdots,P_n$ 共 n 个点，$\overrightarrow{FP_1}+\overrightarrow{FP_2}+\cdots+\overrightarrow{FP_n}=\mathbf{0}$，则$|\overrightarrow{FP_1}|+|\overrightarrow{FP_2}|+\cdots+|\overrightarrow{FP_n}|=$__________.

生 12：由圆锥曲线的统一定义，得$\frac{|\overrightarrow{FP_i}|}{x_i-\frac{a^2}{c}}=e$，$|\overrightarrow{FP_i}|=e\left(x_i-\frac{a^2}{c}\right)$，从而有$|\overrightarrow{FP_1}|+|\overrightarrow{FP_2}|+\cdots+|\overrightarrow{FP_n}|=e(x_1+x_2+\cdots+x_n)-\frac{nea^2}{c}$. 由$\overrightarrow{FP_1}+\overrightarrow{FP_2}+\cdots+\overrightarrow{FP_n}=\mathbf{0}$，可得 $x_1-c+x_2-c+\cdots+x_n-c=0$，故原式$=nec-\frac{nea^2}{c}=ne\frac{b^2}{c}=nep$.

设计这样的探究活动，不但避免了"教师讲得头头是道，学生听得昏昏欲睡"的现象，增加了课堂的新鲜感，活跃了课堂气氛，而且在复习圆锥曲线的统一定义的同时，复习了圆锥曲线的准线方程、离心率等几何性质以及向量的有关知识，体会了运用定义解题的优越性和类比、由特殊到一般等思维方法，培养了学生的探究意识和严谨态度. 在复习课的教学中，教师要深入钻研教材，巧妙地将数学知识和方法设计成一系列能引导学生自主探究的问题，让学生积极开展探究活动，体验探究过程，并在探究活动中不断获得成功的体验.

4 重视总结反思——开发生长点

由于工作需要，笔者最近听了一些高三数学复习课，发现很多教师总觉得课堂时间不够用，认为数学复习课的重点是让学生多了解一些题目的解法，只有见多才能识广，因此想方设法要多讲一些题目，有时下课铃响了，还急急忙忙地给出一道题，剖析思路，告知结果，再宣布下课，作业由课代表布置，课堂结尾的总结反思成为可有可无的事情，即使有总结，不是教师包办代替，指出这节课复习了什么内容，要注意什么等，就是提出几个问题："本节课我们复习了什么？""你有什么收获？""你还有什么不懂？"让学生泛泛而谈，根本达不到数学复习课小结的目的．这是一个值得引起我们高度重视的问题．

做好课堂总结与反思，是必不可少的教学环节，其教学功能应该好好地加以开发和利用．在平时的新授课中，应该引导学生把书读“厚”，而在高三的复习课中，一个重要的任务就是引导学生把书读“薄”．如何把书读“薄”呢？课堂小结十分重要．在课堂结束前，花 3～5 分钟时间，引导学生对复习过程做必要的提炼概括和总结反思，将零散的数学知识和解题技巧进行理论升华，揭示出更深层次的内涵，帮助学生将所学知识内化到已有的认知结构中去，将复习的知识、方法和技巧整合成一个知识和方法的网络图，使得学生从知识概念到方法应用能融会贯通，达到激发学习兴趣、优化知识结构、提高数学素养的目的．

案例 4 “点到平面的距离”的复习课的教学片断

浙江宁波北仑中学的吴文尧老师在执教“点到平面的距离”的复习课时，设计了如下的课堂结尾引领学生进行总结反思．

师：到现在为止，我们求点到平面的距离有几种方法？

生：六种方法．

师：有时方法太多，也有不利的一面，因为在考试中将面临方法的选择，有时选择是一件很痛苦的事情，所以最后还是选择简单一点的方法为好．我认为求点到平面的距离，只要二选一就可以了，要么作出距离，要么不作距离．若作距离，你有哪几种方法？

生：直接构作法、平行转移法、比例转移法．

师：若不作距离，你又有哪几种方法？

生：空间坐标法、运用体积法、应用公式法．

教师板书(略)．

师：大家想一想，你认为是作出距离好，还是不作距离好？

生：……

师：其实，这个问题是难为大家了，这两类方法，好比是少林拳和武当剑，你说它们哪个好？

生：各有千秋．

师：对，我们应该具体情况具体分析，把少林拳和武当剑融为一体，这样才能无敌于天下．

上述案例中，教师顺其自然地引导学生从知识、技能、方法、思路、注意点、收获与体会、问题与困惑等方面进行回顾、总结和反思，让学生真正觉得是按照自然的脉络回顾本节课内容，是有感而发，即使是课堂总结，也是在思维过程中有效生成，合理升华，而不是流于形式．同时，也尽量把握知识和方法之间的内在联系，用网络图的形式使知识与知识、思想与方法之间的联系浑然一体，使学生结构清晰、印象深刻，这样做，就效率而言，远比讲一道题要好许多．

G.波利亚曾经说过："数学问题的解决仅仅是一半，而更重要的是解题之后的回顾与反思．"反思有助于挖掘知识之间的内在联系，促进知识的同化与迁移；有助于抓住数学的本质，提升思维的层次；有助于改进学生数学学习的策略与方法，有效提升能力与素养．反思回顾是复习教学的重要一环，其作用在于将解题实践升华．在复习课的教学中，一定要重视课堂总结的环节，舍得花时间让学生总结和反思，让他们自己去"悟"，在自己"悟"的过程中深化对数学知识、数学思想、数学方法的认识和理解．

总之，构建自主高效的复习课堂必须要充分体现以人为本的教学观，应处处从学生的实际出发，以学生的认知情况为基础，为学生主动构建数学整体知识结构提供平台．只有将创设宽松、自主、合作、共赢的课堂学习环境和教师的恰当的启发引导相结合，才能激发和满足学生的复习欲望和内在的心理需求，培养和强化学生在复习中的自主发展意识，让学生及时体验到复习中的成功和快乐，在复习中不仅学会知识，而且会学，才能使数学复习课教学收到最大效益．

执笔：钱军先

高三数学复习课例题设计的几个视角

当前，高中数学教学几乎形成了一个共识：三年课程两年学完，高三一年的主要任务就是复习和考试．因此，高三数学复习成为高中数学教学的一个重要环节．总结其教学功能，大概有如下五个方面的作用：一是深化对“三基”的理解、掌握和应用；二是形成明晰的知识网络，完善数学认知结构；三是帮助学生积累解题经验，提高分析问题、解决问题的能力；四是归纳提炼常用的数学思想方法，培养学生的数学素养；五是训练学生用数学语言交流的能力，特别是规范条理的书面表达能力．上述目标通常都需要以例题为载体来实现，正如美国著名数学教育家G.波利亚所说：一个专心的认真备课的教师能够拿出一个有意义的但又不复杂的题目，去帮助学生挖掘问题的各个方面，使得通过这道题，就好像通过一道门户，把学生引入一个完整的理论领域．由此可见，例题的设计与配备是否恰当，对复习课的成败是至关重要的．笔者结合多年高三复习教学的实践，就复习课例题设计的视角谈几点认识和体会，供大家参考．

1　立足基础，站在知识系统的高度设计例题

帮助学生对所学基础知识、基本技能进行梳理和沟通，建立起良好的认知结构，从而加深理解、增强记忆、培养思维、提升能力是复习课的基本目标之一．在高三复习课中，要紧扣这一目标，立足基础，站在知识系统的高度，精心设计贴近复习内容的典型例题，实现基础知识的再现、巩固、串联和深化的过程，促进学生在应用中从更高的层次上理解数学概念，形成数学技能．

案例1　“正弦定理、余弦定理在解斜三角形中的应用”复习课的例题设计

在复习正弦定理、余弦定理在解斜三角形中的应用时，笔者设计了以下四道例题：

例1　在$\triangle ABC$中，a,b,c分别是角A,B,C的对边．

（1）已知$a=3,b=6,A=30^\circ$，求B和c；

（2）已知$a=2\sqrt{3},b=6,A=30^\circ$，求$B$和$c$；

（3）已知$b=6,A=30^\circ$，当a在什么范围内变化时，该三角形有两个解？

例 2 在$\triangle ABC$中，a,b,c分别是角A,B,C的对边. 已知$C=2A$，$a+c=10$，$\cos A=\frac{3}{4}$.

(1) 求三边a,b,c的值；

(2) 求$\sin(2A+B)$的值.

例 3 如图，隔河看两目标A,B，但不能到达，在岸边选取相距$\sqrt{3}$ km的C,D两点，并测得$\angle ACB=75^\circ$，$\angle BCD=45^\circ$，$\angle ADC=30^\circ$，$\angle ADB=45^\circ$(A,B,C,D在同一平面内)，求两目标A,B之间的距离.

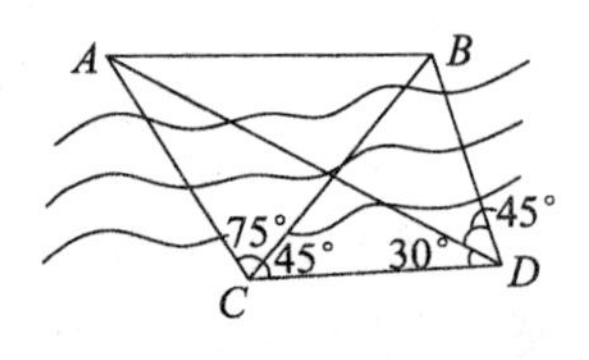

例 4 在海岛A上有一座海拔1 km的山，山顶设有一个观察站P，上午11时，测得一轮船在岛北偏东30°、俯角为30°的B处，到11时10分又测得该船在岛北偏西60°、俯角为60°的C处.

(1) 求船的航行速度是每小时多少千米；

(2) 又经过一段时间后，船到达海岛的正西方向的D处，问此时船距岛A有多远?

这四道例题的设计，按照“单独应用正、余弦定理→综合应用正、余弦定理→解决实际应用问题”的思路，涵盖了正弦定理和余弦定理在解三角形中两个主要方面的应用：角与边的相互转化和实际应用问题. 不仅紧紧围绕着本课复习内容的重点和难点，知识发生、发展的过程和学生思维的积极参与而展开，而且在结构上层层递进、步步深入，由基础知识、基本技能的复习到数学应用意识、数学建模能力的培养，由浅入深、从平面到空间，绝不是同一思维层次上的简单重复，起到了梳理知识结构、揭示知识本质、建立知识网络、总结思想方法、提高学生数学思维能力的作用，收到了良好的复习效果.

2 紧扣教材，发挥课本例题、习题的教学功能

教材中的例题和习题是众多数学教育专家智慧的结晶，是知识体系的浓缩，反映的是知识间的经典关系，具有深刻的思想性、严谨性、科学性和权威性，是高考试题的参照系和源泉. 新课程高考注重对基础知识和基本技能的考查，十分强调通性通法的重要性. 高考复习必须以教材为本，紧扣教材，遵循“源于教材，高于教材”的原则，积极地“溯源寻根”，透视教材的基础性，展现高考的导向性，充分发挥课本中典型例题和习题的教学功能.

案例 2 “直线与圆的位置关系及其判定方法”复习课的例题设计

在复习直线与圆的位置关系及其判定方法时，笔者将教材中的四道例题和习题组成题组，利用一题多解和变式拓展等手段进行复习，收到了“平

中见奇，小中见大”的效果.

例1　判断下列直线与圆的位置关系：

(1) 直线 l：$2x-y+3=0$ 与圆 C：$(x-3)^2+(y+1)^2=24$；

(2) 直线 l：$x\sin\theta+y\cos\theta=2+\sin\theta$ 与圆 C：$(x-1)^2+y^2=4$.

例2　已知圆 O：$x^2+y^2=25$，求过点 $P(4,3)$ 的圆的切线方程.

例3　已知直线 l：$y=k(x-2)+1$ 被圆 C：$(x-1)^2+(y+2)^2=16$ 截得的弦长为 $2\sqrt{15}$，求实数 k 的值.

变式：直线 l：$y=k(x-2)+1$ 被圆 C：$(x-1)^2+(y+2)^2=16$ 截得的弦长为整数，这样的弦共有多少条？

例4　若直线 l：$y=x+b$ 与曲线 C：$y=3-\sqrt{4x-x^2}$ 有公共点，求实数 b 的取值范围.

变式1：实数 b 在什么范围内取值时，直线 l：$y=x+b$ 与曲线 C：$y=3-\sqrt{4x-x^2}$：

(1) 有一个公共点；

(2) 有两个公共点；

(3) 没有公共点？

变式2：求函数 $y=\dfrac{\sin\theta-1}{\cos\theta-2}$ 的值域.

教材中的例题和习题具有一定的代表性，深入研究每一道例题和习题，充分挖掘其价值，既可摆脱题海的困扰，又能起到事半功倍的效果. 在高考数学复习的过程中，教师首先要引导学生研究透教材中的典型例题和习题，善于用联系的观点探究教材中题目的变式，探索高考试题与教材例题的结合点，再将这些问题进行恰当的分解或整合、延伸或拓展，做到将例题和习题“变化”，寻找内在联系；将例题和习题“类化”，展现通性通法；将例题和习题“深化”，培养思维品质. 努力使教材中的例题和习题更加丰富鲜活，最终使学生通过复习，不仅能学会做题，更能冲破题海，激活思维，学会学习，成为学习的主人.

3　注意关联，在类比和探究中训练思维品质

在知识网络的交汇处设计试题，是高考数学命题的一个显著特点. 知识之间存在着有机的联系，适当综合，融会贯通，这是从简单学习到系统学习的重要特征，也是提升能力的必由之路. 数学问题中知识的表现形式可以不同，但知识的本质可能相同. 因此，在复习课中，教师对例题的设计应体现数学知识之间的相互关联，体现其不同表现形式下的本质属性，使学生能自觉

地联系知识，举一反三.

案例3 “任意角的三角函数”复习课的例题设计

在复习任意角的三角函数时，笔者设计了以下五道例题：

例1 已知角 α 的终边落在直线 $x-\sqrt{3}y=0$ 上，则 $2\sin\alpha+\cos\alpha$ 的值为________.

例2 在 $\triangle ABC$ 中，$\angle C=90^\circ$，$CD\perp AB$，CE 是 $\angle BCA$ 的平分线，$DE=3$，$CD=4$，则斜边 $AB=$________.

例3 设 $a,b\in\mathbf{R}$，$a^2+2b^2=6$，则 $a+b$ 的最小值为________.

例4 已知坐标平面上的直线 l：$y=3x$，l 上异于原点 O 的点 A 在第一象限，A 点关于 x 轴的对称点是 B，B 点关于直线 l 的对称点是 C.

(1) 设直线 AB 与 x 轴的交点是 D，$\angle DOA=\theta$，求 $\tan\theta$ 及 $\cos\theta$ 的值；

(2) 记 $\angle CAB=\alpha$，求 $\cos\alpha$ 的值；

(3) 记 $\triangle OAB$ 的面积为 S_1，$\triangle OBC$ 的面积为 S_2，探求 S_1 和 S_2 满足的关系式.

例5 已知函数 $f(\alpha)=\sin^x\alpha+\cos^x\alpha$，$x\in\{x\mid x=2k,k\in\mathbf{N}^*\}$.

(1) 当 $\alpha=2,4,6$ 时，分别求 $f(\alpha)$ 的取值范围；

(2) 当 $x\in\{x\mid x=2k,k\in\mathbf{N}^*\}$ 时，对 $f(\alpha)$ 的取值范围做出一个猜想；

(3) 证明 $f(\alpha)\leqslant 1$.

将这些看似离散的问题并列，将有逻辑关系的问题串联，形成一个整体，让学生在同一时间进行比较性练习.通过提炼归纳、过程回顾，为学生由原来新授时的简单学习过渡到高三复习时的系统学习提供了可能，这也是复习课区别于新授课的重要特征.数学知识具有类比和统一的特征，利用数学知识的这种内在联系特征，我们可以站在更高的角度处理问题，打破教材和复习资料章节的界限，将具有相似知识、有机联系的题目串联在一起，引导学生进行类比、对比探究，这样有利于调动学生学习的积极性，训练学生的思维品质，激发学生自主探索，获得“再发现”的体验，这是提高数学复习课课堂效益的一个重要途径.

4 理解学生，让纠正错误成为一种教学习惯

复习课的一个重要任务就是让重点能够得到进一步强化，难点能够得到有效突破，易错点能够得到有效纠正，复习课的例题设计要紧扣这“三点”进行.这“三点”的确定不仅要看教材本身，而且要考虑具体的“学情”.学生由于认知的缺陷、思维的局限和不良习惯等原因，在学习过程中不可避免地会出现这样或那样的错误，作为教师，要做有心人，注意将它们收集起来，在

适当的时候选作例题，和学生一起分析错因，解答纠错，让学生在易错处顿悟，深化对数学知识的认识和理解.

案例4 “平面向量的运算”复习课的例题设计

下面是笔者在复习平面向量的运算时设计的四道例题：

例1 已知非零向量 $\boldsymbol{a},\boldsymbol{b}$ 满足 $|\boldsymbol{a}+\boldsymbol{b}|=|\boldsymbol{a}-\boldsymbol{b}|$，则 $\boldsymbol{a},\boldsymbol{b}$ 满足________.（填序号）

① 方向相同；② 方向相反；③ 模相等；④ 互相垂直.

例2 已知 $\boldsymbol{a},\boldsymbol{b},\boldsymbol{c}$ 是三个向量，试判断下列各命题的真假：

① 若 $\boldsymbol{a}\cdot\boldsymbol{b}=\boldsymbol{a}\cdot\boldsymbol{c}$ 且 $\boldsymbol{a}\neq\boldsymbol{0}$，则 $\boldsymbol{b}=\boldsymbol{c}$；

② 若 $\boldsymbol{a}\cdot\boldsymbol{b}=0$，则 $\boldsymbol{a}=\boldsymbol{0}$ 或 $\boldsymbol{b}=\boldsymbol{0}$；

③ 若 $\boldsymbol{a}\perp\boldsymbol{b}$，则 $\boldsymbol{a}\cdot\boldsymbol{b}=0$；

④ 若向量 $\boldsymbol{a},\boldsymbol{b}$ 不共线，且满足 $|\boldsymbol{a}|=|\boldsymbol{b}|$，则 $(\boldsymbol{a}+\boldsymbol{b})\cdot(\boldsymbol{a}-\boldsymbol{b})=0$.

例3 已知平面向量 $\boldsymbol{a}=(-2,1)$，$\boldsymbol{b}=(\lambda,-1)(\lambda\in\mathbf{R})$，若 $\boldsymbol{a}$ 与 $\boldsymbol{b}$ 的夹角为钝角，则 λ 的取值范围是________.

例4 已知平面上三点 A,B,C 满足 $|\overrightarrow{AB}|=3$，$|\overrightarrow{BC}|=4$，$|\overrightarrow{CA}|=5$，则 $\overrightarrow{AB}\cdot\overrightarrow{BC}+\overrightarrow{BC}\cdot\overrightarrow{CA}+\overrightarrow{CA}\cdot\overrightarrow{AB}$ 的值等于________.

著名哲学家黑格尔说过“错误本身乃是到达真理的一个必然环节”. 学生的数学学习和错误是一个相伴的过程，“纠正错误”应该是数学课堂中永恒的话题. 在复习课的教学中，教师更应通过长期研究错因、坚持纠错，引导学生养成良好的纠错和复习习惯. 上述四道例题都是学生求解时容易出错的问题，笔者从这些求解向量运算问题的易错点入手，把学生的解题错误作为一种教学资源，针对学生的错误进行分析，引导学生透过现象看本质，从而加深学生对向量概念和运算法则的本质理解，有效地避免学生在解题中“重蹈覆辙”.

总之，高三数学复习课的例题设计是一项非常重要的工作，也是一项十分艰苦而又细致的工作，我们切不可掉以轻心. 教学中的例题来源可谓相当丰富，包括教材教辅、网络资源等，教师要能够根据数学复习课例题设计应该遵循的原则，识别例题的优劣，明确例题的教学功能与价值，挑选那些既适合自己学生又符合高考要求、既能激发学生兴趣又能启迪学生思维、既可复习基础知识又可培养学生能力的典型例题，激活复习课堂，提高教学效益，培养学生的智慧，促进学生的发展.

执笔：邵梦芯 钱军先

例谈数学解题中“会而不对”问题的教学对策

作为一名数学教师，我们常常会碰到这样一种奇怪的现象：许多同学对一些题目，感觉会做，也能下笔求解，但就是不能得出正确的答案，在做作业或考试时总以为是对的，等到与别人交流或老师讲评时才恍然大悟，这就是所谓的“会而不对”的现象. 有些教师将学生解题时出现的“会而不对”的现象称之为“低级错误”，不少同学则将其归咎为“粗心大意”或“一时疏忽”，都误以为只要在解题时细心一些就可以避免. 然而，在后续的作业和考试中，这种“会而不对”的现象仍然频频出现，成为阻碍学生进步的一个难以治愈的“顽疾”，不仅极大地影响了学生的学习成绩，也严重地挫伤了学生学习的积极性，制约了数学教学质量的提高和学生的长效发展，既困惑着学生，也困惑着教师. 那么，在数学学习中，学生解题时出现的“会而不对”的现象主要有哪些？产生这种现象的深层原因究竟是什么？在我们的数学教学中怎样才能有效地予以解决？下面笔者结合教学实践，做一些探索和研究，与同行交流，供大家参考.

1 突出概念教学，建构深度理解，解决“似懂非懂”的问题

从知识层面看，不少同学因课堂上没有专心听讲或基础知识薄弱、悟性不够，或由于教学进度太快，留给学生思考、消化、理解的时间过少，导致他们对基本概念和基础知识表面上像是懂了，甚至也可以复述出来，但对其本质、内涵与外延等并未真正地理解，其实不是真懂，而是似懂非懂，解题时只能机械地模仿，无法灵活和准确地加以运用，面对具体问题看起来会，但做起来错.

例 1 已知点 $F_1(-4,0)$ 和 $F_2(4,0)$，试求平面上满足条件 $PF_1-PF_2=6$ 的动点 P 的轨迹方程.

错解展示 由题设条件，很快地联想到双曲线的定义，认为点 P 的轨迹是双曲线，并且其中心在原点，焦点在 x 轴上，$a=3,c=4,b^2=c^2-a^2=7$，从而得出动点 P 的轨迹方程为 $\frac{x^2}{9}-\frac{y^2}{7}=1$.

错因剖析 事实上，根据双曲线的定义，设 F_1 和 F_2 是平面上的两个定点，P 是平面上的动点.

当点 P 满足 $|PF_1-PF_2|=2a<F_1F_2$ 时，点 P 的轨迹是双曲线；

当点 P 满足 $PF_1-PF_2=2a<F_1F_2$ 时，点 P 的轨迹只是双曲线的一支.

并且若 $|PF_1-PF_2|=2a=F_1F_2$，点 P 的轨迹是两条射线；若 $PF_1-PF_2=2a=F_1F_2$，点 P 的轨迹是一条射线. 如果 $|PF_1-PF_2|=2a>F_1F_2$ 或 $PF_1-PF_2=2a>F_1F_2$，点 P 不表示任何图形.

从而本题中动点 P 的轨迹是中心在原点、焦点在 x 轴上的双曲线的右支，其方程为 $\frac{x^2}{9}-\frac{y^2}{7}=1(x\geqslant 3)$.

学生所犯的错误，根本原因在于对双曲线定义的理解“似懂非懂”，只是从形式上断章取义地记住了双曲线的定义，是“浅层次的懂”，没有能全面地把握双曲线定义的本质，对其内涵和外延缺乏足够的认识和了解，解题时出现“会而不对”的现象就在所难免了.

教学对策　概念是反映事物特性或本质的一种思维形式，是构成数学知识、进行判断和推理的基础. 数学的建构完全依赖于一个个明确的概念，没有数学概念就没有系统的数学思维，正确地理解数学概念是掌握数学知识的前提. 数学概念是培养数学技能的沃土，对数学概念的深刻理解可以促进学生以此为生长点探索数学技能，而数学技能的操作又可以反过来加深对数学概念的认识，为更高层次的生长提供可能. 因此，强化学生数学技能的一个重要对策，就是加强学生对数学基础知识的认识和理解，指导学生多动手实践，多练习基本技能，学会从不同的角度思考问题，学会运用多种方法解决问题，在“一题多解”和“变式训练”中深化认识，建构理解. 章建跃博士曾经说过：要让学生养成“回到概念”去思考和解决问题的习惯. 抓住了概念也就从本质上抓住了解决问题的关键，对数学概念理解得越深刻，解题就越简洁越顺畅. 因此，在进行概念教学时，教师要不惜时、不惜力，让学生充分经历概念发生和发展的过程，运用变式拓展和正误辨析等多种方法，深刻揭示概念的本质，深入挖掘概念的内涵和外延，帮助学生建构起对概念的正确认识和深层理解，从而提高学生分析问题与解决问题的能力，提升学生的核心素养，促进学生有效地破解数学解题中由于“似懂非懂”而造成的“会而不对”的问题.

2　加强学法指导，养成良好习惯，解决“审题偏差”的问题

审好题是解好题的前提和关键，只有审好题才能解好题，在审题时，若稍有疏忽，便会“差之毫厘，谬以千里”. 不少同学解题时急于求成，盲目自信，对审题不够重视，拿到题目匆匆忙忙地浏览一遍就仓促动笔，以至于题

目的条件没有看清，要求没有吃透，甚至对已知条件有哪些、解题目标是什么都没有弄明白，至于如何从题目中挖掘隐含条件、寻找内在联系、启发解题思路等就更无从谈起，这样解题不可避免地要产生偏差，导致“会而不对”的问题.

例 2 抽样统计甲、乙两位射击运动员的五次训练成绩（单位：环），结果如下：

运动员	第 1 次	第 2 次	第 3 次	第 4 次	第 5 次
甲	87	91	90	89	93
乙	89	90	91	88	92

则成绩较为稳定（方差较小）的那位运动员的成绩的方差为________.

这是 2013 年江苏高考数学试卷的第 5 题，是一道容易题，学过这一内容的同学应该都会做. 在教学“抽样统计”时，笔者将这道试题给学生练习.

错解展示 易知甲、乙两人的均值都是 90.

甲的方差 $s_{甲}^2=\frac{1}{5}[(87-90)^2+(91-90)^2+(90-90)^2+(89-90)^2+(93-90)^2]=4$；

乙的方差 $s_{乙}^2=\frac{1}{5}[(89-90)^2+(90-90)^2+(91-90)^2+(88-90)^2+(92-90)^2]=2$.

乙的方差较小，所以成绩较稳定的那位运动员是乙，故答案为乙.

错因剖析 导致解题错误的原因显然是审题不清，将“成绩较为稳定（方差较小）的那位运动员的成绩的方差为”误看成是“成绩较为稳定（方差较小）的那位运动员为”，将答案“2”填成“乙”，这样的“答非所问”是典型的“会而不对”. 类似的错误在不少同学身上常会出现. 再如，已知圆 C：$x^2-2ax+y^2=0(a>0)$与直线 l：$x-\sqrt{3}y+3=0$ 相切，则 $a=$______. 不少同学给出的解法是：由题意知圆心 C 到直线 l 的距离等于圆的半径$|a|$，从而有$\frac{|a+3|}{2}=|a|$，解得 $a=-1$ 或 $a=3$. 上述解答错误，正是由于在审题时没有注意到括号中“$a>0$”这一条件，多出了一解“$a=-1$”，造成了“会而不对”.

教学对策 学生学习数学的主要任务并不仅仅是解题，而更重要的是“学习”解题，教师教学的重点和学生学习的重点不在于“解”而在于“学解”. 数学解题教学一定要注意加强学法指导，让学生学会学习、学会解题、学会思考，帮助学生养成良好的习惯. 美国著名的数学家 G. 波利亚在《怎样解题》一书中总结出科学的解题步骤：明确题意、制定计划、执行计划、总结解题过程.在解题中,任何一个环节出错都可能导致"会而不对"现象的发生.认真细致地审清题意、真正意义上吃透题意是解好题的第一步,若审题出错,则满盘皆输.怎样审准题,确保自己对题目的理解与题目本身的含义完全一致?这是教学中必须加强训练、着力解决的问题,教师在平时的教学中要注意帮助学生养成"用心、耐心、细心"的周密思考的好习惯.例如,可以教会学生在读题时要把关键的部分画出来,从心理学的角度来分析这个过程,圈出关键词的过程同时具有动作和视觉的输入,两种信息同时输入,可以加深对题目中重要信息的短时间记忆.对于有些学生在解题过程中书写潦草、缺乏依据、遗漏条件等问题,要引导学生注意规范书写、步步有据、回代检验等.学生如果能够养成良好的学习习惯,就可以有效地避免数学解题中由于"审题偏差"而导致的"会而不对"的问题.

3　注重解题回顾,提升反思能力,解决"顾此失彼"的问题

主要表现在运用分类讨论的思想方法解决数学问题时,所运用的知识和大体思路都是正确的,运算和书写也不存在问题,但思维过程不严谨,对问题的思考不深入,对各种情况的分类不全面,忽略了对一些特殊情形或某些具体细节的讨论,忘记了数学概念、公式、法则和定理在具体运用时的某些限制条件,导致逻辑上的欠缺,造成"会而不对",产生以偏概全、丢三落四、顾此失彼的错误.

例3　过点 $A(2,3)$ 作直线 l,使得点 $B(-1,6)$ 和点 $C(4,5)$ 到直线 l 的距离相等,试求出直线 l 的方程.

错解展示　由题意,要使点 $B(-1,6)$ 和点 $C(4,5)$ 到直线 l 的距离相等,应有 $BC/\!/l$.

因为 $k_{BC}=\frac{6-5}{-1-4}=-\frac{1}{5}$,所以直线 l 的斜率 $k_l=-\frac{1}{5}$,又直线 l 过点 $A(2,3)$,故得所求直线 l 的方程为 $y-3=-\frac{1}{5}(x-2)$,即 $x+5y-17=0$.

错因剖析　点 B 和点 C 到直线 l 的距离相等应有两种情况,一是点 B 和点 C 在直线 l 的同侧,二是点 B 和点 C 在直线 l 的两侧,上述解法只考虑了第一种情况,忽略了第二种情况,犯了考虑不周、分类不全的错误.事实上,当点 B 和点 C 在直线 l 的两侧时,直线 l 经过点 A 和 BC 的中点 $M\left(\frac{3}{2},\frac{11}{2}\right)$,由直线方程的两点式,可得 $\frac{y-3}{\frac{11}{2}-3}=\frac{x-2}{\frac{3}{2}-2}$,化简,得 $5x+y-13=0$.因此,所求直线 l 的方程为 $x+5y-17=0$ 或 $5x+y-13=0$.显然,这

些同学自以为会做，但得出的结果却是错误的.

教学对策 G.波利亚认为：数学问题的解决仅仅只是一半，更重要的是解题后的回顾. 罗增儒教授也曾经说过：检验解题过程也是提升解题能力、积累解题经验、锻炼数学思维的一个重要途径. 学生的错误和思维的优化是一个自我否定的过程，即以自我反思为前提. 所谓"反思"，就是引导学生解题后再思考，对解题过程中思维的受阻点及出现的原因进行分析，对解题的方法和规律做出总结. 题目做过以后，应回过头来望一望、想一想，题目的条件是否用全？方法是否正确？计算有没有出错？还有其他解法吗？哪种解法最优？等等. 通过回顾，整理出整个问题的经历过程，做到层次分明，以达到"画龙点睛"的目的. 学生在检查中往往会受思维定式的影响，难以发现自己解题中的错误，这时教师应注意加强指导. 例如，指导学生换一种方法试一试，借助另一种思路来验证自己的答案是否正确，也可以应用逆向运算法来验证答案，查出遗漏的部分，避免错误发生. 在平时的教学中，教师要善于引导学生反思，探寻知识与方法之间的联系，发现条件与结论之间的差异，提升对问题本质的认识，让学生在不断的联系与整合中，丰富和完善认知结构，从而站在系统的高度理解数学，构建更广泛、更有效的解题经验，破解数学解题中因"分类不全""顾此失彼"等原因造成的"会而不对"的问题.

4 渗透化归思想，优化思维品质，解决"忽视等价"的问题

著名数学家莫斯科大学教授C. A. 雅洁卡娅曾在一次向数学奥林匹克参赛者发表《什么叫解题》的演讲时指出：解题就是把要解题转化为已经解过的题. 诚如所言，数学的解题过程就是从未知向已知、从复杂到简单的不断进行化归转化的过程，许多情况下，也是一个寻找充要条件的过程. 若转化恰当，问题往往能迅速获解；若盲目变形，忽略转化过程中的等价性，则自然会导致做错题的现象发生.

例4 已知数列$\{a_n\}$是递增数列，且$a_n=n^2+bn+2(n\in \mathbf{N}^*)$，求实数$b$的取值范围.

错解展示 因为数列$\{a_n\}$是递增数列，所以关于n的函数$f(n)=n^2+bn+2(n\in \mathbf{N}^*)$是增函数，从而二次函数$f(x)=x^2+bx+2$在区间$[1,+\infty)$上是增函数，故二次函数$f(x)=x^2+bx+2$的图象的对称轴$x=-\frac{b}{2}$在直线$x=1$处或左侧，即$-\frac{b}{2}\leqslant 1$，所以$b\geqslant -2$，即实数$b$的取值范围是$[-2,+\infty)$.

错因分析 将"数列$\{a_n\}$是递增数列"转化为"二次函数$f(x)=x^2+bx+2$

在区间$[1,+\infty)$上是增函数[二次函数$f(x)=x^2+bx+2$的图象的对称轴$x=-\frac{b}{2}$在直线$x=1$处或左侧]”，这一过程是不等价的. 事实上，“数列$\{a_n\}$是递增数列”应等价于“二次函数$f(x)=x^2+bx+2$的图象的对称轴$x=-\frac{b}{2}$在直线$x=\frac{3}{2}$的左侧”，即$-\frac{b}{2}<\frac{3}{2}$，得$b>-3$，所以实数b的取值范围应该是$(-3,+\infty)$.

一般地，“$y=f(n)(n\in\mathbf{N}^*)$为增函数”是“函数$y=f(x)(x\in\mathbf{R})$在区间$[1,+\infty)$上是增函数”的必要不充分条件. 本案例中所用的基础知识(数列、递增数列、二次函数、函数的单调性等概念)学生都“懂”，求解的思路也很清楚，但因将“数列递增”转化为“连续函数递增”时进行了不等价转化，故而致错.

教学对策　数学问题的解决过程，实质上是一种思维活动的化归和转化过程. 所谓化归和转化，就是在分析和解决问题时，把那些待解决或难解决的问题，通过有意识的“联想—转化”，由未知向已知化归，把不熟悉的、不规范的、复杂的问题化归为熟悉的、规范的、简单的问题，从而求得原问题的解. 化归与转化是分析问题和解决问题的重要思维模式. 化归和转化包括等价转化和非等价转化两种. 等价转化要求转化过程中前因后果是可以互相逆推的，是充分且必要的，它能保证转化后得到的结果仍为原问题的结果；非等价转化其过程是充分或必要的，所得到的结果不一定是原问题的结果，需要对结论进行必要的检验和修正. 许多同学在解题的化归转化过程中，不能区分等价转化与非等价转化，常常将不等价的转化过程误以为是等价转化的过程，因而产生错误. 因此，在教学过程中，教师一定要高度重视化归转化思想的渗透，帮助学生明确化归转化的等价性与非等价性的不同要求，在实施化归转化时确保其等价性，保证逻辑上的正确，如果出现不等价转化，一定要附加约束条件，或注意回过头来进行解题检验. 要注意让学生学会多角度考虑问题，形成科学的思维习惯，掌握正确的思维方法，使学生的思维品质得到优化，思维能力得到提升，从而有效地破解由于“忽视等价”而造成的“会而不对”的问题.

5　强化运算训练，培养运算能力，解决“计算出错”的问题

数学习题的解决在绝大多数情况下都是离不开运算的，在解题过程中，即使思路和方法都正确，但会出现书写马虎、运算不过关、不注意对计算细节的处理等问题. 例如，算理混淆、算法不优、过程烦琐、誊写失误，由上一步到下一步，把加号写成减号，把 3 写成 5，把加减看成乘除，括号前是负号的

情况下去括号时括号里的有些项不变号等，常常会形成计算错误，得出不正确的答案，导致“会而不对”.

例5 已知曲线C的极坐标方程是$\rho=2\cos\theta$，直线l的极坐标方程是$\rho=\sin\left(\theta+\frac{\pi}{6}\right)=m$. 若直线$l$和曲线$C$有且只有一个公共点，求实数$m$的值.

这是一道高三理科数学模拟试题，难度不大，但做错的同学不少.

错解展示 曲线C的普通方程为$(x-1)^2+y^2=1$，圆心为$(1,0)$，半径为1，又直线l的普通方程为$\frac{\sqrt{3}}{2}y+\frac{1}{2}x=m$，即$\sqrt{3}y+x-2m=0$，因为直线$l$和曲线$C$有且只有一个公共点，所以直线$l$和圆$C$相切，从而有$\frac{|\sqrt{3}-2m|}{\sqrt{(\sqrt{3})^2+1^2}}=1$，解得$m=\frac{\sqrt{3}+2}{2}$或$m=\frac{\sqrt{3}-2}{2}$.

错因剖析 上述解题思路完全正确，但是在将直线的参数方程化为一般方程时，将直线方程中的y写在了前面，导致在将点的坐标代入点到直线的距离公式时，粗心地将点的横坐标和纵坐标代反了. 书写不规范，加上马虎，致使计算出错，从而功亏一篑. 事实上，只要把直线l的普通方程规范地写成$x+\sqrt{3}y-2m=0$，再准确地将点坐标代入，得到$\frac{|1-2m|}{\sqrt{(\sqrt{3})^2+1^2}}=1$，从而解出$m=3$或$m=-1$，这里的“会而不对”现象就可以避免了.

教学对策 运算能力是一种集算理、算法、计算、推理、转化等多种思想、方法于一体的综合性能力. 解决数学问题，不仅要能正确地运用数学的知识、思想和方法，也离不开计算方面的技能和技巧. 准确是运算的基本要求，运算的准确性来自对知识的正确理解和掌握，只有切实掌握有关知识，才能使运算方向明确，为运算提供可靠的依据. 运算不准确在很大程度上是由于对基本概念理解不透，对基本公式、法则掌握不够透彻，以及对它们的运用不够熟练. 这就要求我们在教学时要把概念、定义、定理、公式等讲清楚，高度关注学生在运算中反映出来的知识上的缺漏，不要把解题错误的原因简单地归结于粗心大意. 运算能力还表现在对“算理”的理解和运用上，以及根据问题的条件寻找并设计合理且有效的运算途径，通过运算进行推理和探求. 其中算法和算理是基础，这些基础不扎实，能力培养只能是空中楼阁. 因此，教师必须指导学生在弄懂、弄通必要的算法和算理上下功夫，要着眼于细节处理，引领学生通过反思抓住问题的本质求解，逐步使运算简洁合理. 实践表明，提高运算能力是一项复杂的系统工程，是一项长期的任务，不可能一蹴而就.我们要珍惜每一次训练机会,有计划、有目标、有意识地进行长期的渗透和强化,使学生养成正确、合理、快速地进行运算的习惯,从而有效地破解由于"计算出错"而导致的"会而不对"的问题.

综上所述,作为一名数学教师,要深入研究学生解题时出现"会而不对"现象的原因以及应对之策,改进教学方法,牢记"细节决定成败",规范解题过程.在实施解题教学的过程中,以提高数学素养、发展思维能力、培育理性精神为核心,重视概念教学和运算能力的培养,坚持以学生为主体,多角度、多途径地示范解题分析,充分地展示和暴露解题的思维与探究过程,挖掘背景知识,揭示问题本质,渗透数学思想方法,注重解后反思,及时归纳总结知识和方法,并不断地将其纳入已有的认知系统,使学生在掌握知识的过程中学会思考,帮助学生养成良好的解题习惯,积累更多的解题经验,加强学生对数学的理解,提高学生的数学学习能力,提升学生的核心素养,真正解决学生在数学解题中出现的各种"会而不对"的问题.

执笔:朱福进 钱军先

以探索释疑　让错误生辉

——由一道函数与方程问题的错解引发的探索和思考

1　缘起——来自学生的疑惑

复习导数在函数与方程中的应用时，我们备课组为学生设计了这样一道作业题：“已知函数 $f(x)=kx$，$g(x)=\frac{\ln x}{x}$，求方程 $f(x)=g(x)$ 在区间 $\left[\frac{1}{e},e\right]$ 上的解的个数.”学生的思路和解法灵活多样，其中最典型的有以下两种：

思路1　方程 $f(x)=g(x)$ 在区间 $\left[\frac{1}{e},e\right]$ 上的解的个数，就是函数 $f(x)=kx$ 和 $g(x)=\frac{\ln x}{x}$ 的图象在区间 $\left[\frac{1}{e},e\right]$ 上的交点个数，作出图象，运用数形结合求解.

解法1　$\because$ $g(x)=\frac{\ln x}{x}$，$\therefore$ $g'(x)=\frac{1-\ln x}{x^2}$.

$\because$ $x\in\left[\frac{1}{e},e\right]$，$\therefore$ $g'(x)>0$. 故 $g(x)$ 在 $\left[\frac{1}{e},e\right]$ 上是增函数.

于是 $g(x)_{\max}=g(e)=\frac{1}{e}$，$g(x)_{\min}=g\left(\frac{1}{e}\right)=-e$.

函数 $g(x)$ 在 $\left[\frac{1}{e},e\right]$ 上的图象如图1所示，直线 OA 的斜率 $k_{OA}=\frac{1}{e^2}$，直线 OB 的斜率 $k_{OB}=-e^2$.

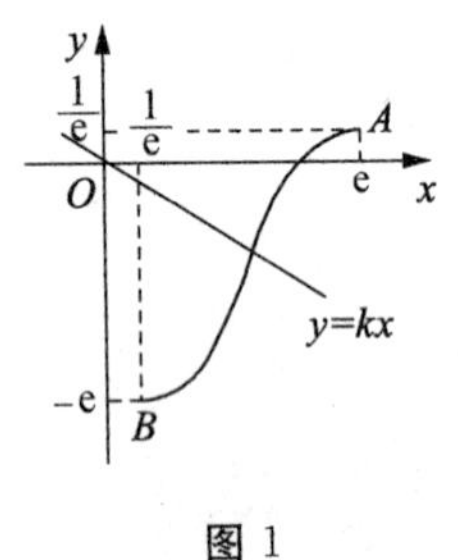

图1

故当 $-e^2\leqslant k\leqslant\frac{1}{e^2}$ 时，函数 $f(x)$ 与 $g(x)$ 的图象有且只有一个交点，此时方程 $f(x)=g(x)$ 在 $\left[\frac{1}{e},e\right]$ 内有且只有一解.

当 $k<-e^2$ 或 $k>\frac{1}{e^2}$ 时，函数 $f(x)$ 与 $g(x)$ 的图象没有交点，此时方程

$f(x)=g(x)$无解.

思路2　分离常数,方程 $f(x)=g(x)\Leftrightarrow k=\frac{\ln x}{x^2}$,令 $h(x)=\frac{\ln x}{x^2}$,同思路1,作出函数 $y=k$ 和 $y=h(x)$的图象,运用数形结合求解.

解法2　$\because x\in\left[\frac{1}{e},e\right]$,$f(x)=kx$,$g(x)=\frac{\ln x}{x}$,$\therefore$ 方程 $f(x)=g(x)\Leftrightarrow$ $k=\frac{\ln x}{x^2}$.

令 $h(x)=\frac{\ln x}{x^2}$,则 $h'(x)=\frac{1-2\ln x}{x^3}$,易知 $h'(\sqrt{e})=0$,故当 $x\in\left(\frac{1}{e},\sqrt{e}\right)$时,$h'(x)>0$;当 $x\in(\sqrt{e},e)$时,$h'(x)<0$.

所以$h(x)$在$\left(\frac{1}{e},\sqrt{e}\right)$上是增函数,在$(\sqrt{e},e)$上是减函数,且$h\left(\frac{1}{e}\right)=-e^2$,$h(\sqrt{e})=\frac{1}{2e}$,$h(e)=\frac{1}{e^2}$.

函数$h(x)$在$\left[\frac{1}{e},e\right]$上的近似图象如图2所示,数形结合可知:当 $k\in\left[\frac{1}{e^2},\frac{1}{2e}\right)$时,方程$f(x)=g(x)$有两解;当 $k\in\left[-e^2,\frac{1}{e^2}\right)$或 $k=\frac{1}{2e}$时,方程$f(x)=g(x)$有且只有一解;当 $k\in(-\infty,-e^2)\cup\left(\frac{1}{2e},+\infty\right)$时,方程 $f(x)=g(x)$无解.

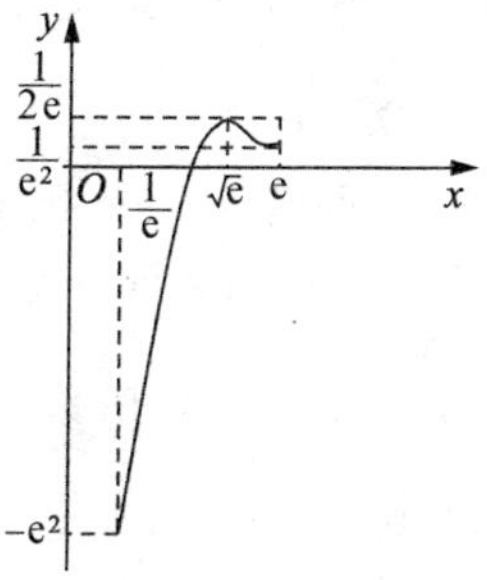

图2

以上两种解法都是将方程的根转化为两个函数图象的交点来研究,这是求解方程的根和函数零点问题的通用解法,看起来都有理有据,但结果却大相径庭,孰对孰错?问题出在哪里呢?不仅学生充满困惑,而且一些教师也感到有点奇怪和不解.

针对这一情况,笔者组织学生对其展开了较为深入的讨论和探索,在引导学生找出错误解法的症结所在的同时,也帮助学生澄清了在运用数形结合思想、借助函数图象解题时的一些模糊认识,取得了较好的效果,有一些收获与感悟,现整理如下,供大家参考.

2　探索——寻找正确的解法

上课伊始,笔者首先出示学生的上述两种解法,提出如下问题:求解函数的零点和方程的根的问题,图象是一种有力的工具,我们常常是利用两个函数图象的交点，运用数形结合法求解．这一点，从作业的情况来看，大家都明确了．但怎样正确地作出图象，准确地求得结果，却存在着一定的问题．这里展示的是同学们的两种典型解法，哪种解法是正确的？错解的原因是什么？你们清楚吗？

学生显得有些茫然，感觉两种解法都有道理，究竟谁对谁错，难以确定．

师：我们不妨按照用图象法求解的思路，换一个角度，看看有没有其他的方法．

经过思考和讨论，学生探索得出以下两种思路和解法：

思路3　方程 $f(x)=g(x)\Leftrightarrow kx^2=\ln x$，令 $f(x)=kx^2$，$g(x)=\ln x$，同思路1，作出函数 $f(x)=kx^2$ 和 $g(x)=\ln x$ 的图象，运用数形结合求解．

解法3　$\because \frac{1}{\mathrm{e}}\leqslant x\leqslant \mathrm{e}$，$\therefore$ 令 $f(x)=g(x)$，即 $kx=\frac{\ln x}{x}$，即 $kx^2=\ln x$，在同一个坐标系中画出函数 $y=kx^2$ 和函数 $y=\ln x\left(\frac{1}{\mathrm{e}}\leqslant x\leqslant \mathrm{e}\right)$ 的图象，如图3．

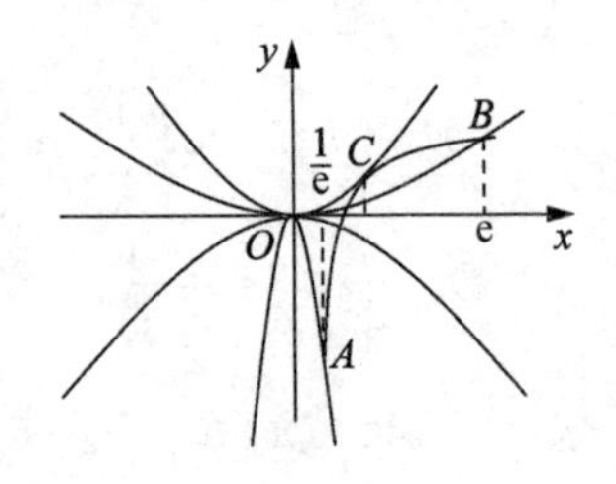

图3

函数 $y=kx^2$ 随着 k 增大，图象从开口方向向下，逐渐变化为一条直线($k=0$)，再变化为开口向上，在开口向上时开口逐渐减小．因此，图象在从开口向下逐渐变化的过程中，首先经过点 $\left(\frac{1}{\mathrm{e}},-1\right)$，此时 $k=-\mathrm{e}^2$，然后变化为一条直线 $y=0$，此时 $k=0$．当 $k>0$ 时，函数 $y=kx^2$ 的图象与函数 $y=\ln x\left(\frac{1}{\mathrm{e}}\leqslant x\leqslant \mathrm{e}\right)$ 的图象有两个交点，逐渐变化到经过点 $(\mathrm{e},1)$，此时 $k=\frac{1}{\mathrm{e}^2}$，然后变化到与函数 $y=\ln x$ 的图象只有一个交点（相切），此时 $k=\frac{1}{2\mathrm{e}}$．求解过程如下：

设切点为 (x_0,y_0)，则得到方程组 $\begin{cases} y_0=\ln x_0, \\ y_0=kx_0^2, \\ 2kx_0=\frac{1}{x_0}, \end{cases}$ 解之得 $\begin{cases} k=\frac{1}{2\mathrm{e}}, \\ x_0=\sqrt{\mathrm{e}}, \\ y_0=\frac{1}{2}, \end{cases}$

切点 $\left(\sqrt{\mathrm{e}},\frac{1}{2}\right)$ 在函数 $y=\ln x\left(\frac{1}{\mathrm{e}}\leqslant x\leqslant \mathrm{e}\right)$ 的图象上，由此可得：

当 $k<-\mathrm{e}^2$ 时，方程无解；当 $-\mathrm{e}^2\leqslant k<\frac{1}{\mathrm{e}^2}$ 时，方程有1个解；当 $\frac{1}{\mathrm{e}^2}\leqslant k<$

$\frac{1}{2\mathrm{e}}$时，方程有 2 个解；当 $k=\frac{1}{2\mathrm{e}}$时，方程有 1 个解；当 $k>\frac{1}{2\mathrm{e}}$时，方程无解.

思路 4　构造函数 $h(x)=f(x)-g(x)$，将问题转化为函数 $y=h(x)$的图象与 x 轴的交点个数问题，再依据 $f(x)$的单调性和某些特殊点的位置，作出图象来判断.

解法 4　构造函数 $h(x)=kx^2-\ln x$，则 $h'(x)=2kx-\frac{1}{x}=\frac{2kx^2-1}{x}$.

(1) 当 $k\leqslant 0$ 时，$h'(x)<0$，函数 $h(x)=kx^2-\ln x$ 为单调减函数，在区间 $\left[\frac{1}{\mathrm{e}},\mathrm{e}\right]$上，$k\mathrm{e}^2-1\leqslant h(x)\leqslant\frac{k}{\mathrm{e}^2}+1$，其中 $k\mathrm{e}^2-1<0$.

① 当$\frac{k}{\mathrm{e}^2}+1\geqslant 0$，即$-\mathrm{e}^2\leqslant k\leqslant 0$ 时，函数$h(x)=kx^2-\ln x\left(x\in\left[\frac{1}{\mathrm{e}},\mathrm{e}\right]\right)$的图象与 x 轴有 1 个交点，方程 $kx=\frac{\ln x}{x}$有 1 个解；

② 当$\frac{k}{\mathrm{e}^2}+1<0$，即 $k<-\mathrm{e}^2$ 时，函数图象与 x 轴没有交点，方程无解.

(2) 当 $k>0$ 时，令 $h'(x)=2kx-\frac{1}{x}=\frac{2kx^2-1}{x}=0$，解得 $x=\pm\sqrt{\frac{1}{2k}}$.

① 当$\sqrt{\frac{1}{2k}}<\frac{1}{\mathrm{e}}$，即 $k>\frac{1}{2\mathrm{e}^2}$时，函数 $h(x)=kx^2-\ln x$ 在区间$\left[\frac{1}{\mathrm{e}},\mathrm{e}\right]$上单调递增，则$\frac{k}{\mathrm{e}^2}+1\leqslant h(x)\leqslant k\mathrm{e}^2-1$，由于$\frac{k}{\mathrm{e}^2}+1>0$，故函数图象与 x 轴没有交点，方程无解.

② 当 $\frac{1}{\mathrm{e}}\leqslant\sqrt{\frac{1}{2k}}\leqslant\mathrm{e}$，即 $\frac{1}{2\mathrm{e}^2}\leqslant k\leqslant\frac{\mathrm{e}^2}{2}$ 时，函数 $h(x)$ 在区间 $\left[\frac{1}{\mathrm{e}},\sqrt{\frac{1}{2k}}\right]$上单调递减，在区间$\left[\sqrt{\frac{1}{2k}},\mathrm{e}\right]$上单调递增，则 $\frac{1}{2}(1+\ln 2k)\leqslant h(x)\leqslant\max\left\{k\mathrm{e}^2-1,\frac{k}{\mathrm{e}^2}+1\right\}$.

当$\frac{1}{2}(1+\ln 2k)>0$，即 $k>\frac{1}{2\mathrm{e}}$时，方程无解；

当$\frac{1}{2}(1+\ln 2k)=0$，即 $k=\frac{1}{2\mathrm{e}}$时，方程有 1 个解；

当$\frac{1}{2}(1+\ln 2k)<0$，即$\frac{1}{2\mathrm{e}^2}\leqslant k<\frac{1}{2\mathrm{e}}$时，若 $k\mathrm{e}^2-1\geqslant 0$，即$\frac{1}{\mathrm{e}^2}\leqslant k<\frac{1}{2\mathrm{e}}$时，方程有 2 个解，若 $k\mathrm{e}^2-1<0$，即$\frac{1}{2\mathrm{e}^2}\leqslant k<\frac{1}{\mathrm{e}^2}$时，方程有 1 个解；

③ 当$\sqrt{\frac{1}{2k}}>\frac{1}{e}$，即$0<k<\frac{1}{2e^2}$时，函数$h(x)$在区间$\left[\frac{1}{e},\sqrt{\frac{1}{2k}}\right]$上单调递减，则$ke^2-1\leqslant h_3(x)\leqslant\frac{k}{e^2}+1$，此时$\frac{k}{e^2}+1>0$，$ke^2-1<0$，故方程有1个解.

综上，当$k<-e^2$或$k>\frac{1}{2e}$时，方程无解；当$-e^2\leqslant k<\frac{1}{e^2}$或$k=\frac{1}{2e}$时，方程有1个解；当$\frac{1}{e^2}\leqslant k<\frac{1}{2e}$时，方程有2个解.

师：很好！这两种解法的结果与上面展示的解法2一致，由此，有理由认为解法2正确，解法1是错的. 那么，解法1的错因是什么呢？

3 释疑——理解错误的症结

生：解法1是将问题转化为函数$f(x)=kx$与$g(x)=\frac{\ln x}{x}$的图象的交点个数来判断，解法2是将问题转化为函数$y=k$与$h(x)=\frac{\ln x}{x^2}$的图象的交点个数来判断. 水平直线$y=k$与$h(x)=\frac{\ln x}{x^2}$的图象的交点，根据$h(x)=\frac{\ln x}{x^2}$的单调性，容易结合图象做出判断，解法2应该是正确的. 而$f(x)=kx$与$g(x)=\frac{\ln x}{x}$的图象的交点仅根据$g(x)=\frac{\ln x}{x}$的单调性判断是不够的，解法1的错误应该是$g(x)=\frac{\ln x}{x}$的图象画得不够准确导致的.

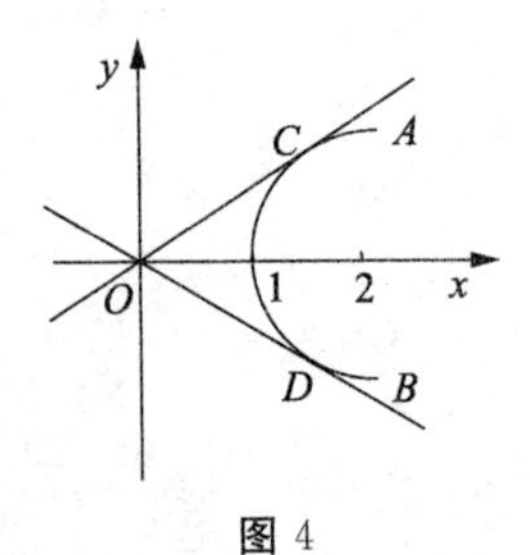

图4

师：非常好！解法1正是由于$g(x)$的图象不准确，解题时误以为$k_{OA}=\frac{1}{2e}$是k的最大值，忽视了在A点左侧会因曲线向上弯曲（上凸），且曲率较大时，直线$y=kx$过A点时会和曲线$g(x)$有另一个交点（在A点左侧），此时k的最大值应在与曲线相切时取得. 比如，我们熟悉的半圆$(x-2)^2+y^2=1(1\leqslant x\leqslant 2)$，如图4. 若讨论直线$y=kx$与之有交点时$k$的范围，其结果应是$k_{OD}\leqslant k\leqslant k_{OC}$，而不是$k_{OB}\leqslant k\leqslant k_{OA}$. 因此，在解法1中要考虑直线$y=kx$过曲线端点时是否会与曲线有其他交点的情况，这就需要先求曲线过原点的切线及其切点，以确定曲线在端点附近是否有曲率较大的向上弯曲的情况.

生：有道理. 但是$g(x)=\frac{\ln x}{x}$在$\left[\frac{1}{e},e\right]$上的图象到底是什么样的？怎样才能准确地作出来呢？

师：请大家想想看，影响函数图象的因素有哪些呢？

经过一番讨论后，同学们有了比较清晰的认识.

生：要考虑定义域、值域、奇偶性、单调性、周期性、极值、最值，还有凹凸性、渐近线等.

师：很好！事实上，由解法1知：$g(x)=\frac{\ln x}{x}$在$\left[\frac{1}{e},e\right]$上是增函数，又$[g'(x)]'=\frac{2\left(\ln x-\frac{3}{2}\right)}{x^3}$，当$x\in\left[\frac{1}{e},e\right]$时，$[g'(x)]'<0$，$g(x)=\frac{\ln x}{x}$在$\left[\frac{1}{e},e\right]$上是上凸函数，于是我们可以作出$g(x)$的更精确的图象，如图5，函数$f(x)=kx$与$g(x)=\frac{\ln x}{x}$的图象在$\left[\frac{1}{e},e\right]$上有相切的情况.

设直线$y=kx$与曲线相切时的切点为$C(x_0,y_0)$，由$\frac{1-\ln x_0}{x_0^2}=\frac{y_0}{x_0}$，$y_0=\frac{\ln x_0}{x_0}$得切点为$C\left(\sqrt{e},\frac{\sqrt{e}}{2e}\right)$，又$A\left(e,\frac{1}{e}\right)$，$B\left(\frac{1}{e},-e\right)$，于是，有$k_{OA}=\frac{1}{e^2}$，$k_{OB}=-e^2$，$k_{OAC}=\frac{1}{2e}$.

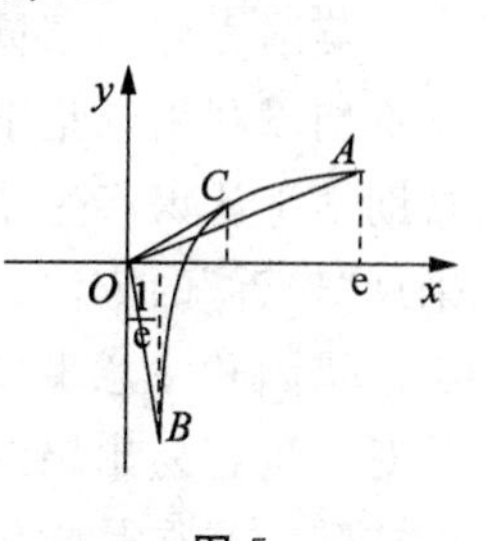

图5

结合图形知：当$k\in\left[\frac{1}{e^2},\frac{1}{2e}\right)$时，方程$f(x)=g(x)$有两解；当$k\in\left[-e^2,\frac{1}{e^2}\right)$或$k=\frac{1}{2e}$时，方程$f(x)=g(x)$有一解；当$k\in(-\infty,-e^2)\cup\left(\frac{1}{2e},+\infty\right)$时，方程$f(x)=g(x)$无解.

结果与解法2完全一致.

至此，疑团解开. 问题的症结在于“图形”，解法1是“因图致误”，作图时太随意，没有把握图形的基本特征和关键点，作出的图象不能较为准确地反映函数的基本性态，只是简单处理，想当然地得出答案，错误的发生就不足为奇了.

生：哦，原来是这样，我们终于明白了.

师：函数图象是函数的重要组成部分，堪称函数的半壁江山. 对方程根的个数和函数零点个数的研究，常常需要借助函数的图象来实施，正确地作出图象是解题核心和关键. 从“数学分析”的角度看，讨论一个函数的性态，至少应包括其定义域、值域、单调性、奇偶性、周期性、凹凸性、拐点、渐近线、极值、最值等诸多性质，只有将函数的这些性态都搞清楚了，才能正确地作出其图象，避免数形结合解题导致的错误.这在我们今后的学习中要引起高度的重视.

4 感悟——让纠错成为习惯

学生受知识背景、思维方式、情感体验、表达形式、运算能力等因素的影响，学习过程中势必会出现这样或那样的错误.如何对待学生在学习中出现的错误，是一个值得我们深入探讨的问题.“错”往往孕育着比“正确”更丰富的内涵和创造因素，在平时的教学中，教师要积极应对学生的错误，用心去捕捉和发现学生学习中的错误，提炼错误中的有用成分，充分利用好错误资源，通过研究错误产生的根源，深刻反思教学的得失，将纠错当作一种习惯，让错误生辉，引领学生走出错误，获取成功.

英国心理学家贝恩布里说过：差错人皆有之，而作为教师，对学生的错误不加以利用则是不能原谅的.面对学生出现的错解，教师怎样才能有效地帮助学生认识产生错误的原因，使学生从错误中走出来呢？许多教师喜欢采用“告诉”的方法，一是针对学生解题时出现的错误，进行集中讲评，告知学生错因和注意事项，要求学生不要再犯类似的错误，称为“亡羊补牢”；二是对学生容易出错的问题，提前暗示，事先指出，叫作“防患于未然”.但效果怎样呢？往往是学生听起来懂，做起来错，学生责怪自己粗心，教师埋怨学生太笨，果真如此吗？症结何在？

建构主义认为，知识不是通过教师传授得到的，而是学习者在一定的情境下，借助教师和学习伙伴等他人的帮助，利用必要的学习材料，通过意义建构的方式而获得的.正如著名的数学教育家马明先生所说的那样：犹如抛盘子节目，老师抛得越快，学生丢得也越快.犯错误校正错误的过程也是一种学习，对错误的认识也应该由学生自己建构起来，成功的乐趣只有在经历失败的痛楚后才能获得更深切的体验.

错误往往是正确的先导，错误也往往是发现的先导，学生的“错解”有其内在的合理性，从学生的“错解”中拣出合理的成分，寻找出致错的根源，探索出正确的解法，总结出新的规律和结论，让学生“从跌倒的地方自己爬起来”，符合人类认识世界、改造世界的客观规律.从学生的错误中发现“闪光点”，变告诉为探索，以探索释疑，让学生在探索、合作和交流中学习和感悟，应该是帮助学生纠正错误和走出错误的最为有效的方法.

执笔：毛锡荣　钱军先

教之道在于“度”　学之道在于“悟”

——从一堂高三数学探究活动课说起

高三数学复习课往往是学生在教师的引领下对已学知识进行系统化和网络化的建构，对概念本质进行深刻且广泛的理解，对数学方法进行合理和灵活的应用，对数学问题的本质进行深度的探究和再升华的过程，是实现学生的知识生长、思维发展和能力提升的主战场.基于此，许多教师会产生这样的疑问：什么样的课堂是复习课的好课堂？什么样的课堂有利于学生的思维发展？什么样的课堂有利于培养学生的创新精神和实践能力？什么样的课堂有利于培养学生的数学核心素养？什么样的课堂有利于提高学生的高考成绩？

笔者认为，能力扎根于学生的经验，来自对问题的发现、分析和解决的过程，伴随着对已有知识和经验的自我改造、重组与更新.高三数学复习课教学应从学生的学情出发，组织学生进行深度学习，应注重学生的主动参与、积极建构、合作交流、多角度审视和深层次探究，以及教师的合理引导、适度启发和恰到好处的“点睛”；不应是走马观花式的表层学习、浅层学习、机械学习和“知其然而不知其所以然”的模仿式学习.下面，笔者以一堂高三数学深度学习的活动课为例，来探索高三数学复习课的“教”“学”之道，旨在与同行探讨.

1　问题呈现

问题：在数列$\{a_n\}$中，已知$a_1=2$，$a_{n+1}=\dfrac{2a_n}{a_n+1}$.(1) 证明：数列$\left\{\dfrac{1}{a_n}-1\right\}$为等比数列，并求数列$\{a_n\}$的通项公式；(2) 求证：$\sum\limits_{i=1}^{n}a_i(a_i-1)<3$.

本题是一道高三数学模拟测试题，从阅卷的情况来看，第(1)问的解答情况很好，得分率较高，几乎都能得出$a_n=\dfrac{2^n}{2^n-1}$的正确结果；而对于第(2)问的解决，则很不理想，大多数同学找不到解决问题的突破口.第(2)问中学生暴露出来的问题引起了笔者的思考.学生的困惑和解题的障碍究竟在哪里？对待难点学生是如何想的？放缩法的本质学生理解了吗？学生能将熟悉的方法迁移过来吗？在教师的引导下学生能自主探究出解决问题的方法吗？

2 组织探究活动

对问题进行多角度、深层次的探究，能够有效地帮助学生自主构建数列的认知网络，获得解决问题的方法，揭示问题的本质. 通过联想、类比，能将陌生的、复杂的问题转化成熟悉的、简单的问题来处理. 通过比较各种方法的优劣，可以有效地训练学生的思维，培养学生的数学核心素养，提高学生分析问题和解决问题的能力.

2.1 他山之石以攻玉

课上，同学们先将问题具体化为 $\sum\limits_{i=1}^{n}\frac{2^i}{2^i-1}\cdot\frac{1}{2^i-1}<3$，第一小组的学生1突发奇想说："受不等式 $1+\frac{1}{2}+\frac{1}{2^2}+\cdots+\frac{1}{2^{n-1}}<2$ 的启发，我将不等式右边的3写成 $\frac{3}{2}\times2$，并尝试着将左边进行适当放大，写成如下形式：当 $i\geqslant2$ 时，有 $\frac{2^i}{2^i-1}<\frac{3}{2}$，$\frac{1}{2^i-1}<\frac{1}{2^{i-1}}$，于是有 $\sum\limits_{i=1}^{n}\frac{2^i}{2^i-1}\cdot\frac{1}{2^i-1}<2+\frac{3}{2}\left(\frac{1}{2}+\frac{1}{2^2}+\cdots+\frac{1}{2^{n-1}}\right)=\frac{7}{2}-\frac{1}{2^{n+1}}>3.$"

目标没有实现，学生1一脸无奈地坐了下来. 这时笔者刚想启发，他的同桌学生2站了起来说："学生1尽管没能证出目标，但他给出的他山之石'$1+\frac{1}{2}+\frac{1}{2^2}+\cdots+\frac{1}{2^{n-1}}<2$'可以攻玉，我猜想从第3或4项再开始放大应该可行."

证法1 当 $n=3$ 时，$\sum\limits_{i=1}^{3}a_i(a_i-1)=2+\frac{4}{9}+\frac{8}{49}<\frac{3}{2}\left(1+\frac{1}{2}+\frac{1}{2^2}\right)$.

当 $i>3$ 时，$\frac{2^i}{2^i-1}<\frac{3}{2}$，$\frac{1}{2^i-1}<\frac{1}{2^{i-1}}$成立.

所以，当 $n>3$ 时，$\sum\limits_{i=1}^{n}a_i(a_i-1)=\sum\limits_{i=1}^{n}\frac{2^i}{2^i-1}\cdot\frac{1}{2^i-1}<\frac{3}{2}\cdot\left(1+\frac{1}{2}+\frac{1}{2^2}+\cdots+\frac{1}{2^{n-1}}\right)=3-\frac{1}{2^n}<3.$

通过对证法1的探究，部分学生若有所悟，之所以学生1未达目标，是因为在对 $\frac{2^i}{2^i-1}$ 和 $\frac{1}{2^i-1}$ 同时放大时放得过大了，若对其整体放大或放大的幅度小一些可能就没有必要从第4项才开始了，在这一想法的指引下，通过大家的进一步探究和讨论,最终,第二小组的学生得到了令人满意的证法.

证法 2　当 $i\geqslant 2$ 时,$\frac{2^i}{2^i-1}\cdot\frac{1}{2^i-1}=\frac{2^i}{2^{2i}-2\times 2^i+1}=\frac{1}{2^i-2+\frac{1}{2^i}}<\frac{1}{2^i-2}\leqslant\frac{1}{2^i-2^{i-1}}=\frac{1}{2^{i-1}}$.

所以 $\sum\limits_{i=1}^{n}a_i(a_i-1)<2+\frac{1}{2}+\frac{1}{2^2}+\frac{1}{2^3}+\cdots+\frac{1}{2^{n-1}}=3-\frac{1}{2^{n-1}}<3$.

此时学生和教师一起进行了总结和点评:前面的同学对问题的处理很好,尽管有失败,但失败中蕴含着成功的经验和启发.同学们一定想知道,上面的两种方法是如何想到的?为什么这样想?解决问题的本质和关键是什么?实际上,解决问题的本质是如何求出目标中各项的和或适当放大后的和,对这个“适当”我们还有别的办法吗?

2.2　似曾相识燕归来

经过几分钟的沉思、理解和感悟之后,以学生 3 为代表的第三小组有了新的发现,他们将裂项等式 $\frac{1}{(n-1)n}=\frac{1}{n-1}-\frac{1}{n}$ 和 $\left(1-\frac{1}{2}\right)+\left(\frac{1}{2}-\frac{1}{3}\right)+\cdots+\left(\frac{1}{n-1}-\frac{1}{n}\right)=1-\frac{1}{n}$ 引入进来,进行如下的变形:当 $i\geqslant 2$ 时,$\frac{2^i}{2^i-1}\cdot\frac{1}{2^i-1}<\frac{2^i}{2^{i-1}-1}\cdot\frac{1}{2^i-1}=2\left(\frac{1}{2^{i-1}-1}-\frac{1}{2^i-1}\right)$,得到此式第三组的学生非常激动,但激动之余他们也遇到了和学生 1 同样的困境:

$$\sum_{i=1}^{n}\frac{2^i}{2^i-1}\cdot\frac{1}{2^i-1}<2+2\left[\left(\frac{1}{2-1}-\frac{1}{2^2-1}\right)+\left(\frac{1}{2^2-1}-\frac{1}{2^3-1}\right)+\cdots+\left(\frac{1}{2^{n-1}-1}-\frac{1}{2^n-1}\right)\right]=4-\frac{2}{2^n-1}>3.$$

有了证法 1 的经验做保证,他们获得了成功.

证法 3　当 $i\geqslant 4$ 时,有 $\frac{2^i}{2^i-1}\cdot\frac{1}{2^i-1}<\frac{2^i}{2^{i-1}-1}\cdot\frac{1}{2^i-1}=2\left(\frac{1}{2^{i-1}-1}-\frac{1}{2^i-1}\right)$,所以,

$$\sum_{i=1}^{n}\frac{2^i}{2^i-1}\cdot\frac{1}{2^i-1}<2+\frac{4}{9}+\frac{8}{49}+2\left[\left(\frac{1}{2^3-1}-\frac{1}{2^4-1}\right)+\left(\frac{1}{2^4-1}-\frac{1}{2^5-1}\right)+\cdots+\left(\frac{1}{2^{n-1}-1}-\frac{1}{2^n-1}\right)\right]=2+\frac{4}{9}+\frac{8}{49}+\frac{2}{7}-\frac{2}{2^n-1}<2\frac{2758}{3087}<3.$$

尽管证法 3 比较巧妙,但很多学生仍然不满意,认为还是比较复杂,于是

第四组的学生 4 提出，若放大的幅度小一些，一定会和证法 2 一样，没有必要从第 4 项开始放大就能解决问题，于是经本组同学的共同努力，得到了更为巧妙的证法.

证法 4 当 $i\geqslant 2$ 时，有 $\frac{2^i}{(2^i-1)^2}<\frac{2^i}{(2^{i-1}-1)(2^{i+1}-1)}=\frac{2}{3}\cdot\left(\frac{1}{2^{i-1}-1}-\frac{1}{2^{i+1}-1}\right)$，所以，$\sum_{i=1}^{n}\frac{2^i}{2^i-1}\cdot\frac{1}{2^i-1}=\frac{2^1}{(2^1-1)^2}+\frac{2^2}{(2^2-1)^2}+\cdots+\frac{2^n}{(2^n-1)^2}<2+\frac{2}{3}\left(\frac{1}{2^{2-1}-1}-\frac{1}{2^{2+1}-1}\right)+\frac{2}{3}\left(\frac{1}{2^{3-1}-1}-\frac{1}{2^{3+1}-1}\right)+\cdots+\frac{2}{3}\left(\frac{1}{2^{n-1}-1}-\frac{1}{2^{n+1}-1}\right)=2+\frac{2}{3}\left(1+\frac{1}{3}-\frac{1}{2^n-1}-\frac{1}{2^{n+1}-1}\right)<2+\frac{8}{9}<3.$

2.3 柳暗花明又一村

基于以上启发，第五组的学生 5 和学生 6 则更是技高一筹，将 $\frac{2^i}{(2^i-1)^2}$ 放大为 $\frac{2^i}{(2^i-1)(2^i-2)}=\frac{2^{i-1}}{(2^i-1)(2^{i-1}-1)}=\frac{1}{2^{i-1}-1}-\frac{1}{2^i-1}$，令全体师生都拍案叫绝.

证法 5 当 $i\geqslant 2$ 时，$a_i(a_i-1)=\frac{2^i}{(2^i-1)^2}<\frac{2^i}{(2^i-1)(2^i-2)}=\frac{2^{i-1}}{(2^i-1)(2^{i-1}-1)}=\frac{1}{2^{i-1}-1}-\frac{1}{2^i-1}$，所以，$\sum_{i=1}^{n}\frac{2^i}{2^i-1}\cdot\frac{1}{2^i-1}<2+\left(\frac{1}{2^1-1}-\frac{1}{2^2-1}\right)+\left(\frac{1}{2^2-1}-\frac{1}{2^3-1}\right)+\cdots+\left(\frac{1}{2^{n-1}-1}-\frac{1}{2^n-1}\right)=3-\frac{1}{2^n-1}<3.$

正当大家沉浸在成功的喜悦中时，平时不善言谈且成绩一般的第六组的学生 7 和他的同桌学生 8 同时站了起来，害羞地说，受二项式定理的启发，我们又得到了一种证法，不过方法有些复杂. 此刻，大家带着欣赏、羡慕的目光看着他们.

证法 6 当 $n\geqslant 3$ 时，$(1+1)^n=C_n^0+C_n^1+C_n^2+\cdots+C_n^n\geqslant 2+2C_n^2$，所以

$$\sum_{i=1}^{n}\frac{2^i}{2^i-1}\cdot\frac{1}{2^i-1}=\sum_{i=1}^{n}\left[\frac{1}{2^i-1}+\frac{1}{(2^i-1)^2}\right]=1+1+\frac{1}{3}+\frac{1}{3^2}+\frac{1}{7}+\frac{1}{7^2}+\cdots+\frac{1}{2^n-1}+\frac{1}{(2^n-1)^2}<2+\frac{1}{3}+\left(\frac{1}{2}-\frac{1}{3}\right)+\frac{1}{7}+\left(\frac{1}{6}-\frac{1}{7}\right)+\cdots+\frac{1}{2^n-1}+\left(\frac{1}{2^n-2}-\frac{1}{2^n-1}\right)=2+\frac{1}{2}+\frac{1}{6}+\cdots+\frac{1}{2^n-2}.$$

当 $n\geqslant 3$ 时，有 $\frac{1}{2^n-2}=\frac{1}{(1+1)^n-2}\leqslant\frac{1}{2C_n^2}<\frac{1}{n(n-1)}=\left(\frac{1}{n-1}-\frac{1}{n}\right)$.

所以，原式 $<2+\frac{1}{2}+\left[\left(\frac{1}{2}-\frac{1}{3}\right)+\cdots+\left(\frac{1}{n-1}-\frac{1}{n}\right)\right]=3-\frac{1}{n}<3.$

这时，伴随着数列不等式的各种放缩方法的精彩展现，问题得到深层次的、彻底的解决，学生意犹未尽，收获满满. 下课铃响了，全班响起了最最热烈的掌声.

3　几个关键点的评注

从学生 1 的联想可以看出，同学们的思维很活跃，具有一定的开放性、发散性和创造性，尽管学生 1 没有达到预期的效果，但大家收获颇多，他的思路为证法 1 和证法 2 的获得埋下了伏笔，提供了保证.

第三组的集体智慧是证法 3 和证法 4 的关键，同时更是巧妙的证法 5 的思想源泉；而学生 7 和 8 的奇思妙想是证法 6 的关键，他们是怎样想到的？这是学习者对问题本质的深刻理解、相关知识的广泛联想和问题内涵与外延的深刻感悟的战果，尽管处理的技巧性较强，但他们敏锐的观察力和团队合作的精神足以使大家钦佩.

从以上的活动过程来看，六种证法的本质是将待解决的问题化归为三种熟悉的模型：$1+\frac{1}{2}+\frac{1}{2^2}+\cdots+\frac{1}{2^{n-1}}<2$，$\left(1-\frac{1}{2}\right)+\left(\frac{1}{2}-\frac{1}{3}\right)+\cdots+\left(\frac{1}{n-1}-\frac{1}{n}\right)=1-\frac{1}{n}$和$(1+1)^n=C_n^0+C_n^1+C_n^2+\cdots+C_n^n$.

学生的探究自始至终都是将一个复杂、陌生、难以解决的问题通过联想化归为我们熟悉的、容易解决的或已经解决的数学模型上来.

整个探究活动的过程，教师不仅仅是在传道、授业、解惑，而且是作为配角和学生一起去观察、联想和探究，是在恰当的时候给予恰当的点拨和点睛. 尽管本节课只解决了一个问题，但从某种意义上讲，解题教学应追求“质”而不是“量”，课堂也不是仅仅将知识和方法强行灌输给学生，而是以知识为载体教会学生思考，让学生学会提出问题、分析问题和解决问题，使学生实现知识的生长和能力的提升.

4　对教学的思考

教的悲哀是替代，学的悲哀是依赖. 教学活动中，教师不应把现成的结论和方法直接告诉学生，而应让学生自己去对学习的对象进行探索、研究，自己去获得知识. 教师应多在学生思维的“最近发展区”设置有一定思维价值的，能激发学生自主、合作、探究的问题或问题串；应多创设问题质疑的情境，并精心对待学生的每一个想法；应在教师的引导下放手让学生自主探究、合作交流和大胆猜想. 这样，学生既能深化对概念与规律的认识与理解，完善认知结构，又能获得问题研究的方法和成果，提升数学素养，实现长效发展.

数学探究活动是培养学生创新精神和实践能力的重要途径，它有利于培养学生对数学学习的情感和态度，增强学习的自信心和克服困难的意志力；有利于加深学生对所学知识的理解，掌握解决问题的方法和策略，提高解决问题的能力.所以，在教学过程中，应让学生经常参与探究活动，并在探究的过程中激发他们探究的主动性和自觉性，引导他们自己总结、概括探究的方法，交流、反思探究的成果，从中体会和感悟数学学习的策略和途径.

教之道在于“度”，学之道在于“悟”.课堂教学是教与学的双边活动，教的秘诀在于适度，度就是恰到好处，就是能在恰当的时间和结点给学生以恰当的启发和帮助；学的真谛在于悟，悟是学生的独立思考，是用心感悟，是自主构建，是反思提升，是高效的学习方法.数学教学过程中，教师应对“教”和“学”的度精准把握，努力做到合情合理、收放有度.

教育的视野决定了教育的品位.高三数学复习课应立足于以学生的发展为本、以育人为目的，要基于学生的知识经验和实践经历，设计具有思考价值和挑战性的问题系列，组织兴趣盎然的探究活动，促使学生领悟知识方法、内化活动经验、提高学习能力，应注重“启、诱、导、探、悟”，在问题解决的突破口、转换方向、转化手段及运算变形上，通过学生尝试分析、感悟领会，进而转化为自身的能力，使学生“悟得到、想得通、算得出、留得住、用得上”，实现真正意义上的深度学习.

执笔：朱永厂

谈谈数学课堂教学中的问题设计

——以高中数学概念教学为例

众所周知,数学是思维的科学,而思维又是从问题开始的.因此,问题在数学教学中有着举足轻重的作用,有了问题,思维才有方向;有了问题,思维才有动力;有了问题,思维才有创新.如何根据学生的认知规律和教学内容来设计恰当的、合理的、有效的问题,如何在教学过程中引领学生围绕着所设计的问题展开探究活动,进行理性思考,帮助学生建构起数学的知识、思想和方法,发展思维能力,提升数学素养,是我们在教学设计时需要高度重视和着力解决的问题.下面以高中数学概念的教学为例,谈谈笔者的认识和体会,供大家参考.

1　设计情境性问题,激发学生的学习动机

建构主义学习理论强调:学生的学习活动必须与任务或问题相结合,以探索问题来引导和维持学生的学习兴趣与动机,创设真实的教学情境,让学生带着真实的任务学习,使学生充满学习的欲望,拥有学习的主动权.一个好的问题情境能够充分调动起学生已有的数学知识或数学背景,从而激发学生在解决问题的同时产生感悟,让学生从数学情境中发现问题,生成对所发现的数学问题进行自主合作与探究学习的意识和强烈的冲动.在课堂教学中,基于学生数学学习的现状,创设恰当的问题情境,较为自然地提出问题,对展开数学活动、引发学生思考、实现数学建构、达成教学目标具有重要的意义.

一般而言,问题情境可分为两类:现实生活情境和数学内部情境.无论是设置生活情境,还是立足于数学内部提出问题,都只是手段的选择,都是为了深入推进数学活动,更具体地讲,都是为了激发学生学习的动机,引领学生进行数学思考.问题是思考的源泉、探究的载体,解决问题是思考的动力.有了恰当的情境,才能自然地提出问题,才能顺利地展开数学活动.特别地,要立足于数学知识发展的逻辑线索,为学生构建"前后一致,逻辑连贯"的数学学习过程,是情境创设与提出问题的重要目标.环顾当下的课堂,从现实生活出发提出问题更受青睐,从数学内部提出问题受到冷落,这是有失偏颇的.

案例1 “函数的单调性与导数”一课的教学片断

深圳中学曾劲松老师在“教育信息化与中学数学课程改革”国际研讨会上开设这节课时，创设了如下的问题情境：

师：前面几节课，我们学习了平均变化率与导数，知道它们可以描述函数的变化情况，今天，我们想利用导数来研究函数的性质. 在函数的性质中，最重要的就是函数的单调性.

问题1：回顾一下，函数的单调性是怎样定义的.

设计意图 通过回顾已学过的函数单调性的定义，为从数学的内部提出问题做好铺垫.

问题2：命题“函数 $y=f(x)$ 在区间 I 上是增函数 $\Leftrightarrow \forall x_1, x_2 \in I$，且 $x_1 \neq x_2$，都有 $\dfrac{f(x_1)-f(x_2)}{x_1-x_2}>0$”成立吗？

设计意图 由函数单调性的定义出发，通过定义的变式，为建立单调性与导数之间的联系搭建桥梁.

问题3：$\dfrac{f(x_1)-f(x_2)}{x_1-x_2}$ 的几何意义是什么？它与函数的导数之间存在着怎样的联系？

设计意图 探究函数的单调性与导数之间的内在联系，建构用导数研究函数的方法.

问题4：你能判断函数 $f(x)=0.9x-\sin x$ 的单调性吗？

设计意图 让学生通过对具体问题的探究，形成认知冲突，体验利用导数研究函数单调性的意义和价值，激发学习的热情，调动学习的积极性.

这里，曾劲松老师根据学生已有的认知经验，抓住函数单调性的概念与导数的概念之间的内在联系，从数学内部提出问题，并辅以丰富生动的现实背景，对于学生了解知识发生和发展的脉络、理解数学知识内部之间的联系和规律、产生主动学习的倾向、尽快地进入新知的探究和思考的过程中，相对于从现实生活背景中提出问题，显得更直接、更自然，距离数学本质更近，效果似乎要更胜一筹.

基于情境提出问题，其根本目的是为了深入推进数学活动，是为了激发学生的学习动机和数学思考，所以，问题情境的设计，必须建立在学生思维发展水平和已有知识经验的基础上，即按照学生“最近发展区”的理论来设计，学生以“激疑”为起点，通过独立探究去“化疑”，并在新的问题情境中“生疑”. 创设问题情境要以知识链为主线，结合不同层次学生的特点，融数学文化、数学思想、生活中实际问题于一体. 无论是设置生活情境，还是立足于从数学内部提出问题，都只是手段的选择. 有利于知识建构，有利于直达数学本质，有利于学生深入思考，应当成为选择的主要标准.

2 设计探究性问题，促进学生的知识生长

学习的本质是体验和感悟，必须建立在学生亲身经历过程的基础上. 我们的数学课堂，要让学生带着问题运用多种手段展开探究活动. 在生成新的概念、定理、性质、法则、公式等知识的教学过程中，通常可以设置一些富有探究性的问题，如概括性问题、发现性问题、直接性问题、类比性问题、领悟性问题、递进性问题、核心性问题、发散性问题、追问性问题等，来引导学生进行探究学习，充分经历知识发生和发展的过程，促进新的知识在学生原有的知识体系中有效地建构起来，自然地生长起来.

设计探究性问题时必须重视学生的直接经验和对直接经验的改造与发展，引导学生以多种形式参与，积极主动地参与，为学生提供充足的体验的时间、空间和有效的方法指导. 开展探究活动的一般形式为：问题情境—探究问题—小组活动—交流总结. 无论采用哪种形式，都要注意以下几点：(1)设计的问题要有思维价值，能够有效地引发学生的理性思考；(2)设计的问题要难易适中，学生通过适当的努力就可以解决；(3)设计的问题要有层次性，由浅入深引导学生一步一步地走向成功.

案例2 “函数的零点”一课的教学片断

江苏省宜兴中学的张海强老师在教学这一内容时，为了建构函数的零点的概念，设计了如下一组探究性问题：

问题1：观察这幅图(投影显示，略)，你发现了什么？

设计意图 创设情境，激发兴趣，让学生学会用数学的眼光观察问题.

问题2：同一幅图，从不同的角度看，得到不同的结果，你从这里能得到怎样的启发？

设计意图 使学生体验，从不同的角度看同一事物，会得到不同的结果或理解.

问题3：从不同的角度看 $y=2x-1$，你有什么样的理解？

设计意图 $y=2x-1$ 除可看成函数、直线外，还可以看成是方程.

问题4：在 $y=2x-1$ 中，令 $y=0$，得 $x=0.5$，你对这里的 $x=0.5$，又有什么样的理解？

设计意图 除了方程 $2x-1=0$ 的根、直线 $y=2x-1$ 与 x 轴交点的横坐标外，再给出一个新的名字——函数的零点，由此形成对“函数的零点”的概念的初步认识.

问题5：对于一般的函数 $y=f(x)$，你认为应该如何定义它的零点呢？

设计意图 由特殊到一般，让学生自然地得出函数零点的一般概念.

问题6：已知函数 $y=f(x)$ 的图象如图所示，你能说出这个函数的零点是什么吗？

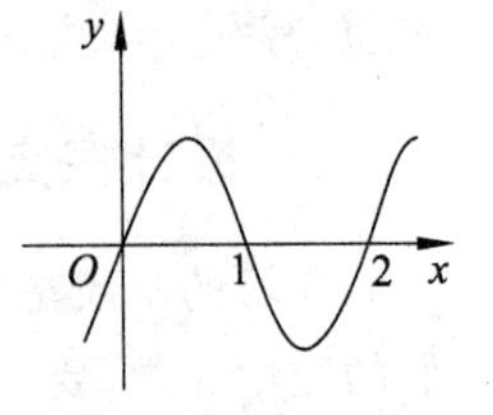

设计意图 强调零点不是点，由形到数，揭示"函数的零点"的定义的内涵和外延，深化学生对函数零点概念的认识和理解.

这是张海强老师十年前在无锡市辅仁高级中学开设的一节教学展示课的片断，当时笔者作为一名高中学生聆听了这节课，其情境至今还深刻地留在记忆之中. 张海强老师通过精心设计的6个递进式的问题，组成问题链，让学生进行理性思考、科学探究与合作交流，极大地调动了学生学习的积极性，既培养了学生辩证地看问题的理性思维，又自然地建构起"函数的零点"的概念，使学生对"函数的零点"的认识逐步由模糊到清晰、由零碎到完整并融入原有的知识体系中，取得了很好的教学效果.

学生的学习不单是知识由外到内的转移和传递，更应该是主动建构自己知识经验的过程，通过新经验和原有知识经验的相互作用，充实和丰富自身的知识、能力. 因此，在进行概念教学时，要根据教学的目标和学生已有的知识和经验，把教学的重点和难点内容设计成一个个彼此关联的具有探究性的问题，使前一个问题作为后一个问题的基础和铺垫，后一个问题作为前一个问题的继承和发展，每一个问题都能成为学生思维的阶梯，将一串问题形成一个具有一定梯度和逻辑结构的问题链，共同为解决一个核心问题发挥其应有的作用，使课堂充满活力，绽放精彩.

3 设计拓展性问题，深化学生的数学理解

"抽象"和"严谨"是数学概念的重要特征，而叙述数学概念的语言又是经过高度的抽象和精心的提炼而成的. 当我们完成了概念的引入时，学生是否理解了这个概念呢？回答是否定的. 此时学生只获得了一个"名词"，一个概念的"空壳". 从学生的认知角度来看，只是有了一个感性知识的表象，并不等于建构了概念. 要将感性认识上升到理性认识，这就是概念的形成，是概念教学的中心环节. 围绕这个中心环节，即时地挖掘概念的内涵和外延，对概念进行辨析和巩固，才能使学生准确地把握概念的本质，实现对概念的深化理解和正确运用.

在教学过程中，要能结合具体的事例、道具、实物和模型等诠释概念的内涵与外延. 设计出适当的拓展性问题，组织学生辨析和讨论，是概念学习有效、深入的前提. 有些概念的定义中某些关键性的字词难以被学生所理

解，容易被学生忽视；有些概念的条件比较多，学生常常会顾此失彼，不容易全面掌握；有些概念与它的邻近概念相似，会引起混淆，不容易区别. 课堂上要通过对一定数量的正、反实例的比较和变式教学，反复地进行推敲、分析、比较和鉴别，引导学生尽可能准确地把握概念的内涵和外延.

课堂问题的设计要符合学生的一般认知规律和身心发展规律，要在学生思维的最近发展区内，既不能让学生有望而生畏之感，又不能让学生有不动脑筋就能轻易答出的懈怠，要让学生感到“三分生，七分熟，跳一跳，摘得到”，让学生在探究问题的过程中发展自己的能力. 特别地，在新的知识生成之后，可设置一些具有拓展性的问题，如辨析性问题、比较性问题、类比性问题、应用性问题和问题变式等，促进学生对新知识的内化与掌握，深化学生对新知识的认识和理解，提高学生运用所学知识分析问题和解决问题的能力. 这些问题的设计要由易到难，循序渐进，形成梯度，以促进学生思维的合理过渡.

案例 3　“双曲线的定义”一课的教学片断

对于双曲线的定义，学生初学时，认识上比较模糊，在理解上存在一定的障碍，往往将其片面地记成$|PF_1-PF_2|=2a(a>0)$，甚至误以为只要动点 P 满足$PF_1-PF_2=2a(a>0)$，其轨迹就是双曲线，从而导致在运用时产生偏差，解题时常常会出现这样或那样的错误. 为了帮助学生正确地理解双曲线的定义，准确地把握双曲线定义的本质，弄清楚其内涵和外延，教学这一内容时，在引导学生得出双曲线的定义后，笔者设计了如下问题，让学生尝试运用双曲线的定义进行求解.

问题：已知定圆 O_1 和 O_2 的半径分别为 1 和 2，$O_1O_2=4$，动圆 M 与圆 O_1 内切，且与圆 O_2 外切，则动圆圆心 M 的轨迹是什么图形？说明你的理由.

设计意图　让学生能从具体的问题中抽象出动圆圆心 M 运动时满足的几何条件，并能联想双曲线的定义判断出其图形，初步体会双曲线定义的运用.

为了进一步深化学生对双曲线定义的认识和理解，笔者在上述问题的基础上，设计以下一组变式问题串，组织学生进行讨论和交流.

变式 1：在直角坐标平面内，一个动点 P 到两个定点 $F_1(-2,0)$，$F_2(2,0)$ 距离的差的绝对值为 6，则动点 P 的轨迹是什么图形？

变式 2：在直角坐标平面内，一个动点 P 到两个定点 $F_1(-2,0)$，$F_2(2,0)$ 距离的差的绝对值为 4，则动点 P 的轨迹是什么图形？

变式 3：在直角坐标平面内，一个动点 P 到两个定点 $F_1(-2,0)$，$F_2(2,0)$

距离的差的绝对值为 2,则动点 P 的轨迹是什么图形?

变式 4: 在直角坐标平面内,一个动点 P 到两个定点 $F_1(-2,0)$,$F_2(2,0)$ 距离的差为 2,则动点 P 的轨迹是什么图形?

变式 5: 在直角坐标平面内,一个动点 P 到两个定点 $F_1(-2,0)$,$F_2(2,0)$ 距离的差的绝对值为 $2a$,则动点 P 的轨迹是什么?

设计意图 通过这样一组具有拓展性的变式问题串,深入挖掘双曲线定义的内涵与外延,揭示双曲线定义的本质属性,深化学生对双曲线定义的认识和理解.

通过对以上问题的讨论与思考,在教师的指导下进行分析和探究,学生容易得到: ① 当 $2a>2c$ 时,点 P 的轨迹不存在; ② 当 $2a=2c$ 时,点 P 的轨迹为两条射线; ③ 当 $2a<2c$ 时,点 P 的轨迹为双曲线. 当数量关系中没有绝对值时,点 P 的轨迹是双曲线的一支. 通过这些具有拓展性的变式问题串的设计,组织学生进行变式训练,可以有效地加深学生对双曲线概念中“$2a<2c$”这一条件的认知,从而帮助学生建构起对双曲线的概念的正确认识和深度理解,为准确地运用双曲线的概念解决问题奠定基础.

在数学教学过程中,为了帮助学生建构起对数学概念的正确认识和理解,可以适当地运用问题的变式,通过设计问题串的方式引导学生进行主动探索,而不是单纯地机械记忆和模仿练习;可以让学生复述定义; 也可以举一些相关的例子让学生进行正反辨析,使学生理解和掌握概念的内涵与外延; 还可以与一些相关概念进行比较,以找出它们之间的联系与区别; 也可以对问题进行拓展、发散,让学生经历“提出问题—解决问题—提出新问题”的过程,使得各个问题从简单到复杂、层层递进、环环相扣,帮助学生沟通概念间的内在联系,揭示知识发展的脉络,从数学本质的深度与数学思想方法的高度去认识和理解数学概念,从而能够灵活地迁移和准确地运用知识.

4 设计反思性问题,完善学生的认知结构

数学教学的一个基本要求就是让学生掌握核心概念和基本思想. 一个数学概念的形成往往是螺旋式上升、逐步深化的,一般要经过具体到抽象、局部到整体、感性到理性的过程. 及时地、经常地对所学概念及概念的学习过程进行概括总结,将所学新知系统地、有条理地纳入学生原有的认知结构中,使得前后概念之间彼此密切联系,所学概念能够实现系统化和网络化,从而升华学生的认知系统,完善学生的认知结构,是概念教学十分重要和不可忽视的一个环节.

在对所学概念进行系统化和结构化使之形成知识网络的过程中,要重

视以概念间的关系（如从属、合成、对应、对偶等）为基础构建相关概念系统，设计出具有反思性的问题，如提炼性问题、总结性问题、提升性问题等，引导学生回头看，以进行归纳与引申. 在帮助学生梳理相关概念使之成为一个有机整体的同时，指导学生总结概念学习的方法，帮助学生实现由“学会”向“会学”转变，从而有效地提升学生的数学素养，促进学生的长效发展.

案例 4　“向量的概念及其表示”一课的教学片断

无锡市辅仁高级中学的张长贵老师（全国高中青年数学教师优质课评比一等奖获得者）在参加无锡市教学能手评选活动中，对这节课的课堂总结设计了如下问题：

问题 1：这节课我们研究了哪些问题？

设计意图　引领学生回顾本节课所学内容，帮助学生构建一张思维导图，将新知有系统、有条理地纳入学生的认知结构中.

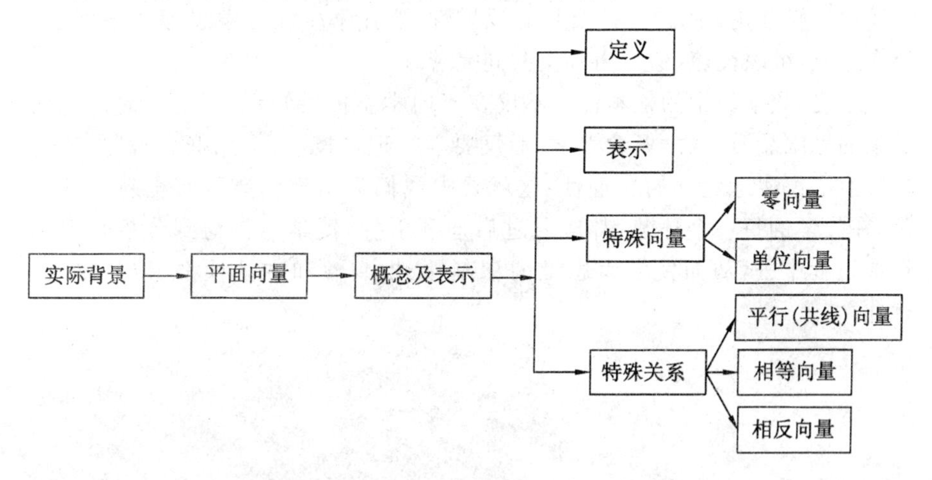

问题 2：我们的研究运用了怎样的方法？

设计意图　和学生一起对概念的学习过程和学习方法进行回顾反思和概括总结，帮助学生形成一条研究路线，体会数学概念学习的一般方法.

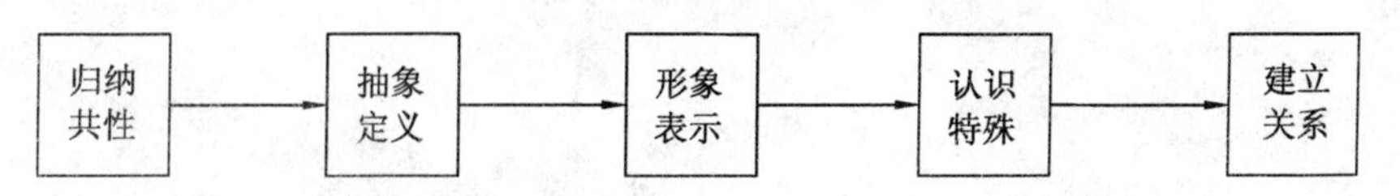

问题 3：同学们有什么想法和体会？

设计意图　学生通过反思，一方面明确向量具有“数”和“形”的双重身份，研究向量，要抓住“大小”和“方向”这两个要素；另一方面，体会“类比”思想在数学学习中的价值，学会“类比”方法的运用.

问题 4：有什么问题没有弄懂？有哪些方法没有学会？

设计意图　使学生养成质疑的习惯，善于自我检查，学会理性思考.

问题5：我们还将继续研究什么问题？

设计意图　教师和学生共同提出需要进一步研究的问题，使本节课所学的知识成为新知的生长点，促进知识和方法的生长，将学习的兴趣和探究的热情延伸到课外.

通过上述问题，引领学生回顾课堂学习历程、收获与体会，促使学生深入思考与深度交流，使学生对本节课所学的知识、思想和方法有一个进一步的、完整的认识，从而完善认知结构. 同时，帮助学生养成总结反思的习惯，提高归纳总结和数学表述的能力，使学生在掌握知识的同时，学会学习.

在概念课的教学中，课堂总结是需要加以重视和改进的教学环节，要突出教学目标，要言不烦；不仅要进行知识的总结，而且要对所学的数学思想和研究方法进行总结；要重视板书设计，体现知识和方法间的联系，帮助学生优化认知结构；问题设计要具有反思性，要让学生在独立思考的基础上，合作探究，组织交流，最后由师生共同完善.

总之，数学教学的根本任务不仅在于向学生传授知识，更重要的是优化学生的思维品质. 数学概念教学，不仅要学生记住概念，会用概念解题，还应让学生了解概念建立的合理性. 这就要求我们数学教师要具有全新的教学观，在教学的每一个环节，都应通过启迪和引导，使学生参与到分析知识的形成过程中去，从而使学生思维的深刻性、批判性和主动性都得到有效的优化.

执笔：沈　刚　钱军先

第三篇　教学案例

课堂是教师教学工作的主阵地，它承载着素质教育的理想与新课程改革的希望．华东师范大学郑金洲教授曾经指出：认识了课堂，才算是真正理解了教育；改变了课堂，才算真正落实了新课程．钟启泉教授明确地指出：有效教学研究呼唤老师决战课堂．教师教学的源泉在课堂，必须聚焦在课堂，以课堂作为基点，将课堂作为主阵地，才有可能将新课程的理念转化为实践，才能将自身的教学品质经过加工和提升形成教学智慧．关注课堂上发生的故事和情节，以先进的教育思想和教学理念为指导，通过分析、研究、反思、探索和提炼，将其整理成教学案例，是开展课题研究的一项必不可少的工作，也是一项十分有趣、富有意义和充满价值的工作．如果说课题研究是一个学习的过程，那么撰写教学案例就是行动的阶梯．教师研究每一个问题，积累每一个教学案例，都可以为自己的成长搭建一节节台阶，并由此通向成功的彼岸和理想的境界．

顺应学生的思维　促进学生的发展

——推导等比数列前 n 项和公式的教学案例

1　背景描述

等比数列前 n 项和是苏教版普通高中课程标准实验教科书数学必修 5 第 2 章“数列”中的重要内容之一，教学对象为高一学生，教学时数为 2 课时. 本节课既是本章的重点，同时也是教材的重点. 等比数列前 n 项和前面承接了数列的定义、等差数列的知识内容，又是后面学习数列求和、数列极限的基础. 对于等比数列前 n 项和公式推导的教学，若直截了当地给出教材中的“错位相减法”，无疑脱离了学生的认知基础，用 G. 波利亚的话来说，“就像是帽子里突然跑出一只兔子式的证明”，这样的证明，“如果引人注目的步骤的动机和目的是不可理解的，那么我们在论证和发明创造方面就学不到什么东西”. 为此，必须通过教师稚化思维的方式，在教学设计时进行思维的重建.

教学过程是一个动态的过程，在这个过程中，教师应与学生积极互动、共同发展，注重学生的独立性和自主性，引导学生质疑、探究，在实践中学习. 教师的教学方式，重要的是创设丰富的教学情境，信任学生的学习能力，营造一个轻松、宽容的课堂气氛. 教学活动要具有创造性，可以结合课堂具体情境和学生的兴趣即兴发挥，知识的学习不必遵循固定不变的程序，应根据学生的需要因势利导. 学生的学习是一个主动建构的过程，不要把知识理解为“结果”，而应作为“过程”看待. 教学过程应充分展示知识的发生和发展过程，以问题为起点，通过发现问题、解决问题的过程去获取知识，形成一种自主探究的教学模式，以达到使学生掌握知识、思维训练和能力发展的综合目标. 要培养学生的创新意识和实践能力，这要求教师必须钻研教材，充分挖掘教材的潜能，认真进行学情分析，结合学生的认知特点，精心设计教学活动的结构和程序.

2　片断实录

片断 1　设置问题情境

同学们一定难以忘怀那场没有硝烟的战争——SARS 病毒给我们带来

了无限的恐慌.现假设第一天有一位SARS病人,他在第二天感染两人就不再感染别人了,而另两人又在第三天各感染两人,以后他们也不再感染别人了,如此下去,第33天共有多少人感染了SARS病毒(不考虑死亡人数).

设计意图 这样引入课题是基于以下三点考虑:(1) 利用学生求知的好奇心理,以一个真实事件为切入点,便于调动学生学习本节课的积极性;(2) 事件内容紧扣本节课教学内容的主题与重点;(3) 有利于知识的迁移,使学生明确知识的应用价值.

片断2 组织探究活动

原以为学生会绞尽脑汁、冥思苦想一番,不料学生1很快举手.学生1是这样回答的:

这个问题跟前面讲等比数列通项时的细胞分裂相似但又有区别,不同处在于细胞分裂成两个后本身就消失了,而在这个问题中SARS病人传染给另两人后本身并没有消失,所以最后算多少人时要把这一部分人加上去,那么第1天是1人,第2天是2人,第3天是2^2人,第33天是2^{32}人,所以第33天总共应有$(1+2+2^2+\cdots+2^{32})$人.

(大家都点头表示赞同.)

师:从解应用题的角度来讲,同学们已经完成了第一步,能够根据题目意思列出相应的式子.那么,第二步就是我们考虑怎样去解这个式子,在解之前呢,我想先请大家对最后结果大胆地猜测一下.

这时学生的情绪非常高涨,答案从10亿到100亿不等.

片断3 实现意义建构

师:要知道我们猜测的数据正确与否或者说谁的误差更小些,我们就必须给出这个式子的正确解答过程.我们再来仔细看一下这个式子,很显然$1,2,2^2,\cdots,2^{32}$是一个等比数列,共有33项,那么也就是说我们现在要做的就是求一个等比数列前33项的和.一般地,设有等比数列$a_1,a_2,a_3,\cdots,a_n,\cdots$,它的前$n$项和是$S_n=a_1+a_2+a_3+\cdots+a_n$.请同学们思考:怎样求出$S_n$呢?

教师指导学生看书后,让学生思考以下两个问题:

(1) 你认为公式中应该注意哪些问题?(2) 除了课本的证明方法还有其他证法吗?

(给足够的时间鼓励学生对问题自由思考,积极解决.)

生1:我觉得公式应该对$q=1$与$q\neq1$进行分类讨论.

生2:我觉得等比数列的项数应该值得重视.

师:很好,我们在运用公式时要注意对q的讨论以及数列的项数.课本上的证明方法叫作错位相减法.(教师板演)(这种求和的思路在解决某些求和问题时经常用到，应使学生掌握.）那么除了课本上的证法还有没有其他证法了呢？

生3：由等比数列的通项得 $a_2=a_1q, a_3=a_2q, \cdots, a_{n-1}=a_{n-2}q, a_n=a_{n-1}q$，将上面 $n-1$ 个等式的等号两边分别相加，得 $S_n-a_1=S_{n-1}q, S_n=a_1+qS_{n-1}=a_1+q(S_n-a_n), (1-q)S_n=a_1-a_nq$.

当 $q\neq 1$ 时，$S_n=\dfrac{a_1-a_nq}{1-q}$；当 $q=1$ 时，$S_n=na_1$.

生4：（板演）由等比数列的定义得 $\dfrac{a_2}{a_1}=\dfrac{a_3}{a_2}=\cdots=\dfrac{a_n}{a_{n-1}}=q$，运用等比定理，得 $\dfrac{a_2+a_3+\cdots+a_n}{a_1+a_2+\cdots+a_{n-1}}=q$，于是 $\dfrac{S_n-a_1}{S_n-a_n}=q$，得出 $S_n=\dfrac{a_1-a_nq}{1-q}(q\neq 1)$ 或 $S_n=\dfrac{a_1(1-q^n)}{1-q}(q\neq 1)$ 或 $S_n=na_1(q=1)$.

生5：（板演）$S_n=a_1+a_2+a_3+\cdots+a_n$，则 $S_n=a_1+q(a_1+a_2+\cdots+a_{n-1})=a_1+qS_{n-1}$，所以有 $S_n=a_1+q(S_n-a_n)$，即 $S_n=\dfrac{a_1-a_nq}{1-q}(q\neq 1)$ 或 $S_n=na_1(q=1)$.

片断4　建立数学理论

师：非常好，同学们能够想出三种不同的方法相当不容易，我们再来仔细学习以上三种方法：生3根据等比数列的定义，用迭加的方法推导出了等比数列 $\{a_n\}$ 的前 n 项和公式；生4围绕等比数列的基本概念，从等比数列的定义出发，运用等比定理，导出了公式.当然还有我们课本上的错位相减法也是相当重要的一种方法，这种方法在我们以后的习题中还会大量出现.

由此，我们得出了求等比数列的前 n 项和的公式 $S_n=\begin{cases} na_1, & q=1, \\ \dfrac{a_1(1-q^n)}{1-q}, & q\neq 1. \end{cases}$

请同学们思考，有了这个公式，要求一个等比数列的前 n 项和，我们应该怎样做？

众生：直接用公式.

师：运用公式要注意什么？（启发学生得出：需按公比 q 是否为1分类讨论.）

师：这个公式除了可以用来求等比数列的前 n 项和之外，还有其他用途吗？（仔细观察公式，引导学生发现“知三求二”.）

片断5　尝试数学应用

师：既然我们已经掌握了等比数列的求和公式，让我们再回到开始的问题上去，请同学们精确计算33天后的SARS病人数量.

众生：$2^{33}-1$.

师：计算出最后结果.

众生：8589934591.

师：也就是将近有85亿人被感染SARS病毒，而我们知道全世界人口才60几亿.从这个数据也能说明SARS的可怕，值得庆幸的是，在党和政府的领导下我们战胜了SARS，这也说明我党、我们社会主义国家的优越性.请大家再看下面的问题.

再让学生阅读课本中的例题，讨论课本中练习题的解法，让学生体会等比数列的前n项和公式的应用.

片断6　引导回顾反思

师：请同学们对本节课的教学内容进行回顾和反思.

众生：本节课我们学习的主要内容是：

(1) 等比数列的前n项和公式；

(2) 公式的推导方法；

(3) 公式的应用.

师：从这节课的学习中，你有哪些体会和收获？这个问题留给大家课后思考.

3　稚化评析

3.1　以学生的认知经验为起点分析问题

美国著名心理学家奥苏贝尔有句名言：影响学习的唯一最重要因素就是学习者已经知道了什么.要探明这一点，并应据此进行教学.他认为：有意义学习的发生和保持的最有效策略，就是利用适当的引导性材料对当前所学新内容加以定向与引导，唯有如此才能确保新旧知识间建立实质性的、非人为的联系.数学教学要从学生已有的生活常识、知识基础和活动经验出发，以学生的认知经验为起点分析问题，设计出学习新知识、解决新问题的情境，促进学生对新知识的理解并建立起良好的认知结构.片断1中的情境创设正是基于这一点，从学生感兴趣的实际问题出发，从特殊的等比数列求和入手，提出问题，将学生带入探究推导公式的活动中来，从学生原有的知识和经验中寻找新知识的生长点，增加了从旧知识到新知识的层次，缩小了师生间的思维落差，使教学过程进入一种自然流畅的状态.

3.2　顺应学生的思维方式展开探究活动

学生的思维方式是教师进行教学设计的重要依据之一，教师能否把握好学生的思维心理和思维特点，是教师设计教学活动的关键所在.为了使教师的思维顺应或契合学生的思维，使两种思维同步或合拍，教师需要设身处地地从学生实际的思维方式出发来进行教学设计. 当教师的思维具有学生的色彩，甚至达到了"学生化"以后，教的过程才能和学的过程融为一体，才能促进学生对新知识的有效建构和深入理解. 教材中公式的推导方法固然很神奇，但这种方法是怎么想到的？按学生现有的认知经验和思维方式是很难认识和真正理解的. 因此，教学中，笔者采用了让学生看书上的推导过程，了解这一方法并知道其作用和价值即可. 然后让学生思考、自行探究推导公式的方法，得出两种靠近学生认知基础的可行思路：一是从等比数列的定义出发，运用等比定理进行求和；二是从揭示项与项的联系入手，根据通项公式，转化求和. 相对于教材中的"错位相减法"，这两种方法更靠近学生的最近发展区，学生自己能想到，更容易被学生理解和掌握. 引导学生进行这样的探究活动，顺应学生的思维方式和当前的认知结构，有效地促进了学生的知识生长、思维发展和能力提升.

3.3　教给学生研究问题和探究学习的方法

在教学中，教师不以知识的权威者自居，把自己已有的知识悬置起来，不再是知识的简单呈现者，而以知识探究者的身份出现；从学生的认知水平出发，疑学生之所疑，惑学生之所惑，根据学生可能出现的困惑适当地设疑，从而引发学生的认知冲突，此时，教师故意对所教知识或所要解决的问题表现出一种陌生感、新鲜感，并以极大的热情和学生一起探寻答案，与学生共同探求知识的来龙去脉. 当学生尝试多种解题思路未果而思维受挫，处于"山重水复疑无路"的困境时，教师则不露声色地引导和点拨，或归纳总结，或类比推理，巧妙地把学生导向正确的解题思路，让学生体验到"柳暗花明又一村"的喜悦. 这样，学生不仅掌握了知识，还获得了成就感和自信心，而教师在获得了知识或解决问题后表现出恍然大悟的表情也极大地激发了学生对本学科的学习热情. 更为重要的是，教师通过不断地设疑释疑，展示自己的思维过程，揭示知识的来龙去脉，沟通师生之间的思维信息，使师生在认识水平上达到"同频"，引起教师教与学生学的思维"共振". 在这个过程中，学生不仅学到了知识，而且学会了研究问题和探究学习的方法，学会了发现问题、提出问题、分析问题和解决问题，促进了学生的深度思考，促进了学生的终发展和可持续发展.

执笔：李　湘

稚化教师的思维　促进学生的理解

——从"充分条件和必要条件"一课的三次设计谈数学概念教学

1　背景描述

2014年12月，笔者有幸参加了无锡市学校管理中心市属学校青年教师优质课评比活动，所在组的参赛课题是选修2-1"充分条件和必要条件"."充分条件和必要条件"是高中数学中最重要的概念之一，它主要讨论了命题的条件与结论之间的逻辑关系，目的是为今后的数学学习特别是数学推理的学习打下基础.逻辑是研究思维规律的学科，而"充分条件和必要条件"是数学中常用的逻辑用语，逻辑用语在数学中具有重要的作用，学习数学需要全面准确地理解概念，正确地进行表述、判断和推理，这些都离不开对逻辑知识的掌握和运用.进一步地，在日常生活中，为了使我们的语言表达和信息传递更加准确、清楚，常常需要一些逻辑用语，基本的逻辑知识、常用的逻辑用语是认识问题、研究问题不可缺少的工具.

从学生学习的角度来看，虽然经过了初中阶段及高一的学习，学生已经具备了一定的逻辑推理能力，但由于这些概念比较抽象，与学生的生活环境和生活经验之间有着一定的距离，学生在学习本节内容时的知识储备仍不够丰富，与原有的思维习惯也有较大的差异，导致理解和掌握这些内容有一定的难度.教师如何稚化自己的思维，站在学生的角度，从学生已有的生活经验和认知特点出发，为学生提供丰富的感性材料，导入新知，建构概念，突破教学难点，促进学生理解，是进行教学设计时需要着力解决的问题.

所谓稚化思维，就是教师把自己的外在权威隐蔽起来，教学时不以一个知识丰富的专家自居，而是把自己的思维降格到学生的思维水平，有意识地退回到与学生相仿的思维状态，把熟悉的当成陌生的，把再次授课当成首次接触，设身处地地揣摩学生的学习过程和思维活动，有意识地生发出一种陌生感和新鲜感，以与学生同样的好奇心、同样的求知欲、同样的认知兴趣、同样的学习情绪、同样的思维情境、共同的探究行为，和学生一起寻找攻克难关的对策，完成教学的和谐共创，从而达到和学生的思维保持"同频共振"的一种教学艺术.

在课堂教学活动中，教师是专家，是学生学习活动的领路人，而学生则是初学者，对许多知识一无所知或知之甚少，会显得很幼稚，两者之间存在着明显的差异.但专家也是从初学者成长起来的，实际上，学生学习中出现的许多困惑和错误，也是教师当初学习时经常发生的，只是已经成长为专家的教师，忘了初学时的经历.所以，教学时，教师有必要稚化自己的思维，将自己退到初学时的状态来思考学习的过程，体会学生学习中出现的问题.这样才能走近学生，了解并理解学生，从而有效地提高教学的效果.

2 片断实录

片断1 设计一

问题情境 同学们，当某一天你和妈妈在街上遇到老师的时候，你向老师介绍你的妈妈说："这是我的妈妈."那么大家想一想，这个时候你的妈妈还会不会补充说"这是我的孩子"呢？

设计意图 旨在从生活中比较简单的事例出发，让学生体会充分条件和必要条件的含义，进而结合数学命题理解充分条件和必要条件.

复习回顾

问题1：命题的四种形式及其关系.

问题2：判断下列命题是真还是假：(1)若 $a=0$，则 $ab=0$；(2)若 $x\geqslant 1$，则 $x^2\geqslant 1$；(3)若一个四边形四边相等，则这个四边形是正方形.

问题3：一般地，命题"若 p 则 q"为真，记作：$p\Rightarrow q$；命题"若 p 则 q"为假，记作：$p\nRightarrow q$.

将上述命题用推导符号来表示.

设计意图 复习旧知同时引入推导符号"$\Rightarrow$"，为下面定义充分条件和必要条件做准备.

概念建构 一般地，若 $p\Rightarrow q$，则称 p 是 q 的充分条件，同时称 q 是 p 的必要条件.

效果分析

问题情境虽然是从学生生活中比较熟悉的事例出发，表面上感觉比较贴近学生的生活，但是觉得有点牵强附会，而且在试讲的过程中总觉得关系有点复杂，讲起来比较拗口，学生听得也比较累，讲完后学生对充分和必要条件的理解也没有达到我预想的效果.复习回顾部分比较自然，在复习的过程中引入推导符号，同时为下面的定义做准备也比较合理.但是接下来就直接从命题的角度给出充分条件和必要条件的定义，感觉比较突兀.新的定义由教师直接抛给学生，这不符合学生的认知特点，也与新教材的教学理念背道而驰.

改进方向

问题情境是为引入课题，给学生搭建攀登新知识的“脚手架”，如果没有达到这个效果，仅仅是公开课的一个装饰品，那还不如不要. 定义切忌由教师直接抛给学生，应该在具体的问题中让学生充分探究，自己总结出概念，给人一种水到渠成的感觉.

片断2 设计二

问题情境

情境1：观察下面两幅电路图，请问：开关A闭合，灯泡B亮吗？

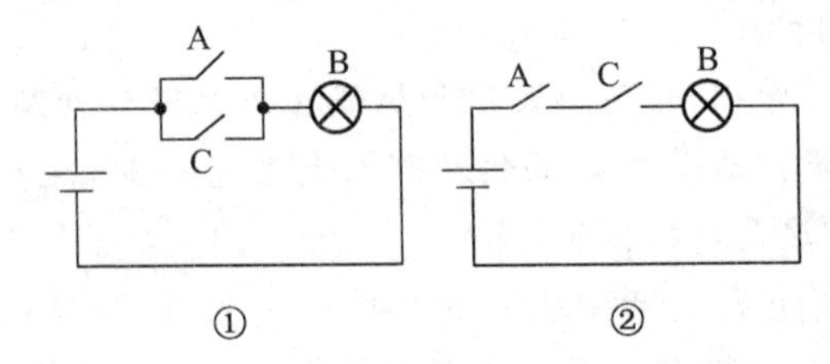

设计意图 旨在说明开关A闭合是否是灯泡B亮的充分条件. 这两幅电路图对于解释充分条件，简洁明了，可以说一针见血.

情境2：学期快结束了，我们学校每年都会评选“三好学生”，请问：“品行好”是“三好学生”的充分条件吗？“品行好”是“三好学生”的必要条件吗？

设计意图 旨在加深学生对充分条件的理解，从生活中的事例出发，而且从每个学生都比较关心和熟悉的“三好学生”评选条件中理解必要条件的含义.

复习回顾

问题1：命题的四种形式及其关系.

问题2：判断下列命题是真还是假：(1) 若$a=0$，则$ab=0$；(2) 若$x\geqslant 1$，则$x^2\geqslant 1$；(3) 若一个四边形四边相等，则这个四边形是正方形.

问题3：一般地，命题“若p则q”为真，记作：$p\Rightarrow q$；命题“若p则q”为假，记作：$p\nRightarrow q$.

将上述命题用推导符号来表示.

设计意图 复习旧知同时引入推导符号“$\Rightarrow$”，为下面定义充分条件和必要条件做准备.

概念建构 一般地，若$p\Rightarrow q$，则称p是q的充分条件，同时称q是p的必要条件.

效果分析

问题情境较设计一有了明显的改进，简洁、明了、有效. 试讲下来有两个感受：物理上串、并联电路对于高一学生来说非常熟悉，利用其理解充分条件，可以说在认知上没有任何障碍．用评选“三好学生”的条件来帮助学生理解必要条件，虽然很容易理解，但是觉得有点累赘．那自然就有一个想法，能否在串、并联电路中再优化一下设计，在这个问题中既可以讲到充分条件，又可以讲到必要条件呢？

改进方向

确定用串、并联电路作为问题情境的背景，继续思考如何设计，在这个问题中既可以揭示充分条件，又可以揭示必要条件，起到一箭双雕的作用．另外，与设计一一样，定义仍然是由教师直接抛出的，如何和问题情境结合起来，从数学命题的角度，从学生的口中，水到渠成地总结出充分条件和必要条件的定义？这些是一直困扰我、觉得没有突破的关键所在！

片断3　设计三

问题情境

情境1：观察下面两幅电路图，请问：开关A闭合，灯泡B亮吗？

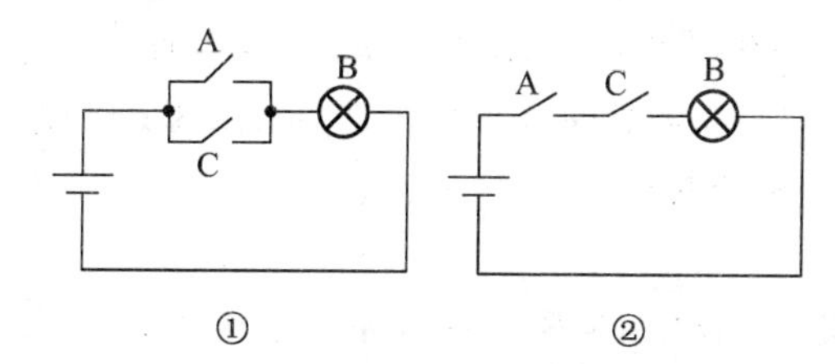

师：请大家观察上面两幅电路图，请问开关A闭合，灯泡B亮吗？

生：① 亮，② 不亮．

师：这个问题在这两幅图中都可以得到肯定或者否定的回答．“开关A闭合，灯泡B亮”，从命题的角度来看，就可以看作是一个命题．①真，②假．

记p：开关A闭合，q：灯泡B亮，请问你可以将上述两个命题用推导符号来表示吗？

生：① $p\Rightarrow q$；② $p\not\Rightarrow q$．

师：回到问题情境中，① $p\Rightarrow q$即意味着开关A一旦闭合，灯泡B就亮，开关C是否闭合，对灯泡B是否发光没有影响，也就是说只要开关A闭合，就能充分保证灯泡B发光．我们可以说条件p对结论q是充分的．你能类似地分析②中的情况吗？

生：② $p\not\Rightarrow q$即意味着只有开关A闭合，灯泡B不一定亮，也就是说只有开关A闭合，不能充分保证灯泡B发光．我们就说条件p对结论q是不充分的．

师：很好，也就是说$p\Rightarrow q$，$p\not\Rightarrow q$揭示的是条件p对结论q的充分性．

情境2：灯泡B亮，开关A闭合吗？

师：请问上面两幅电路图中，灯泡B亮，开关A闭合吗？

生：① 不一定，② 闭合.

师：同样，“灯泡B亮，开关A闭合”也可以看作一个命题. ① 假，② 真. 请问你可以将上述两个命题用推导符号来表示吗？

生：① $q \nRightarrow p$；② $q \Rightarrow p$.

师：回到问题情境中，② $q \Rightarrow p$ 即意味着灯泡B亮，开关A一定得闭合，也就是说开关A闭合是灯泡B亮必不可少的条件，我们就说 p 对 q 是必要的. 你能类似地分析①中的情况吗？

生：① $q \nRightarrow p$ 即意味着灯泡B亮，开关A不一定闭合，也就是说灯泡B亮，开关A可以闭合，也可以打开，开关A闭合不是灯泡B亮所必须的条件，我们就可以说 p 对 q 不是必要的.

师：很好，也就是说 $q \Rightarrow p$，$q \nRightarrow p$ 揭示的是 p 对 q 的必要性.

概念建构

师：抛开具体的问题情境，也就是说 $p \Rightarrow q$ 揭示的是 p 对 q 的充分性，以及 q 对 p 的必要性，那我们数学上就给出这样的定义：一般地，如果 $p \Rightarrow q$，那么称 p 是 q 的什么条件呢？

生：充分条件.

师：也就是说，一般地，如果 $p \Rightarrow q$，那么称 p 是 q 的充分条件. 那如果 $q \Rightarrow p$ 呢？

生：一般地，如果 $q \Rightarrow p$，那么称 p 是 q 的必要条件.

效果分析

试讲后自我感觉很流畅，本次设计应该说把我前面两次设计中纠结的地方都解决了，在同一问题情境中既揭示了充分性又涉及了必要性，关键是将这个表面上的物理问题，从数学命题的角度，利用条件和结论的推导关系，揭示了充分条件和必要条件的概念，而且很自然地引导学生，从学生的口中总结出了定义. 这样既体现了学科间的联系，同时又能激发学生的好奇心和求知欲，使学生对概念的理解水到渠成.

3 稚化评析

3.1 教师需适当地放低姿态，从学生的角度设计教学活动

作为教师，无论是生活经验的丰富程度，还是对数学知识的理解程度，应该说都比学生有一定的优势. 有的概念在我们看来很简单，但是学生理解起来可能并不是那么容易. 比如，教师都很清楚：条件能推出结论，就满足充分性；结论能推出条件，就满足必要性. 但是在学生已有的知识体系中，并无

这样的认识，直接把定义抛给学生就显得比较突兀，学习数学也就变得枯燥无味. 因此，教学中教师应该尽可能地放低“姿态”，尽量站在学生的角度，从学生已有的生活经历和知识背景出发，创设问题情境，设计问题变式，组织课堂活动. 在本节课的教学设计和实际教学中，笔者更多的是站在一个引路人的角度，告诉学生该向哪里走，怎么走，让他们自己去走. 例如：在例题的教学中，笔者大多是先带领学生分析问题，探求解决问题的方法，在学生通过自己的努力尝试解答之后，再进行总结，避免了“满堂灌”，这样可以减少学生对新知的陌生感，使他们获得学习新知识所需要的具体经验. 通过自己的思维活动形成对概念的认知，而不是通过机械地重复记住教师所讲述的那些关于概念的现成解释，可以促进学生对充分条件和必要条件这一核心概念的理解.

3.2　创设“简洁”的数学情境，让学生在经历中理解概念的本质

由于数学的形式化必然带来数学的抽象性，教学过程中将数学的学术形态转变成学生容易接受的教育形态是教学设计的重要内容，而这种转变的重要途径是营造数学情景. 营造怎样的数学情景？笔者认为应该营造学生所熟悉、易感知的“简洁”情景，否则学生不仅不领情，而且可能造成思维的混乱. 要坚持选用最简单、学生最熟悉的背景，从学生已有的感性经验出发，力求在简单的背景中蕴涵数学本质. 从本节课的三次设计来看，一开始想从生活中的事例引入充分性和必要性的概念，就显得比较拖沓. “数理本一家”，用物理上的问题作为线索设计情境，把整节课的各个知识点的核心和情境链的节点有机地融合在一起. 学生在知识再现时，由于有了情境链的背景就显得比较“简洁”，而且对定义的理解也就来得非常自然. 另外，本节课的设计三表面上是从物理情境出发，但实质又和数学命题相联系，从命题条件和结论的关系揭示出充分条件和必要条件的概念本质，让学生总结出充分条件和必要条件的概念也就水到渠成了. 这样处理不仅淡化了对定义的纯文字叙述，而且更注重让学生从感性上去领悟，在解题实践中加深理解.

3.3　从学生已有的生活和学习经验出发，注重设置问题的层次性

问题是数学的心脏，是产生认知冲突的焦点. 课堂上问题的设计，既要符合学生的认知规律，又要适合教学内容，为本节课的教学目标服务. 新课程确立了“为了每一位学生发展”的理念，让不同的学生在数学上得到不同的发展. 因此，课堂上问题的设置，起点要低，内容要有层次性，从而形成一定的梯度. 比如，本节课的设计中，一开始问“开关 A 闭合，灯泡 B 亮吗?”这个问题学生基本上都能回答，让每个学生都有成功的体验，接下来层层递

进，过渡到数学命题的角度，揭示充分条件的含义.教师既要为学生创设有价值、有意义的问题情境，也要为学生提供良好的发现问题和解决问题的环境.要注意引导学生多角度审视问题，从不同的角度分析问题、思考问题，从而可以对一个具体问题理解得更准确、更全面、更深刻.为了帮助学生更好地理解充分条件和必要条件的概念，笔者通过具体问题引导学生从表达形式（符号表示与文字表示）、通俗语言的描述（有它就行和缺它不行）、不同概念间的联系（充分条件与必要条件和集合的关系）来展开讨论，把整个教学过程划分为复习引入、新知建构、巩固新知、能力提升、牛刀小试、课堂小结等六个环节，以问题为主线，为了解决问题去学习新知识，掌握了新知识再来解决问题.这样就把几个环节很自然地联系在一起，做到了层次清晰、结构分明，并收到了较好的效果.

总之，学好数学概念是理解数学思想、运用数学方法、掌握基本技能、提高数学能力的前提.教师在教学中要转变观念，注意稚化自己的思维，学会站在学生的角度思考问题.对概念的讲解，一定要注意教法，一定要让学生理解，切勿让学生死记硬背.因为数学的科学性、严谨性，决定了搞好概念教学是传授知识的首要条件.如果学生概念不清，必将表现出思路闭塞、逻辑紊乱，对法则、定理的理解更无从谈起.因此，加强对数学概念的教学，是值得我们长期探索、认真实践的一个重要课题.

执笔：车　慧　钱军先

精心设计问题系列　促进学生深度学习

——“三角函数的周期性”的教学案例与反思

1　背景描述

“三角函数的周期性”是普通高中课程标准实验教科书数学必修4第1章第3节的第1节课，其主要内容是周期函数的概念及正弦、余弦函数的周期性．本节课是在学生学习了任意角的三角函数之后，对三角函数知识的又一次深入探讨．正弦、余弦函数的周期性是三角函数的重要性质，是研究三角函数其他性质的基础．通过本节课的学习，不仅能进一步培养学生的数形结合能力、推理论证能力、分析问题和解决问题的能力，而且能使学生把这些认识迁移到后续的知识学习中去，为以后研究三角函数的其他性质打下基础．

新课程倡导自主学习、主动探索、合作交流的学习方式．传统的教学模式已不适应课改的要求以及学生发展的需要．教师的任务不仅仅是让学生学会，更重要的是让学生会学．因此，教学中要求教师站在学生的角度，运用学生的思维方式分析、思考问题，尽量放低教学的起点，从学生的最近发展区设计问题，把要学习的知识设计成问题串的形式，为学生的自主探究、合作交流提供机会，激发学生的兴趣，引起学生的共鸣，促进学生积极主动地参与课堂教学活动，使课堂真正成为学生思维活动的舞台，从而实现深度学习和高效教学．

2　片断实录

片断1　问题情境

师：今天是星期三，则过了七天是星期几？过了十四天呢？……

学生齐声回答后，教师总结：数学中，也有这种“周而复始”的现象．请看下面的问题．

问题1：观察下面这个函数：

x	…	-5	-4	-3	-2	-1	0	1	2	3	4	5	6	7	8	9	…
$f(x)$	…	1	2	3	1	2	3	1	2	3	1	2	3	1	2	3	…

师：你能用自己的语言来描述其中“周而复始”的现象吗？

生：函数值1,2,3周而复始重复出现.

师：用数学语言总结：存在一个常数3，对任意$x\in\mathbf{Z}$，都有$f(x+3)=f(x)$.

问题2：填空：对任意$x\in\mathbf{R}$，$\sin(x+____)=\sin x$，$\cos(x+\_\_\_\_)=\cos x$.

生：可以填$2\pi,4\pi,\cdots,2k\pi$.

师：若记$f(x)=\sin x$，则存在一个常数2π，对任意$x\in\mathbf{R}$，都有$f(x+2\pi)=f(x)$. 正弦函数和余弦函数所具有的这种性质称为周期性.

由此得出周期函数及周期的定义.

片断2　探究活动

师：正弦函数、余弦函数是周期函数吗？若是，它们的周期分别是多少呢？正切函数是周期函数吗？若是，它的周期又是多少呢？

生：正弦函数、余弦函数的周期是$2\pi,4\pi,\cdots,2k\pi(k\in\mathbf{Z}$且$k\neq0)$. 根据诱导公式可知，正切函数是周期函数，周期是$\pi,2\pi,\cdots,k\pi(k\in\mathbf{Z}$且$k\neq0)$. 周期也可以是负的.

师：那么一个周期函数的周期有多少个？

生齐答：无数个.

师：已知定义在$\mathbf{R}$上的周期函数$f(x)$的周期是T，那么$2T$是$f(x)$的一个周期吗？

生（口述证明过程）：因为$f(x)$的周期是T，所以$f(x+T)=f(x)$，$f[(x+T)+T]=f(x+T)$，即$f(x+2T)=f(x)$. 因此$2T$是$f(x)$的周期.

师：非常好，紧扣周期函数的定义进行证明. 大家能做个推广吗？

生：若T是$f(x)$的周期，则$kT(k\in\mathbf{Z}$且$k\neq0)$也一定是$f(x)$的周期，即$f(x+kT)=f(x)$.

师：这么多个周期，每次说起来很不方便，能否选择一个最具有代表性的，起到“落一叶而知秋”的效果呢？

生：取个最小的周期，哦，还要是正的才行.

师：那我们可以给这个周期起个名字，叫作最小正周期.

由此得出最小正周期的定义.

师：正弦函数与余弦函数的最小正周期是多少？正切函数呢？

生：$2\pi,\pi$.

师：是否所有的周期函数都有最小正周期？你能构造一个周期函数证明你的结论吗？

学生陷入艰难的构建之中，我引导学生从学过的最简单的函数进行构建．师生一起分析得出单调函数(如一次函数)不可能是周期函数．

终于有学生小声给出了答案：$f(x)=1(x\in\mathbf{R})$．

师生一起利用周期函数的定义进行检验，得出结论：$f(x)=1(x\in\mathbf{R})$是周期函数，周期是任意非零常数．所以此函数 $f(x)$没有最小正周期．

师：以后不加特殊说明，涉及的周期都是最小正周期．

片断3　数学应用

例1　对于问题1中的函数，求：(1) 该函数的周期；(2) $f(2011)$．

生：观察函数值的变化规律，得到周期是3，$f(2011)=f(670\times3+1)=f(1)=1$．

师：反思一下解题过程，学会应用 $f(x+kT)=f(x)$解决有关求函数值的问题．

例2　求 $f(x)=\cos2x$ 的周期．

(根据以往的教学经验，学生求解这个问题时，常常是比较困难的．)

师：利用周期函数的定义和余弦函数的周期是2π，使用待定系数法来求解．

设 $f(x+T)=f(x)$，即 $\cos2(x+T)=\cos2x$，即 $\cos(2x+2T)=\cos2x$，设 $u=2x$，则 $\cos(u+2T)=\cos u$，得 $2T=2\pi$，即 $f(x+\pi)=f(x)$，所以 $f(x)=\cos2x$ 的周期为 π．

师：变化一下，$f(x)=\cos\left(2x-\frac{\pi}{3}\right)$，请大家在上述求解过程的基础上进行修改，求出周期．

生(板演)：设 $f(x+T)=f(x)$，即 $\cos\left[2(x+T)-\frac{\pi}{3}\right]=\cos\left(2x-\frac{\pi}{3}\right)$，即 $\cos\left(2x-\frac{\pi}{3}+2T\right)=\cos\left(2x-\frac{\pi}{3}\right)$，设 $u=2x-\frac{\pi}{3}$，则 $\cos(u+2T)=\cos u$，得 $2T=2\pi$，即 $f(x+\pi)=f(x)$，所以周期为 π．

师：再变化一下，$f(x)=4\cos\left(2x-\frac{\pi}{3}\right)$，大家试一试．

生(板演)：由 $4\cos\left[2(x+T)-\frac{\pi}{3}\right]=4\cos\left(2x-\frac{\pi}{3}\right)$，即$4\cos\left(2x-\frac{\pi}{3}+2T\right)=4\cos\left(2x-\frac{\pi}{3}\right)$，设 $u=2x-\frac{\pi}{3}$，得 $4\cos(u+2T)=4\cos u$，即 $\cos(u+2T)=\cos u$，得 $2T=2\pi$，即 $f(x+\pi)=f(x)$，所以$f(x)=4\cos\left(2x-\frac{\pi}{3}\right)$的周期为 π．

师：接下来我们做个推广：研究 $y=A\cos(\omega x+\varphi)$（其中 A,ω,φ 为常数），周期如何计算？大家从上述问题的解决过程中能发现是哪个量影响周期呢？

生：x 的系数 ω 影响周期，A,φ 的值对周期没有影响. $T=\dfrac{2\pi}{\omega}$.

师：很好，这是一个有用的结论，记住这个结论，以后可直接应用该结论求解有关周期问题. 函数 $y=A\sin(\omega x+\varphi)$ 及 $y=A\cos(\omega x+\varphi)$（其中 A,ω,φ 为常数，且 $A\neq0,\omega\neq0$）的周期 $T=\dfrac{2\pi}{|\omega|}$.

从数的角度看，周期函数的函数值每隔一个周期就重复出现 $[f(x+T)=f(x)]$；那么从形的角度看，周期函数的图象具有什么特征呢？请大家看如下两个问题.

问题 3：试根据函数 $f(x),g(x)$ 的图象，判断函数 $f(x),g(x)$ 是不是周期函数. 若是，指出其周期；若不是，请说明理由.

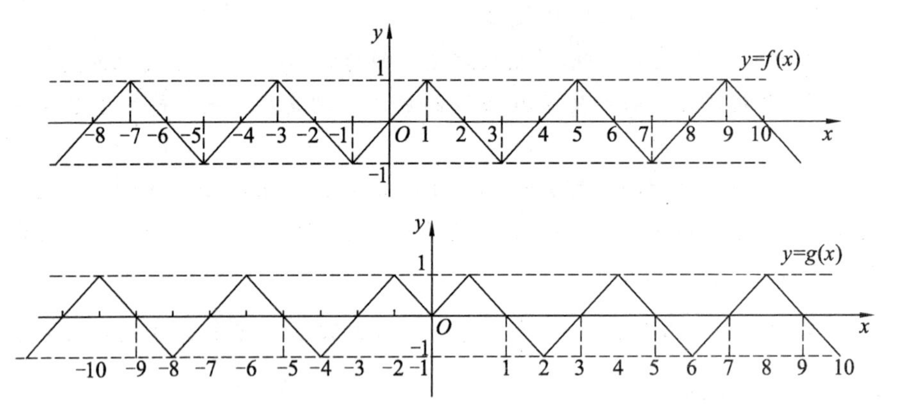

学生思考，讨论 3 分钟后交流.

生：$f(x)$是周期函数，周期是 4，$g(x)$不是周期函数. 我们发现，函数 $f(x)$的图象周而复始地每隔 4 个单位长度就重复出现，而 $g(x)$在原点附近的图象扰乱了周而复始出现的规律.

师：非常好，刚才是识图，现在我们再来试试能否应用周期函数的图象周而复始地重复出现这一特征来作图.

问题 4：已知函数 $f(x)$的定义域为 $\mathbf{R}$，周期为 2，当 $x\in(-1,1]$时，$f(x)=x^2$，试作出 $f(x)$的图象.

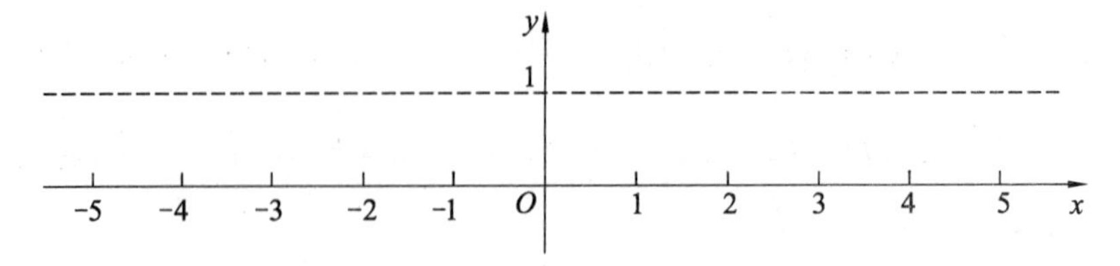

学生很快就画出了 $f(x)$ 的图象.

生：只要把 $(-1,1]$ 上 $f(x)$ 的图象向左右分别平移1个、2个、…周期即可.

师：根据上述两个问题，周期函数的图象具有什么特征？

生：周期函数的图象每隔一个周期"周而复始"重复出现.

师：依图识性(能根据图象辨别函数是否为周期函数，周期是多少，还能认识函数的单调性、奇偶性)，依性作图(依据函数的周期性、单调性、周期性作出函数的图象)是数形结合思想的重要体现，也是我们学习函数应该具备的能力.

接着给出下面的例题，巩固"依图识性".

例3　若钟摆的高度 h(mm)与时间 t(s)之间的函数关系如下图所示.

(1)求该函数的周期；

(2)求 $t=10$(s)时钟摆的高度.

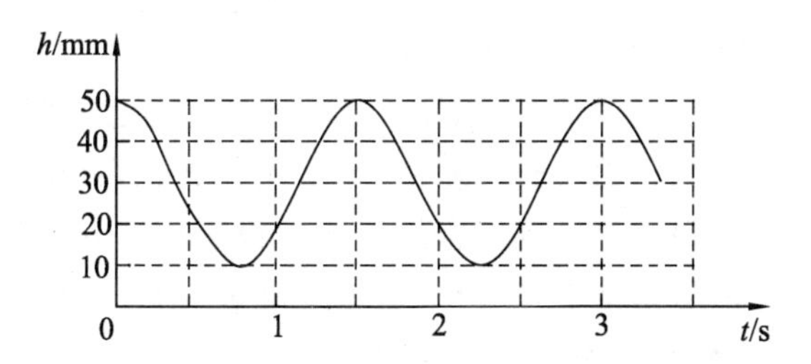

生：(1) 可以从相邻的两个最高点(或最低点)的距离得到周期是1.5；

(2) 设 $h=f(t)$，则 $f(10)=f(6\times1.5+1)=f(1)=20$(mm).

师：最后请大家讨论两道应用周期性求和的问题.

问题5：已知函数 $f(x)=\sin\frac{\pi x}{3}$，则 $f(1)+f(2)+f(3)+\cdots+f(2011)=$________.

问题6：已知周期函数 $f(x)$ 是定义在 $\mathbf{R}$ 上的奇函数，周期为2，则 $f(1)+f(2)+f(3)+\cdots+f(2011)=$________.

生：问题5我首先得到其周期是6，这样 $f(2011)=f(335\times6+1)=f(1)$，$f(1)+f(2)+f(3)+\cdots+f(2011)=335[f(1)+f(2)+f(3)+\cdots+f(6)]+f(1)=335\left[\frac{\sqrt{3}}{2}+\frac{\sqrt{3}}{2}+0+\left(-\frac{\sqrt{3}}{2}\right)+\left(-\frac{\sqrt{3}}{2}\right)+0\right]+\frac{\sqrt{3}}{2}=\frac{\sqrt{3}}{2}$.

生：问题6我首先得到 $f(0)=0$，这样 $f(0)=f(2)=f(4)=\cdots=f(2010)=0$，$f(1)$我还没算出来，找不到解题的方向！

师：那你能否就围绕着 $f(1)$，把奇偶性和周期性都应用在 $f(1)$ 上来构建等式呢?

生：我想起来了，由奇函数知 $f(-1)=-f(1)$，再由周期性知 $f(-1)=f(-1+2)=f(1)$，从而 $f(1)=-f(1)$，所以 $f(1)=0$，所以 $f(1)=f(3)=f(5)=\cdots=f(2011)=0$. 所以原式 $=0$.

师：非常精彩，这是我们第一次将奇偶性和周期性综合在一起进行应用.

3　稚化评析

3.1　精心设计问题，促进深度学习

美国心理学家布鲁纳指出：教学过程是一种提出问题和解决问题的持续不断的活动，思维永远是从问题开始. 因此，怎样精心设置问题系列，为学生的学习活动搭建恰当的平台，对于一节课的教学走向，促进学生的自主学习和深度学习是非常关键的. 本节课，笔者在深入研读教材的基础上，对教材内容进行了重组，共设计了 6 个问题和 3 个例题(其中两道是课本例题)，难度由低到高，形式由简洁直观到隐晦抽象，内容由数到形再到数. 通过这些问题串，和学生一起自然地建构新概念，应用新概念，反思新概念，从不同的角度理解新概念，最后提升到综合运用所学概念解决问题的思维水平，追求一种自然、流畅的教学节奏，取得了良好的教学效果.

3.2　稚化教师思维，引领学生探究

现代认知心理学认为，新学习的知识必须纳入原有的认知体系，并在原有的认知结构中找到联系点，才能将新知识同化，牢固地掌握新知识. 新课标提倡关注学生的认知特点，注意站在学生的角度，精心创设问题情景，调动学生思维的积极性，用卓有成效的启发引导，促使学生的思维活动持续发展. 备课首先应该备学生，教师应非常熟悉学生的知识基础和认知水平及学习的薄弱之处，要善于改变自己的身份，稚化自己的思维，把自己当作学生，从学生的角度审视问题，为学习者设计教学. 在教师看来，清澈见底的问题到了学生那儿可能就是浑浊一片. 本节课中的问题设计，笔者坚持低起点，高落点，引导学生观察、归纳、验证，进行自主探究，激发学生的学习兴趣，培养学生的思维能力，实现了“教师贴地而行，学生翩翩起舞”.

3.3　及时调整预设，实现精彩生成

在新课程的教育理念下，数学课堂发生了重大转变，已由“教师主导、学生主体”走向“学生参与、交往互动、共同发展”. 课堂教学过程是一个个活泼的头脑在教师预设好的问题情境中的交流、对话与活动的过程，是“精心预设”与“动态生成”和谐统一的过程. 课堂上，学生的深思顿悟、灵机一动、节

外生枝和思维遇阻、疏忽大意等，都可能催生出一个个鲜活的教学资源，为创设智慧、高效的课堂带来可能. 本节课中，笔者注意及时调整课前的预设，给学生创设了尽量多的发挥空间，为积极的生成提供了丰富的可能性，让学生在交流时产生冲突，引发争辩，进而逐步完善认识，为丰富的生成提供了更大的空间，使课堂在师生的共同创造中充满灵性、充满智慧、充满活力.

执笔：魏　民

教师稚化思维　引领学生思考

——“不等关系”的教学案例

1　背景描述

“不等关系”是苏教版数学必修5第3章不等式部分的第1节，本节内容关注现实世界和日常生活，以实际问题为研究对象. 作为“不等式”一章的起始课，在内容上具有承上启下的作用，为不等式的解法和基本不等式及其应用的学习埋下伏笔，有助于学生认识学习不等式的必要性和重要性. 在思想方法上，本节内容体现了研究数学问题的一般规律和方法，揭示了数学知识产生的背景. 了解数学知识的本质，经历数学知识发展的过程，是编书者的意图. 教材没有设置例题，而是从三个实际问题出发，研究如何将这些问题中蕴含的不等关系转化为数学中的不等式，属于典型的“位高内容薄”的知识.

通过本节课的学习，学生从一系列的具体问题情境中，感受到现实世界和日常生活中存在大量的不等关系，并能充分认识不等关系的应用价值，这是学习本章内容的基础. 对不等关系的相关素材，要求能用数学的观点进行观察、归纳、抽象，完成量与量的比较过程，能用不等式及不等式组把问题中的不等关系表示出来，即建立起不等式的数学模型. 让学生认识到不等关系与相等关系都是客观事物的基本数量关系，不等式与方程、函数等内容有着密切的联系，建立不等关系、处理不等问题与处理等量问题同样重要.

学生在初中阶段曾接触过不等式的相关内容，初步掌握了不等式的基本性质、一元一次不等式(组)的解法及简单的实际应用. 对绝大部分学生来说，解决实际问题、建立不等式模型是难点. 主要原因在于，学生缺乏对实际生活的了解，有的学生甚至对将实际问题转化为数学问题存在着心理上的障碍，有恐惧心理. 如何帮助学生有效地克服心理障碍，突破建立不等式模型这一难点，是教学设计时需要着力解决的问题. 按照“为学生学习而设计教学”的理念，笔者以“学的组织方式”为中心来进行教学设计，取得了较好的效果.

2　片断实录

片断 1　创设情境，激发兴趣

师：我有个朋友，去银行买了 7 个 1 千克的纪念金币，银行里的朋友又好心送了他一个假金币，说给他小孩玩玩，并告诉他这个只是外面镀了一层金色，虽然外表一样，但比较轻. 他当时没在意，混放在了一起，回家以后发愁"怎么找出来呢"？想到我有天平，说晚上到我家，想通过称重的方式找出来. 作为一个数学老师，肯定希望用最少的称重次数找到假币，你们帮我想想我该怎么称.

因为是老师还没有解决的问题，学生的兴趣倍增，一石激起千层浪，他们七嘴八舌，各种答案都有.

"4 次""3 次"……

我看他们很有兴趣，就干脆让他们讨论一番.

最后 A 代表"帮助"我解决了问题：总共只要两步！先任意拿出六个，两边各三个，如果一样重，最后剩下的两个再称一次就可以确定下来；如果有一方轻，那么轻的一方中肯定有一个是假币，所以，三个中再任意找两个，就可以区分了.

师：其实生活中处处蕴含着数学知识，如果我们假设这 8 个金币的重量分别为 $x_1,x_2,x_3,x_4,x_5,x_6,x_7,x_8$. 那么这个生活实例可以用数学不等式来表达吗？

（学生们面面相觑，不知所措. 再次让学生讨论.）

生：A 同学的两步其实可以这样理解，分两种情况：

$\begin{cases}x_1+x_2+x_3=x_4+x_5+x_6,\\x_7>x_8\text{ 或 }x_7<x_8,\end{cases}$ 或 $\begin{cases}x_1+x_2+x_3<x_4+x_5+x_6,\\\cdots\end{cases}$ 后面这部分不会表达.

师：不会表达的部分是什么意思？我们再来回顾，如果是第二种情况，那么假币一定在 x_1,x_2,x_3 中，那后面再任意选两个称一次，一定能知道假币是哪个比较轻，从重量的角度看，也是一个不等关系，怎么表达？

生：哦，那可以写成 $x_i<x_j(i,j\in\{1,2,3\})$.

师：非常好. 生活中处处蕴含着数学知识，这就是我们这节课研究的内容——不等关系.

片断 2　稚化思维，问题驱动

师：生活也在考验我们的智商，看看我们是否善于思考. 我们很多人要求去博物馆，博物馆的个体门票每张 10 元，20 人以上（含 20 人）的团体票按

8 折优惠，那在不足 20 人时，应选择怎样的购票策略更合算？（不求解）

（教师停顿片刻，发现学生无从着手.）

师：如果我们有 19 个人去，该怎样购票？买团体票还是个体票？

生：如果买个体票就是 10×19(元)，如果按团体票计算就是买 20 人的团体票，共 8×20(元)，$10\times19>8\times20$，所以购买团体票更便宜一些.

师：那我们反思，如果就我一个人去，会不会买团体票？

生：肯定不会啊，$10<8\times20$ 啊！

师：那矛盾就集中在，如果不满 20 人，到底怎么合算. 假设有 x ($x<20$) 人，满足什么样的不等关系时，消费者能得到更大的实惠？

生：买个体票就是 $10x$(元)，如果买团体票就是 8×20(元)，所以满足 $8\times20\leqslant10x$.

师：非常好，只要解这个不等式得出 x，就知道有多少人时适合买团体票了. 我们通过思考 19 个人、1 个人的购票策略，找到了规律，发现了问题的核心，从特殊到一般，抽象出了具体的数学不等式. 平时我们对于不太会解决的问题，也要这么去思考. 学习数学只要肯动脑子，多思考，问题一定可以迎刃而解.

片断 3　探究建模，操作活动

在讲解完课本上给出的一次不等式、二次不等式、不等式组这三个不等关系及我补充的一个图形方面的不等关系后，我进行了课堂小结，又抛出了一个问题.

师：如果烧的汤太淡了怎么办？

生众：放点盐啊.

师：太淡的本质是什么？

生 A：盐的浓度太低啊.

师：可以用不等式来解释这个现象吗？

（同学们经过一番思考）

生 B：假设原来 m g 溶液中有 n g 盐，现在放入 a g 盐，那么原来溶液的浓度是 $\frac{n}{m}$，现在溶液的浓度是 $\frac{n+a}{m+a}$，应该有 $\frac{n+a}{m+a}>\frac{n}{m}$(其中 $m,n,a>0$).

师：对吗？我们概括出了不等式，一起验证一下该式是否恒成立.

（教师带着学生一起计算出 $mn+am>mn+an$，进而得到 $m>n$.）

师：这是怎么回事，是不等式归纳错了吗？

生：不是，溶液是应该比溶质多，这个本来就是条件，在我们探究不等关系时，这个是前提，必须也写在旁边.

师：在归纳这个不等关系时，不等式旁要加上"且 $m>n$"作为条件，其实也就是提示我们,在写出实际生活中的不等关系时,我们还要注意各个字母的大小关系、取值范围等,以此作为前提,这对我们用不等式的相关知识来分析问题、得出数学结论非常重要.

3 稚化评析

虽然新课改之后的课堂发生了不少可喜的变化,但受传统的教学观念、教学方式以及应试教育等诸多因素的影响,一些教师在实施课堂教学时,仍然习惯于高高在上,站在自己的角度,以自己的知识水平去思考和讲授,把结果硬塞给学生,学生往往"知其然而不知其所以然",影响教学质量. 美国数学家G. 波利亚说:教师应当把自己放在学生的位置上,他应当看到学生的情况,应当努力去理解学生心里正在想什么,然后提出一个问题或是一个步骤,而这是学生自己原本想到的. 这就是"教师稚化思维"的内涵. 在新课程背景下的高中数学教学中,教师要把理解作为第一要素,从学生的角度去设计教学过程,稚化自己的思维,立足于促进学生的数学理解,让学生在理解中学会数学地思维,提升数学素养,实现可持续发展.

3.1 教师要换位思维,以学定教,把握稚化点

作为教师,无论是生活经验还是对数学知识的理解,都比学生来得深刻,有的重点、难点在教师看来比较简单,但是学生往往难于突破,理解困难. 教师有必要稚化自己的思维,与学生一起走入学生的原有经验,在学生原有思维水平上进行教学,顺着他们的思维逐渐展开,在思维的水到渠成中掌握新知识,可以大大降低学生学习新知识的难度,提高学习新知识的效果. 就如片断2中的门票问题,如果直接把不等关系抛给学生,也许有些学生就不理解为什么要这么列. 此时,笔者站在学生的角度,认为一下子解决不了这个问题,从而从特殊值的代入试验开始,归纳出本质的不等关系. 在整个过程中,教师应当成为一个领路人,要做什么,该向哪里走,怎么走,就交给学生自己去探索,真正锻炼学生的思维,让学生在思考中体悟问题解决的途径和方法,而不是"满堂灌",把学生作为一个过客.

3.2 创设有效的问题情境,激发学生的学习兴趣,凸显稚化点

数学有三种形态:原始形态、学术形态和教育形态. 其中,教育形态是指教师经过自己的设计,将学术形态的数学知识有效地"激活",是介于原始形态和学术形态之间的一种状态. 这里教育形态的成功构建很大一部分依赖于情境设置.《普通高中数学课程标准(实验)》指出:教学中要创设与学生的生活环境、知识背景密切相关的,又是学生感兴趣的学习情境. 情境是一切认知活动的基础. 很多数学问题的提出都是来源于我们的生产和生活,从学

生熟知的身边事入手，把自己的权威隐藏起来，稚化自己的思维，跟学生一起去探究问题，不仅可以让学生产生强烈的情感共鸣，激发他们参与课堂的热情，还可以培养学生发现问题、解决问题的能力和手段. 在本节课的情境设置上，既要符合"创设丰富的情境，使学生感受现实世界和日常生活中存在着大量不等关系"的教学目标，又要避免因为过多、过复杂情境的存在而模糊了教学视线，继而成为教学负担. 例如，片断 1 的情境，学生一旦发现是教师身边的事情，而教师又没有能够解决，他们的兴趣一下子就被激发起来，从而为后面发现"称重"背后隐藏的不等关系做了很好的铺垫工作.

3.3　注重问题设计的合理性，引导学生思考，寻找稚化点

对于数学学习来说，理解是至关重要的. 只有当学生对学习内容深刻地理解之后，才有可能真正掌握其思想方法，才有可能有所发现或创造. 数学理解是提升学生数学素养与数学精神的前提，学生数学思维能力和解决问题能力的发展是建立在理解基础之上的. 要想让学生学好数学、学会运用数学的知识、思想与方法去解决问题，提升数学素养，就必须抓住理解这一关键环节，努力去促进学生的理解. 教师要把理解作为第一要素，从学生的角度去设计教学过程，稚化自身的思维，立足于促进学生的数学理解，让学生在理解中学会数学地思维，提升数学素养，实现可持续发展. 而问题是数学的心脏，有效的问题可以在教授学生知识的同时，塑造学生的思维，使学生的思维更加合理化、程序化，形成认识世界的一般方法与习惯. 我们的课堂是由问题驱动的，学生要通过一个个问题的解决去理解数学的内涵. 如何处理好问题设计至关重要. 片断 3 中，笔者要重点处理的就是在研究实际问题时，不仅要归纳出不等关系，还要注重适用条件，有合理的前提条件才能得到合理的结论. 此处，笔者没有直接提"还有什么细节要注意""有什么遗漏"这样的问题，而是适当地稚化自己的思维，没有点破，通过检查，发现矛盾，跟学生一起寻找问题的根源，顺利发现并解决了问题. 相对于"填鸭式"的讲解"这个地方要注意……"要有效得多，十分自然地解决了为什么要学习不等关系的问题，为建立完整的数学学习逻辑体系奠定了基础.

执笔：过大维

借助操作活动完善认知 通过合作交流提升素养

——“椭圆的几何性质”一课的教学案例

1 背景描述

2017年的江苏省高中青年数学教师优秀课观摩与评比活动，于9月20—22日在依山傍水、风景如画的江苏省木渎高级中学举行，来自全省13个大市的27名选手分四组运用同课异构的方法，向参与活动的500多名专家和教师展示了各自的精彩课堂. 高一的两个组有13名选手，授课课题为“函数的奇偶性”；高二的两个组有14名选手，授课课题为“椭圆的几何性质”. 参赛选手的先进的教学理念和精湛的教学技艺为观摩代表及专家评委留下了深刻的印象. 笔者作为选手有幸参加了这一次活动，在活动中展示了苏教版数学选修2-1第二章第2.2.2节“椭圆的几何性质”一课. 这节课站在学生的角度设计，立足于完善学生的认知结构，着眼于提升学生的数学素养，在教学过程设计、教学活动组织和教学目标达成等方面花力气、下功夫，取得了较好的教学效果，受到了听课老师们与专家评委们的肯定与好评. 下面是这节课的课堂实录与教学感悟，与同行们分享，请专家们赐教.

2 片断实录

片断1 创设情境，引入课题

师：上节课，我们学习了椭圆，对椭圆这个图形已经有了直观的认识，下面请同学们动动手，利用一根绳子和两个钉子画出椭圆，通过小组合作来完成，哪组先画好就请哪组先展示你们的作品.

（学生合作画椭圆，并派出代表展示自己组画出的椭圆.）

师：同学们画得都很认真，非常好！请问，你们画出椭圆的依据是什么？

生：在画椭圆的过程中，绳子长始终不变，那点到两个钉子的距离之和不变. 这是运用了椭圆的定义，其中绳长是定义中的$2a$，两个钉子之间的距离是定义中的$2c$，并且$2a>2c$.

师：非常好！请同学们观察所画的椭圆，你能发现这些椭圆有哪些几何特征吗？

生：对称的，封闭的，有的“圆”，有的“扁”……

(学生口述,教师板书记录)

师：同学们通过观察发现了椭圆的部分几何性质,今天这节课,我们就来对椭圆的几何性质进行一番探究.(教师板书课题：椭圆的几何性质)

片断2　探索新知,建构数学

师：通过上节课的学习,我们知道,如果以焦点F_1,F_2所在直线为x轴,F_1F_2的中垂线为y轴建立平面直角坐标系,可以得到椭圆的标准方程,还记得这个标准方程是什么吗?

生：$\frac{x^2}{a^2}+\frac{y^2}{b^2}=1(a>b>0)$.

师：a,b,c这三个特征量之间具有怎样的关系呢?

生：$b^2=a^2-c^2$.

师：得到的标准方程有什么用呢?观察发现的几何性质只是直观上的感知,怎么才能说明它是正确的?如何去研究呢?

生：……

师：其实,早在17世纪,法国数学家笛卡尔创立解析几何时就告诉我们：解析几何的主要任务就是用代数方法研究几何问题.前面学习圆的时候,通过圆的方程研究过直线和圆的位置关系,那么,我们能否尝试利用椭圆的标准方程来研究椭圆的几何性质呢?

生：应该能.

师：同学们通过观察,首先发现了椭圆是对称图形,利用椭圆的标准方程,如何来研究椭圆的对称性呢?

生：……

师：为解决这个问题,我们还是先来观察图形,请大家思考：如果在椭圆上取一个点$P(x,y)$,那么该点关于x轴的对称点的坐标是什么?

生：$P'(x,-y)$.

师：这个对称点还在椭圆上吗?为什么呢?

生：在.因为点$P'(x,-y)$的坐标也满足椭圆的方程.

师：很好!如果点P是椭圆上的任意一点呢?它的对称点还在椭圆上吗?

生：对椭圆上的每一个点,它关于x轴的对称点都在椭圆上.

师：根据对称的意义,你能得出怎样的结论?

生：椭圆$\frac{x^2}{a^2}+\frac{y^2}{b^2}=1(a>b>0)$关于$x$轴对称.

师：你能用方程来论证你的结论吗?

生：将$P(x,y)$,$P'(x,-y)$代入方程$\frac{x^2}{a^2}+\frac{y^2}{b^2}=1(a>b>0)$中,方程都成

立，就能说明椭圆关于 x 轴对称.

师：也就是说，在椭圆的标准方程中，把 y 换成 $-y$，方程不改变，这说明当点 $P(x,y)$ 在椭圆上时，它关于 x 轴的对称点 $P'(x,-y)$ 也在椭圆上，所以椭圆关于 x 轴对称.

师：你能用类似的方法研究椭圆关于 y 轴和原点对称吗？

生：在椭圆的标准方程中，把 x 换成 $-x$，方程不改变，这说明当点 $P(x,y)$ 在椭圆上时，它关于 y 轴的对称点 $(-x,y)$ 也在椭圆上，所以椭圆关于 y 轴对称.

生：在椭圆的标准方程中，把 x,y 分别换成 $-x$ 和 $-y$，方程不改变，这说明当点 $P(x,y)$ 在椭圆上时，它关于原点的对称点 $(-x,-y)$ 也在椭圆上，所以椭圆关于原点对称.

师：同学们讲得非常好，通过上面的研究，我们可以得到，x 轴、y 轴是椭圆的对称轴，原点是椭圆的对称中心，椭圆的对称中心叫作椭圆的中心. 这样我们就能把握住椭圆的形状了，而要确定曲线在坐标系中的位置，常常需要求出曲线与坐标轴的交点坐标. 椭圆与坐标轴相交吗？利用椭圆的标准方程，你能求出椭圆与坐标轴的交点坐标吗？

生：椭圆与坐标轴一定相交，有 4 个交点. 只要在椭圆的方程中，令 $y=0$，得到 $x=\pm a$；令 $x=0$，得到 $y=\pm b$. 所以，椭圆与坐标轴的交点坐标为 $(-a,0)$，$(a,0)$，$(0,b)$，$(0,-b)$.

师：我们把这四个交点称为椭圆的顶点，记作 $A_1(-a,0)$，$A_2(a,0)$，$B_1(0,-b)$，$B_2(0,b)$. 线段 A_1A_2，B_1B_2 分别叫作椭圆的长轴和短轴，它们的长分别为 $2a$，$2b$，其中 a，b 分别叫作椭圆的长半轴长和短半轴长.

师：刚才有同学通过观察，还发现椭圆是一个封闭的几何图形，大家看看是这样的吗？

生：是的.

师：那椭圆上任意一点的横坐标和纵坐标能取到任意实数吗？

生：不能，有范围.

师：利用椭圆的标准方程，你能求出 x,y 的范围吗？

生：$\frac{x^2}{a^2}=1-\frac{y^2}{b^2}\leqslant 1\Rightarrow -a\leqslant x\leqslant a$，$\frac{y^2}{b^2}=1-\frac{x^2}{a^2}\leqslant 1\Rightarrow -b\leqslant y\leqslant b$.

师：得到 x,y 的范围，说明椭圆位于什么区域内呢？

生：矩形区域.

师：很好，利用椭圆的标准方程我们得到了椭圆的范围.

师：到这里，我们利用椭圆的标准方程研究了椭圆的三个几何性质：对称性、顶点和范围，由这三个性质，已经可以从整体上把握椭圆的形状、位置和大小，那么，刚才有同学还提到画出的椭圆有些比较“圆”，有些又比较“扁”. 请同学们回过来再看看我们所画的这些椭圆，哪一组画出的椭圆最“扁”?

生：第 3 组.

师：给大家的绳长是一样的，为什么画出的椭圆有的扁，有的接近于圆呢? 用什么样的量来刻画椭圆“扁”的程度呢?

生：c 发生了变化.

师：那你能说说 a 不变，c 的变化是如何影响椭圆“扁”的程度的呢?

生：a 不变，c 越大，椭圆越扁；a 不变，c 越小，椭圆越接近于圆.

师：所以 a 和 c 这两个量可以刻画椭圆“扁”的程度，那么如果 a 也在变化呢?

生：可以用 $\frac{c}{a}$ 的值来刻画.

师：非常好！我们用椭圆的参数 c 和 a 的比值来刻画椭圆的形状，这个比值叫椭圆的离心率.

定义：焦距与长半轴长的比 $\frac{c}{a}$ 叫作椭圆的离心率，记作 e. 接下来有两个问题：(1) 离心率的范围是什么呢? (2) 离心率 e 是如何影响椭圆“扁”的程度的呢?

生：因为 $a>c>0$，所以 $0<e<1$.

师：第(2)个问题呢?

生：e 越大椭圆越扁，e 越小椭圆越接近圆.

师：e 在开区间 $(0,1)$ 内取值，因此，e 越大，值只能越接近谁呢?

生：值越接近于 1.

师：e 越小呢?

生：值越接近于 0.

师：所以，我们通过探究发现，当 e 越接近 1 时，椭圆越“扁”；当 e 越接近 0 时，椭圆越“圆”.

(教师用 GeoGebra 软件动画演示.)

生：b 与 a 的比值更能较好地刻画椭圆“扁”的程度，为什么不能用 b 与 a 的比值作为离心率呢?

师：这个问题提得好！其实，a,b,c 三个量中任意两个量的比值都可以来刻画椭圆“扁”的程度，但为什么要选 $\frac{c}{a}$ 定义椭圆的离心率呢? 这是因为 $2a$ 和 $2c$ 是椭圆定义中给出的原始量，而 b 是引入量，所以定义一般要回归原始量，至于 a 和 b 的比值或者 b 和 c 的比值是怎样来刻画椭圆“扁”的程度的，同学们可以在课后做进一步的探究！

师：离心率在天文学中有着十分重要的作用，我们知道费俊龙（苏州昆山人）驾驶“神舟六号”飞船先在预设的椭圆轨道上飞行，然后要经过多次变轨，当最后变轨为圆形轨道后安全返航，所以预设轨道的离心率的计算需要非常精确. 离心率在天文学中叫作偏心率，它是制约各类（不同高度）空间飞行体轨道寿命的关键因素之一，有兴趣的同学课后可以查阅资料，你会得到更多的收获和意外的惊喜.

师：前面，我们利用椭圆的方程研究了中心在原点、焦点在 x 轴上的椭圆的几何性质，你能用类似的方法，探究出中心在原点、焦点在 y 轴上的椭圆的几何性质吗？

（学生尝试探究，教师投影表格，让学生在完成填表的过程中体会运用椭圆方程研究椭圆的几何性质的方法，并将两种椭圆的几何性质进行比较，完善认知，深化理解.）

片断 3　实例分析，深化理解

师：我们对椭圆的几何性质及其研究方法已经有了一定的认识和了解，下面就来看看这些性质的应用.

例 1　求椭圆 $\frac{x^2}{25}+\frac{y^2}{9}=1$ 的长轴长、短轴长、离心率、焦点坐标和顶点坐标，并用描点法画出这个椭圆.

（学生口述答案，教师板书并强调规范性.）

师：要画出整个椭圆，由几何性质可知，我们只需如何描点画图呢？

生：先在矩形区域中，画出一个象限的图像，其余象限的图像利用椭圆的对称性画出.

师：将椭圆的方程 $\frac{x^2}{25}+\frac{y^2}{9}=1$ 改成 $\frac{x^2}{9}+\frac{y^2}{25}=1$，结果是什么？

（学生完成，教师点评.）

师：方程 $4x^2+y^2=16$ 表示的图形是什么？你能说出它的几何性质吗？

生：将方程变形为 $\frac{x^2}{4}+\frac{y^2}{16}=1$，可知它表示中心在原点、焦点在 y 轴上的椭圆.

师：很好！类似地也可以得出它的几何性质，留给大家课后完成. 请同学们看下面的问题.

例 2 我国发射的第一颗人造地球卫星的运行轨道是以地球的中心（简称“地心”）F_2 为一个焦点的椭圆，已知它的近地点 A（离地面最近的点）距地面 439 km，远地点 B（离地面最远的点）距地面 2384 km，AB 是椭圆的长轴，地球半径约为 6371 km，求卫星运行的轨道方程.

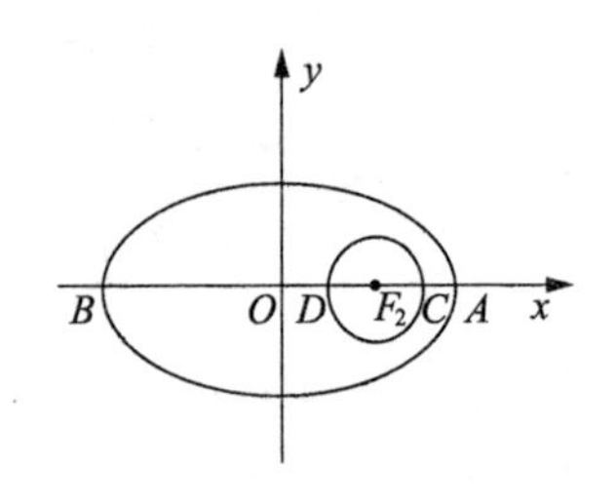

师：要求椭圆方程，我们首先要建系，怎么建系呢？

生：以 AB 所在直线为 x 轴、AB 的中垂线为 y 轴.

师：那怎么设所求的椭圆方程呢？

生：$\frac{x^2}{a^2}+\frac{y^2}{b^2}=1(a>b>0)$.

师：怎么求 a,b,c 的值呢？

生：$2a=AC+CF_2+DF_2+BD,c=OF_2=OA-AC-CF_2$.

师：非常好，再利用 $b^2=a^2-c^2$ 求出 b，就得到椭圆的标准方程，请同学们看一下课本上的解题过程.

（学生看课本，学会用规范的语言和格式表述解题过程.）

片断 4　回顾反思，总结提升

师：下面请大家一起来回顾一下本节课的学习内容. 我们研究了什么问题？运用了什么方法，得到了什么结论？有怎样的收获和体会？

生：研究了椭圆的几何性质，运用了代数方法研究几何性质，得到了椭圆是对称的几何图形，了解了一些概念，如顶点、长轴、短轴、长半轴和短半轴，还有椭圆是封闭的几何图形，椭圆的离心率是刻画椭圆“扁”的程度的几何量.

师：说得非常好！用代数方法研究几何问题是解析的核心思想，以后还要进一步运用，希望同学们能好好地加以体会.

3　稚化评析

本节课是在学生学习了曲线与方程、椭圆的定义和标准方程的基础上，根据椭圆的标准方程来研究椭圆的几何性质. 通过本节课的学习，不仅要使学生了解和掌握椭圆的对称性、范围、顶点、离心率等几何性质，会正确地运用椭圆的几何性质解决问题，更重要的是让学生学会运用代数的方法研究几何问题，体会解析几何的核心思想，感受解析几何学习的目的和特点，为后续深入学习研究其他圆锥曲线提供思路和方法，做好铺垫，奠定学习基础.

学生经过对必修 2 解析几何的初步学习，已经初步感受了解析几何的核心思想和方法：以坐标系为研究工具，将几何对象转化为代数对象，通过对代数对象的研究，进而解决几何问题.但具体地运用曲线的方程来研究曲线的几何性质，对学生来说，这还是第一次，在认知上存在一定的障碍，学习难度较大，怎样让学生充分认识和正确运用椭圆的方程来研究椭圆的几何性质，进一步体会运用代数方法研究几何问题的思想和方法，是需要着力解决的问题.

为此，笔者在教学中站在学生的角度设计，稚化自己的思维，运用“问题驱动”的策略，紧紧围绕着两条主线展开：一条是知识线，从数学内部提出问题，通过画椭圆，看椭圆，回顾椭圆的定义和标准方程，直观地得出椭圆的几何性质，再借助例题与变式训练，深化学生对数学的理解，完善学生的认知结构；另一条是思想方法线，紧紧抓住椭圆的方程与椭圆的几何性质之间的关系，进行推理论证，渗透运用代数方法研究几何问题的思想，培养学生理性思维的能力，提升学生的数学核心素养.

本节课的一个教学难点是离心率的建构与理解，为突破这一难点，笔者做了以下工作：

(1) 在画图时就将离心率的问题预设在这一过程中，充分做好铺垫工作；

(2) 通过观察图形发现 a 不变，c 变化时，椭圆形状的变化，让学生加强直观感知；

(3) 通过 GeoGebra 软件的动画演示，使学生深刻体会离心率的变化对椭圆形状的影响.

借助这样几个环节，有效地帮助学生克服了认知上的障碍，形成了对离心率这一几何概念的感性认识，深化了对椭圆离心率的几何意义的理解.

建构主义理论认为，学习不是简单的知识传递，而是学生自己建构知识的过程，这种建构是无法由他人代替的.建构主义理论的核心是以学生为中心，强调学生对知识的主动探索、主动发现和对所学知识的意义的主动建构.借助学生的动手操作和探究发现，引导学生通过自己的积极思维去发现椭圆的几何特征，探索图形的变化与方程之间的内在联系，建构起对椭圆几何性质和运用曲线方程研究曲线性质的思想方法的认识和理解，这样的处理可以较好地调动学生学习的积极性和主动性，促进学生理性思考的能力和数学核心素养的提升，有利于学生的长效发展和终身发展，实现真正意义上的有效教学和高效教学.

执笔：瞿春燕　钱军先

教师善于贴地而行　学生才能翩翩起舞

——基于教师稚化思维的"三角函数的诱导公式"的教学案例

1　背景描述

前不久,笔者参加了无锡市教学新秀评比的课堂教学展示活动,课题是苏教版数学必修4第1章第1.2.3节"三角函数的诱导公式".根据教材安排,教学内容需2个课时完成,本节课是第1课时.笔者依据新课程"以学生为本"的理念,在认真研究教材和学生的基础上,精心设计教学方案,运用问题驱动的策略展开教学活动,取得了较好的效果,受到了听课老师和专家评委的肯定与好评.

高中数学的三角函数中引入了任意角,出现了正角、负角和零角,将角的概念推广到任意角以后,如何在任意角的三角函数中将大角化为小角,将负角化为正角,进而运用锐角的三角函数求出其三角函数值呢?三角函数的诱导公式架起了未知通往已知的桥梁,成为求任意角的三角函值的重要工具,为进一步研究三角函数的图象和性质以及三角恒等变形奠定了坚实的基础.

本节课的主要内容是4组诱导公式的推导过程及简单应用,引导学生基于"诱导公式本质上是圆的旋转对称性和轴对称性的解析表述"的角度,经历三角函数诱导公式的推导过程,理解三角函数的诱导公式,体会数形结合思想和转化思想,学会用联系的观点看待问题,掌握"研究问题"的一般方法,发展数学思维,培养探究精神,提升核心素养,是教学中需要着力解决的问题.

对学生来说,本节课内容及公式繁多,较难记忆和理解,初学起来有一定的困难.教学中,笔者从学生原有的知识、经验中寻找生长点,降低思维起点,有针对性地设计了一系列由浅入深、层次分明的阶梯性问题,把抽象的、形式化的教材知识转化为便于学生理解的、生动的问题,引导学生进行探究,有效地促进了学生对知识的理解与掌握,实现了"教师贴地而行,学生翩翩起舞".

2　片断实录

片断1　复习回顾，提出问题

任意角的三角函数的定义(投影展示).

问题1：P点在终边上的位置对三角函数值有影响吗？

因为P点在终边上的位置不影响三角函数值的大小，所以，为了计算和研究方便，通常我们把角α的终边与单位圆的交点作为P点，那么，P点到原点的距离就等于1，$\sin\alpha=\frac{y}{r}=\frac{y}{1}=y$，$\cos\alpha=\frac{x}{r}=\frac{x}{1}=x$，$\tan\alpha=\frac{y}{x}$. 单位圆与角$\alpha$的终边的交点的坐标可表示为$P(\cos\alpha,\sin\alpha)$.

师：通过前面的学习，我们已经将角的概念推广到了任意角，并学习了任意角的三角函数的定义以及同角三角函数的关系，那么，任意角的三角函数值怎样去求呢？比如，$1110°$角，你知道它的正弦是多少吗？

问题2：怎样求出$1110°$角的正弦、余弦、正切值？

在学生尝试的基础上，教师提问：你是怎么求出的？

生：因为$1110°=1080°+30°=30\times360°+30°$，所以$1110°$角的正弦、余弦及正切值和$30°$角的正弦、余弦和正切值是一样的.

追问1：你能再找出多少个与$30°$角的正弦、余弦、正切值都相同的角呢？

追问2：你能得到什么一般性的结论？如何证明？

由三角函数的定义可知，终边相同的角的同一三角函数值相等，即

$$\begin{cases}\sin(\alpha+2k\pi)=\sin\alpha(k\in\mathbf{Z}),\\ \cos(\alpha+2k\pi)=\cos\alpha(k\in\mathbf{Z}),\\ \tan(\alpha+2k\pi)=\tan\alpha(k\in\mathbf{Z}).\end{cases}\qquad(\text{公式一})$$

说明：给任意一个角加上2π的整数倍，它的三角函数值不变.

小结：公式一的作用是什么？

生：运用这组公式，可以把任意角的三角函数值转化为$0°\sim360°$的角的三角函数值.

片断2　拾级而上，引导探究

问题3：你能求出$690°$角的正弦、余弦和正切值吗？

学生运用公式一，能得到下列情况：$\sin690°=\sin330°$，$\sin690°=\sin(-30°)$，但是无法继续计算. 教师引导学生通过三角函数的定义，画出角的终边，找到角的终边与单位圆的交点P，利用点P的坐标来求得$690°$角的三个三角函数值，即$\sin690°=-\frac{1}{2}$，$\cos690°=\frac{\sqrt{3}}{2}$，$\tan690°=-\frac{\sqrt{3}}{3}$.

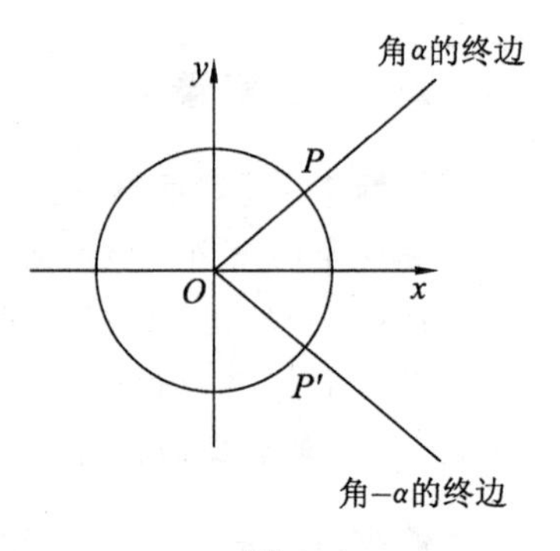

图 1

追问 1：690°角的正弦、余弦和正切值与30°角的正弦、余弦和正切值之间有怎样的关系？为什么会有这样的关系？

追问 2：你能得到一般性的结论吗？（将30°角看作角 α）

$$\sin(-\alpha)=-\sin\alpha,$$
$$\cos(-\alpha)=\cos\alpha,\quad(\text{公式二})$$
$$\tan(-\alpha)=-\tan\alpha.$$

追问 3：你能证明这个结论吗？

证明(板书)：如图 1，角 α 的终边与单位圆的交点为 $P(\cos\alpha,\sin\alpha)$，角 $-\alpha$ 的终边与单位圆的交点为 $P'(\cos(-\alpha),\sin(-\alpha))$，因为角 α 的终边与角 $-\alpha$ 的终边关于 x 轴对称，所以点 P 与点 P' 关于 x 轴对称，所以 $\sin(-\alpha)=-\sin\alpha$，$\cos(-\alpha)=\cos\alpha$.

由同角三角函数关系得 $\tan(-\alpha)=\dfrac{\sin(-\alpha)}{\cos(-\alpha)}=\dfrac{-\sin\alpha}{\cos\alpha}=-\tan\alpha$.

追问 4：回顾解决问题的过程，你能把方法概括一下吗？

我们借助单位圆，利用角 $-\alpha$ 与角 α 的终边关于 x 轴对称，根据任意角三角函数的定义，研究了角 $-\alpha$ 与角 α 的三角函数值之间的关系，这种对称关系用代数语言表达就是上面的公式二.

教师引导学生回顾并归纳公式二的探索过程，将终边的对称作为研究三角函数问题的一种方法使用. 经过梳理，上述研究路线图为：角的关系→终边的对称关系→终边与单位圆的交点坐标间的关系→三角函数值间的关系.

问题 4：两个角的终边除了有关于 x 轴的对称关系以外，还可能有哪些特殊的对称关系？

教师引导学生回答出关于 y 轴对称和关于原点对称.

追问 5：当两个角的终边具有上述对称关系时，这两个角的三角函数值之间又会有怎样的关系呢？

请学生自主探究，借助三角函数的定义，仿照公式二的推导过程，探求两个角的三角函数值之间的关系. 请学生口答结论并叙述证明过程，从而得到公式三和公式四.

$\sin(\pi-\alpha)=\sin\alpha$，　　　　　$\sin(\pi+\alpha)=-\sin\alpha$，
$\cos(\pi-\alpha)=-\cos\alpha$，（公式三）　$\cos(\pi+\alpha)=-\cos\alpha$，（公式四）
$\tan(\pi-\alpha)=-\tan\alpha$.　　　　　$\tan(\pi+\alpha)=\tan\alpha$.

问题 5：由公式二、三能推导出公式四吗？根据公式二、三、四中的任意

两组公式，你能推导出另外一组公式吗？

教师向学生展示图象，角的终边先关于 x 轴对称，再关于 y 轴对称，最后达到的效果是角的终边关于原点对称，从而启发学生，由公式二、三能够推导出公式四.

证明：$\sin(\pi+\alpha)=\sin[\pi-(-\alpha)]=\sin(-\alpha)=-\sin\alpha$，

$\cos(\pi+\alpha)=\cos[\pi-(-\alpha)]=-\cos(-\alpha)=-\cos\alpha$，

$\tan(\pi+\alpha)=\tan[\pi-(-\alpha)]=-\tan(-\alpha)=\tan\alpha$.

同理，利用上述方法，让学生先观察角的终边经过连续两次对称变换后的合成效果，再借助已有公式，就能够由公式二、四推导出公式三，也能够由公式三、四推导出公式二.

片断 3　解决问题，尝试应用

问题 6：请同学们思考，上面研究的诱导公式可以实现角的哪些转化？你能运用这些公式求出下列各三角函数的值吗？

(1) $\cos225^\circ$；(2) $\sin\frac{11\pi}{3}$；(3) $\sin\left(-\frac{16\pi}{3}\right)$；(4) $\cos(-2040^\circ)$.

师生活动：学生板书，教师巡视，纠正错误.

教师分析：先将不是 $0\sim2\pi$ 范围内的角的三角函数，转化为 $0\sim2\pi$ 范围内的角的三角函数（利用诱导公式一），或先将负角转化为正角，再用诱导公式化到 $0\sim\frac{\pi}{2}$ 范围内角的三角函数.

解析：(1) $\cos225^\circ=\cos(180^\circ+45^\circ)=-\cos45^\circ=-\frac{\sqrt{2}}{2}$.

(2) $\sin\frac{11\pi}{3}=\sin\left(4\pi-\frac{\pi}{3}\right)=-\sin\frac{\pi}{3}=-\frac{\sqrt{3}}{2}$.

(3) $\sin\left(-\frac{16\pi}{3}\right)=-\sin\frac{16\pi}{3}=-\sin\left(5\pi+\frac{\pi}{3}\right)=-\left(-\sin\frac{\pi}{3}\right)=\frac{\sqrt{3}}{2}$.

(4) $\cos(-2040^\circ)=\cos2040^\circ=\cos(6\times360^\circ-120^\circ)=\cos120^\circ=\cos(180^\circ-60^\circ)=-\cos60^\circ=-\frac{1}{2}$.

片断 4　总结反思，完善认知

问题 7：通过这一组题目，我们不难发现，任意角的三角函数值最终都转化成了锐角的三角函数值. 这一过程通常要经历哪些步骤？（请学生口答，教师总结.）

上述过程充分体现了化归的思想方法，化未知为已知、化繁为简、化难为易.

问题 8：本节课我们学到了什么？（四组诱导公式）

用怎样的方法去推导出这些公式？（利用单位圆、终边的对称性、点的对称性）

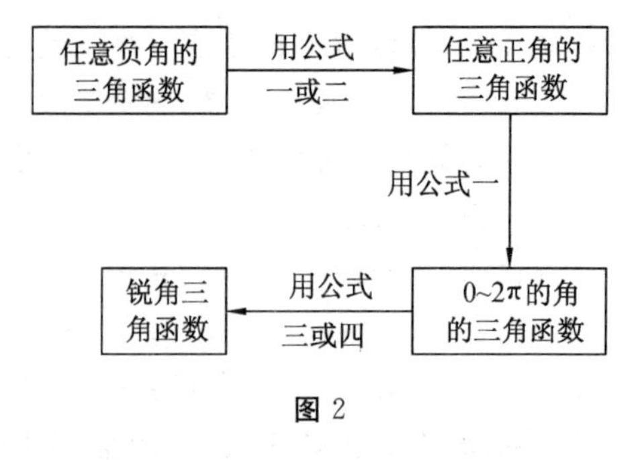

图 2

角的终边的对称关系是一种几何关系，而诱导公式是这种几何关系的代数表示. 诱导公式的实质是将终边对称的图形关系"翻译"成三角函数值之间的代数关系，这里充分体现了数形结合的思想方法. 通过这一节课的学习，请同学们牢记四组诱导公式，体会两种数学思想方法，在今后的学习中，能够学以致用.

3 稚化评析

3.1 教师降低思维层次，关注学生的已有经验，找准教学的起点，合理地引入新知

稚化思维即教师把自己的思维降低到学生的思维水平上，有意识地退回到与学生相仿的思维状态，设身处地地揣摩学生的认知水平、思维角度和思维方法，通过换位思考，教师将思维"学生化". 稚化思维体现了新课程"以学定教"的教学理念，要求教师要以学生的认知结构和已有经验为起点确定教学，这与"以学生的发展为本"的内涵是一致的. 学习任何一种知识和技能，都是以已经习得的、从属于它们的知识和技能为基础的. 学生并不是空着脑袋走进教室的，他们的已有经验是他们继续学习、深入探求之本. 教师只有充分了解学生原有的知识经验和现有的知识能力的真实状况，从学生的认知结构与思维特点出发，遵循稚化思维的原则，降低自己的思维层次，模拟学生的思维方式，才能以学生的认知结构为稚化起点进行教学设计，把握学生学习的"最近发展区"，在学生的"最近发展区"引领学生学习，促进学生发展.

学习本节课之前，学生的已有经验主要包括：函数学习的过程与方法、任意角的概念、任意角的三角函数的定义、圆的对称性及其坐标表示等，这些是本节课教学展开的重要基础. 因此，笔者在进行引入部分的设计时，首先安排了复习回顾任意角的三角函数的定义，使学生进一步明确角的终边上点的坐标与三角函数值之间的联系. 同时安排了问题 1，这样设计的目的是，一方面使学生熟悉、巩固任意角的三角函数的定义，加深理解相关概念；另一方面，引导学生结合三角函数的定义，做好"从角的终边（自变量）的对

称性到函数值的关系”的过渡，利用单位圆来定义任意角的三角函数，建立了角的变化与单位圆上点的变化之间的对应关系，进而利用单位圆上点的坐标来定义三角函数，把任意角的三角函数的余弦值和正弦值分别转化为角的终边与单位圆交点的横坐标与纵坐标，使得后面对三角函数的诱导公式的推导全部都能够通过角的终边的对称关系转化为角的终边与单位圆的交点的对称关系来得到解决，从而为整节课的公式推导奠定了方法基础. 这样的引入贴近学生已有的生活经验和认知水平，不生疏不突兀，唤起了学生原有认知结构中的有关知识、经验及表象，使学生能够利用有关知识与经验去“同化”或“顺应”当前学到的新知识. 问题 2 的设置进一步引出了本节课的学习内容，让学生认识到学习本节课内容的必要性，即利用三角函数的诱导公式可以把任意角的三角函数化为锐角三角函数，利用诱导公式能进行任意角的三角函数的求值、化简、证明，激发学生学习的积极性与主动性.

3.2　运用合理有效的方法，为学生搭建“脚手架”，突出教学重点，突破教学难点

传统意义上的数学教学，强调的是知识的传授、技能的训练、教师的控制. 课堂教学方式基本上是灌输式的讲授法，学生的学习是一个被动接受知识、强化储存的过程，学生对所学的数学理论掌握得模棱两可，对解题规律不能很好地体会. 布鲁纳认为：实现教育任务的一个可靠方法是善于引导学生去发现、探索或解决问题. 这就要求教师在教学中，要把学生当成真正的主人，将“舞台”让给学生，实现教师从“演员”到“导演”、学生从“观众”到“演员”的转变. 为此，在教学过程中，教师必须站在学生的角度思考问题、设计问题、引领活动，让学生积极参与、自主探究，使学生在活动中充分暴露思维过程，展示自己的才能，掌握研究问题的一般方法，取得成功的体验，获得学习的快乐，实现“教师贴地而行，学生翩翩起舞”.

不少教师认为，数学公式的教学重点应是公式的运用，数学公式的教学设计就是例题和练习的设计，通过例题与练习的教学让学生学会对公式的正用、逆用、活用. 于是，数学公式的教学设计也总是省略公式的生成过程，在快速得到公式后，即将主要的教学时间与精力安排在例题与练习的教学上. 笔者认为公式的运用固然重要，但公式的生成过程绝不能忽视. 本节课是一节概念课，概念课要力求使学生能够积极体验知识产生、发展的过程，要把知识的来龙去脉搞清楚，理解公式的推导过程，改变死记硬背的方法. 将机械记忆转变为理解记忆. 基于此，本节课笔者以“问题串”的方式组织课堂教学活动，开展探究性学习. 在教学设计中，先由旧引新，简单复习任意角的三角函数的定义后，通过问题 1、2 引导学生感知为什么要学习新内容，学

习哪些新的内容；其次引导学生从“形”上感知对象之间的关系，同时从“数”上进行表征；第三是启发学生探讨公式二、三、四之间的内在联系；最后通过练习，概括求任意角的三角函数值的一般步骤，丰富学生的程序性知识.整个设计通过问题串引导学生发现问题、分析问题、解决问题，组织学生进行自主探索，合作讨论，同时结合多媒体动态演示，这样既发挥了预设的导向作用，又让学生在探究中体验数形结合、由特殊到一般、归纳类比等方法，实现未知到已知、复杂到简单的转化过程，增强了学生对知识的理解，提升了学生的推理和运算能力.问题串的设计既注重了整体性，又注重了层次性和探究性，为学生从已有经验中生长出新的知识一步步搭建出合适的“脚手架”，正所谓“道而弗牵，强而弗抑，开而弗达”，教学过程成为师生交往、互动、共同发展的过程，而不再是教师的“一言堂”.

3.3 思维训练与情感体验并重，渗透数学思想方法，引领学生思考，促进学生理解

学生的学习过程是学生获得体验、产生学习数学积极情感的重要途径.教师在教学设计中，如果能够关注数学文化，做到“入口浅，寓意深”，让学生感受数学魅力的同时，体会数学的“有趣”和“神奇”，就能提高学生学习数学的兴趣，享受数学学习的过程，提高理性思维能力.数学学习要注重过程，让学生经历知识发现、发生和发展的过程，体会此过程中的数学思想方法.在本节课的教学设计中，让学生主动参与公式建构的过程是重点.由于每组公式的建构过程、解决问题的手段及思想方法相似，因此要引导学生总结、揭示解决问题的规律，感受数形结合、由特殊到一般的化归思想，并利用这两种思想方法自主建构后面几组诱导公式.

数学思想是对数学内容和方法的本质认识和进一步抽象概括，它既是在具体的数学内容中提炼的数学观点，也是在具体的数学活动中解决问题的根本方法.数学知识的发生过程，实际上就是思想方法的发生过程.本节课的教学中，笔者在逐步对问题展开研究的过程中，充分引导学生利用角的终边位置的特殊关系和任意角的三角函数的定义，探索发现了公式一和公式二，在此基础上，进行归纳总结，帮助学生发现生成公式的本质在于角的终边的对称性，将终边不同的对称情况分别进行探索研究，最终得出四组诱导公式，使学生深刻体会到诱导公式就是角的终边对称关系的另一种表现形式，即在形的方面表现出来的是角的终边的对称性，而在数的方面表现出来的就是三角函数的诱导公式.在逐步探究和解决问题的过程中，让学生充分感知“数形结合”与“化归转化”等数学思想方法的渗透，感受数学美的无尽魅力.数学课堂的每一个环节，无不蕴含着向学生渗透思想方法、提高思

维品质的好机会.传授知识并不意味着仅仅展现教材上现成的结论,更应重在揭示隐含在其中的精彩而独特的思维过程,引导学生的思维深入到知识的再发现过程中去,促进学生对知识本质的掌握和理解,使学生真正懂得数学,学会理性思考,有效地提升思维品质和数学素养,为终生发展奠定基础.

执笔:管萌珠　钱军先

在问题变式中促进理解　于拓展引申中提升素养

——以“基本不等式的应用”一课为例

1　背景描述

掌握数学知识意味着什么？那就是解题.解题是数学学习的一个重要环节,在数学学习中一直占据着主导地位.学生对所学的数学知识、数学思想与常用方法的理解和掌握,只有通过解题才能体现.如何通过解题教学,培养学生的数学素养,提升学生的解题能力,是每一位数学教师必须面对和着力解决的课题.美国著名数学教育家G.波利亚说过:一个专心的认真备课的教师能够拿出一个有意义的但又不复杂的题目,去帮助学生挖掘问题的各个方面,使得通过这道题,就好像通过一道门户,把学生引入一个完整的理论领域.数学解题不能等同于题海战术,不能就题论题,而要适当地进行变式训练,在变式拓展中揭开数学题目中的内涵和价值,帮助学生树立正确的学科观,培养学生数学学科的核心素养,促使学生触类旁通,举一反三,领悟数学之道,从而有效地提升分析问题和解决问题的能力.下面以“基本不等式的应用”一课中的教学片断为例,谈谈笔者的认识和体会,供大家参考.

2　片断实录

师：我们来看这样的问题：已知 $x,y>0,x+y=1$,求 $\frac{1}{x}+\frac{1}{y}$ 的最小值.

思考片刻,有两个学生各自提出一种解法：

生 1：$\because\ x,y>0,x+y=1\geqslant 2\sqrt{xy}$，$\therefore\ \sqrt{xy}\leqslant\frac{1}{2}$，$\therefore\ \frac{1}{x}+\frac{1}{y}\geqslant 2\sqrt{\frac{1}{xy}}\geqslant 4$，$\therefore\ \frac{1}{x}+\frac{1}{y}$ 的最小值为 4.(**法 1**)

生 2：$\because\ x,y>0,\frac{1}{x}+\frac{1}{y}=\frac{x+y}{x}+\frac{x+y}{y}=2+\frac{y}{x}+\frac{x}{y}\geqslant 4$，$\therefore\ \frac{1}{x}+\frac{1}{y}$ 的最小值为 4.(**法 2**)

师：两位同学从不同的角度,运用基本不等式求出了最小值,上述过程有需要完善的地方吗?

生：都没有检验等号成立的条件.

师：很好！运用基本不等式求最值，一定要注意“一正、二定、三相等”，缺一不可.

经过学生验证，发现虽然生1用了两次基本不等式，但是等号同时成立，所以两个方法都可行.这里笔者特意强调等号成立的条件，为后面埋下伏笔.下面笔者趁热打铁，给出变式：

师：如果把“$x+y=1$”改为“$x+y=2$”（**变式1**），这个题目还可以解决吗？

很快，有学生用类似生1的方法解决了问题，并且严格检验了等号成立的条件.但是，当笔者要他们看看有没有类似生2的方法时，学生面露难色了.

师：我们来回顾一下生2的解法，生2在处理的时候，把“1”换成了题目中的“$x+y$”，那现在$x+y=2$，怎么办，不能代换了？

同学们恍然大悟：把$\frac{1}{x}+\frac{1}{y}$中的“1”理解为$\frac{1}{2}\times 2=\frac{1}{2}\times(x+y)$，其他和生2的做法都一样.

师：难不倒你们吗？再来！条件和结论互换，如果题目是“已知$x,y>0,\frac{1}{x}+\frac{1}{y}=1$，求$x+y$的最小值”呢？（**变式2**）

经过一段时间的课堂讨论，学生们意识到对变式2的处理依然是法1和法2都可以用.

前面，通过三个类似的问题，学生对运用基本不等式求最值加深了认识，熟悉了方法，但是鉴于学生的理解还不够，要归纳通性通法，也为了承上启下，笔者进行了小结.

师：原题和变式，我们都用了两种方法，通过比较可以发现，法1都用到了两个基本不等式，恰巧两次基本不等式等号成立的条件一致，不等式可以连续取到等号.而法2我们是把已知条件中的“1”进行了代换，好处是只要用一次基本不等式.如果给的已知条件不是等于1而是为m的话，在用法2时就需乘一个$\frac{1}{m}$，凑配成右边为1的形式即可.

刚才的两个变式，一个改变了数字，一个改变了条件和结论的顺序，都被同学们轻松地解决了.下面，你们可以自己编制出类似的题目吗？只提一个要求，所有已知或者要求的字母前系数为正.

一开始，学生们面面相觑，毕竟以前都是教师出题，学生解题，突然改成了开放性问题，要他们自己出题，他们还是很不适应.但是为了培养学生发现问题和提出问题的能力，课堂上要给学生创造机会. 一会儿，一个学生在下面跃跃欲试.

生：按照前面两个变式的方法，我的题目是：已知 $x,y>0,x+2y=5$，求$\frac{4}{x}+\frac{1}{y}$的最小值.

师：非常好，我们不仅要学会解决现成的问题，还要善于发现问题和提出问题. 同学们还有其他的想法吗？

一石激起千层浪，同学们的积极性被调动起来了，纷纷举手. 笔者根据难易程度，把学生的问题依次归纳为下面 3 类：

变式 3　已知 $x,y>0,x+2y=1$，求$\frac{1}{x}+\frac{1}{y}$的最小值.

变式 4　已知 $x,y>0,\frac{4}{x}+\frac{1}{y}=1$，求 $x+2y$ 的最小值.

变式 5　已知 $x,y>0,x+2y=5$，求$\frac{4}{x}+\frac{1}{y}$的最小值.

师：非常好，大家提出了很好的问题，怎么解决这些问题呢？先来看变式 3 吧.

生：跟法 1 类似，$\because\ x,y>0,x+2y=1\geqslant 2\sqrt{2xy}$，$\therefore\ \sqrt{xy}\leqslant\frac{1}{2\sqrt{2}}$，$\therefore\ \frac{1}{x}+\frac{1}{y}\geqslant 2\sqrt{\frac{1}{xy}}\geqslant 4\sqrt{2}$.

师：大家同意吗？

学生们都点头，我提问：“有没有其他方案？”

生：跟法 2 类似，有$(x+2y)\left(\frac{1}{x}+\frac{1}{y}\right)=1+\frac{2y}{x}+\frac{x}{y}+2=3+\frac{2y}{x}+\frac{x}{y}\geqslant 3+2\sqrt{2}$.

师：怎么两个方法结果不同？

学生纷纷称奇，仔细观察两个方法.

生：第 1 个方法用的两次基本不等式等号不能同时成立，所以答案错了！

有了前面的铺垫，对这个问题的处理，学生显然得心应手了. 对变式 4 和变式 5，学生也很快发现法 1 走不通，而法 2 却没有问题. 此时，笔者要求学生对本段内容进行小结，学生陷入了沉思. 最后通过讨论，大家对这些题目进行了分析和比较，达成如下共识：

(1) 运用基本不等式求最值，不能忘记检验等号成立的条件.

(2) 形如 $mx+ny$ 和 $\frac{p}{x}+\frac{q}{y}$ 的两个式子(字母都为正数),知道其中一个是定值的话,另一个就可以求最小值. 法 1 有局限性,所以从通法的角度说,法 2 显然是常规方法.

师:非常好,最后留两个思考题供同学们课后完成:

① 已知 $x\in(0,1)$,求 $\frac{4}{x}+\frac{1}{1-x}$ 的最小值.

② 如果形如 $mx+ny$ 和 $\frac{p}{x}+\frac{q}{y}$ 的两个式子中,m,n,p,q 中字母有负数,该如何处理,还能不能解决呢?

3　稚化评析

变式训练是一种揭示数学本质的思维过程,作为一种教学常用的手段,它能够基于一个问题进行相应的拓展和扩充,培养学生的发散思维能力和发现问题、解决问题的能力,避免对同一个问题反复练、天天练,将学生从题海中解脱出来,能在不断变化的背景下辨析正误、深化理解,内化知识、形成网络,提升数学思维能力、升华数学思想方法,培养学生的应变能力、创新能力,从而使解题思路实现从特殊到一般的质的飞跃. 在解题教学中,要善于运用变式拓展,以有效地提高教学的效益.

3.1　一题多解,在探索发现中拓宽解题的思路

对于用一个数学问题,因思考的角度不同,可得到多种不同的思路. 解题教学时,启发学生从不同的角度进行思考,用不同的方法建立模型,让学生去比较,在思考的过程中,使学生感受从不同角度解决问题、用不同模型理解问题的优劣. 不同的解题方法对于学生来说都是一种创新思考的机会,学生的思维不会被题型所局限,有助于学生更深层次地理解题型,能够很好地培养学生运用数学知识的能力.

为了拓展和发散学生的解题思维,我们需要在平时的高中数学教学过程中,不失时机地来引导学生共同开展"一题多解"的训练,帮助学生进一步地了解和认识相应的数学知识,深化学生对数学知识的理解,以此来促使学生进行全方位、多角度的思考,拓宽学生的解题思路,拓展学生的思维空间,提高学生思维的深刻性和广阔性.

3.2　一题多变,在变式引申中发展学生的思维

数学课堂教学中,往往一节课就学习一个知识点. 要让学生能够将所学习的知识掌握好,就要求我们在教学时要吃透教材,将知识向纵深处挖掘. 一题多变,就是首选的一种好的操作方法. 由课本上的例题或习题设计变式

训练题，不仅能使学生学会基础知识，还能提高学生的应变能力，拓展学生的思维空间，而不需给学生布置太多的课外作业来增加学生的负担，因为作业多了只会加剧学生的厌学情绪，变式训练起到了让学生有章可循、层层推进、逐步提高的作用.

教师应将讲解的例题进行适度的推广和变通，将题目中的具体条件或是解题的结论作为已知条件进行转变，从而更全面、深入地探究问题本质的变与不变的内在联系. 使学生开动脑筋根据改变的情况进行主动、积极的思考，迅速找出针对问题解决的方法，避免呆滞和僵化的现象发生. 在拓展学生学习领域的同时刺激学生对知识的探索与发现的求知欲望，提升学生对知识的学习欲望和发现精神.

3.3　多题一解，在本质揭示中深化学生的理解

学生的学习过程就是在头脑中寻找适合该题目的解题途径及方法. 许多同学在不同类型的题目中无法选择合适的方法解决问题，最根本的原因在于没有归纳整理出一套有价值的方法体系. 这就要求教师在教知识的过程中，注重用一种方法解决多种题型，在表面上变换不同的条件，找出其本质相同的要素，从而更有效地解决问题. 通过事物的本质揭示事物的整体规律，实现变厚为薄的教学目的，帮助学生学习规律总结的方法以及培养学生自主学习的能力.

"多题一解"的变式教学，本质上来说，就是从看上去题目不太相同、问题要求不大相同的题目中，梳理出它们之间存在的内在联系. 所有的数学问题都是依据一个或多个数学知识组织成的，而数学这一学科又是所有的学科中，知识的联系性、逻辑性最强的一门学科，也就意味着数学学科的所有知识存在着千丝万缕的联系. 教师就应该在数学教学中帮助学生打开思维，从"题海"中发现一般性的规律，发现一类题型的共性，从而找到这类题型的解题思路，进而提高解题的速度，最终帮助学生理解知识的内涵和本质属性，准确地把握数学学科的规律.

3.4　角色互换，在问题提出中发展学生的素养

爱因斯坦说过：提出一个问题往往比解决一个问题更重要. 科学发现过程中的第一个重要环节是发现问题. 因此，引导和鼓励学生提出问题、发现问题是很有意义的. 即使经过检验发现这个问题是错误的，但对学生思维的训练也是有益的. 如何让学生学会从变化中找出不变的本质呢？一个最有效的方法，就是教师要充分调动学生学习的积极性，让学生主动去变题. 在教学中，教师要善于抓住适当的时机，巧妙地运用角色互换的方法，主动地引导、启发学生提出问题，让学生学会变题并去探索、分析、综合，进而有效

地提高学生分析问题和解决问题的能力.

从学生的生理、心理特点看，每个学生都有探索与创造的潜能，关键是如何激发他们学习的兴趣、动机和求知欲.运用变式教学不仅能使学生对所学内容与练习保持浓厚的兴趣，而且还创设了学生共同参与的机会，并使学生在亲自参与的实践中去认识问题的本质，体验灵活运用知识与技能解决问题的乐趣，从中促进智力的发展和能力的提升.

教学实践表明，大量单一的、重复性的机械性练习达到的不是"生巧"，而是"生厌"，它不仅对学生知识和技能的掌握无所裨益，而且还会使学生逐渐丧失学习的兴趣，这正是"题海战术"的最大弊端.而变式教学是使学生在亲自参与中展示知识发展的过程，并在知识的运用过程中让学生体验解决问题的快乐，从中进一步激发学生参与的积极性，并在积极主动的思考、探索中发现问题，抓住本质，把握其规律性，从而将所学知识纳入自己已有的知识系统，获得更深刻的理解，并逐步形成解决问题的能力，培养创造性思维能力.因此，我们要深入研究变式训练思想的含义，将变式训练运用到高中数学解题的实际中，以提高学生解题时的应变能力，拓展学生的思维，提升学生的数学素养.

执笔：过大维　钱军先

为学生设计教学　让课堂灵动高效

——“指数函数”一课的教学案例

1　背景描述

“指数函数”是在学生掌握一般函数的概念、性质之后系统学习的第一个常用函数，在高中数学函数知识体系中有着十分重要的地位和作用. 从知识架构的角度来看，指数函数隶属于基本初等函数部分，其“上”承基本函数的概念与图象两个基本要素，“中”与对数函数和幂函数等并列，“下”启函数的模型及其应用. 从知识的形式来看，指数函数是新颖的，而这会对学生的初步认识造成一定的冲击——事实证明，高中生在数学学习中遇到新形式的内容时，第一反应往往就是“难”，而这需要教师在教学中引起足够的重视，做出适当的铺垫和必要的提醒，如引导学生透过“新”的现象去看透“旧”的本质等. 而从学习形式上来看，指数函数的学习需要学生运用已经熟悉的函数学习“三要素”——概念、图象和性质，来构建对指数函数的认识，从某种程度上讲这是一次学以致用的过程. 通过学习指数函数的定义、图象及性质，进一步深化学生对函数概念的认识和理解，使学生得到较系统的函数知识和研究方法，为后面学习对数函数做好准备. 因此，学好本节课可以起到承上启下的作用. 基于这样的认识，笔者在参加无锡市青年数学教师优质课评比活动中执教本课时，按照“为学生设计教学”的理念，站在学生的角度，稚化教师的思维，对本节课的内容进行了深入的思考、悉心的设计与实践，取得了较为理想的教学效果. 下面是这节课的片断实录与教学感悟，供大家参考.

2　片断实录

片断1　创设情境，提出问题

师：某种细胞分裂时，由1个分裂成2个，2个分裂成4个……一个这样的细胞分裂 x 次后，得到的细胞个数 y 与 x 之间构成一个函数关系，能写出 y 与 x 之间的函数关系式吗?

生：

分裂次数	1	2	3	…	x
细胞个数	2	4	8	…	2^x

则细胞分裂个数 $y=2^x(x\in \mathbf{N}^*)$.

师：庄子曰："一尺之棰，日取其半，万世不竭."一尺之棰取了 x 次后，剩下的棰子的长度 y 与 x 之间构成一个函数关系，能写出 y 与 x 之间的函数关系式吗？

生：

截取次数	1	2	3	…	x
剩余长度	$\frac{1}{2}$	$\frac{1}{4}$	$\frac{1}{8}$	…	$\left(\frac{1}{2}\right)^x$

则剩余长度 $y=\left(\frac{1}{2}\right)^x(x\in \mathbf{N}^*)$.

师：上述两个函数有什么共同的特点吗？

生：都是幂 a^n 的形式，底都是常数，自变量都在指数上.

师：你能举出类似结构的函数表达式吗？

生：$y=3^x$，$y=\left(\frac{1}{3}\right)^x$.

师：你能将这类函数用一个统一的式子表示出来吗？

生：$y=a^x$.

师：很好，底是常数，自变量在指数上，这就是我们今天要和大家一起研究的指数函数. 在细胞分裂模型中，$y=2^x(x\in \mathbf{N}^*)$，抛开具体的问题情境，这里的自变量可以取到哪些数呢？

生：在有理数范围内都可以.

师：很好，其实课本第 61 页阅读部分有解释 $2^{\sqrt{2}}$ 的意义，也就是说指数可以推广到什么范围呢？

生：实数范围.

片断 2　师生互动，探究新知

(1) 定义的建构.

由学生归纳指数函数的定义：一般地，函数 $y=a^x(a>0$ 且 $a\neq 1)$ 叫作指数函数，它的定义域为 $\mathbf{R}$.

师：为何规定 $a>0$ 且 $a\neq 1$ 呢？

生：当 $a<0$ 时，如 $(-2)^{\frac{1}{2}}$，则无意义，定义域不再是 $\mathbf{R}$；当 $a=0$ 时，如 $0^{-\frac{1}{2}}$，则无意义；当 $a=1$ 时，$y=1$ 为常数函数，无讨论的意义.

接下来教师可以问学生是否明确了指数函数的定义，能否写出一两个指数函数？教师也在黑板上写出一些解析式让学生判断，如 $y=5\times3^x$，$y=3^{2x}$，$y=-3^x$. 再问：若 $y=(2a^2-3a+2)a^x$ 为指数函数，则 a 的值为多少？

（学生可能存在对指数函数形式上的一种误解，即只看指数位置是否为自变量，通过以上几个小例子，学生对指数函数的概念就有了一个彻底的认识.）

反思 原本认为在介绍了指数函数的概念以后，让学生判断如 $y=5\times3^x$，$y=3^{2x}$，$y=-3^x$ 是否为指数函数就没有必要了，但在备了后面的内容后发现，这非常有必要. 指数函数是一个基本初等函数，它的很多性质记住了结论可以直接应用，但是如 $y=3^{x^2+2x+3}$，$y=3^{|x|}$ 等都不是指数函数，而应当是指数函数 $y=3^x$ 和其他函数的复合，其性质要抓住指数函数 $y=3^x$ 的性质及复合函数的性质去研究.

(2) 性质的探究.

师：我们一般从哪些方面去研究函数？

生：函数的定义、图象和性质.

师：很好. 我们一般研究函数的三要素（解析式、定义域及值域）、图象和性质（单调性、奇偶性）. 用什么方法来研究呢？

生：借助图象.

师：很好. 研究一般函数的流程：定义、作图、图象特征，由图象特征归纳函数性质.

将学生分成两组，分别用描点作图法研究指数函数的图象. 一组研究 $y=2^x$，$y=3^x$ 的图象；另一组研究 $y=\left(\frac{1}{2}\right)^x$，$y=\left(\frac{1}{3}\right)^x$ 的图象.

每组推举一个代表汇总研究的结果. 教师可根据上课的实际情况对学生发现、得出的结论进行适当的点评或引导学生分析：图象分别在哪些象限，图象的上升、下降和底数 a 有什么联系，这里除了研究函数的定义域、值域、单调性、奇偶性外，还要引导学生注意函数是否还有其他性质.

函数		$y=a^x(0<a<1)$	$y=a^x(a>1)$
图象		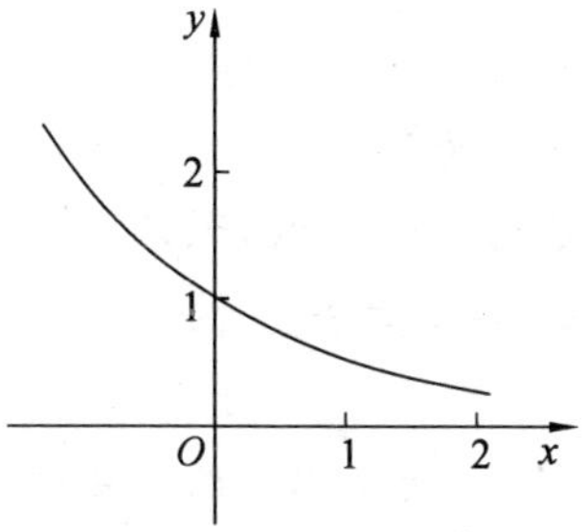	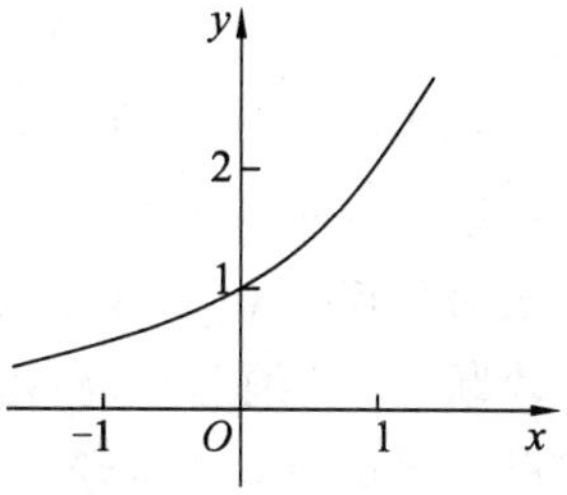
性质	定义域	**R**	**R**
	值域	$(0,+\infty)$	$(0,+\infty)$
	定点	$(0,1)$	$(0,1)$
	单调性	在$(-\infty,+\infty)$上是减函数	在$(-\infty,+\infty)$上是增函数
	取值情况	若 $x>0$，则 $0<y<1$； 若 $x<0$，则 $y>1$	若 $x>0$，则 $y>1$； 若 $x<0$，则 $0<y<1$
	对称性	函数 $y=a^x$ 与 $y=a^{-x}$ 的图象关于 y 轴对称	

教师用《几何画板》演示，在同一个坐标系中画出 $y=2^x$，$y=3^x$，$y=\left(\frac{1}{2}\right)^x$，$y=\left(\frac{1}{3}\right)^x$ 的图象，引导学生发现图象变化趋势和底数的关系：在第一象限内，底大图上，在第一象限内沿箭头方向图象对应的指数函数的底越来越大；在第二象限内，底大图下，在第二象限内沿箭头方向图象对应的指数函数的底越来越小.

片断3　典例剖析，尝试应用

例1　比较下列各数的大小.

(1) $1.7^{2.5}$，1.7^3；(2) $\left(\frac{3}{4}\right)^{\frac{1}{3}}$，$\left(\frac{4}{3}\right)^{-\frac{1}{5}}$；(3) $a^{\frac{1}{3}}$，$a^{\frac{1}{2}}$ $(a>0$ 且 $a\neq 1)$；(4) $(0.3)^{-0.3}$，$(0.2)^{-0.3}$；(5) $1.7^{0.3}$，$0.9^{3.1}$.

小结　比较幂大小的方法：

(1) 构造函数法：同底不同指(包括可以化为同底的)要利用函数的单调性，若底是参变量，要注意分类讨论.

(2) 图象法：同指不同底的.

(3) 中间量法：不同指不同底的，可以借助中间量 0 和 1 等.

例 2 解下列不等式：

(1) $3^x \geqslant 3^{0.5}$，求 x 的范围；

(2) $0.2^x < 25$，求 x 的范围；

(3) $a^x < a^{2-x}$ ($a>0$ 且 $a \neq 1$)，求 x 的范围.

小结 解对数不等式，左右两边可以化同底的，尽量化同底，再利用对数函数的单调性来解. 若底是参变量，要注意分类讨论.

片断 4 归纳总结，深化理解

引导学生回顾本节课的学习内容，着重从以下两个方面进行归纳总结：

(1) 从知识点上：学习了研究具体函数的方式，学习了指数函数的图象和性质.

(2) 从思想方法上：从特殊到一般，再从一般到特殊的思想方法，分类讨论的思想，数形结合的思想，构造函数的思想.

3 稚化评析

3.1 情境设计要从贴近学生的真实问题出发

无论教学内容是什么，教学过程总要从旧知过渡到新知. 为了使学生以自然、流畅、积极的心态进入对教学内容的学习情境之中，教师要根据学情，精心设计与教学内容相关的、学生真实存在的问题情境，引导学生利用学习的新知识来分析问题、认识问题和解决问题，这种以问题驱动为变相剥削策略的教学设计，可以激起学生对所学内容浓厚的探究兴趣. 许多情况下，学生之所以觉得数学学习很无趣，很大一部分原因就是教师讲解的内容脱离他们已有的经验和生活实际，无法找到与旧知的联系，不能让他们产生恍然大悟的感觉.

本节课，笔者运用“细胞分裂”和“一尺之棰，日取其半，永世不竭”的故事创设问题情境，让学生从中建立起对指数函数的初步认识，使学生感到十分熟悉、亲切和自然，顺利地建立起指数函数的模型，化解了认知上的障碍，激发了探究学习的兴趣，为下面进一步学习和研究指数函数的性质及其应用奠定了基础，取得了很好的教学效果.

3.2 知识建构要从学生的现有认知水平出发

数学学习的过程就是以旧知为基础建构新知的过程，分析学生已经具备的经验是有效教学的出发点. 作为教师，要善于和学生沟通，多了解学情，尽可能增加从旧知到新知的层次性，减小思维落差，帮助学生从原有知识和经验中找到向最近发展区发展的“支架”，为学生学习新知搭建台阶、做好铺垫，从而步步为营、日积月累更新充实自己的知识与技能，在潜移默化中建构起对数学知识、思想、方法的认知和理解，提升自己的数学核心素养.

在上面的案例中，笔者精心设计的问题中，总是选择学生知识的最近发展区，循序渐进，层层深入，再时时通过自我“稚化思维”甚至有时呈现为“弱智”的状态，无意中对学生产生的引力，在迫切想“战胜或帮助”教师的愿望之下，积极地按老师设计的问题循序思维，认知也就很自然地也逐步深入，结果是通过师生、生生互动，双向合作交流，主动构建，吻合了学生的学习过程和认知规律，很流畅地完成新知的建构，内化了新知的理解.

3.3 问题解决要从学生的思维活动特点出发

在教学活动中，学生的思维活动通常按照弄清解决问题的大体方向的一般性解决、弄清解决问题的方案和方法的功能性解决与弄清解决问题的具体方法和途径特殊性解决的三个层次进行，因此，实施数学教学活动之前，要充分了解学生思维活动的特点，对每一个层次都要进行精心设计，提出科学合理的数学问题，预演发现问题、解决问题的学习过程，并对学生现有的知识水平做出客观的评估，分层次、分阶段开展合作、探究和交流活动，让学生充分参与到学习过程中来，在对话、操作、思考的过程中实现知识建构，完成问题的解决，激发学生的兴趣，引起学生的共鸣，促进学生积极主动地参与课堂教学活动，达到因势利导、强化教学效果的目的，使学生的思维能力和数学素养都能得到更好的发展.

本节课的教学实施中，笔者努力稚化自己的思维，力求站在学生的立场思考问题，按照学生的思维想问题，正确引导学生进行自主学习，让学生在自主探索、相互交流、积极思考的活动中，亲身经历和体验了提出问题、分析问题、解决问题、总结反思的过程，让学生真正成为学习的主体，体会到了通过自己的努力解决问题的愉悦，增强了他们学习的自信心，提高了学习兴趣，知识目标、能力目标、情感目标均得到了较好的落实. 从课后学生踊跃地找我交流答案和探讨问题的现象不难看出，这节课是比较成功的.

总之，新课程理念是以学生为主体，面向全体学生，因材施教，因势利导. 教师的稚化思维是一种大智若愚教学智慧，是完成知识建构、提高教学效果的基础，只要我们从学生的心智出发，把自己的思维稚化到学生时代，在换位思考中，释学生所疑，解学生所惑，和学生一起学习，一起分析，一起出错，我们就能走出“教师被动教的课堂”，走进“学生主动学的课堂”，师生就能在教学互动与交流中共同成长发展，数学教学就能迎来灿烂的明天.

执笔：车　慧　钱军先

在操作活动中建构知识　在思维碰撞中提升能力

——“三角函数的诱导公式”一课的教学案例

1　背景描述

在学校组织的一次以“关注学生，让课堂更有效”为主题的教学研讨活动中，笔者执教了“三角函数的诱导公式”一课. 这节课按照新课程“以学定教”的理念进行教学设计，运用“问题—发现—归纳—类比”的方法实施教学，课堂上高度关注学生，力求从学生的实际出发，充分尊重学生的思维特点，通过创设问题情境，引发学生的认知冲突，激发学生的求知欲，使学生主动参与数学实践活动，让学生在教师的指导下自主探究知识的发生、发展和应用，努力实现既要使学生学会，又要使学生会学，从而有效地提升学生的数学素养这一教学目标. 整节课课堂气氛活跃，教学效果良好，学生在知识的习得、方法的形成、能力的提升和情感的体验等方面的收获颇丰，受到了听课老师们的一致好评.

2　片断实录

片断 1　复习回顾，引出课题

师：同学们，请大家回忆一下，任意角 α 的三角函数是怎样定义的？

生众：在角 α 终边上任取一点 $P(x, y)$，令 $r=\sqrt{x^2+y^2}$，则 $\sin\alpha=\frac{y}{r}$，$\cos\alpha=\frac{x}{r}$. 特别地，当点 P 在单位圆上时，$\sin\alpha=y$ 且 $\cos\alpha=x$，即点 $P(\cos\alpha, \sin\alpha)$，也就是单位圆上点 P 的横、纵坐标直接反映其角 α 的余弦值和正弦值.

师：很好！在前面的学习中我们已经将角的概念由锐角推广到了任意角，还学习了任意角的三角函数的定义，你已经会求哪些角的三角函数值了？哪些角的三角函数值还不会求？

生：初中学过了锐角的三角函数值，前面学了终边在坐标轴上的角的三角函数值，任意角的三角函数值还不会求.

师：好的，那么任意角的三角函数值如何求呢？

（投影显示）问题1：如何求第一象限角的三角函数值？先求 $\sin\frac{13}{6}\pi$ 的正弦、余弦值.

生：在单位圆里作出 $\frac{13}{6}\pi$ 的终边，交圆周于点 P.

师：那这个终边怎么作呢？

生：和 $\frac{\pi}{6}$ 的终边是重合的.

师：（赞赏）很好，和我们熟悉的锐角 $\frac{\pi}{6}$ 有一定关系，请继续！

生：这样 $\frac{13}{6}\pi$ 的正弦就和 $\frac{\pi}{6}$ 的正弦一样了！余弦也一样的！

师：你能解释为什么这两个角的正弦值、余弦值一样吗？

生：因为终边相同，点 P 重合，坐标是相同的！

师：对于锐角 α，与它终边相同的角可以表示为怎样的形式？

生（齐声）：$2k\pi+\alpha$，其中 $k\in\mathbf{Z}$.

师：$\sin(2k\pi+\alpha)$ 和 $\sin\alpha$ 有什么样的关系？还有余弦和正切呢？

生：都分别相等，因为它们终边相同.

[投影：$\sin(\alpha+2k\pi)=\sin\alpha$，$k\in\mathbf{Z}$；$\cos(\alpha+2k\pi)=\cos\alpha$，$k\in\mathbf{Z}$；$\tan(\alpha+2k\pi)=\tan\alpha$，$k\in\mathbf{Z}$]

师：若把锐角换成任意角 α，上面的等式依然成立吗？

生：（犹豫一会）成立的，还是因为它们的终边重合.

师：根据之前的知识，对于任意角 α，它和角 $2k\pi+\alpha$ 的终边相同. 同学们刚才已经发现，我们可以把一个任意角的三角函数值化成与它同终边的 $[0,2\pi)$ 上的角的三角函数值！也就是说，可以把一个任意角诱导到 $[0,2\pi)$ 上，这就是我们今天要学习的三角函数的诱导公式（板书）.

片断2　学生探究，知识建构

师：如果正好诱导到 $\left(0,\frac{\pi}{2}\right)$ 内，就是熟悉的锐角，但如果在 $\left(\frac{\pi}{2},\pi\right)$ 内呢？

（投影显示）问题2：如何求 $\left(\frac{\pi}{2},\pi\right)$ 内的角的三角函数值？例如，怎样求 $\frac{5\pi}{6}$ 的正弦、余弦值？

教师在黑板上的单位圆上作出 $\frac{5\pi}{6}$ 的终边，与单位圆的交点为 P'，在第一象限转动一根小棒作为角的终边，小棒从 x 轴正半轴开始按逆时针方向转动，它与单位圆的交点为 P. 请同学们观察，$\frac{5\pi}{6}$的正弦与哪个锐角的正弦有关？

生（大部分）：$\frac{\pi}{6}$.

师：理由是？

生：因为小棒转到$\frac{\pi}{6}$的终边时，点 P 和 P' 一样“高”，也就是正弦值是相等的.

师：非常好！在图形上，$\frac{\pi}{6}$和$\frac{5\pi}{6}$的终边有什么关系呢？

生：两个终边关于 y 轴对称.

师：关于 y 轴对称的点的纵坐标相同，横坐标互为相反数，所以$\frac{5}{6}\pi$和$\frac{\pi}{6}$的正弦值相同，余弦值互为相反数.

生：即 $\sin\frac{5\pi}{6}=\sin\frac{\pi}{6}=\frac{1}{2}$，$\cos\frac{5\pi}{6}=-\cos\frac{\pi}{6}=-\frac{\sqrt{3}}{2}$.

师：若在$\left(\frac{\pi}{2},\pi\right)$上任意给出一个终边，哪一个锐角 α 的终边与之有关呢？

生：关于 y 轴对称的那个.

师：好，我们不妨设锐角为 α，则在$\left(\frac{\pi}{2},\pi\right)$上这个角就表示为________？

生（齐声）：$\pi-\alpha$.

师：虽然两个终边不重合，但关于 y 轴对称. 设锐角 α 的终边上这点为 $P(x,y)$，则 $\pi-\alpha$ 终边上的点为 $P'(-x,y)$，你们能得到怎样的一组公式呢？

生（齐声）：$\sin(\pi-\alpha)=\sin\alpha$，$\cos(\pi-\alpha)=-\cos\alpha$，$\tan(\pi-\alpha)=-\tan\alpha$（投影显示）.

师：现在 α 依然是锐角，当 α 取第一象限角或 α 取任意角时，上述三个等式关系成立吗？请两位同学到黑板上演示，其他同学分组讨论.

教师给学生两根小棒，分别代表角 α，$\pi-\alpha$ 的终边，在黑板上预先作好的单位圆上演示，当 α 角任意变化，角 $\pi-\alpha$ 始终和其关于 y 轴对称，观察两终边与单位圆的交点 P 和 P' 的横、纵坐标的关系，验证上述公式是否成立.

生：我们觉得公式有一种情况不成立，当 α 的终边和 y 轴重合时，$\pi-\alpha$ 的终边也和 y 轴重合，此时 $\tan(\pi-\alpha)=-\tan\alpha$ 无意义，不成立.

师：不错，你们观察得很仔细，在讲同角三角函数关系时，我们就说过，三角恒等式只要求对等式两边有意义时成立，当α的终边和y轴重合时，$\pi-\alpha$的终边也和y轴重合，$\tan(\pi-\alpha)=-\tan\alpha$无意义，除此之外，上述公式均成立.

让我们来回顾一下刚才的研究方法，这两组公式中的等号两边的角，它们的终边在图形上存在着重合或对称的关系，从而圆周上点的坐标有着相等或互为相反数的关系，再反映到这两个角的三角函数值间的关系. 而从角α的限制来看，我们从特殊到一般，α由一个锐角，到第一象限的角，再到任意的角都成立.

（投影） α为锐角 → α为第一象限角 → α为任意角

现在让我们回到10分钟之前，角度诱导到$[0,\ 2\pi)$后，已经解决了$\left(0,\ \frac{\pi}{2}\right)$和$\left(\frac{\pi}{2},\pi\right)$两个区间内的三角函数值，剩下的问题就是$\left(\pi,\frac{3\pi}{2}\right)$和$\left(\frac{3\pi}{2},2\pi\right)$内的三角函数值了. 下面请大家按照我们刚才的研究过程，探讨一下，可以独立做，也可以和周围同学讨论.

（投影显示）问题3：如何求$\left(\pi,\ \frac{3\pi}{2}\right)$内的角的三角函数值？$\left(\frac{3\pi}{2},\ 2\pi\right)$内的角呢？

① 观察图形，$\left(\pi,\ \frac{3\pi}{2}\right)$内角的终边与哪个锐角的终边有关？② 设锐角为$\alpha$，那么$\left(\pi,\ \frac{3\pi}{2}\right)$内的角应如何表示？③ 你能得到怎样一组公式？④ 公式中α为第一象限角呢？为任意角呢？

教师巡视，了解学生的操作情况，在黑板上预先画好两个单位圆，请四个学生两两合作到黑板上完成问题3中两个小问题的探究.

师：下面请板演的同学把自己的探究过程和大家分享.

生：对于$\left(\pi,\frac{3\pi}{2}\right)$中的一个角，我找了一个与它的终边关于原点对称的锐角α的终边，这样它就可以写成$\pi+\alpha$，然后圆周上两点的横、纵坐标都是相反数，所以我们有下面的公式：

$$\sin(\pi+\alpha)=-\sin\alpha,\ \cos(\pi+\alpha)=-\cos\alpha,\ \tan(\pi+\alpha)=\tan\alpha.$$

生：对于$\left(\frac{3\pi}{2},2\pi\right)$上的一个角，找一个锐角$\alpha$，让它们的终边关于$x$轴对称，这样它就可以写成$2\pi-\alpha$，因为横坐标不变，所以我得到了又一组公式：

$\sin(2\pi-\alpha)=-\sin\alpha$，$\cos(2\pi-\alpha)=\cos\alpha$，$\tan(2\pi-\alpha)=-\tan\alpha$.

师：对于$2\pi-\alpha$的终边，还可以怎样表示？

生：$-\alpha$，$2k\pi-\alpha$.

师：所以更直接地有$\sin(-\alpha)=-\sin\alpha$，$\cos(-\alpha)=\cos\alpha$，$\tan(-\alpha)=-\tan\alpha$.

现在我们把$[0,2\pi)$中四个象限的角都研究过了，而且上述公式中α可为任意角，合到一起再来看一下(投影显示)：

公式一 $\sin(\alpha+2k\pi)=\sin\alpha$，
$\cos(\alpha+2k\pi)=\cos\alpha(k\in\mathbf{Z})$，
$\tan(\alpha+2k\pi)=\tan\alpha$；

公式二 $\sin(-\alpha)=-\sin\alpha$，
$\cos(-\alpha)=\cos\alpha(k\in\mathbf{Z})$，
$\tan(-\alpha)=-\tan\alpha$；

公式三 $\sin(\pi-\alpha)=\sin\alpha$，
$\cos(\pi-\alpha)=-\cos\alpha(k\in\mathbf{Z})$，
$\tan(\pi-\alpha)=-\tan\alpha$；

公式四 $\sin(\pi+\alpha)=-\sin\alpha$，
$\cos(\pi+\alpha)=-\cos\alpha(k\in\mathbf{Z})$，
$\tan(\pi+\alpha)=\tan\alpha$.

师：怎么来记住这些公式呢？

生：用图形，用对称性.

师：能具体说说吗？

生：例如公式二，两个角关于x轴对称，所以横坐标不变，所以余弦值不变，而其余两个函数值都改变符号.

师：归纳得很好，这几组公式就是数形结合的很好体现，利用与角α的终边关于x轴、y轴、原点对称等特征，找出函数值的关系. 公式二、三、四揭示了终边具有某种对称关系的两个三角函数之间的关系，也就是说，诱导公式实质上是将终边对称的图形关系“翻译”成三角函数之间的代数关系. 我们可以通过图形更准确地记忆公式，并通过练习不断熟练.

片断3　解决问题，体验应用

师：让我们来看下面的练习(投影显示)，同学们在下面做，等会儿请同学们口述过程.

问题4：求值：(1) $\sin\dfrac{7\pi}{6}$；(2) $\cos\dfrac{11\pi}{4}$；(3) $\tan(-1560^\circ)$；

（4）$\sin\left(-\dfrac{35\pi}{3}\right)$.

生：$\sin\dfrac{7\pi}{6}=\sin\dfrac{\pi}{6}=\dfrac{1}{2}$.

师：在初用诱导公式解题时，先把角度变化写清楚，刚才的$\dfrac{7\pi}{6}$先写成$\pi+\dfrac{\pi}{6}$，再利用公式四，则结果应该为 $\sin\dfrac{7\pi}{6}=\sin\left(\pi+\dfrac{\pi}{6}\right)=-\sin\dfrac{\pi}{6}=-\dfrac{1}{2}$，写清过程才不至于出错.

生：$\cos\dfrac{11\pi}{4}=\cos\left(2\pi+\dfrac{3\pi}{4}\right)=\cos\dfrac{3\pi}{4}=\cos\left(\pi-\dfrac{\pi}{4}\right)=-\cos\dfrac{\pi}{4}=-\dfrac{\sqrt{2}}{2}$.

$\tan(-1560°)=\tan(-4\times360°-120°)=\tan(-120°)=-\tan(120°)=-\tan(180°-60°)=\tan60°=\sqrt{3}$.

师：有不同的做法吗？

生：$\tan(-1560°)=\tan(-5\times360°+240°)=\tan240°=\tan(180°+60°)=\tan60°=\sqrt{3}$.

师：刚才两个同学的做法都是把绝对值较大的角化为绝对值较小的角，但正负不同，按解题习惯，正角处理起来更不易出错，所以应先让角度变正. 因此，此题还可以这样做：

$$\begin{aligned}\tan(-1560°)&=-\tan1560°=-\tan(4\times360°+120°)\\&=-\tan120°=-\tan(180°-60°)=\tan60°=\sqrt{3}.\end{aligned}$$

角度转化的一般步骤为：用公式二或公式一把任意负角转化为任意正角，再利用公式一转化到$[0,2\pi)$内的角，最后使用公式三或四化到$\left[0,\dfrac{\pi}{2}\right]$上的角.

生：先化成正角，$\sin\left(-\dfrac{35\pi}{3}\right)=-\sin\dfrac{35\pi}{3}$，原式$=-\sin\left(10\pi+\dfrac{5\pi}{3}\right)=-\sin\dfrac{5\pi}{3}=-\sin\left(2\pi-\dfrac{\pi}{3}\right)=\sin\dfrac{\pi}{3}=\dfrac{\sqrt{3}}{2}$.

师：请同学们归纳一下利用诱导公式求值的一般步骤.

（学生讨论后，教师投影显示.）

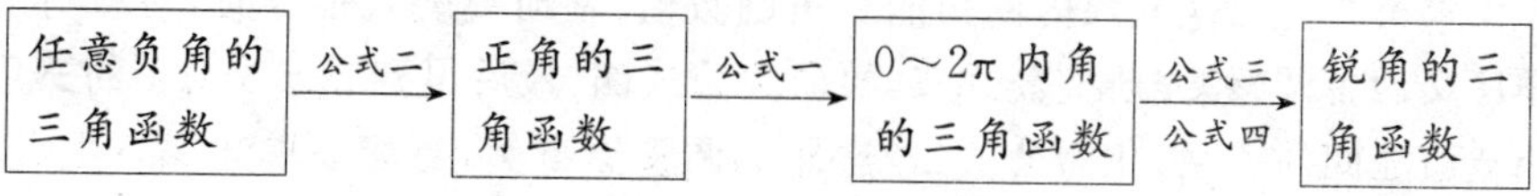

任意负角的三角函数 —公式二→ 正角的三角函数 —公式一→ $0\sim2\pi$内角的三角函数 —公式三/公式四→ 锐角的三角函数

片断4 回顾总结,思维升华

问题5：本节课你学到了哪些知识和方法？有哪些收获？还有哪些希望进一步了解的内容？

生1：利用转化的方法得出任意角的三角函数值和$\left[0,\frac{\pi}{2}\right]$上的角的三角函数值有关,抓住了终边的对称性,利用数形结合推出了四组诱导公式.

生2：用好图形的对称性记公式,求三角函数值要按照从负角化到正角,再化到小角.

生3：根据角$\pi+\alpha$,$\pi-\alpha$的终边关于x轴对称,我得到了公式$\sin(\pi+\alpha)=-\sin(\pi-\alpha)$,$\cos(\pi+\alpha)=\cos(\pi-\alpha)$,$\tan(\pi+\alpha)=-\tan(\pi-\alpha)$.由角的终边对称性,还可得哪些公式呢？

生4：我觉得一个钝角的三角函数还可用其他方法化为锐角的三角函数.例如,$130°=90°+40°$或$130°=60°+70°$.$90°$,$60°$的三角函数值是知道的.我们能不能通过什么公式转化到$40°$,$70°$的三角函数值？

师：大家总结得都很好,我们一起完成了诱导公式的推导,并经历了利用公式求三角函数的值的过程,体会了数形结合以及转化与化归、特殊到一般的数学思想.生3得到的公式是对的,它也可以由公式三、四导出.事实上,公式二、三、四中由任意两组公式都可推出另外一组,请同学们课后证明.生4提出的问题是我们后面要学习的诱导公式与两角和与差的三角函数,他为大家以后的学习"指明了方向".

3 稚化评析

3.1 注重过程,让学生在实践操作中建构知识

新课标要求教学内容的呈现应反映数学发展的规律和学生的认知规律,体现从具体到抽象、特殊到一般的原则.在教学过程中,要注意创设恰当的问题情境,展现数学知识的发生和发展的过程,引导学生积极参与概念的建构、定理和公式的发现过程,使学生能够自己从中发现问题,提出问题,经历数学的发现和创造过程.上课伊始,笔者依据"最近发展区"理论,在复习任意角的三角函数定义的基础上,提出三角函数求值问题,引起认知冲突.然后从第一象限、从特殊角开始探索得到了公式一,接着很自然地依次考虑如何求第二、三、四象限内的角的三角函数值.在研究公式推导时,对教材的顺序又做了调整,先研究公式三,再研究公式四,最后得到$2\pi-\alpha$与α的三角函数值之间的关系,化为公式二,这样的调整更自然,更能展现知识发生、发展的过程,实现了让学生的思维"自然地流淌出来".

3.2　稚化思维，使学生在活动参与中促进理解

著名教育家 G.波利亚认为：最好的数学学习方法是通过自己的发现获得知识，而发现的过程即是探索的过程．因此，在教学过程中，应注意营造开放、自主的学习环境，倡导自主学习、合作学习、探究学习的学习方式，发展创新思维，让学生大胆地把个性展现出来，使学生得到和谐、全面的发展．本课精心设置了问题系列，这些问题是本节课的灵魂，决定着教学的方向和顺序，每个问题之间自然连接，引发学生积极思考，课堂上师生间真实生动的探究，促进学生对数学知识的理解，让每位学生主动、积极地参与教学活动，帮助学生建立良好的认知结构，真正地将“重视学生主体地位”落到了实处．从问题 1 到问题 5，教师启发并铺垫，学生思维活动深层参与，师生活动交融，质疑反思浑然一体，学生在潜移默化中获得了知识，学会了方法，提高了教学活动的有效性．

3.3　问题驱动，助学生在探究过程中学会学习

美国心理学家布鲁纳指出：教学过程是一种提出问题和解决问题的持续不断的活动，思维永远是从问题开始．数学是思维的科学，数学学习不是简单的“告诉”．《普通高中数学课程标准(实验)》明确要求“注重提高学生的数学思维能力”，而思维能力的提升离不开学生积极主动、勇于探索的学习方式．在数学教学活动中，我们善于创设针对性强且适合学生“最近发展区”的问题情境，诱发学生内在的认知冲突．通过问题驱动，立足于问题解决过程，启迪和训练学生的思维，激发学生的生活积累和沉淀的知识，唤起学生的丰富想象，让学生体验到知识是怎样形成的，促进学生对所学内容的深刻理解．本次教学活动是围绕着教师精心设计的“问题串”展开的．针对每一个核心知识，教师提出一系列的问题，引导学生探究，启迪学生思考，让学生在教师的引领下展开自主学习，变学生的学习过程为在教师的引导下实现知识“再创造”的过程．教师在教学中坚持以学生为本，处处为学生着想，以充分调动学生学习的积极性为前提，以教给学生学习方法为重点，以促进学生智能提高为核心，使学生在潜移默化中获得了知识，学会了方法，提高了教学活动的有效性．

3.4　合作交流，促学生在思维碰撞中提升能力

新课标倡导自主学习探索、合作交流的数学学习方式，从学生的生活经验和已有的知识背景出发，向他们提供充分的从事数学活动和交流的机会，促使他们在自主探索的过程中，真正地理解并掌握基本数学技能、数学思想和方法，同时获得广泛的数学活动经验，有效地提升数学学习的能力．在平时的教学中，我们应充分发挥教师的主导作用，有意识地把握教学时机，组

织并引导学生合作交流，为学生创设更多的交往机遇，加强生生、师生的沟通，让学生在合作交流中健康成长. 在课堂活动中，针对事先设计好的一个个问题，教师充分发挥学生的主体作用，给学生留下了足够的思维空间，在学生阅读理解、思考探索、动手操作的基础上，组织学生交流自己研究的成果，让学生在交流中受到启迪，在思维的碰撞中迸发智慧的火花. 同时，教师引导学生进行自我评价，互相评价，以评价来创设积极、和谐、向上的学习环境和人际关系，培养学生的竞争意识和合作精神，增强学生的集体荣誉感，树立帮助他人的责任感，促进了学生相互激励、共同发展.

这样的教学活动，是我们学校数学组在新课程理念指导下对高中数学教学方式的转变所做的尝试，虽然取得了一些成绩，尝到了一些甜头，我们对继续试验充满了信心，但由于经验不足，存在的问题也是显然的. 例如，如何让学生学会提出问题，怎样让学生在学习的过程中更大限度地参与进来，使合作学习更富有成效，等等. 这些，在今后的试验中，我们将进一步摸索，争取更大的突破，使学生真正实现由“学会”到“会学”的转变，获得终生发展和可持续发展的能力.

执笔：邵梦芯

深化问题的设置　促进概念的理解

——以"函数的奇偶性"一课为例

1　背景描述

苏教版普通高中课程标准实验教科书数学必修1第2章第2.2.2节"函数的奇偶性"是第2.2节"函数的简单性质"的第二部分，第一部分是函数的单调性.本章的核心教学目标之一是，让学生熟悉并能运用函数语言，也就是让学生熟悉从义务教育阶段偏重于直观、静止和形象地研究函数，转变为数形结合和以集合为标志的符号逻辑语言相结合的函数研究方法，这也是本章教学的一条主线.因此，本节课的教学任务与函数单调性是一脉相承的，即通过形式化、符号化来使函数性质数学化，在数学化过程中培养学生的抽象概括等理性思维能力，在培养学生运用符号语言习惯的过程中提高学生的数学素养.通过奇偶性的学习，让学生进一步加深理解数形结合、数形合一、数形互辅的数学思想，以奇偶性学习为载体，让学生进一步熟悉研究初等函数的基本方法.函数的奇偶性是函数的重要性质，是对函数概念的深化，它把自变量取相反数时函数值间的关系定量地联系在一起，反映在图象上为：偶函数的图象关于y轴对称，奇函数的图象关于坐标原点成中心对称.这样，就从数和形两个角度对函数的奇偶性进行了定量和定性的分析.函数奇偶性是研究函数的一个重要策略，因此成为函数的重要性质之一，也为今后深入学习幂函数、三角函数的性质等后续内容起着铺垫的作用.

学生已经学习了函数的单调性，对于研究函数性质的方法已经有了一定的了解.尽管他们尚不知函数的奇偶性，但学生在初中已经学习过图形的轴对称与中心对称，对图象的特殊对称性早已有一定的感性认识.本节课的教学重点是用数量关系刻画函数图象的对称性，从而建立函数奇偶性的概念；教学难点是如何引导学生从发现对称点的坐标间的数量关系，过渡到用数量关系刻画函数图象的对称性.

2 片断实录

片断1 创设情境,引趣激疑

投影下列图形：

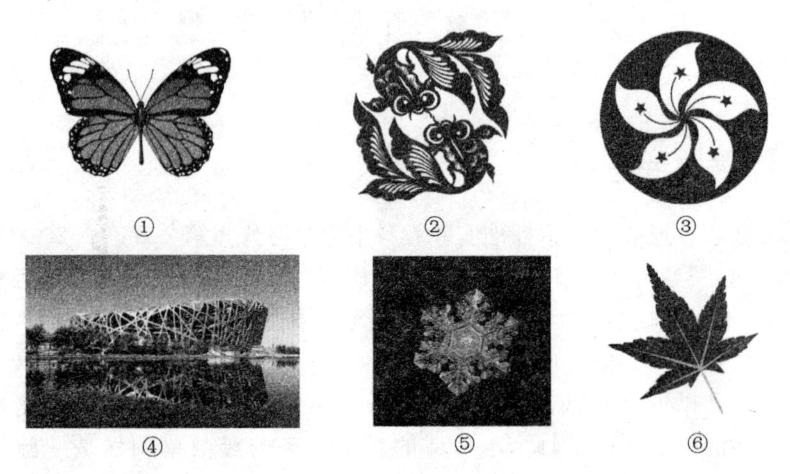

师：在日常生活中,可以观察到许多对称现象：美丽的蝴蝶①,漂亮的剪纸②,六角形的雪花晶体③,建筑物和它在水中的倒影④……同学们学过哪几种对称呢?

生：轴对称和中心对称.

师：同学们,今天我们来研究函数图象的对称性.

设计意图 通过引入生活实例,激发学生的学习兴趣,并让学生明白数学不是枯燥的,它源于生活又服务于生活.

片断2 问题驱动,揭示本质

问题1：在你们所学的函数中,你能举出图象具备轴对称或中心对称的例子吗?

生：函数 $f(x)=x^2$ 的图象关于 y 轴对称,函数 $f(x)=\dfrac{1}{x}$ 的图象关于原点对称.

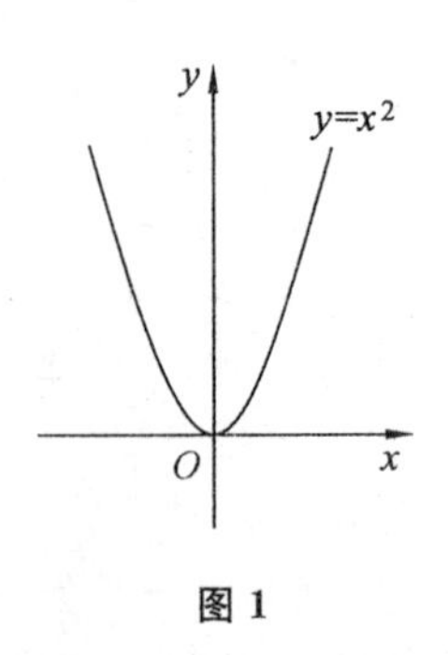

图1

师：接下来请仔细观察 $f(x)=x^2$ 的图象(图1).

问题2：你根据什么说它们是轴对称图形?

生：轴对称图形或中心对称图形,就是把它“翻折”过去,看它是否重合.

师：通过对折,与 y 轴距离相等的两个点重合了.

问题3：点 (x_0,y_0) 关于 y 轴对称的点的坐标是什么?

生：$(-x_0, y_0)$.

师：也就是说点(x_0, y_0)关于 y 轴对称的点$(-x_0, y_0)$也在图象上.

师：如果(x_0, y_0)是图象上的点，那么有 $y_0=f(x_0)$，点$(-x_0, y_0)$也在图象上，那么此时有 $y_0=f(-x_0)$，也就是说 $f(x_0)=f(-x_0)$.

问题 4：如果这里的(x_0, y_0)只是图象上特殊的一点，满足上述关系，那么该图象还是关于 y 轴对称的吗？

生：不行！必须是图象上的任意一点.

设计意图　通过不断提问，引导学生突破学习难点，在这个过程中教师主要起引导作用.

片断 3　建构概念，深化认识

一般地，设函数 $y=f(x)$的定义域是 A，如果对于任意的 $x\in A$，都有 $f(-x)=f(x)$，那么称函数 $y=f(x)$是偶函数；如果对于任意的 $x\in A$，都有 $f(-x)=-f(x)$，那么称函数 $y=f(x)$是奇函数.

如果函数 $f(x)$是奇函数或者偶函数，我们就说函数 $f(x)$具有奇偶性.

师：我们现在学习了函数奇偶性的概念，你能举出一些具有奇偶性的函数吗？

生：函数 $f(x)=|x|$是偶函数，函数 $f(x)=x$ 是奇函数.

师：你是根据什么判断这个函数就是偶函数、奇函数的呢？

生：从函数图象来判断的.

师：那奇函数、偶函数的图象具备什么特征呢？

生：偶函数的图象关于 y 轴对称，奇函数的图象关于坐标原点对称.

师：如果将定义域改为 $x\in[-1,3]$，$f(x)=|x|$还是偶函数吗？

生：不是！

师：为什么？

生：横坐标为 3 的点在图象上，而横坐标为 -3 的点不在图象上.

师：那么如果把定义域改为 $x\in[-3,3]$，$f(x)=|x|$还是偶函数吗？

生：是的！

师：既然 3 在定义域内，-3 也应该在定义域内，那就说明奇偶函数的定义域具备什么特征呢？

生众：定义域关于原点对称.

师：很好！以后我们判断一个函数的奇偶性首先要看定义域是否关于原点对称.

设计意图　期望通过进一步的设问，引导学生认识函数的奇偶性，深化对概念的理解.

3 稚化评析

3.1 站在学生的角度设计教学活动，注意情境设置的趣味性

作为教师，无论是生活经验的丰富程度，还是对数学知识的理解程度，都比学生有一定的优势.有的概念在教师看来很简单，但是学生理解起来可能并不是那么容易.本节课的难点就在于用数量关系刻画函数图象的对称性，若直接把组织好的数学语言告诉学生，学生是很难理解的.教师必须在学生已有知识的基础上，引导学生发现当横坐标互为相反数时函数值之间的关系，设计对折的活动，既顺应学生的想法，又能揭示问题的本质.另外，引入情境的设置也要能激发学生的学习兴趣.

3.2 从学生已有的生活学习经验出发，注重问题设置的层次性

问题是数学的心脏，是产生认知冲突的焦点.课堂上问题的设计，既要符合学生的认知规律，又要适合教学内容，为本节课的教学目标服务.新课程确立了“为了每一位学生发展”的理念，告诉我们要让不同的学生在数学上得到不同的发展.因此，课堂上问题的设置，起点要低，内容要有层次性，形成一定的梯度.例如，本节课片断2中的问题就是根据所求内容，层层递进，一步一步接近问题的本质.而在这个过程中，每一步又都是在学生已有答案的基础上再次提出问题，引导学生思考，找到问题的本质.这样就做到了层次清晰、结构分明，收到了较好的教学效果.

3.3 让学生的思维在交流和碰撞中升华，突出问题设计的有效性

传统的概念教学课中，教师讲得多，学生想得少.在本节课中，不管是概念的形成还是数学知识的运用，教师都让学生自己完成，把课堂还给了学生，由学生自己把结论“折腾”出来.例如，对函数 $f(x)=|x|$ 的奇偶性的研究，学生不仅想到了用形去判断，还想到了把绝对值函数写成分段函数，从而引出了分段函数奇偶性的判断方法，又有学生想到不需分段，直接利用 $|-x|=|x|$ 的结论简化运算.没有想到，学生的思维是如此活跃，“生成”是如此丰富.在知识运用中，由浅入深，让学生尝试并归纳判断函数奇偶性的方法，在练习的讨论中更是“一石激起千层浪”，学生发现了定义域的重要性，在解决问题的过程中逐步修改和完善认知水平，加深了对函数奇偶性概念的理解，充分认识函数具有奇偶性的前提条件是定义域关于原点对称，从而完善了判断函数奇偶性的一般步骤.

教师有效稚化思维是数学教学中应用效果较好的一种教学思想和方法.在具体运用中，教师要充分把握学生的心理特点，摸准学生的思维起点和已有的认知经验，转换角色，将自己设想成学生，和学生站在同一起跑线

上,促使教学过程与学生思维状态达到“同频”,引发教与学的“共振”,从而可以有效地深化学生的理解,培养学生的思维,促进学生的发展,提高教学的效果.

执笔：官红严

模拟学生思维设计教学　贴近学生实际展开活动

——以“用二分法求方程的近似解”一课为例

1　背景描述

函数与方程是中学数学的重要内容之一，也是初中数学和高中数学衔接的纽带，其实质揭示了客观世界中量的相互依存又互相制约的关系，因而函数与方程思想的教学具有非常重要的地位．“用二分法求方程的近似解”内容的设置是通过研究函数的性质，揭示方程的根与对应函数零点之间的关系，加强了函数与方程的联系，突出了函数的应用．所以，这节课的本质是向学生渗透函数与方程的思想、近似的思想、逼近的思想以及初步感受程序化处理问题的算法思想．

本节课是从学生已有的基础（一元二次方程及其根的求法，一元二次函数及其图象与性质）出发，从具体（一元二次方程的根与对应的一元二次函数的图象与 x 轴的交点的横坐标之间的关系）到一般，揭示方程的根与对应函数零点之间的关系．再结合刚刚学过的零点存在性定理，完成这节课的学习任务．

学生已经会求解一次、二次方程，但是对于高次方程、超越方程的解的存在情况，学生至多会通过画函数图象判断交点个数，从而得出方程的解的个数．对于作图要求比较高的函数，学生在判断上还存在较大的困难，更别说是求出方程的近似解了．

本节课所用的主要方法是二分法，在课堂上展示二分法的原理和威力，使学生在学习中很自然地用二分法求方程的近似解，从中体会函数与方程之间的联系；而在求解过程中，由于数值计算较为复杂，因此对获得给定精确度的近似解有困难，这就要求学生能熟练地运用计算器．

2　片断实录

片断1　情境引入，激发兴趣

师：已经是上午第五节课了，大家应该都比较累了，那我们先来一起做一个游戏——猜数游戏（出现猜数对话框）．我在 0～100 之间任意设定一个数，由同学来猜，电脑会提示你猜的数是“大了”还是“小了”，直到猜中为止．

（请一位同学来猜数，猜数过程中根据实际情况提问，如“为什么这样猜”．若学生毫无规律地猜中，则在肯定的同时可以问他“怎么猜更好”．或者结合周围同学的议论及发言，引出取中间数的猜法——二分法．）

接着再举例“如何用一架天平较快地找出 16 个砝码中的坏砝码（较轻）”，也是呼应了二分法．

刚才这位同学猜数的过程中，隐含了重要的思想方法，今天，我们就用这种方法来求方程的近似解——用二分法求方程的近似解（板书标题）．

（但此时，学生对在哪一步用二分法、怎样求方程的近似解还不够明确．）

片断 2　循序渐进，数形结合

师：首先，我们来看一个一元二次方程 $x^2+3x-1=0$，它的解的情况怎样？$\left(\text{因为这个二次方程的 }\Delta>0\text{，所以由求根公式可以直接求出方程的根 } x_{1,2}=\frac{-3\pm\sqrt{13}}{2}.\right)$

如果把这个二次方程稍做改变，得到 $x^3+3x-1=0$，请同学们对这个方程的根的情况提一些问题．学生你一言他一语，主要提出以下问题：

① 该方程有无实数根？

② 该方程若有实数根，有几个？

③ 方程根的近似值约是多少？

那么，该如何来解决你们提出的问题呢？

首先，这个方程有解吗？[学生要思考一会儿，教师可适当提示，引导学生根据上节所学内容“方程 $f(x)=0$ 的实数根，就是函数 $y=f(x)$ 的零点”，得出“求方程 $x^3+3x-1=0$ 的根，就是求函数 $f(x)=x^3+3x-1$ 的零点”！]而从图象上看，函数 $y=f(x)$ 的零点就是它的图象与 x 轴交点的横坐标，但要作出 $f(x)=x^3+3x-1$ 的图象……（学生又遇到困难）

生：分别作 $y=x^3$ 与 $y=1-3x$ 的图象，两图象有且仅有一个交点，交点处函数值相等，因此，这个点的横坐标就是方程 $x^3+3x-1=0$ 的解（唯一解），记为 x_0，x_0 同时也是函数 $f(x)=x^3+3x-1$ 的零点！

片断 3　自然衔接，水到渠成

师：好，现在轮到解决第三个问题了，x_0 的近似值约是多少？

$y=x^3$ 与 $y=1-3x$ 的图象的交点横坐标如图所示（图略），$x_0\in(0,1)$．

我们借助 $y=x^3$ 与 $y=1-3x$ 这两个函数的图象得到了方程 $x^3+3x-1=0$ 的根的个数和大致范围 $(0,1)$，但接下来怎么得到根的近似值呢？还用 $y=x^3$ 与 $y=1-3x$ 这两个函数的图象行吗？

生：似乎行不通．

师：看来，还得回到函数 $f(x)=x^3+3x-1$ 的零点上！那如果从函数 $f(x)=x^3+3x-1$ 的零点的角度来讲，如何说明 $x_0\in(0,1)$ 呢？

生：计算 $f(0)$，$f(1)$ 的值，满足 $f(0)f(1)<0$ 即可.

师：依据是什么？

生：零点存在性定理.

师：非常好！

生：(合作探究，小组讨论)结合函数零点 x_0 的重要特征——零点附近两侧的函数值异号，那么零点一定在使函数值异号的两个自变量之间.只要根据精确度要求，逐步缩小区间就行了！

师：那么怎么缩小区间呢？

生：用课堂开始猜数字的二分法就行了！(逐步引导，使学生很自然地应用二分法来解决问题.)

解：分别作 $y=x^3$ 与 $y=1-3x$ 的图象，两图象有且仅有一个交点，交点处函数值相等，因此，这个点的横坐标就是方程 $x^3+3x-1=0$ 的解(唯一解)，记为 x_0.

设 $f(x)=x^3+3x-1$，因为 $f(0)=-1<0$，$f(1)=3>0$，所以 $x_0\in(0,1)$.

(用投影给出计算值，同时在黑板上画区间示意图，让学生感受到区间在不断缩小，感受到“逼近”的过程.)

$f(0)<0$，$f(0.5)>0\Rightarrow x_0\in(0,0.5)$[此处提问学生“为何 $x_0\in(0,0.5)$”，强调：因为两端点的函数值异号]，

$f(0.25)<0$，$f(0.5)>0\Rightarrow x_0\in(0.25,0.5)$，

$f(0.25)<0$，$f(0.375)>0\Rightarrow x_0\in(0.25,0.375)$，

$f(0.3125)<0$，$f(0.375)>0\Rightarrow x_0\in(0.3125,0.375)$，

$f(0.3125)<0$，$f(0.34375)>0\Rightarrow x_0\in(0.3125,0.34375)$，

$f(0.3125)<0$，$f(0.328125)>0\Rightarrow x_0\in(0.3125,0.328125)$，

$f(0.3203125)<0$，$f(0.328125)>0\Rightarrow x_0\in(0.3203125,0.328125)$，

$f(0.3203125)<0$，$f(0.32421875)>0\Rightarrow x_0\in(0.3203125,0.32421875)$，

……

这样操作下去，我们发现零点所在的区间长度越来越小.

(教师给出精确度要求，精确到 0.1.)

让学生思考计算到第几次时满足精确度的要求，使学生明确精确度要求的具体内涵：零点所在区间两端点的近似值相同即可.

因为 0.3125 与 0.34375 精确到 0.1 的近似值都为 0.3，所以此方程的近似解为 $x_0\approx0.3$(共计算了 5 次).

改变精确度要求：若要求精确到 0.01 呢？那么计算到第 8 次就可以了，这时方程的近似解为 $x_0 \approx 0.32$.

以上就顺利使用二分法完成了求方程近似解的问题.

3　稚化评析

在高中数学教学中，教师思维与学生思维经常会出现“脱轨”的现象，教师认为这个知识点学生本应该很容易理解和掌握，而学生在理解过程中并不如想象得那么顺利. 本节课在教学过程中采用了稚化思维的教学理念，起到了比较好的教学效果. 所谓稚化思维，就是教师通过换位思考，站在学生的角度思考和分析问题，与学生的思维保持“同频”，通过惑其惑、难其难、错其错，促进学生的数学理解，提高数学课堂效率.

通过教学实践，笔者认为基于稚化思维的数学教学，要求教师要根据学生的年龄特征，从学生的认知结构与思维特点出发，遵循稚化思维的原则，降低教师的思维层次，模拟学生的思维方式，恰当而有效地进行教学设计.

本节课精心确定教学重、难点，构思教学流程，分解教学目标，控制教学方向和节奏，这些都充分体现了教师的主导作用.

首先，在教学设计时，能更多地关注学生的学，坚持实现数学学习的“有效”和“高效”，并使数学学习实现从“有效学习”“高效学习”到“魅力学习”的飞越. 为充分调动学生的积极性与主动性，提高学习兴趣，以猜数字游戏为情景引入，在玩的过程中体验二分法的算法思想，而不是简单地直接使用这个方法去求方程的近似解. 既突出了学习的主题，进行了有效情景的设计，又将这一方法烙在学生的脑海里.

其次，学生在求解方程特别是超越方程时还存在较大困难. 学生已经掌握了用数形结合的方法研究方程解的问题，但是对于如何建模及作图在细节上还存在困难. 教师在教学流程中的局部放手，让学生进行积极主动的思维和自主探究，并引导学生回想以前遇到过的函数图象交点的问题，类比后得出解决方案.

最后，学生对于在哪一步采用二分法求方程近似解并不清楚，教师并没有直接给出结论，而是面露难色，放手让学生结合零点存在性定理进行探究. 学生经过思考、讨论，自己概括提炼出二分法的基本步骤，教师在《几何画板》中现场操作，即时生成函数图象等. 这种自主“生成”的学习是一种有意义的发现式学习，在这样的学习过程中，学生充分体验到了解题遇阻时的困惑以及解决问题后的快乐，感受到了数学学习的乐趣.

本节课中利用计算器进行了多次计算，逐步缩小实数解所在范围，对精确度的确定就显得非常自然，顺利突破了教学上的又一个难点，提高了探究活动的有效性. 利用《几何画板》动态显示这个实数解的范围逐步缩小的过程，直观逼真，有利于学生观察函数零点的大致范围. 整个课件都以 PowerPoint 和《几何画板》为制作平台，界画活泼，充分体现了信息技术与数学课程的有机整合.

通过这一节课对稚化思维的实践，笔者体会到如果教师能够充分站在学生的角度去思考和设计教学，一定会大大增强教学效果，使学生能更加牢固地掌握知识.

执笔：王文俊

教师学会"换位思考" 学生才能"拾级而上"

——以"圆的标准方程"一课为例

1 背景描述

对于"圆"这个图形,学生并不陌生,生活中随处可见圆形的物品,甚至初中阶段,学生已经从"形"的角度对圆进行了一定的研究. 在高中阶段,"圆的标准方程"这部分内容安排在苏教版普通高中课程标准实验教科书数学必修2第2章第2节,在"直线与方程"之后,显然是想引导学生借助求直线方程的基本方法,感受解析几何的本质,从而建构并研究"圆的方程",从"数"的角度进一步体会圆作为一条完美的曲线所具备的特性. 若是在这个过程中,教师忽视学生的已知和所学,将具有抽象性和概括性的概念直接灌输给学生,那么学生对知识的理解将更多地停留在浅层的结构记忆上,将不利于之后"圆锥曲线"部分的学习和理解. 因此,关注学生所想至关重要. 正如美国数学教育家G. 波利亚所说:教师讲什么不重要,学生想什么比这重要一千倍! 而这就需要教师有效地稚化自己的思维,即在教学中有意地退回到学生所处的思维认知环境中,以学生的视角、学生的学习水平来思考问题,并与学生共同经历提出困惑、排除学习障碍、寻找解决之法的学习过程,使课堂更贴近学生的实际,这样整个教学过程更符合学生的思维方式.

从学生思考的角度来看,尽管已经有了多年数学学习的经验,但仍以形象思维为主,抽象思维能力较弱,对概念的掌握常常停留在背诵、记忆、简单应用的层面. 因此,教师应当丢掉烦琐的"技术主义",消除不适时宜的"成人经验",认真读懂学生的学习需求、理解程度、思维状况和学习障碍等,这样才能统筹学生和课本,更有效地突破重、难点,更合理地设计课堂教学,让学生"知其然更知其所以然",这样才能更有效地帮助学生完成数学建构,促进学生实现数学理解!

2 片断实录

片断1 用好先行组织者,引入新知

师:之前,我们一起学习了"直线与方程". 直线是一连串点的集合,那么如何来求得直线的方程呢?

生：看直线上的点的横、纵坐标满足什么样的等量关系.

师：反过来，如果已知一条直线的方程，你能否找到满足方程的点吗?

生：可以.只需根据方程在平面直角坐标系中画出直线.

师：很好.有了这样的学习经验，你能尝试求得圆的方程吗?

(学生陷入沉思，有部分学生已经开始窃窃私语.)

设计意图 奥苏贝尔提出了"先行组织者"的概念，它是先于学习任务本身呈现的一种引导性材料.对先行组织者素材的恰当选择可以帮助学生突破新知建构的障碍.这里，笔者针对学生已掌握的知识，选用"直线与方程"的研究过程作为先行组织者材料，为进一步探究"圆的方程"做好理论准备.

片断2 掌握数学思维方法，攻坚克难

师：根据我们以往所学，"圆"的定义是怎样的?

生：平面内到定点的距离等于定长的点的集合.

师：那我们不妨以 O 为定点、r 为定长作圆，如何建立它的方程呢?

(经过片刻思考和小声的议论后)

生：以圆心 O 为原点建立平面直角坐标系，再利用 $PO=r$ 来给出等量关系式.

(其他同学点头附和表示同意)

师：下面一起来给出求解的过程.

以圆心为原点，建立如图1所示的直角坐标系 xOy.设圆上任意一点为 $P(x,y)$，则由 $PO=r$ 得 $\sqrt{(x-0)^2+(y-0)^2}=r$，化简得 $x^2+y^2=r^2$.

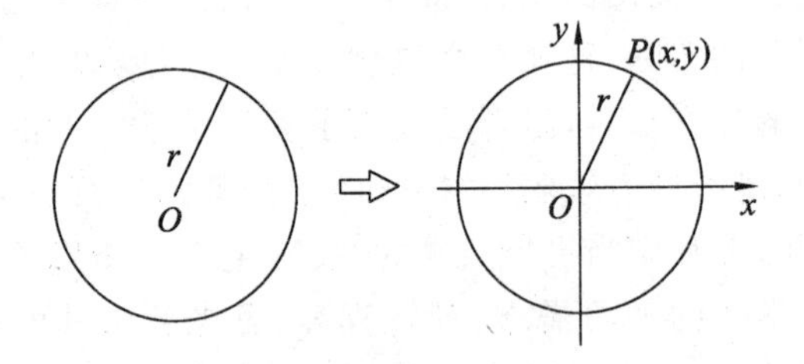

图1

上述求解过程只能说明圆上任意一点的坐标都满足方程 $x^2+y^2=r^2$，那么，反过来呢? 以方程 $x^2+y^2=r^2$ 的解为坐标的点是否都在圆上?

(由于问题太过于抽象，学生有些困惑，需要老师稍加提醒和启发.)

我们在求直线方程时，也遇到过类似的问题，如直线 $\frac{y-1}{x-1}=1$ 上点的坐标均满足 $y=x$，但以方程 $y=x$ 的解为坐标的点却不一定在 $\frac{y-1}{x-1}=1$ 上，比如点(1,1).

(学生理解了意思,开始尝试证明"点在圆上"的问题.)

生:设点(x_0,y_0)是方程$x^2+y^2=r^2$的解,则有$x_0^2+y_0^2=r^2$,等式可变形为$\sqrt{(x_0-0)^2+(y_0-0)^2}=r$. 这表明以方程$x^2+y^2=r^2$的解为坐标的点都在圆上.

设计意图 从具体的实例出发,陪同学生体验建立以原点为圆心的圆的方程的探究过程,在解决问题的过程中掌握研究曲线方程的一般步骤:建系→设点→列式→化简→检验. 学生刚开始除了对求出曲线方程后须说明"方程是曲线的方程,曲线是方程的曲线"有些困惑之外,其他部分都从数学本身的意义和解决问题的常规思路出发,自然顺畅,学生也比较容易掌握,为之后研究圆的标准方程做了很好的铺垫和示范.

片断3 以特殊推导一般,拾级而上

师:刚刚的探究过程中,以圆心作为坐标系的原点是我们自由选择的,那如果圆的圆心不在原点,比如此时的圆心坐标为$C(a,b)$,得到的方程会不会没有那么漂亮整齐呢?能否借助刚刚的探究过程来求得?

生:还是利用等量关系$PC=r$.

[接下来学生自己进行探究和归纳,得出圆心为$C(a,b)$、半径为r的圆的方程为$(x-a)^2+(y-b)^2=r^2$.]

师:还有什么需要补充的吗?

生:还需要对方程进行检验,证明以方程的解为坐标的点都在圆上.

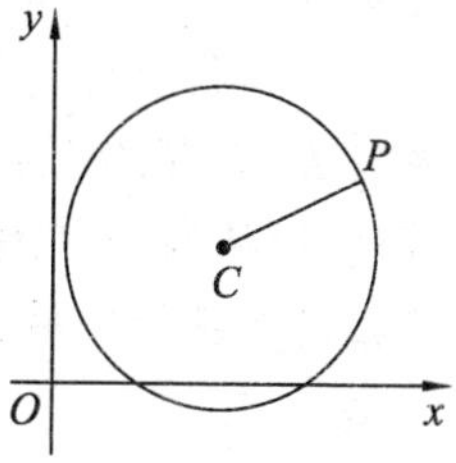

图2

师:很好!这样就得到了方程$(x-a)^2+(y-b)^2=r^2$,我们把它叫作以$C(a,b)$为圆心、r为半径的圆的标准方程. 尽管方程较之前以原点为圆心的圆有所不同,但依然很和谐.

设计意图 学生已经在解决以原点为圆心的圆的方程问题时掌握了求解曲线方程的一般步骤,在此基础上,只需拾级而上,在原来分析的基础上稍加改动就能得到以$C(a,b)$为圆心的圆的方程.

3 稚化评析

美国数学家G.波利亚说:教师应当把自己放在学生的位置上,他应当看到学生的情况,应当努力去理解学生心里正在想什么,然后提出一个问题或是一个步骤,而这正是学生自己原本想到的. 这表明教师在教学中稚化自己思维的重要性,有利于降低教学起点,与学生一起走入他们原有的经验中去，顺着他们的思维方式思考问题，在他们的思维水平上展开教学，在行云流水间让学生自然而然地习得新知.

本堂课基于以上指导思想设计教学，旨在帮助学生掌握圆的标准方程，并通过对圆的方程的建立过程的分析，让学生能够感受并掌握求解曲线方程的一般步骤.在学习新知识的过程中，人脑会自动搜索习得的“先行组织者”来解决遇到的问题.因此，在学习“圆的方程”之前，先帮助学生回忆就近知识点，也就是“直线与方程”的相关内容，引导学生思考新知与旧识之间的联系.接下来，只需抓住两者之间的差异，并逐步过渡到对“圆”的定义和性质的分析研究，就能很快得到圆的方程.对于学生来说，最难理解的就是“曲线是方程的曲线，方程是曲线的方程”了.但是，只需思考我们在过去的学习过程中是否也遇到过此类问题，就不难想到“直线”与“方程”的关系，从而也就容易理解“曲线”与“方程”之间的对应关系了.解决了圆心在原点的圆的方程之后，学生又有了新的工具、新的知识来解决更高一层次的问题了.在这个过程中，学生顺着知识的层次循序渐进、由浅入深地思考探究、收获新知，符合思维的发展进程.若是跳跃式地前进，往往就会学得疲惫，且会导致对知识的认识有偏颇甚至错误.

从对数学这门学科的认识来看，教师稚化思维，相机诱导，让学生自己探究新知，有助于学生在学习过程中感受数学之美、思考之美，获得成就感、满足感，从而更好地培养学生对数学的兴趣.这里“圆”的完美与“圆的方程”的和谐美让学生从知识层面到情感层面都拥有圆满的享受.

执笔：朱琳玲

运用稚化思维的策略 突破概念教学的难点

——以“复数的几何意义”一课为例

1 背景描述

本节课的课题是选修2-2第3.3节“复数的几何意义”.其实在1545年就有了负数开方的问题.1637年,笛卡尔将这种负数的开方叫作虚数.1799年高斯也给出了复数的几何解释,人们才开始接受复数.复数是高中数学最重要的概念之一,因为复数将代数、几何、向量三者很好地联系在一起,为今后将复数的知识转化为复数的方法提供了很好的帮助.本章主要讨论了数系的扩充、复数的四则运算、复数的几何意义.特别是复数加法的几何意义不仅揭示了复数的模之间的联系,而且使得复数概念更加简单、直接、形象、深刻.复数的代数和几何形式的相互转化,为我们的学习添加了更多的精彩内容,既能激发学生学习复数的热情,强化学生的参与意识及主体作用,又能帮助学生深入理解和灵活运用复数.

哈佛大学有句名言“教育的真正目的就是让人不断地提出问题、思索问题”.学生应该是充满好奇和疑问的.教师需要通过设置问题、讲故事等方法解决学生的疑问,教师喜欢爱问问题的孩子,特别是有难度的问题,这样大家可以一起讨论、一起进步.带着问题走进教室,带着问题走出教室,这个就是著名的“以问题为纽带的教学”.本节课刚开始引入了数学史,然后运用了类比的思想让同学们理解复平面的概念,不仅符合学生的认知结构,也符合学生的认知特点,让学生能发现实数和复数的区别.通过复平面上的点和平面向量来发现复数的几何意义,将复数的几何意义与已学的知识相联系,使知识系统化,对完善和形成新的知识结构是很有帮助的.学生在初中时对实数概念和几何意义有了一定的认识,受到实数和复数类比的启发,能够猜出空间的点与坐标系上的点对应.为了有效地突出重点、突破难点,结合本节课的特点和学生的学习情况,教学应以学生为主体,站在学生的角度思考,这样能较好地培养学生的观察能力、概括能力、探究能力及创新意识.

2 片断实录

片断 1 创设问题，引入课题

师：在 1545 年就出现了负数开方. 到了 1637 年，笛卡尔将这种负数的开方叫作虚数. 1799 年高斯也给出了复数的几何解释. 慢慢地人们才开始接受复数. 前面，我们学习了数系的扩充和复数的概念，对复数和研究新知的方法已经有了一定的认识和了解，今天这节课，我们要在此基础上，研究复数的几何意义. 首先请大家回忆一下：我们学过了哪些关于复数的内容？

生：复数的定义、加法、减法、乘法、除法和乘方的运算法则.

师：复数是由实数扩充而来的，我们知道实数与数轴上的点一一对应，也就是说实数可以由数轴上的点来表示，复数 $z=a+bi$ 与哪里的点可以一一对应？

生：坐标平面上的点.

师：$z=a+bi$ 与哪个点对应？

生：(a,b).

师：根据复数相等的定义可知，任何一个复数 $z=a+bi$ 都可以由一个有序实数对 (a,b) 唯一确定，而有序实数对 (a,b) 与平面直角坐标系中的点是一一对应的. 因此，可以用直角坐标系中的点 $Z(a,b)$ 来表示复数 $z=a+bi$.

如图 1，原点 $O(0,0)$ 表示实数 0，x 轴上的点 $A(-2,0)$ 表示实数 -2，y 轴上的点 $B(0,1)$ 表示纯虚数 i，点 $C(1,2)$ 表示复数 $1+2i$ 等.

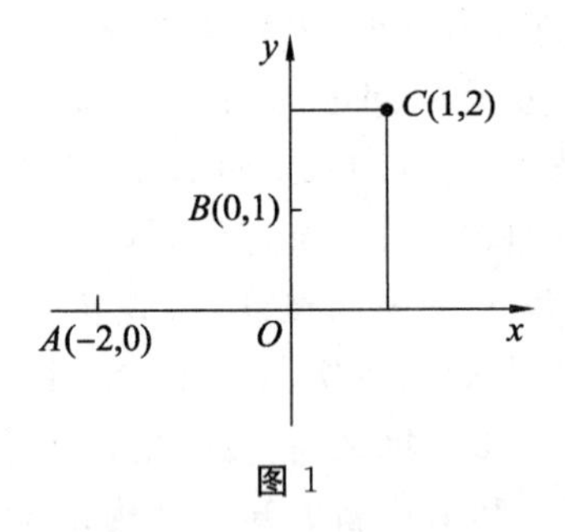

图 1

遇到不懂的问题，我们可以用已知研究未知的方法、类比的方法去解决，这样可以培养学生探究问题、分析问题和解决问题的能力. 通过图 1，我们引入了复平面.

片断 2 问题驱动，讲解新知

师：建立了直角坐标系来表示复数的平面叫作复平面. 其中 x 轴为实轴，y 轴为虚轴. 是不是实轴上的点都表示实数，虚轴上的点都表示虚数？

生：不是的，原点除外.

问题1：复数可以用$z=a+bi$来表示，也可以用复平面上的点(a,b)来表示，还可以用什么形式表示？

师：复数$z=a+bi$可以用坐标平面上的点(a,b)表示，我们还学过什么量可以用坐标轴上的点表示？

生：向量.

师：向量$ai+bj$用(a,b)来表示，$a+bi$可不可以用(a,b)来表示？

生：可以.

师：但是向量与(a,b)是一一对应的吗？

生：不是的，相等向量对应同一个坐标.

师：对的，相等向量可以用相同的坐标表示.我们知道相等向量是自由向量，怎样可以使得向量与坐标一一对应，也就是让自由向量变得不自由了？

生：可以将起点定下来.

师：对的.为了方便起见，可以规定以原点为起点、$Z(a,b)$为终点的向量$\overrightarrow{OZ}$与(a,b)一一对应.

综上讨论，规定相等向量表示同一个复数，复数$z=a+bi$、复平面内的点$Z(a,b)$和平面向量$\overrightarrow{OZ}$之间的关系可以用下图来表示（引出课题——复数的几何意义）.

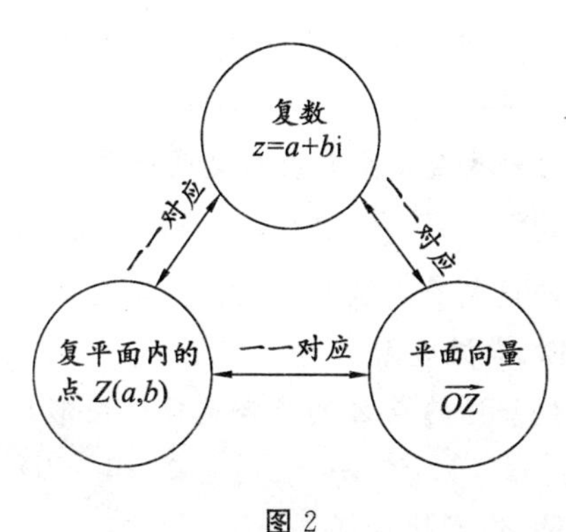

图2

我们知道任何一个实数都有绝对值，表示数轴上与这个实数对应的点到原点的距离.任何一个向量都有模，表示向量的长度.那么我们可以给出复数$z=a+bi$的模，则$|z|=\sqrt{a^2+b^2}$.

问题2：我们知道了复数的几何意义，那么复数加减法的几何意义是什么？

规定了相等向量表示同一个复数，复数和平面向量是一一对应的，复数运算能像向量一样用作图的方法表示吗？向量的加法怎么表示？$z_1=a+bi$

对应的向量为$\overrightarrow{OZ_1}=(a,b)$，$z_2=c+di$对应的向量为$\overrightarrow{OZ_2}=(c,d)$.

生：$\overrightarrow{OZ_1}+\overrightarrow{OZ_2}=(a,b)+(c,d)=(a+c,b+d)=\overrightarrow{OZ}$.

师：向量的加法对应复数的加法：$z_1+z_2=a+bi+c+di=(a+c)+(b+d)i=z$. 对应的图形为图3.

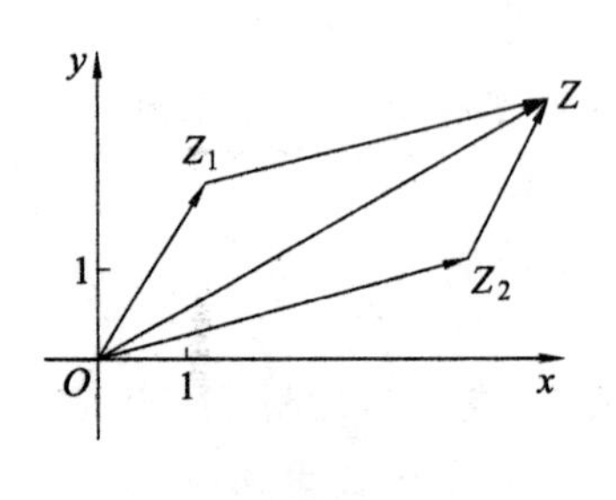

图3

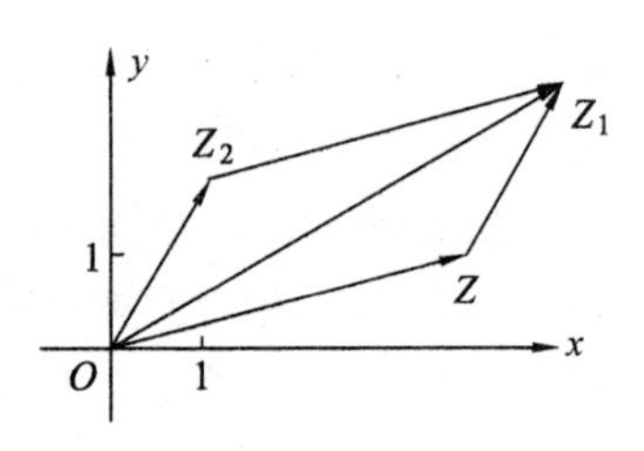

图4

参考复数的加法，对应向量的加法和图写出复数的减法和对应的向量减法运算图.

生：$\overrightarrow{OZ_1}-\overrightarrow{OZ_2}=(a,b)-(c,d)=(a-c,b-d)=\overrightarrow{OZ}$，$z_1-z_2=a+bi-(c+di)=(a-c)+(b-d)i=z$. 对应的图形为图4.

师：复数可以用平面向量来表示，复数加减法的几何意义可以由向量加减法的平行四边形法则得到，我们知道一个复数的模长就是复平面内这个复数对应的点到原点的距离. 请观察图4，两个复数差的模的几何意义是什么？

生：两个复数差的模就是复平面内与这两个复数对应的两点间的距离.

师：$|z_1-z_2|=|\overrightarrow{OZ}|=|\overrightarrow{Z_2Z_1}|=\sqrt{(a-c)^2+(b-d)^2}$，也就是两个复数差的模就是复平面内与这两个复数对应的两点间的距离.

片断3　探究建模，尝试应用

设$z\in\mathbf{C}$，满足下列条件的点Z的集合是什么图形？

① $|z|=2$；　② $2<|z|<3$；　③ $|z-(1+2i)|=2$.

师：请问①怎么做，你有什么好方法？

生：用待定系数法. 设$z=a+bi(a,b\in\mathbf{R})$. $\because$ $|z|=\sqrt{a^2+b^2}=2$，$\therefore$ $a^2+b^2=4$.

师：那么点Z的集合是什么图形？

生：点Z构成的集合是以原点为圆心、2为半径的圆.

师：除了待定系数法还有什么方法？$|z|$的几何意义是什么？

生：复平面内这个复数对应的点到原点的距离.

师：那么$|z|=2$的几何意义是什么？

生：复平面内这个复数对应的点到原点的距离为 2.

师：到原点的距离为 2 的点的集合就是以原点为圆心、2 为半径的圆. 那么②中点 Z 的集合是什么图形？

生：以原点为圆心，分别以 2 和 3 为半径的两个圆所夹的圆环，不包括边界.

师：对于③，首先回答两个复数的差的模的几何意义是什么？

生：两个复数差的模就是复平面内与这两个复数对应的两点间的距离.

师：$|z-(1+2\mathrm{i})|$ 的几何意义是什么？

生：点 (a,b) 到 $(1,2)$ 的距离.

师：$|z-(1+2\mathrm{i})|=2$ 的几何意义是什么？

生：点 (a,b) 到 $(1,2)$ 的距离为 2.

师：点 Z 的集合是什么图形？

生：点 Z 构成的集合是以 $(1,2)$ 为圆心、2 为半径的圆.

片断 4 变式引申，深化认知

设 $z\in\mathbf{C}$，若 $|z+2-2\mathrm{i}|=1$，求 $|z-2-2\mathrm{i}|$ 的最小值.

师：我们知道两个复数差的模就是复平面内与这两个复数对应的两点间的距离，那么 $|z+2-2\mathrm{i}|=1$ 的几何意义是什么？令 $z=a+b\mathrm{i}(a,b\in\mathbf{R})$.

生：点 (a,b) 到 $(-2,2)$ 的距离为 1.

师：点 Z 的集合是什么图形？

生：点 Z 构成的集合是以 $(-2,2)$ 为圆心、1 为半径的圆.

师：$|z-2-2\mathrm{i}|$ 的最小值怎么理解？

生：点 (a,b) 到 $(2,2)$ 的距离的最小值.

师：那么该题是什么意思？

生：以 $(-2,2)$ 为圆心、1 为半径的圆上的点到点 $(2,2)$ 的距离的最小值.

师：答案是多少？

生：答案是 3.

师：符合条件的复数集合可以将复平面看作一个区域或者一条直线. 将复数问题转化成几何问题，这样可以使得问题更加生动、形象、简单. 两个复数的差的模就是复平面内与这两个复数对应的两点间的距离，所以用数形结合的思想很容易解决模的问题.

3 稚化评析

教师需要从学生的角度出发，设计教学活动. G. 波利亚指出：让你的学

生提出问题，要不就由你提出像他们自己提出的那样，但是要让学生来答，要不由你来解答像他们自己解答的那样. 有的概念教师看起来很简单，但是学生理解起来很难. 比如，直接给出例题：设 $z\in\mathbf{C}$，若 $|z+2-2\mathrm{i}|=1$，求 $|z-2-2\mathrm{i}|$ 的最小值. 学生知道两个复数差的模就是复平面内与这两个复数对应的两点间的距离，但是对概念理解得并不透彻，直接求解也许比较突兀，学习也会变得枯燥无味. 教师应该从学生已有的知识出发，激发学生的学习兴趣，强化学生的参与意识及主体作用. 在自主探究与讨论交流的过程中，培养学生的合作意识和创新精神，这就是我们所说的稚化思维.

稚化思维是指在教学过程中，教师隐藏了自己外在的学术性的话语权威，不再以知识渊博的专家自称，而是将自己的思维和学生的思维处于同一高度，从学生的角度出发，重新认识这些新知识，设身处地地为学生着想，揣摩学生的观点和想法，和学生有一样的求知欲，一样的学习兴趣，一样的思维情境，一样的探究问题行为，从而达到和学生思维一致的教学艺术.

3.1 创设问题情境，激发学生学习激情

通过讲解复数的历史来激发学生的兴趣，从学生已知的角度，尽可能地增加从未知到新知的层次，减少思维的落差，增强学生对知识主动构建的能力. 对于遇到的不懂的问题，从原有的知识经验中引导学生用已知研究未知的方法，通过类比等方法去引出复平面.

3.2 展开变式探究，引领学生积极思维

根据新课标的标准，教师作为教学活动的组织者、引导者，在教学过程中要充分调动学生的积极性，引导学生主动建构知识，加强对概念的分析，使学生认识到看似简单的定义中有不少值得去推敲、去琢磨的东西. 引导学生自己去发现复数的几何意义，以及复数是如何将代数、几何、向量三者有效地联系在一起，引导学生去探索复数在什么条件下与平面向量一一等价. 让学生自己去猜想定义，发现定义中关键的地方，有利于培养学生的观察能力、概括能力、探究能力和创新意识. 这部分内容蕴含着数形结合等丰富的数学思想方法，通过数形结合的思想，让学生理解复数加减法的几何意义由向量加减法的平行四边形法则得到. 以学生的发展为目的，确立学生的主体地位，培养学生的概括能力，加深学生对本节课内容的理解.

3.3 通过问题解决，促进学生深度理解

提高学生的数学思维能力，是数学教育的基本目标之一. 学生学习数学不仅是为了习得知识和技能，更重要的是，以知识为载体，不断地经历直观感知、归纳类比、抽象概括等思维过程，使学生在思维能力以及个性品质方面都能得到发展. 教师要善于启发学生进行思考和交流，提升学生的思维品质.所有教学的核心问题是思维品质的问题,有没有一种良好的思维习惯,取决于教师在教学过程中能不能创造条件让学生多动脑筋、互相交流、运用自己的知识经验去解决未知的问题.这是一个激活、加工、组接、应用的过程,我们的数学教学要让学生充分经历这一过程,在这个过程中实现对所学知识和方法的深度理解.

执笔:陈茜茜

顺应学生的认知基础　促进学生的概念建构

——以“函数的单调性”一课为例

1　背景描述

“函数的单调性”既是高中数学中非常重要的一个概念，也是函数的一个重要性质；既是高考考查的重点，也是平时学习的难点. 在初中，学生通过图象对“函数的单调性”有了一定的感性认知. 在高中，需要用数学语言将它准确地描述出来，这就需要学生能够用高中静态的数学符号描述初中动态的函数变化过程. 使用高中阶段学的函数概念去研究函数的单调性，既丰富了前面所学的知识，又对后面学习函数的其他性质做了铺垫.

一般地，建构函数单调性的概念包含两个过程：一是建构函数单调性的含义，二是通过数学的形式化语言将函数的单调性描述出来. 学生作为学习的主体，对函数的单调性仅有直观的感受，并且对函数概念的认识尚不深刻，所以要构建完整的函数单调性的概念是比较困难的. 如果教师将概念直接灌输给学生，势必会让学生对概念和符号的理解产生困惑，不仅会对单调性的学习造成困难，更会对后续奇偶性、周期性等其他性质的学习产生阻碍. 因此，教师要稚化自身思维，从学生的已有认知经验出发，进行教学设计，从而提高教学质量.

2　片断实录

片断 1　创设情境，激发兴趣

问题：(投影展示)图 1 是某市某天的气温变化图，观察图形，你能得到什么结论？

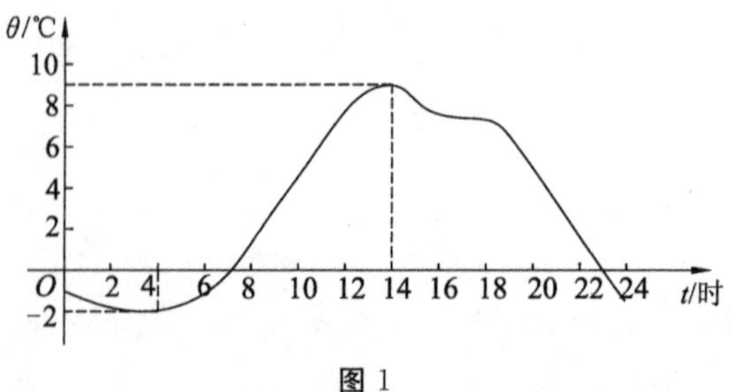

图 1

生：在 4 时温度最低，为 -2 ℃；在 14 时温度最高，为 9 ℃；温度在 0～4 时内下降，在 4～14 时内上升，在 14～24 时内下降.

师：还能举出生活中类似的一些例子吗?

生：房价的涨跌，水位的高低，股票价格的波动等.

师：很好，这些数据都是随着时间的变化而变化的. 本节课我们就一起来研究有关函数图象变化的问题.

设计意图　情境的创设有两个功能：其一，旨在让学生了解生活中的数学现象，明白数学在生活中无处不在，激发学生的学习动力，使他们学会用数学的眼光去看待世界；其二，让学生明白为什么首先学习单调性，也让学生将对图象的直观感受用语言表述出来，为后面描述图象的变化趋势做铺垫.

片断 2　回归数学，感知概念

师：在数学中，我们知道函数值 y 随着自变量 x 的变化而变化. (投影展示一些熟悉的函数图象)我们现在来观察以下这几幅图形，能否描述一下这些图象的变化趋势?

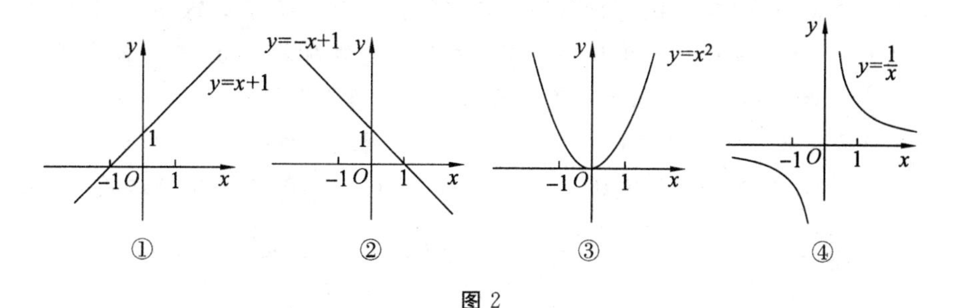

图 2

生：图 2①是上升的；图 2②是下降的；图 2③在 x 趋向于负无穷时上升，在 x 趋向于正无穷时上升；图 2④在 x 趋向于负无穷时上升，在 x 趋向于正无穷时下降.

(此时有其他同学举手回答.)

生：我觉得图 2③是先下降再上升，图 2④中两段图象都是下降的.

师：很好！但问题来了，谁的回答正确呢？请同学们思考一下.

(此时同学们在下面小声议论，仍未得到统一的结论.)

请大家思考一下这样一个问题：学校北门口那段路是上坡还是下坡?

(此时有人说上坡，有人说下坡.)

生(总结)：进入校门是下坡，离开校门是上坡.

师：实际上我们这里说上坡还是下坡需要有一个前提的. 同样的，针对函数图象的上升或下降，我们也应该有个前提，那么应该设定什么样的前提呢？

生：我觉得从左向右进行观察比较习惯，也就是沿着 x 轴的方向观察图象的变化趋势.

师：很好，那么请你说一下以上几幅图的变化趋势.

生：函数 $y=x+1$ 的图象沿着 x 轴的方向是上升的，函数 $y=-x+1$ 的图象沿着 x 轴的方向是下降的，函数 $y=x^2$ 的图象沿着 x 轴的方向是先下降后上升的，函数 $y=\frac{1}{x}$ 的图象沿着 x 轴的方向左右两侧都是下降的.

设计意图　数学直觉思维在处理有关数学问题时有着重要的意义. 通过图象的变化趋势直观感受函数的单调性，不仅能够促进学生对单调性的理解，更有助于提高学生观察和分析图象的能力，对后续进一步学习函数的奇偶性起到潜移默化的作用.

片断3　转化感知，建构概念

师：图象的上升或下降表明了函数的某种性质，称之为单调性. 在某个区间上，如果函数图象是上升的，我们就称函数是单调递增的，该函数称之为单调增函数，该区间称之为单调增区间；如果图象是下降的，称函数是单调递减的，该函数称之为单调减函数，该区间是单调减区间. 下面再请同学们用我刚才给出的概念描述一下上面四个函数的变化趋势.

生：函数 $y=x+1$ 在 $(-\infty,+\infty)$ 上是单调递增的；函数 $y=-x+1$ 在 $(-\infty,+\infty)$ 上是单调递减的；函数 $y=x^2$ 在 $(-\infty,0)$ 上是单调递减的，在 $(0,+\infty)$ 上是单调递增的；函数 $y=\frac{1}{x}$ 在 $(-\infty,0)$ 上是单调递减的，在 $(0,+\infty)$ 上是单调递减的.

师：很好，刚才我们通过直观的函数图象描述了函数的单调性. 那么如何用数学语言更加准确地描述函数的单调性呢？或者说如何给单调增函数、单调减函数下定义呢？

（经过讨论，有学生得出如下结论.）

生：在某个区间上，若函数值 y 随着 x 的增大而增大，则称之为单调增函数；若函数值 y 随着 x 的增大而减小，则称之为单调减函数.

师：“y 随着 x 的增大而增大”能否进一步用数学语言刻画，也就是能否用数学表达式来描述“增大”？结合图形思考一下.

设计意图　由“增大”联想到两个数的差对学生来讲是一个难点，也是形成准确定义的一个障碍点. 通过呈现图象可以让学生更容易产生由大小比较表示“增大”的想法.

生：要体现“增大”两个字，我觉得要有个比较. 通过观察图象（图3），可以这样描述：若 $x_1<x_2$，则 $f(x_1)<f(x_2)$.

师：很好，请你用数学语言完整地叙述一遍.

生：对于某个区间 I，$x_1,x_2\in I$ 且 $x_1<x_2$，若 $f(x_1)<f(x_2)$，则称 $f(x)$ 在区间 I 上是单调增函数；若 $f(x_1)>f(x_2)$，则称 $f(x)$ 在区间 I 上是单调减函数.

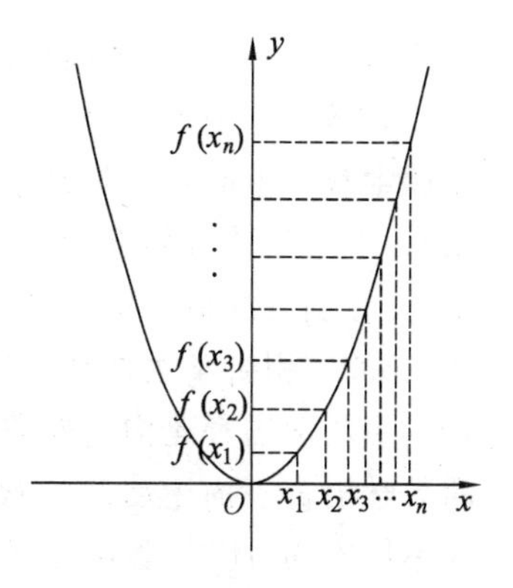

图 3

片断 4　验证定义，完善概念

师：很好，这样就通过数学语言准确地描述了“增大”和“减小”. 那么请同学们思考一下定义有没有什么需要补充的地方？

（学生并没有提出补充.）

师（举反例）：请同学们看一下这幅图（图 4），这幅图满足刚才的定义吗？

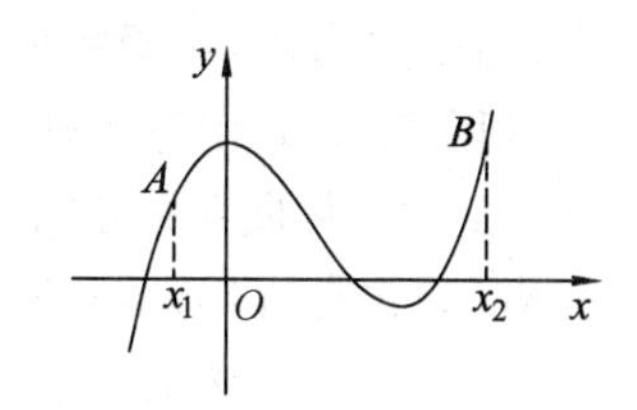

图 4

生：满足.

师：那是单调增函数还是减函数？

生：都不满足.

师：问题在哪儿？

生：定义中的 x_1 和 x_2 实际上应该是随便取的，我觉得应该在 x_1 和 x_2 前面加上“任意”两个字.

师：很好，那请你把定义完整地叙述一遍.

生：对于某个区间 I，任意 $x_1,x_2\in I$ 且 $x_1<x_2$，若 $f(x_1)<f(x_2)$，则称 $f(x)$ 在区间 I 上是单调增函数；若 $f(x_1)>f(x_2)$，则称 $f(x)$ 在区间 I 上是单调减函数.

设计意图　函数概念的抽象性导致学生的数学思维不够严谨，所以需要一步一步引导学生完善概念. 通过举出反例，促使学生明白定义需要完善，进一步理解“任意”两个字的重要性. 这也培养了学生严谨的逻辑思维能力.

3　稚化评析

3.1　引导学生提出“学什么”

爱因斯坦曾说：提出一个问题往往比解决一个问题更为重要，因为解决一个问题也许只是数学上或实验上的技巧问题. 而提出新的问题、新的可能性，从新的角度看旧问题，却需要创造性的想象力，而且标志着科学的真正进步.在新的一节课开始之前，教师应当站在学生的角度去思考：本节课为什么要学习这个内容，根据情境是否可以联想到本节课所学习的内容，从而在课堂教学中能够很好地引导学生提出本节课的课题内容.认知心理学表明，一个人是通过外部线索与内部的中介过程之间的联结而形成知觉和概念的.在创设的情境中，函数图象的变化趋势是最容易引起学生注意的.

3.2　引导学生建构新概念

用数学语言建构新的数学概念是学习的一个难点.对学生来讲，用静态的数学语言去描述动态的数学形式是比较困难的，而且不同学生的表达方式不尽相同.此时，教师需要稚化自己的思维去思考怎样设置问题引导学生准确描述概念.如何表述“增大”、如何完善概念是构建完整概念的重要环节.对学生来讲，对函数概念的理解还未透彻，再去构建单调性概念必然有很大困难.那么作为教师，就需要了解学生的学情，掌握学生已有的知识储备，站在学生的角度考虑学习可能存在的障碍点、概念理解困惑的地方，从而做到“教有所至，学有所得”.

3.3　引导学生严谨思维

直观感知固然对数学学习有着重要的决定作用，但是对于更深层次的理解还不够，所以通过直观感知去认识数学概念存在着较大困难，而且会阻碍学生自身能力的发展.严谨的逻辑思维习惯能够让学生在今后的学习生活中更加全面地认识问题.教师通过稚化自身思维，能够发现学生思考问题中的漏洞和不足，从而能够更好地引导学生弥补这些不足.但严谨的数学思维并非是一两天就能形成的，需要一个漫长的过程，教师在平时的教学中要时刻注意稚化自己的思维，注重学生能力的提升，以达到教学相长的目的.

执笔：耿少峰

稚化教师的思维 提升学生的素养

——以“一元二次不等式的综合应用”一课为例

1 背景描述

一元二次不等式是高中数学中比较重要的内容，是初中学过的一元二次不等式的解法、一元二次方程的根的延伸和发展. 本节课着重研究了一元二次不等式、一元二次方程与二次函数之间的密切联系. 从学生已有的知识层面上讲，学生已经会解一元二次不等式，所以在教学设计过程中要根据新课标的理念，注意强调数学本质，倡导积极主动、勇于探索的学习方式，注重提高学生的数学思维能力，注重解决问题过程中数学思想方法的渗透，并能让学生在今后的学习中得到应用、巩固和发挥.

2 片断实录

片断 1 复习旧知，激活思维

师：上节课我们已经学习了一元二次不等式的解法，深刻地认识了二次函数、一元二次方程与一元二次不等式这“三个二次”之间的关系. 本节课我们将继续研究一元二次不等式. 首先我们结合例 1 回顾一下昨天的知识点.

例 1 (1) 已知一元二次不等式 $x^2+ax+b>0$ 的解集为 $\{x|x<-2, x>3\}$，则实数 $a=$__________，$b=$__________；

(2) 不等式 $(x-a)\left(x-\frac{1}{a}\right)<0(0<a<1)$ 的解集是__________；

(3) 关于 x 的不等式 $x^2-6kx+k+8\geqslant 0$ 对任意实数 x 都成立，则实数 k 的取值范围是__________.

这 3 个小题表面上都是解一元二次不等式，但是解决问题的侧重点不同. 请同学们动笔算一下，等会儿我请大家说一下解题的方法.

……

生 1：第(1)题由已知条件得 -2，3 是方程 $x^2+ax+b=0$ 的两根，用韦达定理求出 $a=-1$，$b=-6$.

生 2：第(2)题利用口诀“小于在中间”得到解集是 $\left(a, \frac{1}{a}\right)$.

生 3：借助二次函数的图象，发现$\Delta\leqslant 0$，求出$-\dfrac{8}{9}\leqslant k\leqslant 1$.

设计意图　强化学生对一元二次不等式的理解，让学生进一步感受数形结合在解一元二次不等式中的重要作用，再次加深对二次函数、一元二次方程和一元二次不等式三者之间关系的认识，为本节课的学习做好知识铺垫.

片断 2　问题驱动，顺应思维

例 2　设$a\in\mathbf{R}$，解关于x的不等式：$a^2x^2+2ax-3>0$.

为了突破难点，简化问题，笔者设计了问题串来引导学生思考.

问题 1：如何解不等式$x^2+2x-3>0$?

问题 2：不等式$x^2+2ax-3a^2>0$呢?

问题 3：以上两个不等式有何区别? 解法上有何异同?

问题 4：原问题与问题 2 中的不等式有何异同?

设计意图　笔者通过设计问题串，从学生已有的知识经验出发，增加从旧知识到新知识的层次，尽可能减小思维落差，帮助学生从原有知识和经验中找到问题的突破口，从而使问题的解决顺应了学生的思维发展，学生的积极性高涨，进而提高了学习的有效性.

片断 3　错因分析，启迪思维

例 3　已知关于x的方程$x^2+ax+2=0$的两根都大于 1，求实数a的取值范围.

学生甲的解法如下：

设x_1，x_2是方程$x^2+ax+2=0$的两根，由题意得$\begin{cases}\Delta=a^2-8\geqslant 0,\\ x_1+x_2=-a>2,\\ x_1x_2=2>1,\end{cases}$

从而解得$a\leqslant -2\sqrt{2}$.

学生乙的解法如下：

设函数$f(x)=x^2+ax+2$，结合二次函数的图象(图 1)得

$$\begin{cases}\Delta=a^2-8\geqslant 0,\\ -\dfrac{a}{2}>1,\\ f(1)=1+a+2>0,\end{cases}$$

从而解得$-3<a\leqslant -2\sqrt{2}$.

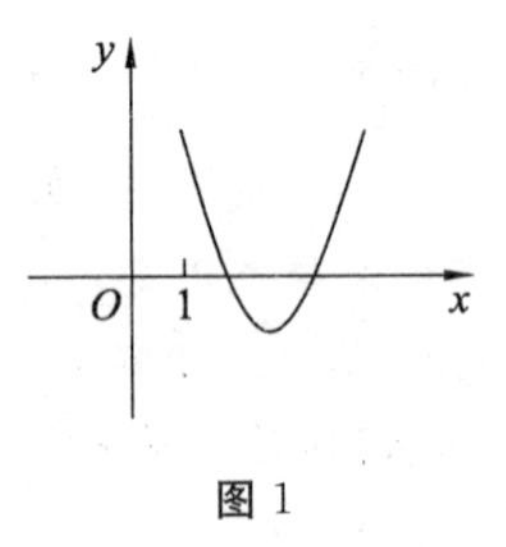

图 1

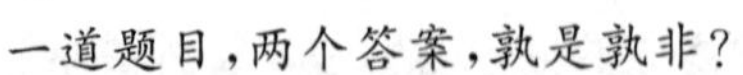

一道题目，两个答案，孰是孰非?

通过分析，学生们一致认为学生乙的解法是正确的. 笔者没有简单地将学生甲的解法判错，如果这样做，显然会打击学生学习的积极性，降低学生的学习热情，使学生只是“知其然而不知其所以然”，用此解法的学生在后续

的学习中还会不断犯错. 于是笔者耐心地和学生一道寻找错误原因，通过反例验证，学生甲自己发现问题症结所在，对原有解法稍做修改，找到了如下正确的解法：

$$\begin{cases}\Delta=a^2-8\geqslant 0,\\(x_1-1)+(x_2-1)>0,\\(x_1-1)(x_2-1)>0,\end{cases}\text{即}\begin{cases}a\leqslant -2\sqrt{2},\ a\geqslant 2\sqrt{2},\\-a-2>0,\\3+a>0,\end{cases}\quad\text{所以}-3<a\leqslant -2\sqrt{2}.$$

结论完全正确.

设计意图　通过这个问题的解决，学生的思维能力得到了有效的锻炼，笔者充分肯定了学生的方法，并且及时和学生一起总结方法. 法 1(学生甲的解法)是把两根与 1 的大小关系，转化为与 0 比较，利用韦达定理求出 a 的取值范围. 法 2(学生乙的解法)充分利用函数与方程之间的关系，把原问题转化成二次函数零点的问题. 根据二次函数的图象列出条件不等式组，求出 a 的取值范围. 条件不等式包括四个方面：① 开口；② 判别式；③ 对称轴的位置；④ 区间端点的函数值. 在此基础上，学生们互相讨论和交流，得到了其他探究的成果. 例如：

变式 1：已知关于 x 的方程 $x^2+ax+2=0$ 的两根都小于 -1，求实数 a 的取值范围.

变式 2：已知关于 x 的方程 $x^2+ax+2=0$ 的两根中，一根大于 2，一根小于 2，求实数 a 的取值范围.

片断 4　巩固提高，升华思维

例 4　已知函数 $f(x)=x^2+ax+3$.

(1) 当 $x\in\mathbf{R}$ 时，$f(x)\geqslant a$ 恒成立，求实数 a 的取值范围；

(2) 当 $x\in[-2,\ 2]$ 时，$f(x)\geqslant a$ 恒成立，求实数 a 的取值范围.

师：大家刚才对例 3 的解法有了深入的探讨及思考，知道了一元二次方程与二次函数之间的联系，深刻体会了数形结合的重要性. 请大家继续发扬探索精神，在笔记本上完成该题的解答.(学生自主完成后，选择几位有代表性的学生的解法投影并讲评.)

3　稚化评析

3.1　精心设计问题，促进有效学习

美国心理学家布鲁纳指出：教学过程是一种提出问题和解决问题的持续不断的活动，思维永远是从问题开始. 数学是思维的科学.《普通高中数学课程标准(实验)》明确要求“注重提高学生的数学思维能力”，而思维能力的提升离不开学生积极主动、勇于探索的学习方式. 在课堂教学中，我们应根

据学生的“最近发展区”设计“问题串”，通过问题驱动，立足于问题解决过程，启迪和训练学生的思维. 在教师的引领下，学生获取知识，体验方法，发展能力，领略数学的魅力，陶冶情操. 本节课的教学过程中，笔者尽可能地创设理想的“问题”，让学生自己从知识的发生、发展过程中去发现问题、提出问题，使学生在问题的激发下主动学习数学，促进思维能力的发展，优化课堂教学. 学生从例 1、例 4 的解决中明确了一元二次不等式、一元二次方程与二次函数之间的灵活转化；从例 2 的解答中，学会了由特殊到一般、分类讨论等重要的数学思想方法；从例 3 的探讨中，更好地认识了一元二次方程与二次函数之间的联系，体会到数形结合的重要性，从而较好地完成了教学目标，收到了很好的教学效果.

3.2　稚化教师思维，引领学生探究

所谓稚化思维，是指在教学活动中，教师把自己的外在学术性的话语权隐藏起来，不以知识丰富的指导者自居，而是把自己的思维降格到学生的思维水平，站在学生的角度，充分关注学生的原有知识储备和经验背景，有意识地返回到与学生相仿的思维状态，把熟悉的当作陌生的，设身处地地揣摩学生的思维，努力切合学生的心态，以与学生同样的认知兴趣、同样的学习情绪、同样的思维情境、同样的探究行为来完成教学的和谐共创，从而达到和学生的思维保持“同频共振”的一种教学艺术.

教师稚化自己的思维，与学生一起走入学生的原有经验中去，在学生原有思维水平上进行教学，顺着他们的思维逐渐展开，在思维的水到渠成中掌握新知识，可以大大降低学习新知识的难度，提高学习新知识的效果. 对本节课的例题设计，笔者坚持低起点，高落点，引导学生利用图象观察分析，进行自主探究，激发学生学习的兴趣，培养学生的思维能力.

3.3　正确看待学生的疑惑，鼓励学生多问多思

在新课程的教育理念下，数学课堂逐渐走向“学生参与、交往互动、共同发展”. 很多教师讲课时不愿意学生的答案远离自己预设的方向，学生也会习惯地接受教师给出的答案，自己很少去思考为什么会得出这样的答案，如果和教师的答案不同该怎么办. 学生往往不会怀疑教师给出的答案. 此类教学模式是教师片面、单方向地向学生传授知识，学生被动地接受，这样如何谈培养学生的问题意识. 要想课堂教学中学生有问题可问、想问、敢问，教师要鼓励学生大胆发问，调动学生发问的积极性. 课堂教学是“精心预设”与“动态生成”和谐统一的过程. 本节课中，笔者及时调整课前的预设，给学生创设了尽可能多的发挥空间，使课堂在师生的共同创造中变得更加精彩、智慧、有效.

执笔：吴静宇

降低教学起点 突破教学难点

——"导数在研究函数中的应用——极值点"的教学案例

1 背景描述

导数被加入高中数学教材，为传统的数学注入了新的活力. 通过导数的学习，学生可以全面认识数学的价值，对变量数学的思想方法有了新的感悟，数学思维能力得到进一步发展，可以进一步感受数学产生和发展的规律以及人类智慧和文明的传承. 导数是高中数学新课程中的重要内容，是解决实际问题强有力的数学工具，运用导数的有关知识可以研究函数的性质. 那么我们怎样利用导数这个工具来认识新课程中的问题呢? 导数应紧密结合单调性引入极值的相关内容，强调极值是函数的局部性质，是函数在某点处的值与其附近函数值比较的结果. 通过几何直观得到极大(小)值与导数的关系. 这部分内容蕴含着数形结合等丰富的数学思想方法，能较好地培养学生的观察能力、概括能力、探究能力及创新意识.

本节课首先创设高台跳水的情景，激发学生的学习热情，强化学生的参与意识及主体作用. 让学生体会导数和极值在实际生活中的应用，在自主探究与讨论交流的过程中，培养学生的合作意识和创新精神. 通过多媒体手段激发学生的学习兴趣，然后引入极值点的定义，通过提出的问题，让学生从定义中发现关键词，有利于培养学生的观察能力、概括能力、探究能力和创新意识.

本节课教学的重点是极大值与导数的关系，特别是极值点附近左侧与右侧导数符号的正负是判断极值的关键. 教学中应结合函数的图象，了解函数在某点取极值的必要条件与充分条件. 所以笔者采用的是启发式教学，让学生探究学习. 根据新课标的要求，教师作为教学活动的组织者、引导者，在教学过程中要充分调动学生的积极性，引导学生加强对极值概念的分析，发现极值点的重难点，认识到看似简单的定义中有不少值得去推敲和琢磨的东西.

为了突出重点，突破难点，结合教学内容和学生的学习情况，借助多媒体和教材，让学生联系学过的知识，主动构建新知. 通过练习，提高学生分析问题和解决问题的能力. 教师要站在学生的角度去思考问题，这样才能走近学生，了解并理解学生，才能有效地帮助学生建构数学概念，深化数学理解.

2 片断实录

片断1 创设情境，引入课题

首先播放高台跳水运动员的视频.

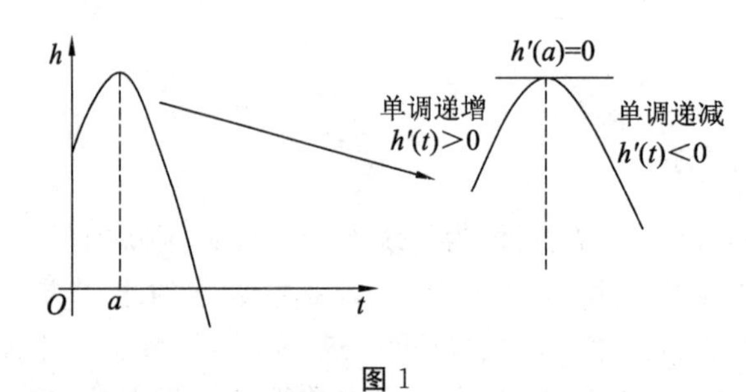

图1

师：观察高台跳水运动图（图1），$h(t)$的单调区间是什么？

生：$h(t)$在$(0,a)$上单调增，在$(a,+\infty)$上单调减.

师：通过图象直观感受导数与单调性之间是什么关系？

生：$h(t)$在$(0,a)$上单调增，$h(t)>0$；$h(t)$在$(a,+\infty)$上单调减，$h(t)<0$.

师：那么当$x=a$时，$h'(a)=0$，此时这个点是什么点？这就是本节课要讲的问题.

片断2 问题驱动，铺路搭桥

师：观察这幅图（图2）在区间$[a,b]$上的增减性.

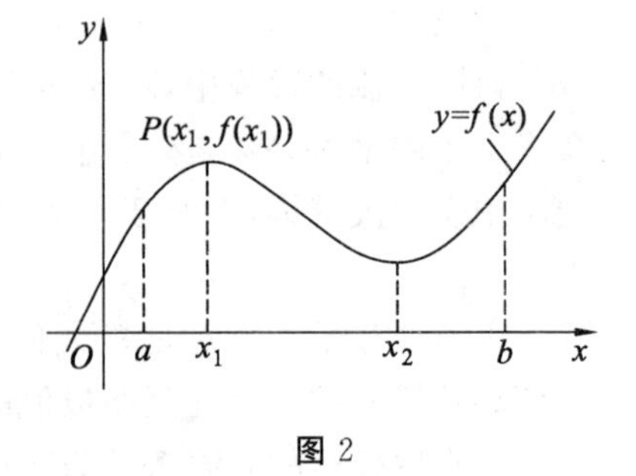

图2

生：$f(x)$在(a,x_1)，(x_2,b)上单调增，$f(x)$在(x_1,x_2)上单调减.

师：能不能利用导数来研究单调性？

生：在(a,x_1)，(x_2,b)上，$f'(x)>0$；在(x_1,x_2)上，$f'(x)<0$.

师：那么在$x=x_1$，$x=x_2$处的导数是什么？

生：$f'(x)=0$.

师：那么我们就把在$x=x_1$，$x=x_2$处的函数值称为极值. 因此我们得到极大值的定义：$f(x_1)$比它附近点的函数值都要大，称$f(x_1)$为$f(x)$的一个极大值，x_1为极大值点. 我们也得到了极小值的定义：$f(x_2)$比它附近点的函数值都要小，称$f(x_2)$为$f(x)$的一个极小值，x_2为极小值点.

函数的极值与函数的导数、函数的单调性有怎样的关系？请填好表格.

x	(a,x_1)	x_1	(x_1,x_2)	x_2	(x_2,b)
$f'(x)$					
$f(x)$					

生：填表如下.

x	(a,x_1)	x_1	(x_1,x_2)	x_2	(x_2,b)
$f'(x)$	$+$	$f'(x)=0$	$-$	$f'(x)=0$	$+$
$f(x)$	$\nearrow$	极大值	$\searrow$	极小值	$\nearrow$

师：极大值、极小值是整个定义域上的最大值和最小值吗？

生：不是.

师：极值是局部概念，并不意味着它是函数在整个定义域内的最大值和最小值.那么极值唯一吗？

生：不唯一，这个函数有两个极大值和一个极小值.

师：极大值一定比极小值大吗？

生：不一定.因为极大值只是局部的最大，极小值只是局部的最小，不在同一个局部的不好比较大小.

师：若 $f'(x_0)=0$，x_0 一定为极值点吗？

生：不一定，如 $y=x^3$ 在 $x=0$ 处，或者常数函数.

师：若 $f(x)$ 在 $x=x_0$ 处取到极值，一定有 $f'(x_0)=0$ 吗？

生：是的吧.

师：这个不是，$f(x)$ 在 $x=x_0$ 处可导，意思是左导数 = 右导数，如 $y=|x|$ 虽然有极小值，但是其左导数为 -1，右导数为 1，所以 $f(x)$ 在 $x=x_0$ 处不可导，但是有极值.那么极值点是值 $f(x_0)$ 还是点 x_0？

生：极值是 $f(x_0)$，极值点是 x_0.

教师通过追问，引导学生进行类比，激发学生自己去思考问题的内在联系.这样可以激发学生思考问题的本质.

片断 3　尝试应用，深化理解

例　求函数 $f(x)=x^2-x-2$ 的极值.

师：对于这个题目，我们可以怎么做？

生：用数形结合的方法，对其配方，$f(x)=\left(x-\frac{1}{2}\right)^2-\frac{9}{4}$，画出图象.

师：这个方法很好，还有其他方法吗？按今天课上讲的，要求出极值，首先要求出什么？然后怎么做？

生：首先求导，然后令它为0.

师：我们要判断它是否是极值，一般通过定义来判断，也就是说我们还要判断这个点在局部区域内是最大还是最小，所以我们需要一个类似上面的表格. 那么按照这样的方法，这个题目怎么做？

生：$f'(x)=2x-1$，令 $f'(x)=2x-1=0$，所以有 $x=\frac{1}{2}$. 列表如下：

x	$\left(-\infty,\frac{1}{2}\right)$	$\frac{1}{2}$	$\left(\frac{1}{2},+\infty\right)$
$f'(x)$	$-$	0	$+$
$f(x)$	↓	极小值	↑

所以，当 $x=\frac{1}{2}$ 时，$f(x)$ 取到极小值 $f\left(\frac{1}{2}\right)=-\frac{9}{4}$.

片断4　变式引申，完善认知

变式：求下列函数的极值：① $y=x+\frac{1}{x}$；② $y=(x^2-1)^3+1$.

师：我们知道，一般对于函数问题，我们首先要考虑什么？

生：定义域.

师：怎样求函数 $y=x+\frac{1}{x}$ 的极值？请同学们思考一下.

生：首先考虑定义域，为 $\{x|x\neq 0\}$. $f'(x)=1-\frac{1}{x^2}$，令 $f'(x)=1-\frac{1}{x^2}=0$，所以有 $x=-1$ 或 1. 列表如下：

x	$(-\infty,-1)$	-1	$(-1,0)$	0	$(0,1)$	1	$(1,+\infty)$
$f'(x)$	$+$	0	$-$	不存在	$-$	0	$+$
$f(x)$	↑	极大值	↓	不存在	↓	极小值	↑

所以，当 $x=-1$ 时，y 有极大值 $f(-1)=-2$；当 $x=1$ 时，y 有极小值 $f(1)=2$.

师：通过该题我们可以发现极大值不一定比极小值大. 那么同学们能总结出做此类问题的步骤吗？

生：求极值的步骤：(1)求定义域；(2)求 $f'(x)$；(3)令 $f'(x)=0$，得到可能的极值点；(4)列表.

师：对于②，又该怎么考虑呢？

生：首先考虑定义域为 $\mathbf{R}$，$f'(x)=3(x^2-1)^2\times 2x=6x(x^2-1)^2$，令

$f'(x)=0$,所以有 $x=-1,0$ 或 1.列表如下:

x	$(-\infty,-1)$	-1	$(-1,0)$	0	$(0,1)$	1	$(1,+\infty)$
$f'(x)$	$-$	0	$-$	0	$+$	0	$+$
$f(x)$	↘	无极值	↘	极小值	↗	无极值	↗

所以,当 $x=0$ 时,y 有极小值 $f(0)=1$.

师:通过这个题目我们知道 $f'(x_0)=0$,x_0 未必为极值点,所以需要画表格检验一下是否为极值.这个题目也说明了,若 x_0 为极值点,$f'(x_0)$ 未必存在.

3 稚化评析

韩愈《师说》曰:师者,所以传道授业解惑也."传道"要求教师言传身教,在传授一定道理的同时培养学生;"授业"即传授基础知识与基本技能,是教学的基本内容.教师要采用恰当的方法将知识传授给学生,使学生能够更好地接受、吸收与利用.学生之所以对学习提不起兴趣,很大的原因就是课本的内容脱离了实际,变得枯燥无味,无法产生共鸣,所以我们要设计与教学内容相关的并且让学生感兴趣的情景,激发学生的学习兴趣,强化学生的参与意识.稚化思维教学很重要,从学生的角度出发,才能使得学生更好地接受知识.

3.1 "接地气"的情境设计

教与学的思维点和出发点是不一样的,教学的过程就是师生之间互相交流、共同成长的过程.教师经过专业的培养,对于所学内容驾轻就熟,对于很多知识的理解觉得顺理成章,而学生的头脑中还是一片茫然.学生面对全新的内容,需要教师及时地帮助他们建立起新旧知识之间的联系.教师要根据学情,精心创设与教学内容相关的、能使学生感兴趣的、能够引起学生的认知冲突的问题情境,将学生带入到学习的情境中来.本节课以高台跳水这个贴近生活的例子来激发学生的学习兴趣,强化学生的参与意识及主体作用.通过这个例子引出本节课要讲的极值的定义,将函数的单调性和导数这个旧知识相联系,增强学生对知识的主动构建能力.

3.2 "阶梯式"的变式教学

数学学习的根本任务就是教会学生自主探究、自主解决问题,但有不少问题是学生百思不得其解的,因此教师要合理地搭建平台,做好铺垫,让学生能够"拾级而上".教师要通过设问引导来激发学生对新知的认识和主动构建.课堂上设置问题的起点要低,内容要有层次,形成一定的梯度,以强化学生的参与意识.本节课要强调极值是函数的局部特征，是函数在某点处的值和附近“左”“右”函数值比较的结果.通过一个例子和两个变式来理解本节课的易错点，逐步稚化思维，降低教学的起点，帮助学生从原有的知识经验中找到通向成功的“道路”，使得学生接受起来更加容易.结合学生已有的知识经验来熟悉新的知识，从而揭示题目的本质，让学生在解题的过程中“恍然大悟”，在思维的水到渠成中掌握新知，并能恰当地归纳总结，达到多题一解的效果.

3.3 “装傻式”的明知故问

反其道而行之，用“难得糊涂”的方式来稚化思维，以此来加深学生对问题的理解，是教学中值得提倡的一种重要手段.学生掌握的知识和技能绝大多数都是教师从正面引导而生成的，但有时教师不妨另辟蹊径，故意装装糊涂，可能会收到意想不到的效果.在平时的教学过程中，针对学生对概念理解易错的地方进行设计，和学生一起走走“歪路”“装装傻”，让学生自己在探求的道路上发现错误，进而明辨是非，提高对概念认识的全面性与准确性.本节课中，求极值的前提是要注意定义域，理解“若 $f'(x_0)=0$，则 x_0 不一定为极值点；若 x_0 为极值点，则 $f'(x_0)$未必存在.”是学生认知中的一个难点.教师在课堂上“欲擒故纵”，引导学生从不同的角度去看待问题、分析问题、思考问题，使得整个解题过程一波三折，让学生的思维与结论产生冲突，既使学生对导数与函数的极值之间的关系理解得更加准确和深刻，又培养了学生遇到问题善于质疑的精神，提高了学生的创新能力.

数学教育家斯托利亚曾说过：数学这个术语本身，就表示一种思维活动，而数学教学从根本上来说，就是数学思维活动的教学.难得糊涂，稚化思维，不失为数学教学中引领学生思考、促进学生理解的一种有效的方式，值得我们关注和重视.

执笔：陈茜茜

基于学情分析　深化学生理解

——“直线与圆的位置关系”的教学案例

1　背景描述

直线与圆的位置关系是普通高中课程标准实验教科书数学必修2第2章第2节“圆的方程”中的第2小节.在此之前,学生已知如何用方程研究两直线的位置关系,还知道利用圆心到直线的距离与半径的大小关系可以判断直线与圆的位置关系.因此,本节课的任务是让学生在上述知识的基础上归纳总结出判断直线与圆的位置关系的两种方法:几何法和代数法.几何法就是通过比较d与r的大小关系来判断;代数法是把圆的方程与直线的方程联立,根据方程组解的个数来判断.简单的弦长问题、切线问题作为进一步的拓展与提高,也适当地引入课堂教学中.所以,这是一节比较重要的内容,除了要解决直线与圆的三种位置关系,还肩负着使学生形成解析几何思想方法的重任.

基于以上分析,本节课的教学目标是掌握判断直线与圆的位置关系的两种方法,并灵活应用其解决直线与圆的相关问题.通过观察实际的问题情境,将之化归为直线与圆的位置关系问题,逐步使学生形成用代数方法解决几何问题的坐标法思想,领悟数形结合的魅力,提高学生发现问题、分析问题、解决问题的能力.本节课的重点是直线与圆的位置关系的判定及应用,难点是对直线与圆的位置关系的判断方法的灵活应用.教师对于这些方法早已烂熟于心,恨不得交代一下就直接应用了.可是对于初学的学生来说,需要一定的理解、思考和转化时间.不少学生都会选择几何法,觉得代数法难计算、易出错,但几何法不具有一般性,在后面学习的圆锥曲线中代数法才是主角,因此两种方法都要兼顾,都要让学生灵活应用.

在本堂课的教学中,笔者将充分利用学生已有的知识基础,在最近发展区内以问题驱动组织教学,为学生构造思维载体,突破教学难点.

2　片断实录

片断1　温故知新,创设情境

请同学们先回顾初中学过的直线与圆的位置关系的判断方法,并完成下表：

直线与圆的位置关系	定义	图形	判定方法
相离	没有公共点		$d>r$
相切	有且只有一个公共点		$d=r$
相交	有两个公共点		$d<r$

设计意图 数学可以看成是对生活实际的抽象，也可以看成是自身逻辑的产物.通过唤起学生的回忆，构建基本的知识框架，初步感受数形结合的思想.

片断2 提出问题，自主探究

(1) 直线与圆的位置关系的判断探究.

问题1：已知直线 l：$4x+3y=40$ 和圆 O：$x^2+y^2=100$，判断它们的位置关系，若相交，求出它们的交点坐标.

设计意图 刚刚复习了初中学过的判断直线与圆的位置关系的方法，即比较 d 与 r 的大小.对于圆心到直线的距离 d，自然而然地想到高中刚刚学过的距离公式可以求出 d.该判断方法应该是学生最容易想到的.教师要理解学生，也就是说，不仅要了解学生要学习什么，还要了解学生已经学习了哪些知识和将要学习什么知识，进而建立起它们之间的联系.只有弄清楚了这些关系，才能准确地进行教学预设，才知道该教什么，该教到什么程度，该怎么教.正因为如此，先讲几何法再讲代数法来判断直线与圆的位置关系，更适合学生的"最近发展区".

师生活动 引导学生如何求出 d，并解答如下：

圆 O：$x^2+y^2=100$，圆心 $O(0,0)$，半径 $r=10$，设点 O 到直线 l 的距离为 d，由点到直线的距离公式有 $d=\frac{|4\times0+3\times0-40|}{\sqrt{3^2+4^2}}=8<10$，所以直线 l 与圆 O 相交，有两个公共点.

教师设问：还有其他方法可以判断吗？（教师可以提示：求交点坐标，类比两直线交点的求法，引导学生用方程思想来判断直线与圆的交点个数，并求出交点坐标.）

问题2：由问题1的解答，同学们能总结出判断直线与圆的位置关系的方法和步骤吗？

师生活动　归纳总结如下：

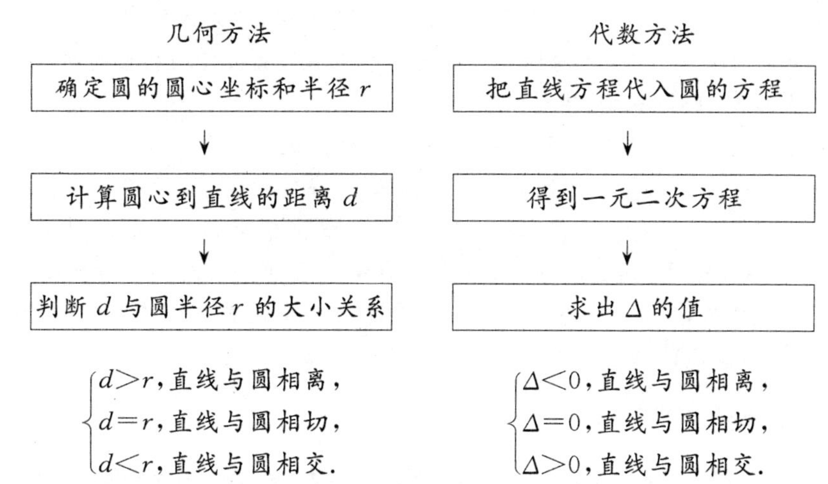

设计意图　以渐进式的问题为载体，从学生知识结构的“最近发展区”入手，引导学生展示思维活动过程，设置解题悬念，搭建让学生充分展示自己的舞台，让学生主动参与合作学习，鼓励团队协作，教师适时点拨，鼓励学生积极探究。教师的设计能很好地体现知识的发生发展过程，既培养了学生的发散思维能力，又有利于学生优化选择意识的形成。让学生自己构建出判断直线与圆的位置关系的两种方法——几何法、代数法，并对比这两种方法的优缺点。问题解决后的反思旨在引导学生欣赏这个几何问题及感悟问题解决过程中蕴含的解析几何的思想和用坐标法解决几何问题的优缺点，实现思维“内化”与“优化”。

(2) 直线与圆的位置关系的拓展研究。

变式：直线 l 过点 $A(2,0)$，圆 C：$x^2+y^2-2y-4=0$。

① 过点 A 的直线与圆 C 有几种关系？

② 若直线 l 与圆相交所截得的弦长 AB 为 $\sqrt{10}$，求直线 l 的方程。

思考：能不能从图形上解释为什么有两条直线？

③ 若直线 l 与圆相切，求直线 l 的方程。

设计意图　把课本例 2 和例 3 整合到问题 1 的变式中，通过变式中第①问巩固判断直线与圆的位置关系的方法。并通过图形，找出由半弦长 $\frac{1}{2}AB$、弦心距 d 及半径 r 所组成的直角三角形，从而列出弦长的表达式 $d^2=r^2-\left(\frac{AB}{2}\right)^2$，让学生发现图形的几何性质在解决弦长问题中带来的简便，感悟数形结合思想在解决几何问题中的巨大作用。“思考”的设计主要是从“形”上

解释为什么直线 l 的斜率有两个.若有学生提出联立方程，利用设而不求、根与系数的关系求解也可以，教师借此渗透弦长公式，为以后研究圆锥曲线的弦长问题做铺垫.第③问的设计主要是让学生掌握直线与圆相切的问题.

片断3　归纳总结，提升认识

学生总结直线与圆的位置关系，教师及时补充.

设计意图　课堂总结也是整节课认知过程的后半段，旨在了解研究内容和研究方法，并进一步感受研究的意义.尽管高中生有一定的反思与总结能力，但教师采用“问题驱动”的方式引导学生在独立回顾与思考的基础上进行交互反馈，在交互反馈的基础上，教师总结性的讲解可能更有效，如果组织得好，能起跨越性的作用.

3　稚化评析

奥苏贝尔说过：影响学习的唯一重要的因素，就是学习者已经知道了什么，要探明这一点，并应据此进行教学.因此，教师在教学设计前必须站在学生的角度理解学生的学习心理，稚化自己的思维，从学生的数学认知特点、已有的知识基础等设计教学.针对这些情况，教学设计时教师必须对每个教学环节都进行认真思考、仔细推敲，不能以自己的理解简单地得到公式和定理.学生是课堂的主体，对许多知识一无所知或者只了解皮毛，想法会很幼稚，在学习中出现的错误和困惑也是教师当初学习时经常遇到的，所以教学时教师有必要稚化自己的思维，与学生一起走入学生的原有经验，在学生原有的思维水平上进行教学，顺着他们的思维逐渐展开，在思维的水到渠成中掌握新知识，这样可以大大降低学习新知识的难度，提高学习新知识的效果.

3.1　抓住《普通高中数学课程标准(实验)》，渗透思想，找准落脚点

解析几何的本质是用代数方法研究图形的几何性质，体现了数形结合的重要思想.《普通高中数学课程标准(实验)》指出：平面解析几何初步的教学中，教师应帮助学生经历如下过程：首先将几何问题代数化，用代数的语言描述几何要素及其关系，进而将几何问题转化为代数问题；处理代数问题；分析代数结果的几何含义，最终解决几何问题.这种思想应贯穿平面解析几何教学的始终，帮助学生不断地体会数形结合的思想方法.在初中阶段已经从“数”(d 与 r 的大小，只是没有学点到直线的距离公式)和“形”两方面介绍过直线和圆的三种位置关系.在高中阶段深化对“数”“形”两方面的研究，即用几何法、代数法进一步揭示直线与圆的位置关系.

3.2 审读教材，换位思考，找准稚化点

稚化思维要求教师首先要放下自己数学权威的架子，以学生的身份，从学生的已有知识和能力出发，重读教材、审视教材，预估学生哪些知识点能理解，哪些知识点理解有困难，哪些知识点易混、易错. 例题需要自己亲自解答，想一想学生还可能有什么方法，做一次详细梳理，这样可能获得不同于教材的解答，有别于教材的理解，也可能有新的发现. 笔者在审读教材、换位思考后，发现"直线和圆的位置关系中弦长和弦中点"问题的处理是学生学习的一个难点，教学中将此作为稚化的一个"点"，采取降低起点、小步子探索与大胆猜想相结合的设计，进行拓展研究，取得了较好的教学效果.

3.3 基于学情，源于理解，找准联结点

稚化思维要求教师充分做好学情分析，因为"适合学生"是一切教学活动的基础与出发点. 要尊重学生的认知特点，不同年龄段的学生有不同的思维习惯和特点，男同学与女同学有不同的思维习惯和特点等，教师事先都要有充分的思考. 本节课的教学中，笔者根据学生的认知水平采用复习引入，比较符合本校学生的学情，也适合课堂教学. 接着在复习的基础上，引导学生利用点到直线的距离公式求出 d，根据几何法判断出直线与圆的位置关系. 再引导学生通过类比初中学过的判断直线与抛物线的公共点个数的方法探究出解决直线与圆位置关系的代数法. 教学设计建立在学生已有知识的基础上，符合学生的认知水平，学生的思维变得顺畅，问题的解决过程也水到渠成，学生觉得大部分内容都是自己想出来的、悟出来的，而不是教师强加硬给的，学生对新知识的领悟也更加深刻. 只有让学生自己去建构知识，才能让学生获得"沉浸体验".

教师只有了解学生原有的知识经验和现有的真实状况，才能以学生的认知结构为稚化起点进行教学设计. 在课堂上从学生真实的问题和经验出发来稚化自己思维，能化难为易、化繁为简，在学生原有的思维水平上，顺着他们的思维逐步展开，在思维的水到渠成中掌握新知，这样可以大大降低学习新知的难度，实现真正意义上的学习. 如此稚化，才能走近学生，了解并理解学生，从而有效地提升教学的效果.

执笔：满园园

让思维贴近学生　使课堂充满活力

——"利用导数求解函数单调性"一课的教学案例

1　背景描述

在学习导数之前，判断函数的单调性最常规的方法就是定义法，但是定义法一般用来判断一些简单函数的单调性，对于稍微复杂一点的函数再利用定义法判断会比较烦琐，有时甚至无法解决. 导数的引入可以帮我们解决这个问题."导数在研究函数中的应用——单调性"是数学选修 2-2 第 1.3.1 节的内容，是学生在学习了平均变化率、瞬时变化率、导数的运算后，对必修 1 中函数单调性的再认识，为后续学习函数的极值、最值等知识做铺垫，也是初等数学向高等数学的一次跨越.

利用导数研究函数的单调性，是导数这部分内容的基础且重要的一个考点. 说它是基础，因为利用导数研究函数的其他性质最终都要利用单调性；说它重要，因为近年来全国各地高考数学试题中都有它的身影.

2　片断实录

片断 1　求含参数的函数的单调性

利用导数判断函数单调性的基本原理就是，对于函数 $y=f(x)$，如果在某区间上 $f'(x)>0$，那么 $f(x)$ 为该区间上的增函数；如果在某区间上 $f'(x)<0$，那么 $f(x)$ 为该区间上的减函数. 对于含参数的函数单调性的判断，往往需要进行分类讨论，许多学生对此感到棘手：什么时候应该讨论？该如何进行讨论？分类的标准是什么？因此，帮助学生明确解题方向，对于解决这类题型显得尤为重要.

例 1　讨论函数 $f(x)=ax-(2a-1)\ln x+\dfrac{2}{x}$ 的单调性.

师：怎么求这个函数的单调性？

生：先判断函数的定义域，是$(0,+\infty)$；然后求导，$f'(x)=a-\dfrac{2a-1}{x}-\dfrac{2}{x^2}=\dfrac{ax^2-(2a-1)x-2}{x^2}$，接着求出导函数的根.

师：求导函数的根，现在就转变成求方程 $ax^2-(2a-1)x-2=0$ 的根．我们可以怎么办？

生：可以因式分解，$ax^2-(2a-1)x-2=(ax+1)(x-2)$，当 $a=0$ 时，由 $f'(x)=0$，得 $x=2$；当 $a\neq0$ 时，由 $f'(x)=0$，得 $x=-\frac{1}{a}$或$x=2$．

师：很好，根求出来了，然后要怎么办呢？

生：判断 $f'(x)$的符号，因为 $f'(x)$的分母恒大于 0，所以只要看分子部分的符号．

师：这个分子部分是我们比较熟悉的函数了，判断它的符号，也就是和 0 做比较，可以借助它的图象来观察．在画这个图象时，又遇到了什么问题？

生：开口方向不确定．

师：还有呢？

生：两根的大小不知道．

师：还有呢？

生：定义域要求是$(0,+\infty)$，有可能其中一根 $x=-\frac{1}{a}$不在定义域内．

解析：定义域为$(0,+\infty)$，$f'(x)=a-\frac{2a-1}{x}-\frac{2}{x^2}=\frac{ax^2-(2a-1)x-2}{x^2}=\frac{(ax+1)(x-2)}{x^2}$．

(1) 当 $a=0$ 时，$f'(x)=\frac{x-2}{x^2}$，令 $f'(x)>0$，得 $x>2$；令 $f'(x)<0$，得 $0<x<2$，则 $f(x)$的单调增区间为$(2,+\infty)$，单调减区间为$(0,2)$．

(2) 当 $a>0$ 时，$f'(x)=\frac{a\left(x+\frac{1}{a}\right)(x-2)}{x^2}$，令 $f'(x)=0$，得 $x=-\frac{1}{a}$（舍）或 $x=2$．列表如下：

x	$(0,2)$	2	$(2,+\infty)$
$f'(x)$	$-$	0	$+$
$f(x)$	↘		↗

所以，$f(x)$的单调增区间为$(2,+\infty)$，单调减区间为$(0,2)$．

(3) 当 $a<0$ 时，$f'(x)=\frac{a\left(x+\frac{1}{a}\right)(x-2)}{x^2}$，令 $f'(x)=0$，得 $x=-\frac{1}{a}$或 $x=2$．

① 当 $-\frac{1}{a}<2$，即 $a<-\frac{1}{2}$时，列表如下：

x	$\left(0,-\frac{1}{a}\right)$	$-\frac{1}{a}$	$\left(-\frac{1}{a},2\right)$	2	$(2,+\infty)$
$f'(x)$	$-$	0	$+$	0	$-$
$f(x)$	↘	↗	↘		

所以 $f(x)$ 的单调增区间为 $\left(-\frac{1}{a},2\right)$，单调减区间为 $\left(0,-\frac{1}{a}\right)$ 和 $(2,+\infty)$.

② 当 $-\frac{1}{a}=2$，即 $a=-\frac{1}{2}$ 时，$f'(x)\leqslant 0$ 恒成立，所以 $f(x)$ 的单调减区间为 $(0,+\infty)$.

③ 当 $-\frac{1}{a}>2$，即 $-\frac{1}{2}<a<0$ 时，列表如下：

x	$(0,2)$	2	$\left(2,-\frac{1}{a}\right)$	$-\frac{1}{a}$	$\left(-\frac{1}{a},+\infty\right)$
$f'(x)$	$-$	0	$+$	0	$-$
$f(x)$	↘		↗		↘

所以，$f(x)$ 的单调增区间为 $\left(2,-\frac{1}{a}\right)$，单调减区间为 $(0,2)$ 和 $\left(-\frac{1}{a},+\infty\right)$.

综上所述，当 $a\geqslant 0$ 时，$f(x)$ 的单调增区间为 $(2,+\infty)$，单调减区间为 $(0,2)$；

当 $-\frac{1}{2}<a<0$ 时，$f(x)$ 的单调增区间为 $\left(2,-\frac{1}{a}\right)$，单调减区间为 $(0,2)$ 和 $\left(-\frac{1}{a},+\infty\right)$；

当 $a=-\frac{1}{2}$ 时，$f(x)$ 的单调减区间为 $(0,+\infty)$，无增区间；

当 $a<-\frac{1}{2}$ 时，$f(x)$ 的单调增区间为 $\left(-\frac{1}{a},2\right)$，单调减区间为 $\left(0,-\frac{1}{a}\right)$ 和 $(2,+\infty)$.

设计意图 本题属于开口方向不定，可因式分解而两根大小不定的类型.对于这类问题，应先讨论开口方向，接着在每种情况下，讨论两根的大小关系.在列表时，可以结合二次函数的图象判断各个区间上导数的正负，即可判断出函数的单调性. 例如本题，当 $a<0$ 时，$f'(x)=\frac{a\left(x+\frac{1}{a}\right)(x-2)}{x^2}$，在 $-\frac{1}{a}<2$ 的情况下，导数的分子部分的图象如图1，从图象上就可以准确地看出导数在各个区间上的正负.

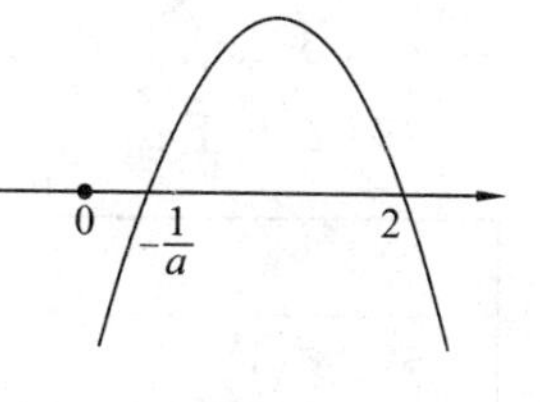

图1

例2　已知函数 $f(x)=ax-\frac{2}{x}-\ln x$，讨论函数 $f(x)$ 的单调区间.

师：(求导函数的根时，学生出现了障碍)遇到了什么问题？

生：$f'(x)=0$ 的根的个数不确定.

师：要考查方程 $ax^2-x+2=0$ 的根的情况，要看什么？

生：判别式 $\Delta=1-8a$ 的符号.

师：它一定有判别式吗？

生：啊，要对 a 分情况讨论. 只有当 $a\neq0$ 时，它才有判别式.

解析：定义域为 $(0,+\infty)$，$f'(x)=a+\frac{2}{x^2}-\frac{1}{x}=\frac{ax^2-x+2}{x^2}$.

(1) 当 $a=0$ 时，$f'(x)=-\frac{x-2}{x^2}$，令 $f'(x)>0$，得 $0<x<2$；令 $f'(x)<0$，得 $x>2$. 则 $f(x)$ 的单调增区间为 $(0,2)$，单调减区间为 $(2,+\infty)$.

(2) 当 $a>0$ 时，

① 若 $\Delta\leqslant0$，即 $1-8a\leqslant0$，则 $a\geqslant\frac{1}{8}$，此时 $f'(x)\geqslant0$ 恒成立，所以 $f(x)$ 的单调增区间为 $(0,+\infty)$.

② 若 $\Delta>0$，即 $0<a<\frac{1}{8}$，令 $f'(x)=0$，解得 $x_1=\frac{1-\sqrt{1-8a}}{2a}$，$x_2=\frac{1+\sqrt{1-8a}}{2a}$.

列表如下：

x	$(0,x_1)$	x_1	(x_1,x_2)	x_2	$(x_2,+\infty)$
$f'(x)$	+	0	−	0	+
$f(x)$	↑		↓		↑

所以，$f(x)$ 的单调增区间为 $(0,x_1)$ 和 $(x_2,+\infty)$，单调减区间为 (x_1,x_2).

(3) 当 $a<0$ 时，此时 $\Delta=1-8a>0$，且 $x_1+x_2=\frac{1}{a}<0$，$x_1x_2=\frac{2}{a}<0$，所

以 $x_2<0<x_1$.

列表如下：

x	$(0,x_1)$	x_1	$(x_1,+\infty)$
$f'(x)$	+	0	−
$f(x)$	↗		↘

所以，$f(x)$的单调增区间为$(0,x_1)$，单调减区间为$(x_1,+\infty)$.

综上所述，当 $a\geqslant\frac{1}{8}$时，$f(x)$的单调增区间为$(0,+\infty)$，无减区间；当$0<a<\frac{1}{8}$时，$f(x)$的单调增区间为$\left(0,\frac{1-\sqrt{1-8a}}{2a}\right)$和$\left(\frac{1+\sqrt{1-8a}}{2a},+\infty\right)$，单调减区间为$\left(\frac{1-\sqrt{1-8a}}{2a},\frac{1+\sqrt{1-8a}}{2a}\right)$；当 $a=0$ 时，$f(x)$的单调增区间为$(0,2)$，单调减区间为$(2,+\infty)$；当 $a<0$ 时，$f(x)$的单调增区间为$\left(0,\frac{1-\sqrt{1-8a}}{2a}\right)$，单调减区间为$\left(\frac{1-\sqrt{1-8a}}{2a},+\infty\right)$.

设计意图 本题属于开口方向不定、判别式不确定的类型. 对于这类问题，先判断开口方向，再判断判别式，然后结合图象判断单调性. 其中，无需对"$\Delta=0$"的情况单独讨论，可以将"$\Delta=0$"和"$\Delta<0$"合并处理，因为这两种情况的单调性始终一致. 例 1 和例 2 这两类题型解决了，对于其他类型，如开口方向定的二次型函数的单调性问题更是手到擒来.

片断 2 已知函数的单调性求参数的取值范围

由函数的单调性求参数的取值范围问题，可以利用转化与化归的思想，将其转化为"不等式恒成立"的问题，但是在实际应用过程中，应当注意其充分必要条件的应用范围. 一般地，可导函数 $f(x)$在某个区间(a,b)内单调递增(或递减)的充要条件是：(1)对任意 $x\in(a,b)$，都有$f'(x)\geqslant0$[$f'(x)\leqslant0$]；(2)在区间(a,b)的任何子区间上 $f'(x)$不恒为 0.

例 3 已知函数 $f(x)=x^2+\frac{a}{x}$在$[2,+\infty)$上是增函数，求实数 a 的取值范围.

生：(很有自信)因为函数 $f(x)$在$[2,+\infty)$上是增函数，所以$f'(x)=2x-\frac{a}{x^2}=\frac{2x^3-a}{x^2}>0$.

师：好像蛮有道理的，有不同意见的吗？

生：应该是 $f'(x)\geqslant 0$.

师：为什么呀?

生：当 $f'(x)=0$ 时，函数也有可能是增函数.

师：能不能举个例子呀?

生：$f(x)=x^3$ 在 $\mathbf{R}$ 上是增函数，它的导函数 $f'(x)\geqslant 0$.

解析：$f'(x)=2x-\frac{a}{x^2}=\frac{2x^3-a}{x^2}\geqslant 0$ 在 $[2,+\infty)$ 上恒成立，即 $2x^3-a\geqslant 0$，所以 $a\leqslant 2x^3$ 在 $[2,+\infty)$ 上恒成立，即 $a\leqslant (2x^3)_{\min}$. 故 $a\leqslant 16$.

经检验，当 $a=16$ 时，$f(x)$ 不是常数函数，满足题意. 所以 $a\leqslant 16$.

设计意图 本题是一道利用函数单调性求参数的题目，考查学生能否运用导数方法求函数中的未知数. 学生通常会由于对函数单调性与导函数的符号关系理解错误而做错此题. 教师在教学时要抓住学生的这个典型错误，让学生来找错，引起学生的认知冲突，以此来引导学生辨析知识，深化认识.

3 稚化评析

美国数学家 G. 波利亚说：教师应当把自己放在学生的位置上，他应当看到学生的情况，应当努力去理解学生心里正在想什么，然后提出一个问题或是一个步骤，而这是学生自己原本想到的. 这恰恰与近年来所提倡的教师稚化思维的思想相吻合.

所谓稚化思维，就是教师稚化自己的思维方式，要求教师摆脱权威者的姿态，与学生的思维保持“同频”，积极与学生沟通，以学生的认知方式思考问题，洞察学生的疑惑点、难点，惑其惑，难其难，错其错，将数学知识本身的逻辑结构、发展规律与学生的认知规律、心理年龄特征联系起来，全方位地开展教学，亲近学生，关注学生的认知发展，以促进学生的数学理解，提高数学课堂效率. 基于这样的思考，我们可以从以下三个方面着手：

3.1 巧设问题系列

精心设计一系列有层次、由浅入深的有梯度的问题是稚化思维的基础. 学生在学习过程中遇到的难以解决的问题中，有很大一部分是由于问题的难度跨度大，思维层次高，学生没办法领会. 此时，若教师在教学设计中，能够设计一系列难度由浅入深、思维高度由低到高的问题链，通过问题链之间的前后衔接，引导学生积极思维，大胆质疑，一定能降低学生的思维层次，减小思维落差，在师生共同思考、反馈中一步步剖析问题、解决问题.

3.2 模拟学生思维

分析学生的思维方式是教师在教学设计时的重要依据之一，是教师能否介入学生学习、启发学生思考的关键，也是教师稚化思维的关键所在. 因此，在教学中，教师应该尽可能地模拟学生的思维方式，与学生站在同一思维起跑线上思考问题. 在备课中，教学设计思路要贴近学生的思维方式，教师要洞察学生学习过程中的重、难点，在设疑、析疑、释疑的过程中，充分模拟学生思维，巧妙地退化到学生的思维态势，揣摩学生的思维方式. 在课堂上，教师要充分发挥稚化艺术，故作不懂，与学生一起探索，帮助学生深化对问题的认识，加深对知识的理解.

3.3 渗透数学思想

数学思想方法是理解、思考、分析与解决数学问题的普通方法，它蕴涵在数学知识发生、发展和应用的过程中. 在很多情况下，学生只关注所学的知识点而忽略了学习过程中所隐含的数学思想方法. 导数这一章涉及的思想方法有数形结合思想、无限逼近思想、分类讨论思想、转化与化归思想等. 但一些学生做题时很少画函数的图象，根本没有数形结合的意识；一些学生对含参数问题不知道要分类讨论，或者对讨论标准拿捏不好；一些学生遇到陌生的数学问题不知道如何转化等. 正是由于这些基本思想方法的缺失，才在很大程度上影响了学生解决数学问题的效率. 所以，教师在平时的教学中，要结合数学知识，有目的地设置系列问题，反复运用数学思想方法，把问题形象化，帮助学生在解题过程中强化思想方法，提高学生的数学水平.

执笔：丁亚红

运用稚化思维的策略 实现课堂效率的提升

——以"两角和与差余弦"的教学为例

1 背景描述

两角和与差的余弦公式是推导两角和与差的一系列三角函数公式的源泉,它在三角学中占有极其重要的地位.这节课教得好与坏成为整章教学成败的关键.因此,设计这节课的教学是教师既感兴趣又费心神的事.长期以来,教师最擅长的就是扮演"先知先觉"的上帝角色.他们已经知道了某知识的存在,在教学时总是站在自己的而不是学生的认知角度来考虑问题,千方百计地让学生快速地获得这一知识.这种讲解思路充满了理想性、技巧性,脱离了学生的认识规律,严重影响教学质量的提高.

新课程要求数学教育要以学生的发展为本,即要考虑到学生的知识水平及自身的需求与兴趣,积极推进数学教育的人性化与人文性.为此,教师要"思维稚化",要有换位思考意识,要以学生的眼光审视教学内容,让学生在实践中学会思考,有效地提高学生的数学素养.

教学过程中,教师把自己的外在权威隐藏起来,不以知识丰富的教师自居,而是把自己的思维降格到学生的思维水平,亲近学生,有意识地退回到与学生相仿的思维状态,设身处地地揣摩学生的学习水平、心理状态等,有意识地生发一种陌生感、新鲜感,以与学生同样的认知兴趣、同样的学习情绪、同样的思维情境、共同的探究行为来完成教学的和谐共创.稚化思维,对于激发师生思维的"共振"、降低学生的认知难度,都有着十分微妙而灵验的作用.

2 片断实录

片断1 情境设置,提出问题

师:傅立叶是法国著名的数学家、物理学家,他的一个重大贡献就是提出了任一函数都可以展成三角函数的无穷级数.解释一下,就是指任意函数都可以表示成无穷多个三角函数相加的结果,你们相信吗?(学生惊讶)

这是一个神奇的结论,今天我们就从最简单的问题出发,来进入神秘的数学世界.

问题1：考虑两个最简单的三角函数相加，$\sin x+\cos x$ 是周期函数吗？它的图象是什么样的？如何研究？

生：描点：$(0,1)$，$\left(\frac{\pi}{4},\sqrt{2}\right)$，$\left(\frac{\pi}{2},1\right)$，$\left(\frac{3\pi}{4},0\right)$，$(\pi,-1)$. 猜想最大值可能在$\left(\frac{\pi}{4},\sqrt{2}\right)$处，最小值可能在$\left(\frac{5\pi}{4},-\sqrt{2}\right)$处. 图象大致还是一个正弦或者余弦函数.

（教师用《几何画板》演示，进而确认学生的猜想.）

师：与同学们猜想的差不多，我们看到 $\sin x+\cos x$ 仍然是周期函数，周期为 2π，最大值在$\left(\frac{\pi}{4},\sqrt{2}\right)$处，最小值在$\left(\frac{5\pi}{4},-\sqrt{2}\right)$处. 根据所学知识，我们可以得到它的解析式，用余弦来表示即为 $f(x)=\sqrt{2}\cos\left(x-\frac{\pi}{4}\right)$. 由此可见，$\sin x+\cos x$ 结果是一个简谐运动的方程，即 $\sin x+\cos x=\sqrt{2}\cos\left(x-\frac{\pi}{4}\right)$，那么多个 $\sin x$ 与 $\cos x$ 相加又有怎样的结果呢？还是简谐运动方程吗？（此时学生的兴趣已经被激发出来了.）

让学生随机地选择三角函数，教师用《几何画板》作图来展示结果，可以发现，如 $\sin x+2\cos x$，$\sin x+2\cos x$ 仍然是周期函数，并且可以用 $f(x)=A\cos(\omega x-\varphi)$ 来表示.（学生满足于猜想的成功，并且急切地想知道为什么会有这样的结论.）

问题2：现在我们猜想，所有简谐运动的方程 $f(x)$ 都可以表示成几个 $\sin x$ 与 $\cos x$ 相加的结果，即都有 $a\sin x+b\cos x=A\cos(x-\varphi)$，如何研究？突破口在哪里？等号左边和右边，哪一个我们更加熟悉？

生：我更熟悉等式右边的 $\cos(x-\varphi)$，我们想研究这个式子的展开式.

设计意图 先给出傅立叶级数的数学知识，激发学生的兴趣，让学生在猜想与证实猜想的过程中逐步揭示本节课的研究目标——$\cos(x-\varphi)$ 的展开式.

片断2 探究两角差的余弦公式

生：猜想 $\cos(\alpha-\beta)=\cos\alpha-\cos\beta$ 是否正确.

（通过举例，发现并不正确.）

师：我们之前有没有遇到过两角差的形式的余弦值？

生：我们学习过诱导公式：

令 $\alpha=\frac{\pi}{2}$，则 $\cos(\alpha-\beta)=\cos\left(\frac{\pi}{2}-\beta\right)=\sin\beta$；

令 $\alpha=\pi$，则 $\cos(\alpha-\beta)=\cos(\pi-\beta)=-\cos\beta$；

令 $\beta=\frac{\pi}{2}$，则 $\cos(\alpha-\beta)=\cos\left(\alpha-\frac{\pi}{2}\right)=\sin\alpha$；

令 $\beta=\pi$，则 $\cos(\alpha-\beta)=\cos(\alpha-\pi)=-\cos\alpha$.

发现 $\cos(\alpha-\beta)$ 可能与 $\sin\alpha,\sin\beta,\cos\alpha,\cos\beta$ 有关.

我们通过画图得到的第一个式子 $\sin x+\cos x=\sqrt{2}\cos\left(x-\frac{\pi}{4}\right)$，所以 $\cos\left(x-\frac{\pi}{4}\right)=\frac{\sqrt{2}}{2}\cos x+\frac{\sqrt{2}}{2}\sin x$，其中$\frac{\sqrt{2}}{2}$与 $\sin\frac{\pi}{4}$，$\cos\frac{\pi}{4}$有关！

所以，猜想 $\cos(\alpha-\beta)$ 是两个乘积相加的形式. 取一些特殊值观察.

$\cos(60^\circ-30^\circ)$	$\cos60^\circ$	$\cos30^\circ$	$\sin60^\circ$	$\sin30^\circ$
$\frac{\sqrt{3}}{2}$	$\frac{1}{2}$	$\frac{\sqrt{3}}{2}$	$\frac{\sqrt{3}}{2}$	$\frac{1}{2}$
$\cos(120^\circ-60^\circ)$	$\cos120^\circ$	$\cos60^\circ$	$\sin120^\circ$	$\sin60^\circ$
$\frac{1}{2}$	$-\frac{1}{2}$	$\frac{1}{2}$	$\frac{\sqrt{3}}{2}$	$\frac{\sqrt{3}}{2}$

通过这些数据，得到猜想 $\cos(\alpha-\beta)=\cos\alpha\cos\beta+\sin\alpha\sin\beta$.

设计意图　坚持让学生猜想，给他们机会试错，在这个过程中，教师要做的是点拨，更多的是等待，通过不断的尝试让学生自己猜想出结论.

片断3　应用公式，回归情境问题

在证明了两角和与差的余弦公式之后，笔者设计了如下的练习环节.

师：试着化简 $\sqrt{2}\cos\left(x-\frac{\pi}{4}\right)$.

生：$\sqrt{2}\cos\left(x-\frac{\pi}{4}\right)=\sqrt{2}\cos x\cos\frac{\pi}{4}+\sqrt{2}\sin x\sin\frac{\pi}{4}=\cos x+\sin x$.

师：这就是我们最初研究的问题，现在我们不依赖《几何画板》和描点作图，依然可以得到这个结论，那么更一般的结论呢？试着化简 $\cos x\cos\frac{\pi}{3}+\sin x\sin\frac{\pi}{3}$.

生：$\cos x\cos\frac{\pi}{3}+\sin x\sin\frac{\pi}{3}=\cos\left(x-\frac{\pi}{3}\right)$.

师：这就得到了 $\cos x+\sqrt{3}\sin x=2\cos\left(x-\frac{\pi}{3}\right)$，试着推广这样的方法，$a\sin x+b\cos x=A\cos(x-\varphi)$ 能够解决吗？

构造 $\sin\varphi=\frac{a}{A}$，$\cos\varphi=\frac{b}{A}$，由 $\cos^2\varphi+\sin^2\varphi=1$，得到 $A=\sqrt{a^2+b^2}$，所以

$a\sin x+b\cos x=A(\sin\varphi\sin x+\cos\varphi\cos x)=A\cos(x-\varphi)$，其中 $\sin\varphi=\frac{a}{A}$，$\cos\varphi=\frac{b}{A}$，$A=\sqrt{a^2+b^2}$.

[此处需要较高的抽象思维能力，不要求学生完全掌握方法，能体会任何一个 $f(x)=A\cos(x-\varphi)$ 都可以表示成 $\sin x$ 与 $\cos x$ 相加的结果即可!]

师：到此为止，我们完成了傅立叶先生研究中最小的一步，任何一个 $f(x)=A\cos(x-\varphi)$ 都可以表示成 $\sin x$ 与 $\cos x$ 相加的结果，这是“一个人的一小步，却是人类的一大步”.

设计意图 回到最初的问题，利用这节课得到的两角和与差的余弦公式，证明了任何一个 $f(x)=A\cos(x-\varphi)$ 都可以表示成 $\sin x$ 与 $\cos x$ 相加的结果. 让学生去接触傅立叶这样的数学大师的数学活动，对学生的学习兴趣和学习成就感的激发显得弥足珍贵.

3 稚化评析

按照自己的经验以及对教材的理解，构思精巧的教学设计，帮助学生更好地理解和掌握新的知识与方法，是我们教师最日常的工作. 但有时我们往往忽视了一点：我们工作的对象是一群有自己的思想、与教师不同的认知水平的鲜活个体. 教师在设计教学过程时，也应该多关注学生对概念理解的困惑在哪里，掌握方法的困难是什么，容易犯的错误又有哪些，稚化自己的思维，使其与学生同步，惑其所惑，难其所难，错其所错，与学生一起设问、析难、解惑以及成长，从而促进学生理解数学，高效学习.

3.1 情境引入从学生的角度入手

在整个引入过程中，教师始终应该扮演一个引路人的角色. 教师当然知道这节课的教学目标是两角和与差的余弦公式，可是学生上课之前并不知道. 这正是教师与学生在思维认识上的巨大差距，在平时的每一节课中，这都是师生间的主要差距. 教师不应该扮演先知先觉的上帝角色，也不应该直接地给出我们希望学生掌握的知识，而应该站在学生的角度想一想，我们为什么要学习两角和与差的余弦公式，当然理由有很多，但是适合学生的理由是什么呢？笔者认为一定是兴趣驱动、目标驱动、想得到什么就去争取什么，在这个稍显冗长的引入过程中，学生从一开始的惊讶，之后不断地猜想成功，终于把他们带到了要研究的目标面前，这个过程是符合逻辑的也是自然的，并不是教师想让他们研究两角和与差的余弦，而是学生通过研究教师抛出的问题，从而自发地想知道 $\cos(x-\varphi)$ 的展开式.

3.2 探究过程放手让学生进行

平时的教学中不急于表达自己的观点，懂得等待的艺术，是每一个教师的必修课. 因为，学生没有教师那么丰富的经验，没有教师那么高超的数学技巧，更重要的是学生没有看过教材，没有接触过这些新的知识和方法，他们有困难，有错误，这都是自然的，教师要退化自己的思维，降低自己的身段，与学生一起经历猜想证明的过程. 陪伴是教育的艺术，故意为之的“装傻”，是稚化思维的表达方式，让学生在错误中成长，在成功中获得兴趣和自信，让教师陪伴学生演绎精彩.

3.3 教学目标力图促学生提升

本节课的结论实际就是合一变形或者称为辅助角公式. 可是，学生原先并不知道这个公式，也并不像我们教师一样明白这个结论的重要性，他们只是在自己的思维水平下，知道这是回应了本课情境引入中的问题，得到了本节课的一个基本结论“傅立叶的任意函数都可以表示成无穷多个三角函数相加的结果”. 这个结论对于我们教师来说也许无足轻重，因为考试不考. 但对于学生来说，这却是他们接触傅立叶这样的数学大师的思维精华的过程，其对学生的学习兴趣和学习成就感的激发，难道不是更加弥足珍贵吗？此时教师应该做的就是与学生一起享受这一“尤里卡”时刻，在教学过程中将自己的思维甚至情绪与学生同步起来，正是对稚化思维的教学方式的精彩演绎.

总之，教学活动不是教师单方面的活动，而是师生和谐共生的过程，与学生的思维接轨是我们教师的重点课题. 师生思维擦出火花日，自是教学演绎精彩时.

执教：虞　婷

为学生的思维和推理搭好“脚手架”

——以“线面平行的性质定理”一课为例

1 背景描述

笔者在一次期末考试中，发现多数学生在遇到应用线面平行的性质证明立体几何题目时总是写不全条件，缺少线在面内或是没有体现出平行于两平面的交线.像这样的错误，学生在实际的证明过程中比比皆是.为什么呢？听老师讲解的时候能听懂，老师也会反复强调，可是一到自己独立做题，同样的问题仍然会出现.出现这种问题的原因到底在哪儿？笔者认为，学生对定理本身理解不透彻，会导致应用定理解决问题的能力偏弱，不能灵活应用，尽管定理都记住了，却不能利用它们顺利地解题.直线与平面问题是高考考查的重点之一，求解的关键是根据线面之间的互化关系，创设辅助线与面，找出符号语言与图形语言之间的关系，使学生体会转化的观点.

线面平行的性质定理是必修2中1.2.3节的内容，以平行公理为基础，揭示了线线平行和线面平行的本质联系，是连接线线平行和线面平行的纽带.本节课的重点是通过感知、操作确认、概括抽象出直线和平面平行的性质定理，难点是线面平行性质定理的证明及应用.在此之前学生已经掌握了线线平行、线面平行的判定定理，初步练习使用定理，了解了定理的条件必不可少，会机械地套用.教师对于这些定理的形成、证明早已烂熟于心，恨不得交代一下定理就直接应用了.可是初学的学生需要一定的时间理解、思考、转化，不少学生感到几何比代数难学，而且与其他章节的学习相反，他们感到立体几何的学习先难后易.这是因为从初中的平面图形过渡到空间图形，本身就是一个飞跃，加上立体几何的概念集中又抽象，要求学生有一定的空间想象能力和逻辑推理能力，对思维能力的要求较高.因此，不少高中学生在初学立体几何时感觉很困难，尤其是立体几何的证明题.所以，在初学概念、定理阶段，教师要稚化自己的思维，站在学生的角度，从学生已有的生活经历和知识背景出发，创设问题情境，设计问题，组织课堂活动，敢于留给学生充足的思维时间.

在本节课的教学中，笔者将充分利用身边的实物，如以教室里的灯棍、学生手中的笔为线，然后以教室中的地面、各个墙面和桌面、学生的课本为平面，提高学生的空间想象能力. 对于线面性质定理的形成，在最近发展区以问题驱动组织教学，合理铺垫，给学生的学习搭建“脚手架”，为学生构造思维载体，突破教学难点，引导学生借助实物直观感知、观察、操作，用有条理的思考和推理来探索直线与平面平行的性质及其证明，激发学生学习的积极性，提高学生分析问题、解决问题的能力.

2 片断实录

片断1 温故知新，创设情境

师：同学们，我们昨天学习了直线与平面的位置关系，那么直线与平面有哪几种位置关系？

生众：平行、相交、在平面内.

师：怎样判定直线与平面平行？

生：直线与平面平行的判定定理：如果平面外一条直线与平面内一条直线平行，那么这条直线与该平面平行.

师：回答得很好.

教师投影出图形语言及符号语言.

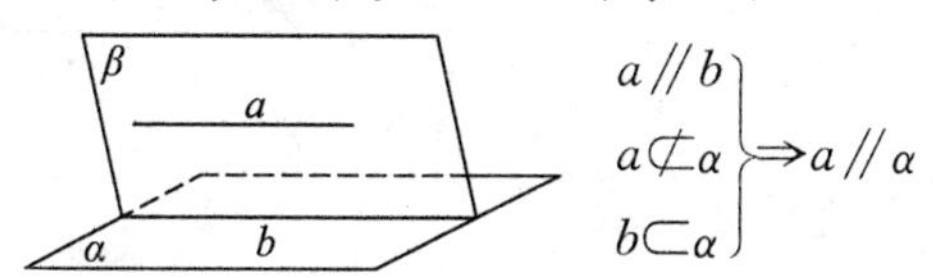

师：除了判定定理外，还可以利用什么判断？

生：……

师：还有定义，只不过实施起来有难度，但是不要忘了它也是一个可以用的工具.

片断2 提出问题，引导思考

师：接下来，请同学们拿出两支笔代表两条直线，一条直线 a 与桌面平行，另一条直线 b 放在桌面内，观察这两条直线的位置关系？

生：平行或异面.

师：如何在桌面内找一条直线与直线 a 平行呢？请同学们思考一下.

生：在平面内取一点，过该点作一条直线与直线 a 平行就好了.

师：很好，同学们都赞同这个做法吗？

（有部分学生点头）

师：同学们还有什么想法？没有点头的同学有什么疑问？

（耐心等待，观察学生）

生：我的疑问是如何保证在空间中作的两条线平行？

师：这个问题非常好，那么以前是怎么作平行线的？

生：都是在平面内作平行线.

师：很好，但是现在一下子到了空间中，不能确定作出来的线一定与已知直线平行，能不能想想办法转化成自己会的呢？

（学生思考）

生：直线 a 和直线外一点确定一个平面，所以就等价于在一个平面内作平行线.

师：这位同学的发现非常好，这是由公理 3 决定的. 那么要找到这条直线，得先找一个什么？

生：平面.

师：这个平面与直线 a 有什么关系？

生：过直线 a.

片断 3　组织探究，建构数学

师：很好，那么现在请大家将笔放在与桌面平行的位置，用一张较硬的纸贴在笔的后面，这样就构造了笔所在的一个平面（图 1），请大家移动硬纸并观察，所求的直线在哪里？

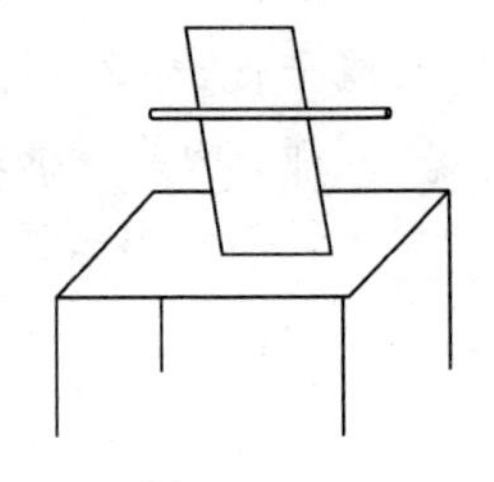

图 1

（学生讨论，交流）

生：硬纸片与桌面的交线就是所求直线.

师：为什么呢？

生：因为直线在所作的平面内，即硬纸片内，也在桌面上，所以就是它们的交线.

师：回答得非常好，请坐. 有谁可以将我们刚刚讨论所得的结果用间接的语言总结一下？

生：若一直线与平面平行，经过该直线的平面与已知平面有一条交线，那么该直线与交线平行.

师：很好，你一不小心说出了线面平行的性质定理. 我们一起来看一下线面平行性质定理的具体内容.（投影）

这是文字表达，图形我们已经画在旁边（图 2），能不能转化为符号语言呢？

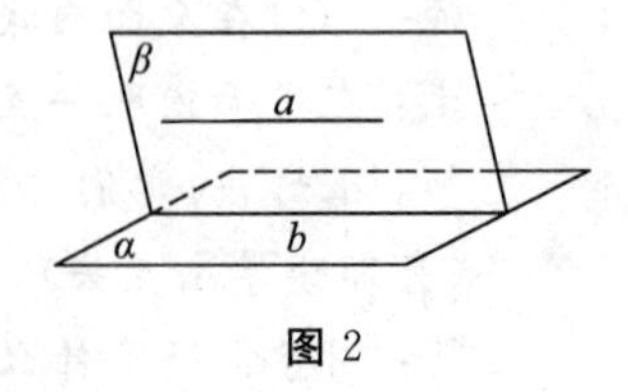

图 2

生：$\left.\begin{array}{l}a /\!/ \alpha, \\ a \subset \beta, \\ \alpha \cap \beta = b\end{array}\right\} \Rightarrow a /\!/ b$

片断 4　尝试证明，深化理解

师：我们一起来欣赏一下这个定理.

(1) 定理中三个条件缺一不可.

(2) 定理可以作为证明直线与直线平行的依据(关键是找辅助平面).

(3) 简记：线面平行则线线平行.

现在我们需要严格证明这个定理后，才可以使用.

(PPT 投影)已知 $a /\!/ \alpha, a \subset \beta, \alpha \cap \beta = b$，求证：$a /\!/ b$.

师：如何证两条直线平行呢？

生：两直线没有公共点.

师：那还有异面呢？

生：两直线在同一平面内，且没有公共点.

师：很好.看已知条件，两直线在同一平面内，如何说明没有公共点呢？

生：直线 a 与平面 α 平行，所以跟 α 没有公共点，b 在 α 内，所以 a 与 b 没有公共点.

师：这样证明就结束了，我们一起来看一下课本上完整的证明过程.

师：当一条直线与平面平行时，你能在这个平面内找到平行于这条直线的平行线了吗？

生：找一个过已知直线的平面与已知平面的交线.

师：很好，下面我们来看一看这个定理的应用.

……

3　稚化评析

意大利教育家蒙台梭利说过：我听过了，我就忘了；我看见了，我就记得了；我做过了，我就理解了.韩龙淑强调，立体几何教学一定要从学生的实际出发来讲解，不要只顾着讲，不管学生能否接受，还要从观察入手，先提出问题，然后对问题进行假想，接着再进行探索性的研究，最后获得结果.所以，教师不能以自己的理解简单地得到定理，学生是课堂的主体，对许多知识一无所知或者只了解皮毛，想法会很幼稚，学生在学习中出现的错误和困惑也是教师当初学习时经常遇到的，所以，教学时教师有必要站在学生的角度，稚化自己的思维，从学生的认知特点出发，努力为学生的思维和推理搭建"脚手架"，从而降低学生学习的难度，激发学生学习的兴趣，提高课堂教学的效益.

"脚手架"原是建筑行业的术语，最早是由美国著名的教育家布鲁纳从建筑行业借用的一个术语，用来说明在教育教学活动中，学生可以凭借教师提供的辅助物完成原本自己无法独立完成的学习任务.随着学生学习能力的逐步提升，学习的责任将逐渐转移到学生身上，最后让学生积极主动地展开学习，并通过学习建构出真正属于自己理解、领悟、探索到的知识，一旦学生能独立完成某种学习任务，这种辅助物就像建筑竣工后的“脚手架”，会被逐步撤离. 这些由教师提供给学生，用来促进学生心理发展、帮助学生完成学习任务的各种辅助物，就被称为“脚手架”.

在课堂教学中，教师有时就需要创设问题情境和设计探究活动，为学生构建必要的认知台阶，做好应有的铺垫，让学生拾级而上. 在认知活动中，学生由于个性的差异表现出来的智力水平是不一样的，这就需要教师在组织教学活动的过程中，根据教学内容和学生的不同情况，为学生搭建合适的认知“脚手架”，努力创设适合学生思维发展和知识建构的问题情境作为探究学习的台阶，使学生处于“一波未平一波又起”的问题情境之中，为学生营造一个又一个跌宕且自由的适合学生发展的学习氛围，借助分层教学及变式教学的实施，启迪学生的思维，教会学生学习的方法，培养学生的能力.

新课程标准指出：数学教学要紧密联系生活实际，注重探索和合作，由具体到抽象. 但绝不是只让学生直观感受，满足于具体的现象而忽视问题的本质. 对于抽象的关系，可以让学生对一些具体的关系进行观察、比较、分析、归纳，逐步提高他们的思维能力. 本节课遵循“直观感知—操作确认—思辩论证”的认识过程，利用笔、桌面、课本等熟知的生活背景让学生直观在先、感知在后，通过硬纸板的移动让学生感受到交线的存在，学生在教师的引导下主动地发现和建构自己的数学认知结构，从本质上理解线面平行的性质定理.

在研究和解决有关数学问题时，一般总是将复杂问题通过变换转化为已解决的问题，以便利用已有的知识和经验使问题得到解决，这也是我们常说的通过“旧知”解决“新知”. 学习是新旧知识相互联系、相互影响的过程. 奥苏贝尔说过，影响学习的最重要的因素是学生已知的内容. 在教学中利用学生已有的平面几何知识，将在空间中找平行线转化为在同一平面内作平行线，进而发现所找的平行线分别在两个平面内，再转化为找两个平面的交线. 以问题解决为教育价值取向，发展合情推理，发展空间观念与推理能力，以达到“教是为了不教”的目的.

布鲁纳在“脚手架”理论中指出：学生不是被动的知识接受者，而是积极的信息加工者. 如果我们把知识分割成阶梯状态，引领他们迈上一级台阶或为他们提供一根迈向上一台阶的拐杖，学生的学习兴趣就会大增，思维活动将会十分活跃，同时他们的能力也能得到极大的锻炼. 会搭“脚手架”是教师教学水平和教学智慧的体现,它可以使难学的内容变得易学.一题多解和变式教学是搭"脚手架"的重要手段和常用方法.只有不断地创设合理的问题情境,为学生的推理活动搭建合适的认知"脚手架",学生的思维和推理才能逐步走向成熟,教学的目标和任务才能达到恰当的高度和深度.

执笔人:满园园

让学生在操作活动中建构数学

——"古典概型"的教学案例及其思考

1 背景描述

美国著名心理学家布鲁纳的发现学习理论强调：学生的数学学习应该是主动发现的过程.《普通高中数学课程标准(实验)》中指出：丰富学生的学习方式,改进学生的学习方法,是高中数学课程追求的基本理念.学生的数学学习活动不应只限于接受、记忆、模仿和练习,而应是自主探索、合作交流、动手操作、阅读自学、充满创新思维的过程.高中数学课程应力求通过各种不同形式的自主学习、探究活动,让学生体验数学发现和创造的历程,发展他们的创新意识.

新课程的教学理念强调,数学教学应该是数学活动的教学,数学教学活动应该是学生经历数学化和再创造的活动过程,是师生和生生的互动过程.如何在课堂教学实践中实现新课标所倡导的积极主动、勇于探索的学习方式呢?在学校组织的青年教师教学基本功比赛中,笔者执教"古典概型"一课时,做了一些尝试,取得了较好的效果,受到评委和听课老师的好评.下面是这节课的教学实录和几点感悟,供大家参考.

2 片断实录

片断1　创设情境,引发兴趣

师：大家熟悉的扑克牌共有多少张?(拿出一副扑克牌)

生：54张.

师：你喜欢哪个花色?

生：方块.

师：从我手中的牌中抽取一张,这一张是方块的可能性有多大?

(学生思考)

师：如果和50%比较,是大了还是小了?

生：小了.(众生附和)

师：很好.

师：你喜欢哪个花色?

生：红心.

师：从这副牌中选出红心1、红心2、红心3，如果让你先后抽取2张，观察点数和，和为3的可能性有多大？

（生思考）

师：也和50%比较呢？

（生还是思考状，众生议论中）

师：没关系，请坐. 这个可能性不太容易判断，我们过会儿再来讨论. 大家玩过比大小的游戏吗？

生：玩过.

师：怎么玩？

生：两人各抽一张，看谁的牌点数大.

师：我们来玩一局，如何？（众生笑）你比我年龄小，你先抽.

生：老师，我赢了.（开心地笑，她的点数大）

师：请问，你觉得这个游戏对于我公平吗？我后抽的.

生：好像不公平.

师：大家觉得呢？（众生观点不一）

片断2　组织活动，体验过程

师：将刚才的3个问题整理如下（用PPT展示）：

（1）一副扑克牌，甲抽取1张，抽到方块的可能性有多大？

（2）在点数为1～3的牌中，甲先后抽取2张，点数和为3的可能性有多大？

（3）在点数为2～4的牌中，甲先抽取1张，乙再抽取1张，若甲的点数大于乙的点数，则甲赢，否则，乙赢，这个游戏对于乙公平吗？

刚才同学们对这3个问题有了直观的感知和定性的认识. 下面我们来对这些可能性做定量的分析. 先看问题（1），为叙述方便，我们称“一副扑克牌，甲抽取1张”为一次试验，“抽到方块”为事件. 请同学们写出：

① 试验的所有可能结果；

② 此事件包含的可能结果；

③ 此事件发生的可能性.

（引导学生运用画树形图的方法求解，再投影出学生的正确解答结果）

用有序数对(1,2)来表示1和2，上面3个问题可用列表法表示如下：

	(1)	(2)	(3)
试验的所有可能结果	结果为：方块1,…,大王 共有 $m=54$ 种	结果为：(1,2),(1,3),(2,1),… 共有 $m=6$ 种	结果为：(2,3),(2,4),… 共有 $m=6$ 种
此事件包含的可能结果	结果为：方块1,…,方块K 共有 $n=13$ 种	结果为：(1,2),(2,1) 共有 $n=2$ 种	结果为：(2,3),(2,4),(3,4) 共有 $n=3$ 种
事件发生的可能性	$\frac{n}{m}=\frac{13}{54}$	$\frac{n}{m}=\frac{2}{6}$	$\frac{n}{m}=\frac{3}{6}$

片断3　意义建构,生成概念

师：上面3个问题有哪些共同特点?

生：试验的结果都有限,且每个结果出现的可能性都相等.

师：满足这两个特点的概率问题我们称为古典概型(板书课题,用PPT展示特点),把每个等可能出现的结果称为基本事件.同学们能举出一些古典概型的例子吗?

生：抛硬币,抛骰子……

师：很好,怎样计算古典概型的概率呢?

生：可以用此事件所包含的事件数与基本事件总数的比来计算.

师：非常好.如果用大写字母 A 表示事件,用 $P(A)$ 表示事件 A 的概率,那么 $P(A)=\frac{n}{m}$.

片断4　例题探究,尝试应用

例1　将一颗骰子先后抛掷2次,观察向上的点数,问:

(1) 共有多少种不同的结果?

(2) 两数之和是5的结果有多少种?

(3) 两数之和是5的概率是多少?

师生共同讨论：这3个问题各有什么特点?怎样计算其概率?在学生充分讨论和交流的基础上,投影显示解题过程.

解：(1) 共有 $6\times6=36$ 种不同结果;

(2) (1,4),(2,3),(3,2),(4,1),共4种;

(3) 记“两数之和是5”为事件 A,$P(A)=\frac{4}{36}=\frac{1}{9}$.

答：(1) 共36种不同结果;(2)“之和为5”共4种结果;(3) 概率是 $\frac{1}{9}$.

变式：(1) 两个骰子向上的点数相同的概率是多少?

(2) 两个骰子向上的点数之和为奇数的概率是多少?

（由两位同学在黑板上板演）

例 2　用 3 种不同的颜色给图 1 中的 3 个矩形随机涂色，每个矩形只涂一种颜色，求：

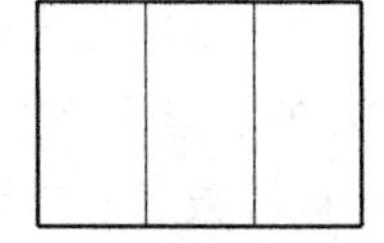

图 1

(1) 3 个矩形颜色都相同的概率；

(2) 3 个矩形颜色都不同的概率.

学生讨论，分组交流，得出如下解法：

解：(1) 记 3 种颜色为 1,2,3，基本事件列举为(1,1,1),(1,1,2),…，共 27 种. 记“3 个矩形颜色都相同”为事件 A，A 包含的事件数为 3 种. 则 $P(A)=\frac{3}{27}=\frac{1}{9}$.

(2) 记“3 个矩形颜色都不同”为事件 B，B 包含的事件数为 6 种. 则 $P(B)=\frac{6}{27}=\frac{2}{9}$.

答：(1) 颜色都相同的概率为 $\frac{1}{9}$；(2) 颜色都不同的概率为 $\frac{2}{9}$.

师：请同学们总结一下解决古典概型问题的方法和步骤.

片断 5　学生练习，领悟方法

问题 1：3 个小球的标号分别为小写字母 a,b,c，3 个固定盒子的标号分别为大写字母 A,B,C，试将 3 个小球全部装入盒子，每个盒子只能放一个小球.

问题 2：一个口袋内有大小相同的 4 只球，其中 3 只白球、1 只黑球，从中一次摸出 2 只球. 问：

(1) 共有多少个基本事件？

(2) 摸出的 2 只球都是白球的概率是多少？

片断 6　总结反思，提炼升华

师：本节课的主要内容是什么？在解决古典概型的概率问题时，应注意些什么？学习了古典概型之后，你有哪些收获？

学生根据老师提出的几个问题进行讨论、交流、总结和整理，从而将所学知识纳入认知系统，实现知识的内化和升华.

3　稚化评析

3.1　数学教学应该是数学活动的教学

数学是人类活动的产物，是人类在社会实践活动过程中对现实世界中数量关系和空间形式进行概括的结果. 弗赖登塔尔说过：学生所要学习的不是作为一个封闭系统的数学，而是作为一项人类活动的数学，即从现实生活出发的数学化过程.数学教学，从本质上讲，就是数学活动的教学，是以知识为载体，以问题为核心，师生借助教材和教学媒体在课堂上的交互活动.在教师的引导下，学生通过活动操作经历知识发生和发展的过程，建构数学理论，训练数学思维，形成数学能力.因此，组织好学生的活动，是实现有效教学的核心和关键.

本节课从学生熟悉的扑克牌游戏入手，组织学生展开操作活动，增强了学生的好奇心，激发了学生的求知欲，让学生在轻松愉快的氛围中进入学习状态，投入知识发生和概念建构的过程中.古典概型的特点和概率计算的方法于操作活动中自然而流畅地展现在学生面前，既让学生感受到“数学源于生活、服务于生活”的道理，又让学生体验了数学知识发生和发展的过程，有效地培养了学生的学习兴趣和理性思维.这种创设以形象为主体，富有感情色彩，用贴近学生实际的具体场景和氛围，通过有意义的操作活动，激发和吸引学生积极主动地学习，是达到最佳教学效果的一种有效方法.

3.2　数学活动的展开要紧扣数学“双基”

在数学教学中，组织数学活动的一个主要目的是让学生经历探究的过程、思考的过程、抽象的过程和推理的过程，从中获取丰富的过程性知识，最终形成数学应用的意识和能力.数学活动经验是一种不可忽视的过程性知识，数学活动经验、数学基础知识和数学基本思想相互依存，共同构成学生的数学认知结构，构成数学的“双基”.因此，组织学生开展数学活动，要紧紧围绕数学的基础知识和基本思想方法展开，让学生在数学活动中建构知识，形成数学思想和方法.

本节课组织的教学活动相当丰富，有玩扑克，有掷骰子，有涂色，有摸球，有思考，有交流等.教学过程中，学生动脑想，动手做，动口说，这些活动都紧紧围绕着探索古典概型的特征、寻求古典概型的概率计算方法、训练学生的思维、开拓学生的智力而展开.古典概型的定义和概率的计算方法不是由教师直接抛出来的，而是在教师的指导下，学生自己发现和概括出来的.通过活动，学生明确了算理，建构了概念，经历了过程，训练了思维，掌握了方法，可以说，学生在“双基”上取得了实实在在的收获，在学习上取得了实实在在的进步.

3.3　数学活动并不只限于“问题解决”

对于建构主义学习来说，活动是第一位的，强调要在“做数学中学数学”.由于学习主体的亲自参与，使得外部的活动过程内化为主体内部的心理活动过程，进而产生主体的个人体验.但是，数学活动并不应该只限于问题解决.事实上，数学的发展始于问题的提出，是一个问题提出和问题解决不断交织的发展过程. 作为数学活动的重要组成部分,“问题提出”与“问题解决”同样具有重要的地位,而且“提出问题”比“解决问题”更重要. 本节课的一个明显不足和遗憾就是: 教学过程中,对学生提出问题的能力训练不足,活动主要是围绕着老师提出的问题而展开的.

有效的课堂活动,主要应该是学生自己“动”,学生处于主体地位。教师要给学生一定的思维活动的时间和空间,要给学生充分发表自己见解与自我表现的机会,使学生在“动”中“活”,在“活”中“动”,从而越活越动,越动越活. 教师不仅要使学生在深层次上理解数学知识,而且要使学生学习数学的兴趣、学习数学的动机以及其他非智力因素都能得到很好的锻炼,使得认识得以升华,能力得以提高,素养得以发展. 通过数学活动,学生应学会思考,学会发现,学会创新,这是需要我们认真解决好的问题.

执笔: 朱福进　钱军先

以学生发展为本　促数学课堂更高效

——“一元二次不等式的解法”一课的教学案例

1　背景描述

《普通高中数学课程标准(实验)》中明确指出：数学教学要体现课程改革的基本理念，在教学设计中要充分考虑数学的学科特点，高中学生的心理特点，不同水平、不同兴趣学生的学习需要，运用多种教学方法和手段，引导学生积极主动地学习…….这表明：以学生的发展为本是实施新课程教学的一个重要理念.在课堂教学中，教师必须根据学生身心发展和数学学习的特点，关注学生的个体差异和不同的学习需求，保护学生的好奇心、求知欲，充分激发学生的主动意识和进取精神，倡导自主、合作、探究的学习方式.教学内容的确定、教学方法的选择、评价方式的设计都应有助于这种学习方式的形成.进而使学生在获得数学理论的同时，在思维能力、情感态度与价值观念等方面得到进步和发展.

目前的高中数学教学，正逐步由传统的重教师的“教”向重学生的“学”转变，学生将成为学习的主人.教学过程要体现学生学习的主体性，让学生走出“被动学习”的阴影，鼓励学生主动参与教学过程，激发学生学习的兴趣和好奇心，不断追求新知识，引导学生质疑、调查、探究，在实践中学习，使学习成为在教师指导下主动的、富有个性的过程.尊重学生的个性化发展，启发学生独立思考、发现问题和提出问题，培养学生掌握和运用知识的态度及能力.通过激活学生的主体意识来发展学生的学习潜能，树立学生学习的自信心，从而促进学生积极主动地学习，使每个学生都能得到充分的发展，成为高中数学教学的一个重要课题.

在一次全市范围的高中数学新课程教学研讨会上，笔者以“一元二次不等式的解法”为题，开设了一节示范课.在这节课的教学过程中，笔者努力体现新课程所倡导的关于“以学生的发展为本”的理念，站在学生的角度设计教学活动，课题的引入、方法的探求、知识的应用、规律的总结等，都尽可能地让学生在教师的引导和点拨下自主完成，取得了较好的效果，受到了与会专家和老师们的好评.下面是这堂课的课堂实录与教学感悟，供大家参考.

2 片断实录

片断1 温故知新，引出课题

师：同学们，在初中我们已经学习了二次函数，那么，什么形式的函数叫作二次函数呢？

生：形如 $y=ax^2+bx+c(a\neq0)$ 的函数称为二次函数.

师：好，下面我们举个例子. 就拿与广州亚运会有关的几个数字作为系数和常数. 亚运会将于11月12日在广州召开，今天距离开幕还有17天，我们以1,8,7作为系数和常数，写个二次函数 $y=x^2+8x+7$ 吧！对于这个函数，我们通常都研究些什么问题呢？

生：图象和性质.（开口、顶点、对称轴等，这些都在图象上有直观的体现）

师：那好，我们作出 $y=x^2+8x+7$ 的图象（用计算机作图）. 我们说，$y=x^2+8x+7$ 是二次函数，若求函数的零点，即图象与 x 轴交点的横坐标，则是解一元二次方程 $x^2+8x+7=0$. 若问何时图象在 x 轴上方，则只需解不等式 $x^2+8x+7>0$. 像 $x^2+8x+7>0$ 这种只含有一个未知数，并且未知数最高次数是2的不等式叫作一元二次不等式，这就是今天我们这节课所要研究的内容.（板书课题）

片断2 师生活动，建构数学

师：一元二次不等式是不是只有 $x^2+8x+7>0$ 这种形式呢？从定义中可以看出，还可以是 $x^2+8x+7<0(\geqslant0,\leqslant0)$，甚至还可以是 $-x^2-8x-7\geqslant0$ 等. 那么，$x^2+8x+7>0$ 到底该怎么解呢？

例1 解下列不等式：

(1) $x^2+8x+7>0$.

分析：从图象（图1）中不难看出，当 $\{x|x<-7$ 或 $x>-1\}$ 时，$x^2+8x+7>0$，而 -7 和 -1 正是图象与 x 轴交点的横坐标，也就是方程 $x^2+8x+7=0$ 的两个根.

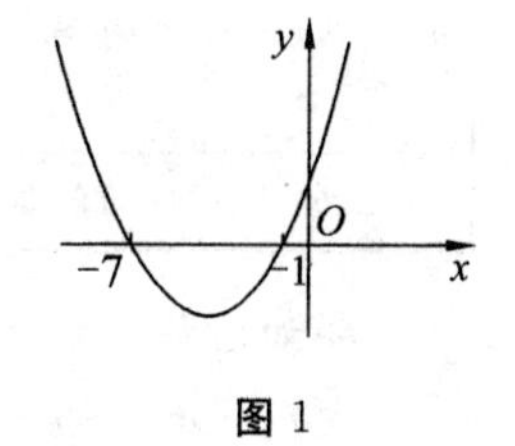

图1

解：方程 $x^2+8x+7=0$ 的解为 $x_1=-7$，$x_2=-1$，根据 $y=x^2+8x+7$ 的图象，可得原不等式 $x^2+8x+7>0$ 的解集为 $\{x|x<-7$ 或 $x>-1\}$.（$\Delta>0$）（教者边口述边板书）

总结：解一元二次不等式的步骤：① 解方程；② 画草图；③ 根据图象写解集.

师：可将原式变形为 $(x+7)(x+1)>0$.（体现了函数、方程与不等式的

紧密联系）

师：若将函数图象向上平移 9 个单位（$\Delta=0$），得到函数 $y=x^2+8x+16$ 的图象（图 2）.

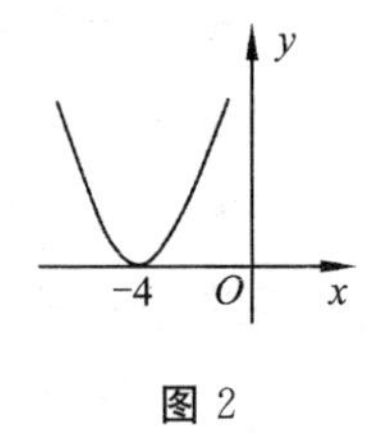

图 2

(2) $x^2+8x+16<0$.

生：方程 $x^2+8x+16=0$ 有两个相同的解 $x_1=x_2=-4$，根据 $y=x^2+8x+16$ 的图象，可得原不等式 $x^2+8x+16<0$ 的解集为 $\varnothing$.（用计算机呈现完整的解题过程）

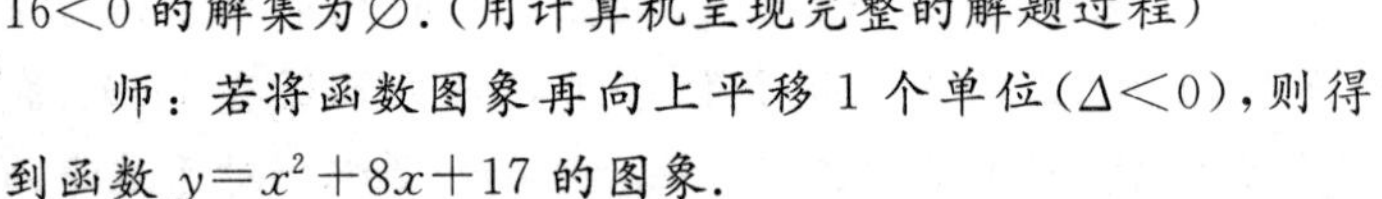
师：若将函数图象再向上平移 1 个单位（$\Delta<0$），则得到函数 $y=x^2+8x+17$ 的图象.

(3) $x^2+8x+17>0$.

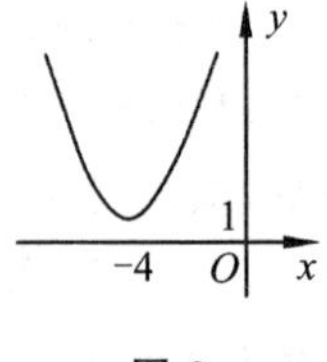

图 3

生：因为 $\Delta<0$，所以方程 $x^2+8x+17=0$ 无实数解. 根据 $y=x^2+8x+17$ 的图象（图 3），可得原不等式 $x^2+8x+17>0$ 的解集为 **R**.（用计算机呈现完整的解题过程）

师：通过上面几个例子，大家可以看到，对于 $ax^2+bx+c>0$，$ax^2+bx+c<0(a>0)$，解集与 Δ 和对应方程的根有关. 总结如下表所示：

判别式 $\Delta=b^2-4ac$	$\Delta>0$	$\Delta=0$	$\Delta<0$
方程 $ax^2+bx+c=0$ 的根	有两个相异实根 $x_1, x_2(x_1<x_2)$	有两个相等实根 $x_1=x_2=-\frac{b}{2a}$	没有实数根
二次函数 $y=ax^2+bx+c$ 的图象	y O x_1 x_2 x	y O $x_1=x_2$ x	y O x
$ax^2+bx+c>0$ 的解集	$(-\infty, x_1)\cup(x_2, +\infty)$	$\left(-\infty, -\frac{b}{2a}\right)\cup\left(-\frac{b}{2a}, +\infty\right)$	**R**
$ax^2+bx+c<0$ 的解集	(x_1, x_2)	$\varnothing$	$\varnothing$

那如何解 $-x^2-8x-7\geqslant0$ 呢？

(4) $-x^2-8x-7\geqslant0$.

生：原不等式两边同乘以 -1，得 $x^2+8x+7\leqslant0$，方程 $x^2+8x+7=0$ 的解为 $x_1=-7$，$x_2=-1$，根据 $y=x^2+8x+7$ 的图象，可得原不等式 $-x^2-8x-7\geqslant0$ 的解集为 $\{x|-7\leqslant x\leqslant-1\}$.

师：若二次函数的二次项系数小于 0，可先将其化正，再求解.

总结：① 解一元二次不等式的方法可归纳为六个字——一看、二定、三

算.(抓住图象)(用黑体字板书)

一看：看二次项系数，若为负，先化正.

二定：定Δ，确定图象与x轴交点的个数.

三算：算出根，$a>0$且$\Delta>0$时有两个不等实根，$ax^2+bx+c>0$则解集在两根之外，$ax^2+bx+c<0$则解集在两根之间.

② 最后结果一般写成解集形式，注意等号能否取到.

练习：解下列不等式(学生自己在下面练习，然后口答答案)：

(1) $-6x^2-x+2>0$；

(2) $1-3x\leqslant x^2$；

(3) $1-4x^2\geqslant 4x+2$；

(4) $2x^2+4x+3<0$.

片断3 数学运用，培养能力

例2 (1) x是什么实数时，函数$y=-x^2+5x+14$的值是：① 0；② 正数；③ 负数？

(2) 求下列函数的定义域：① $y=\lg(x^2-3x+2)$；② $y=\sqrt{12+x-x^2}$.

生：(1)即解方程$-x^2+5x+14=0$和不等式$-x^2+5x+14>0$与$-x^2+5x+14<0$.

(2) ①即解不等式$x^2-3x+2>0$；②即解不等式$12+x-x^2\geqslant 0$.

例3 已知不等式$x^2+bx+c<0$的解集是$\{x|3<x<4\}$，求实数b,c的值.

解：由题意，$1>0$且3,4是方程$x^2+bx+c=0$的两个根，

所以$\begin{cases}1>0,\\3+4=-b,\\3\times 4=c\end{cases}\Rightarrow\begin{cases}b=-7,\\c=12,\end{cases}$ 故实数$b=-7,c=12$.

变式：已知不等式$ax^2+bx+a^2-13>0$的解集是$\{x|3<x<4\}$，求实数a,b的值.(课后思考)

片断4 回顾反思，总结升华

师：请同学们说说用图象法解一元二次不等式的步骤是什么？(学生尝试叙述，老师适当补充并板书.)

首先，将二次项系数化为正数；其次，考虑相应的二次方程的根的情况，再画出相应的二次函数的草图，写出解集，体会“数形结合”的思想方法.

那么，对于一般的一元二次不等式$ax^2+bx+c>0$与$ax^2+bx+c<0$$(a>0)$的解集情况又如何呢？(请学生结合上述具体例子的图象来尝试总结，分3种情况，投影空白的表格.)

3 稚化评析

3.1 选取对学生而言有趣的、能激发探究欲望的问题，为学生的学习创设良好的学习氛围

本节课以学生关注的广州亚运会开幕时间为数字背景，引入了函数 $y=x^2+8x+7$，从而作出其图象，得出函数 $y=x^2+8x+7$、方程 $x^2+8x+7=0$ 及不等式 $x^2+8x+7>0$ 之间的关系，即本节课的一个教学重点．而接下来的解不等式就从 $x^2+8x+7>0$ 开始，然后通过图象平移，得出了 $\Delta>0$，$\Delta=0$，$\Delta<0$ 三种情形下不等式的解集，学生还自己总结出了 $ax^2+bx+c>0$，$ax^2+bx+c<0(a>0)$ 的解集，从而在注重知识生成过程的同时，得出了结果，也掌握了结果，印象深刻．建构好数学知识，进而让学生感受理解，思考运用，思维得以升华．整堂课改变了教科书上传统的教学过程，贯穿了新课程理念，衔接自然，变学生被动学习为主动学习，效果较好．

3.2 合理设计问题的开放度和层次，让学生在提出问题和解决问题的过程中放飞思维

虽说函数 $y=x^2+8x+7$ 是通过实际问题构造的，但为了能顺利完成教学任务，各种形式的不等式还是由教师给出的．这部分内容本身并不难，但较枯燥，教学中可试着让学生自己去构造不等式，由教师引导，从而得出各种形式的一元二次不等式的解法．学生经历了自己提出问题、自己解决问题的过程，真正成了学习的主体，解题成功时，会有更大的成就感．平时教学中，虽说教材改革了，但教学实际上还是传统的，还是"填鸭式"的应试教育，若能给学生更多的思考空间，相信学生能够飞得更高，看得更远，能力也会有所提高，数学素养也能得到更加有效的培养．

3.3 教学预设要体现教师对"教材内容的整合分析"以及与学生认知水平、发展水平的匹配

《普通高中数学课程标准(实验)》中提到教师"要根据学生的具体情况，对教材再加工，有创造地设计教学过程"，这句话充分说明教学内容的选取和处理是以学生作为教学主体为前提的．教师在教学准备中要能够按照学生的实际情况和实际水平整合教材内容，或改进，或补充，或化难为易，或以简驭繁等，使整合后的教学内容与学生的发展水平一致．

也许是借班上课，不了解该班学生的实际情况，课上时间没有完全把握好，例 3 讲得有点匆忙，并且最后总结也是由自己替学生完成的．新课程要求备大纲，备教材，备学生，所以教学前，最好还是要了解一下学生的年龄特征、思维水平、学情等，从而使教学过程能更加顺利地完成，少留遗憾．

总之，努力提高课堂教学的效率，使我们的教学体现“以学生的发展为本”，满足每个学生终身发展的需要，是每一位教师不懈的追求目标．教学有法，教无定法，只要我们能够顺应新课改的要求，在教学过程中充分体现新课程的理念，确立“为学而教”的指导思想，把以“教”为重心逐渐转移到以“学”为重心，就一定能实现这一目标．

执笔：缪　靓

问题引领思考　活动促进理解

——“两个基本计数原理”一课的教学案例

1　背景描述

由《中学数学教学参考》编辑部主办、无锡市教育科学研究院承办的“全国高中数学特色课堂案例分析研修活动”，于 2016 年 4 月下旬在无锡市辅仁高级中学隆重举行，笔者有幸在这次活动中展示了“两个基本计数原理”一课的教学案例.“两个基本计数原理”是苏教版普通高中课程标准实验教科书选修 2-3 第 1 章第 1 节的内容.本章所学的排列组合是组合数学的初步知识，这种以计数为特征的内容在中学数学中是较为独特的，它不仅是学习统计概率以及高等数学有关分支的准备知识，而且由于它的思想方法灵活且独特，也是发展学生抽象思维能力和逻辑思维能力的极好素材.“两个基本计数原理”是本章的重点内容，是在大量实践经验的基础上归纳出来的基本规律，是推导排列数和组合数计算公式的依据，其基本思想方法贯穿于解决本章应用问题的始终.

“计数原理”的研究对象是计数问题，研究方法是“问题解决”，研究过程是“建构方法”.在本课的学习过程中，师生将面对实际计数问题(可能是已加工过的)并加以解决，这一“问题解决”过程的目标是建构方法——两个基本计数原理.对于学生而言，“计数”是其学习数学的基本能力之一.对于简单的计数问题，其解决方法就是“数”数，但对于复杂的问题呢？只会机械地“数”是不够的，必须从简单的、已能解决的计数问题中，抽象出能够解决一“类”问题的方法，并明确界定适用该方法的问题的“类”.因此，学习的重点是经历对实际问题进行方法建构的过程，从而掌握解决实际计数问题的流程，即：分析问题→构造方法→选择原理→解决问题.学生学习的难点则是在具体问题的解决中，区别使用计数原理.

本节内容中的课本引例、例题和习题，学生通过预习大多都能看懂.为了贴近学生的实际生活，激发学生的学习兴趣，教学时在创设情境和例题的选用上，选择了学生所熟悉的校园生活事例.学生在合作交流中，对问题的理解可以得到互补和完善.从学生回答问题和学生间的相互评价中，教师可以更多地了解学生的理解程度.笔者采用教师引导启发、学生分组合作学习的方式进行教学,利用多媒体显示问题情境,让学生通过小组活动,具体地进行分析比较,进而归纳总结,遵循从特殊到一般的思维过程,既关注学生的认知基础,又促使学生在原有认知基础上获取知识、学会思考、提高思维能力,符合学生的认知规律.凸显数学知识发生、发展的过程,力求教学内容生活化,创设真实、自然、贴近学生实际的教学情境,组织形式多样的教学活动,做到为用而学、在用中学.自始至终都关注学生的情感、态度和价值观,充分利用直观、形象、图文并茂、灵活多样的教学方式,努力营造宽松、民主、和谐的教学氛围,让学生积极参与课堂活动,感受成功的喜悦.本节课受到了听课老师和专家们的肯定与好评.

2 片断实录

片断1 设置情境,引入新课

郑板桥《咏雪》:一片两片三四片,五片六片七八片,千片万片无数片,飞入梅花总不见.

这首古诗总让我想到小时候我们计数就是一个一个地数,现在会遇到更多更复杂的计数问题.比如,一年后,小明同学通过努力收到了南京大学数学系的录取通知书.

片断2 探索研究,形成概念

问题1:要开学了,通过查询,小明得知:从无锡到南京,一天当中合适的直达高铁有3个班次,直达客车有2个班次,那么一天中乘坐这些交通工具从无锡到南京会有多少种不同的直达方法?

问题2:小明进入大学后依然严格要求自己,勤奋上进,学习游刃有余,所以,小明想再修个第二专业.通过了解,小明想在下面两个学院中选择一个专业,那么他有多少种选择方法?

管理学院	大气科学学院
工商管理系	气象学系
营销与电子商务系	大气物理学系
会计学系	
人力资源管理学系	

问题3:放假了,小明想“既要读千卷书,也要行万里路”,他决定先到舍友所在家乡黄山游历,领略祖国大好河山,然后再回无锡.因此,他先乘火车从南京至黄山,两天后乘汽车从黄山回到无锡.每天合适的火车有3班,汽车有2班,那么从南京到无锡有多少种不同的走法?

问题4：小明去黄山时带了4件不同的外衣、3条不同的裤子，则小明有多少种搭配穿衣的方法？

对这4个问题，讨论它们的异同、特点，总结模型.

分类计数原理：如果完成一件事有两类不同方案，在第1类方案中有 m 种不同的方法，在第2类方案中有 n 种不同的方法，那么完成这件事共有 $N=m+n$ 种不同的方法.

分步计数原理：如果完成一件事需要两个步骤，做第一步有 m 种不同的方法，做第2步有 n 种不同的方法，那么完成这件事共有 $N=m\times n$ 种不同的方法.

问题5：优秀的小明是弟弟和妹妹的榜样，经常帮助他们解答疑难. 这是妹妹小红的问题：在由电键组A与B所组成的并联电路中，如图1，仅合上1只开关接通电路使电灯发光，有多少种不同的方法？如果再增添一组电键C呢(如图2)？继续添加呢？在数学上该怎么表达？

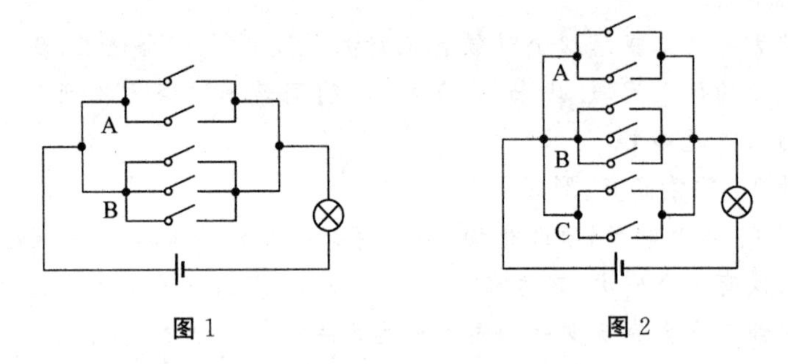

图1　　图2

变式：在由电键组A，B组成的如图3所示的串联电路中，仅合上2只开关接通电路，使电灯发光的不同方法有多少种？如果再增添一组电键C呢(如图4)？继续添加呢？在数学上该怎么表达？

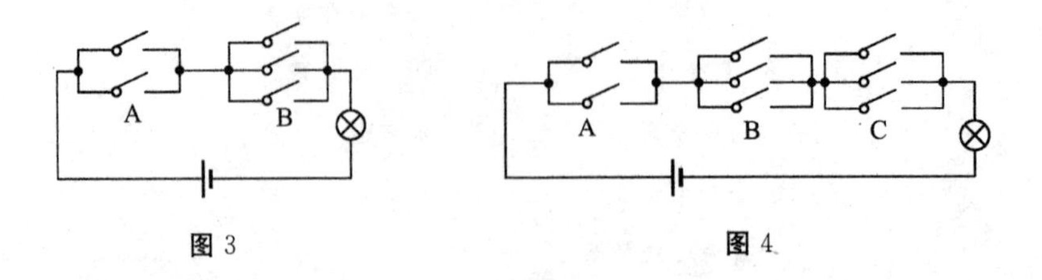

图3　　图4

分类计数原理(加法原理)：完成一件事有 n 类方式，在第1类方式中有 m_1 种不同的方法，在第2类方式中有 m_2 种不同的方法，…，在第 n 类方式中有 m_n 种不同的方法，那么完成这件事共有 $m_1+m_2+\cdots+m_n$ 种不同的方法.

分步计数原理(乘法原理)：完成一件事需要分成 n 个步骤，做第 1 步有 m_1 种不同的方法，做第 2 步有 m_2 种不同的方法……做第 n 步有 m_n 种不同的方法，那么完成这件事共有 $m_1m_2\cdots m_n$ 种不同的方法.

片断 3　比较归纳，深化概念

问题 6：两个计数原理有什么异同？

相同点：都是完成一件事的不同方法的种数的问题.

不同点：分类计数原理是将办事方法分为若干类，每一类方法之间是相互独立的，用任一种方法都可以完成这件事情；而分步计数原理是将办事方法分成若干步进行，各个步骤相互依存，必须各个步骤都完成了，这件事情才能完成.

问题 7：区别分类和分步的依据是什么？

分类时各类方法都能独立完成这件事，而分步时每一步都不能独立完成这件事.

例 1　小明在学校不仅认真学习，还非常积极地参加学校的活动，他竞选上了系文艺部长，现在需要举办一次艺术节活动，要在 3 名教师、8 名男生和 5 名女生当中选.

(1) 如果选出 1 人主持这个活动，会有多少种不同的选法？

(2) 如果需要教师、男生、女生各 1 人共同主持，有多少种不同的选法？

(3) 如果需要 1 名教师、1 名学生来主持，会有多少种不同的选法？

例 2　小明为了更好地和以前的教师及同学联络，上网注册了一个电子邮箱. 我们知道，在申请电子邮箱的时候，除了用户名还要有密码. 为了确保电子邮箱安全，在注册时，要设置电子邮箱密码，在某网站设置的邮箱中：

(1) 密码为 4 位，每位均为 0～9 这 10 个数字中的一个，这样的密码共有多少个？

(2) 密码为 4 位，每位均为 0～9 这 10 个数字中的一个，或是从 A 到 Z 这 26 个英文字母中的一个，这样的密码共有多少个？

(3) 密码为 4～6 位，每位均为 0～9 这 10 个数字中的一个，这样的密码共有多少个？

例 3　南京大学运动会期间，小明动员了班级 5 名学生分别报名参加跳高、跳远、铅球项目，每人限报其中一项(且必须报一项)，不同的报名方法有多少种？

总结　请同学们思考解决计数应用问题的方法和步骤：

(1) 完成的这件事是什么？

(2) 如何完成这件事？

(3) 它们属于分类还是分步？(是否独立完成)

(4) 运用哪个计数原理？

(5) 进行计算.

片断 4　学以致用，提升能力

练习 1　生活中有很多计数问题，现在你能举出一些用分类或是分步计数原理进行计数的例子吗？(请学生举例，视时间决定请 2～3 位学生讲述)

例如：学校食堂备有 5 种素菜、3 种荤菜、2 种汤.

(1) 若你只吃一样菜，你有多少种选择？

(2) 若要配成一荤一素一汤的套餐，可以配制出多少种不同的品种？

练习 2　数学史上有一个著名的“四色问题”. 1852 年，弗南西斯・格思里(Francis Guthrie)来到一家科研单位搞地图着色工作时，发现了一个有趣的现象：“看来，每幅地图都可以用四种颜色着色，使得有共同边界的国家着上不同的颜色.”这个结论能不能从数学上严格证明呢？

这个猜想引起了很多数学家的极大兴趣，但在这之后的 100 多年间，他们都没有能严格地证明其正确性，终于在 1976 年，美国数学家阿佩尔(Kenneth Appel)与哈肯(Wolfgang Haken)在美国伊利诺斯大学的两台不同的电子计算机上，用了 1200 个小时，做了 100 亿次判断，终于完成了四色问题的证明. 同学们可以上网查阅更多关于四色问题的介绍.

以此为背景，请同学们课后思考下面的练习. 如图 5，要给地图 A，B，C，D 四个区域分别涂上 3 种不同颜色中的某一种，允许同一种颜色使用多次，但相邻区域必须涂不同的颜色，不同的涂色方案有多少种？

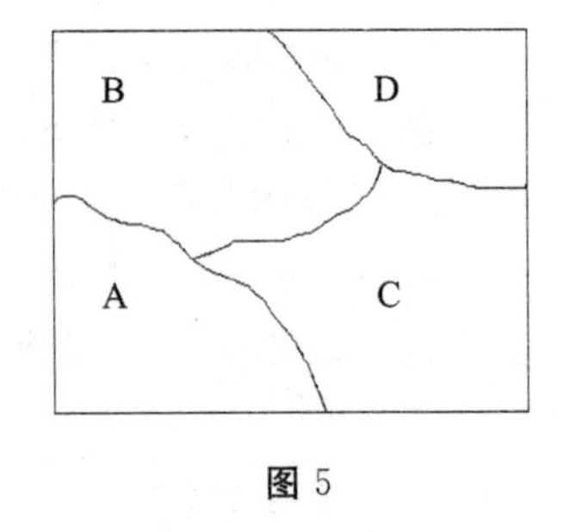

图 5

片断 5　总结反思，感悟收获

请同学们说说今天这堂课的收获，最后总结：

一个中心问题：计数.

两个基本原理：分类加法原理，分步乘法原理.

三个核心关键：完成怎样的一件事，需要分类，还是分步.

以郑板桥《咏竹》结束本课：

一二三枝竹竿，四五六片竹叶，自然淡淡疏疏，何必重重叠叠.

今天我们畅想了一年后的大学生活，南大在等着你们，无限的未来在等着你们，加油！

3　稚化评析

本节课是在反复研读教材、课程标准和教学要求的基础上，结合学情和个人的教学风格设计完成的. 反思这节课的实施过程，笔者认为，成功之处主要体现在教师站在学生的角度，稚化自己的思维，贴近学生的实际设计教学活动，为促进学生的理解搭建台阶，让学生拾级而上，活化了课堂，提升了效益. 具体来讲，以下几个方面的特点值得大家研究和借鉴：

3.1　贴近学生实际创设情境，自然地引入新课

情境创设是数学教学的重要环节，也是我们在教学设计时需要着力解决的问题. 用学生熟悉的生活实例，使学生有兴趣去解决，并能形成认知冲突，激发学生的求知欲望. 本节课，笔者从郑板桥的诗《咏雪》入手，萌萌的童音一下子吸引了学生的注意力，紧接着给出了学生希望的“远方”——南京大学，通过大学生活遇到的问题来体会学习计数原理的必要性，学生的好奇心和求知欲被有效地调动起来了，使得课题的引入来得自然而贴切，为学生营造出一个良好的学习氛围. 有了这样的铺垫，研究新的计数方法就显得自然而然了.

3.2　问题驱动，让学生在问题解决中经历过程

问题是数学的心脏. 一个概念的形成是螺旋式上升的，要经过具体到抽象、感性到理性的过程. 本节课是概念教学课，如何通过具体的情境抽象出数学模型，即“数学化”的过程是这节课的关键. 概念形成本身应该有辨别、分化、类化等过程，而且学生现有的能力完全可以对这两类问题进行辨析. 从培养学生抽象能力、辨析能力的角度出发，通过 4 个问题，组成“问题串”，让学生分析并提炼出两个数学模型，经历和感受知识形成的过程，为正确理解和灵活地运用两个原理奠定了基础.

3.3　自主探索，体现以学生发展为本的教学观

新课程的一个鲜明特点是以学生的发展为本，倡导通过学生自主探索、研究来发现知识、习得知识，重在对学生潜能的开发及创新意识和实践能力的培养. 本节课在这方面做了有益的探索. 整节课以“宏观认识—经历过程—总结提炼—尝试运用”为主线将问题逐一展开，引领学生拾级而上，通过两次提炼、两次运用、螺旋上升，逐步深化对原理的认识和理解. 为了帮助学生深入理解原理，笔者设计了让学生编写问题并自己解决的环节，这既是对作为学习主体的学生的充分尊重，又是培养学生参与意识和开发学生潜能的有效方式.

当然，本节课的教学也有一些不足之处. 例如：学生自编的问题，两个都

是用分步计数原理解决的，教学时，应该因势利导，让他们变化一下，再用分类计数原理解决，如照相时，我还想照单人照、双人照等. 在突破概念难点时，可以用更数学化的语言，如“任取一个”和“各取一个”，来体现分类计数原理与分步计数原理的区别. 这些都表明笔者在教学设计时估计不足，教学实施时又由于紧张等原因而导致不够机智和灵活，在今后的教学中将注意改进.

执笔：韩　玮

用稚化思维的策略为学生学习领航

——“平面向量基本定理”一课的教学案例

1　背景描述

“平面向量基本定理”是苏教版高中数学必修4第2章的重点内容，起承前启后的作用. 它既是向量共线定理的推广，也是向量坐标表示的逻辑基础，为其提供理论依据. 平面向量基本定理是以向量手段解决几何问题的基础，其推导过程思维逻辑严谨，具有一定的抽象性，有助于培养学生的理性思维能力和数学素养. 平面向量基本定理由向量共线定理发展而来，是其在二维层面的推广. 平面向量基本定理的核心思想是平面内的任何一个向量都可以唯一地分解为同平面内两个不共线向量的线性组合形式，亦即可以用平面内两个不共线的向量来表示该平面内任意一个向量. 通过采用同一组基底线性表示平面内的不同向量，有助于分析向量间的关系，也有利于通过向量运算研究问题. 该部分内容的教学重点是平面向量基本定理的探究过程和定理本身，难点在于对该定理的理解及运用. 定理在维度上的拓展是思维的跨越，为了使学生能够顺利获取并理解新知识，应当着眼于定理的推导过程，依托稚化思维逐步引导学生自主探索，避免填鸭式教学.

在本节课以前，学生已经了解了向量的概念，学习了向量共线定理，进行过向量线性运算，但是对向量的运算依然存在陌生感. 向量的运算不仅仅是代数运算，还要考虑方向. 学习和探究平面向量基本定理并进行适当的运用，这对于与向量接触不久的学生而言是一个挑战. 好在学生在物理课堂上学习过力的分解，这为他们理解向量分解提供了现实基础和感性认识. 通过适当的引导，可以使他们更快更好地理解平面向量基本定理的现实意义和应用价值. 为达到教学目标，突出重点，突破难点，结合学生的认知水平和教学实际，本节课的教学运用了教师稚化思维、促进学生理解的策略，在以下几个方面着力：(1) 通过复习回顾摸清学生的知识起点. 以学生已经有一定认识的问题开篇，既可以营造出一个熟悉的氛围，又方便教师把握学生的学习基础，不突兀地引入新内容. (2) 以阶梯式问题为学生搭建“脚手架”. 教师精心构建富有层次的问题链，在学生的最近发展区为学生量身打造探索式问题，结合多媒体展示，利用数形结合方法，让学生在一步步解决问题、接近定理核心内容的同时，获得成就感，增强学习信心.（3）通过教师稚化思维实现师生思维的“同频共振”. 在教学实践中，教师预先判断学生可能遇到的疑难之处，提前准备好具有模拟性的稚化思维问题，深入浅出，化繁为简，引领学生学习的方向.

2 片断实录

片断1 复习回顾，引入课题

师：请说说你对向量共线定理的理解.

生1：平面内的任何一个非零向量都可以用和它共线的向量表示.

生2：平面内两个向量 $\boldsymbol{e}_1$，$\boldsymbol{e}_2$ 共线的充分必要条件是有且只有一个实数 λ，使得 $\boldsymbol{e}_1=\lambda\boldsymbol{e}_2$.

生3：如果$\overrightarrow{OA}$，$\overrightarrow{OB}$是平面内两个不共线的向量，向量$\overrightarrow{OP}=a\overrightarrow{OA}+b\overrightarrow{OB}$，那么 A，P，B 三点共线的充要条件是 $a+b=1$.

片断2 互动交流，建构数学

师：通过之前的学习，我们已经理解了向量共线定理. 现在想一想：平面内与 $\boldsymbol{a}$ 共线的向量可由 $\boldsymbol{a}$ 唯一表示，那么平面内的其他向量也可用 $\boldsymbol{a}$ 表示吗？

生：不可以，$\boldsymbol{a}$ 只能表示和它共线的向量.

师：那么怎样才能表示平面内的任一向量呢？

（这一问题较之前的问题拔高了层次，经过讨论，同学们给出了答案.）

生：需要一对不共线的向量，因为向量 $\boldsymbol{a}$ 可以分解成和这两个向量分别平行的两个向量.

（学生的表现让我惊喜，他们已经理解并能够很好地运用向量的平行四边形法则，并且其回答涵盖了笔者的下一个问题的答案：是不是平面内所有的向量都可以用这两个不共线的向量来表示？与学生的交流中我看到了灵光的闪现.）

（为了让所有学生都理解平面内的所有向量都可以用同平面内两个不共线的向量表示，笔者又在多媒体上演示起来. 将向量移动到同起点，以构造平行四边形的方式直观展示 $\boldsymbol{a}$ 的分解，又通过旋转 $\boldsymbol{a}$ 的方向，讨论了 $\boldsymbol{a}$ 与 $\boldsymbol{e}_1$，$\boldsymbol{e}_2$ 中的一个共线，需要将向量 $\boldsymbol{e}_1$ 或 $\boldsymbol{e}_2$ 旋转 180° 构造平行四边形等情况.）

师：很好，现在我们可以很肯定地说，平面内的所有向量都可以用平面内的这两个不共线的向量来表示. 究竟应该怎样来表示平面内的任一向量 $\boldsymbol{a}$ 呢？

（此时，学生有些茫然. 这是向量共线定理到平面向量基本定理的跨越，也是推导、类比过程中的关键步骤，学生很难一下子回答上来. 但是教师不能直接给出定理的内容，那是对学生思考过程的剥夺．在这里，教师做一个思维稚化的引路人显得尤为必要．）

师：在这节课的开头，我们复习了向量共线定理的相关内容．

平面内的任何一个非零向量 $\boldsymbol{e}_1$ 都可用与它平行的向量 $\boldsymbol{e}_2$ 来表示，形式是 $\boldsymbol{e}_1=\lambda\boldsymbol{e}_2$．那么，……

（话还没说完，立刻有学生举手．）

生：因为向量 $\boldsymbol{a}$ 可以用平行四边形法则分解成与向量 $\boldsymbol{e}_1$，$\boldsymbol{e}_2$ 分别共线的两个向量 $\boldsymbol{b}$，$\boldsymbol{c}$，根据向量共线定理有 $\boldsymbol{b}=\lambda_1\boldsymbol{e}_1$，$\boldsymbol{c}=\lambda_2\boldsymbol{e}_2$，所以 $\boldsymbol{a}$ 可以表示成 $\boldsymbol{a}=\lambda_1\boldsymbol{e}_1+\lambda_2\boldsymbol{e}_2$ 的形式，λ_1 和 λ_2 都是实数．

师：非常好！那么，这里的 $\boldsymbol{e}_1$，$\boldsymbol{e}_2$ 是唯一的吗？

生：是的．因为如果 $\boldsymbol{e}_1$，$\boldsymbol{e}_2$ 是给定的，那么向量 $\boldsymbol{a}$ 的分解方向也是一定的，因此分解的系数是一定的．并且根据向量共线定理，λ_1 和 λ_2 都是一定的．

师：很有道理！到现在为止，我们已经可以得出平面向量基本定理了．

（教师给出平面向量基本定理：如果 $\boldsymbol{e}_1$，$\boldsymbol{e}_2$ 是同一平面内两个不共线的向量，那么对该平面内任意一个向量 $\boldsymbol{a}$，有且只有一对实数 λ_1 和 λ_2，使 $\boldsymbol{a}=\lambda_1\boldsymbol{e}_1+\lambda_2\boldsymbol{e}_2$．其中，$\boldsymbol{e}_1$，$\boldsymbol{e}_2$ 叫作表示这一平面内所有向量的一组基底．）

片断 3　变式探究，深化理解

得到平面向量基本定理后，还需要对定理中的几个关键点做进一步的理解．

（1）基底的选取．

师：$\boldsymbol{e}_1$，$\boldsymbol{e}_2$ 是同一平面内两个不共线的向量，$\boldsymbol{e}_1$，$\boldsymbol{e}_2$ 的选取不唯一．我们来看一道练习，一起试一试．

若 $\boldsymbol{e}_1$，$\boldsymbol{e}_2$ 是表示平面内所有向量的一组基底，则下面的四组向量不能作为一组基底的是（　　）

A. $\boldsymbol{e}_1+\boldsymbol{e}_2$ 和 $\boldsymbol{e}_1-\boldsymbol{e}_2$

B. $3\boldsymbol{e}_1-2\boldsymbol{e}_2$ 和 $4\boldsymbol{e}_2-6\boldsymbol{e}_1$

C. $\boldsymbol{e}_1+3\boldsymbol{e}_2$ 和 $\boldsymbol{e}_2+3\boldsymbol{e}_1$

D. $\boldsymbol{e}_2$ 和 $\boldsymbol{e}_1+\boldsymbol{e}_2$

学生很快给出答案 B，原因是 $3\boldsymbol{e}_1-2\boldsymbol{e}_2=-\frac{1}{2}(4\boldsymbol{e}_2-6\boldsymbol{e}_1)$，它们共线，不能作为一组基底．

（2）向量的分解．

师：一个平面向量 $\boldsymbol{a}$ 用一组基底 $\boldsymbol{e}_1$，$\boldsymbol{e}_2$ 表示成 $\boldsymbol{a}=\lambda_1\boldsymbol{e}_1+\lambda_2\boldsymbol{e}_2$ 的形式，我们称它为向量 $\boldsymbol{a}$ 的分解．

平面内任一向量 $\boldsymbol{a}$ 都可以进行分解．当所在直线互相垂直时，这种分解

也叫作向量 $\boldsymbol{a}$ 的正交分解.这样的分解,相信大家在物理学习中进行力的分解时已经接触过了.

(3) 系数的确定.

师:基底 $\boldsymbol{e}_1,\boldsymbol{e}_2$ 确定后,实数对 λ_1,λ_2 是唯一确定的,可以利用平行四边形法则进行分解,再化归为向量共线定理求系数.

片断4　尝试应用,完善认知

为了巩固学生对平面向量基本定理的理解,帮助学生掌握对定理的运用,我设计了如下两个例题.

例1　在$\triangle ABC$中,M是BC的中点,设$\overrightarrow{AB}=\boldsymbol{a}$,$\overrightarrow{AC}=\boldsymbol{b}$,请用向量$\boldsymbol{a},\boldsymbol{b}$表示向量$\overrightarrow{AM}$.

变式:如图1,在平行四边形$ABCD$中,$\overrightarrow{AB}=\boldsymbol{a}$,$\overrightarrow{AD}=\boldsymbol{b}$,试用$\boldsymbol{a},\boldsymbol{b}$表示$\overrightarrow{AC}$,$\overrightarrow{BD}$.

如图2,如果E,F分别是BC,DC的中点,试用$\boldsymbol{a},\boldsymbol{b}$表示$\overrightarrow{BF}$,$\overrightarrow{DE}$.

如图3,如果O是AC,BD的交点,G是DO的中点,试用$\boldsymbol{a},\boldsymbol{b}$表示$\overrightarrow{AG}$.

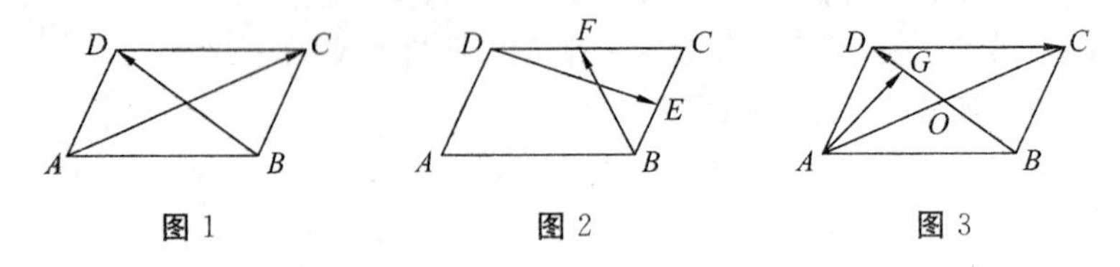

图1　　　　图2　　　　图3

归纳　平面内所有的向量都可以用一组基底来表示,这为用向量解决某些问题提供了基本思想方法:一个向量的分解往往既可以用向量的加法,也可以用减法,要根据题意灵活选用.

例2　设$\boldsymbol{e}_1,\boldsymbol{e}_2$是平面内的一组基底,如果$\overrightarrow{AB}=3\boldsymbol{e}_1-2\boldsymbol{e}_2$,$\overrightarrow{BC}=4\boldsymbol{e}_1+\boldsymbol{e}_2$,$\overrightarrow{CD}=8\boldsymbol{e}_1-9\boldsymbol{e}_2$,求证:$A,B,D$三点共线.

变式1:若$\overrightarrow{AB}=3\boldsymbol{e}_1-2\boldsymbol{e}_2$,$\overrightarrow{BC}=4\boldsymbol{e}_1+\boldsymbol{e}_2$,$\overrightarrow{CD}=8\boldsymbol{e}_1-k\boldsymbol{e}_2$,且$A,B,D$三点共线,求$k$的值.

变式2:原题中的向量$\overrightarrow{CB}$,$\overrightarrow{CD}$能否作为一组基底?若可以,试用$\overrightarrow{CB}$,$\overrightarrow{CD}$表示$\overrightarrow{CA}$.

归纳　利用向量方法证明平面几何问题的一般思路是:首先将题中条件和结论表示成向量的形式,再通过向量的运算进行证明.

点评　对平面向量基本定理的再理解:

(1) 系数的确定:基底$\boldsymbol{e}_1,\boldsymbol{e}_2$确定后,实数对$\lambda_1,\lambda_2$是唯一确定的,可以利用平行四边形法则进行分解,化归为向量共线定理求系数,还可以用待定系数法求系数.

(2) 定理的作用：平面内不同的向量用同一组基底线性表示，便于分析向量间的关系，从而有利于通过向量运算研究问题.

片断5　回顾反思，提升素养

本节课我们通过联想、分析、不断探索，由向量共线定理推广获得了一个重要的定理——平面向量基本定理.

平面向量基本定理是深入研究平面向量的基础. 在实际解题中，可以根据平面向量基本定理，选择适当的基底将问题中的有关向量用此基底来线性表示，这样就可以通过向量的运算来解决问题. 这种方法体现了化归思想，它是解决许多问题的有效方法. 比如，运用这种方法可以较容易地解决某些几何问题.

对平面向量基本定理的再理解：平面向量基本定理与向量共线定理在内容和表述形式上有什么区别和联系？你还有哪些新的联想？

	向量共线定理	平面向量基本定理
条件	给定一个非零向量 $\boldsymbol{e}_1$	给定两个不共线的向量 $\boldsymbol{e}_1, \boldsymbol{e}_2$
结论	对任意向量 $\boldsymbol{e}_2(\boldsymbol{e}_2 /\!/ \boldsymbol{e}_1)$，有且只有一个实数 λ，使得 $\boldsymbol{e}_2=\lambda\boldsymbol{e}_1$	对平面内任意向量 $\boldsymbol{a}$，有且只有一对实数 λ_1, λ_2，使得 $\boldsymbol{a}=\lambda_1\boldsymbol{e}_1+\lambda_2\boldsymbol{e}_2$
实质	$\boldsymbol{e}_2\to\lambda$	$\boldsymbol{a}\to(\lambda_1, \lambda_2)$

3　稚化评析

3.1　找准研究坡度，立足学生的最近发展区

现代教育追求的是学生主动参与的教学过程. 为达到这一目标，教师需要针对教学内容、学生学情和教学实际精心设计教学结构. 主动参与式教学是一个不断设疑、破疑、再设疑的过程，教师要站在学生的立场上设置疑问、激发学生求知的热情，引导学生敢于质疑、善于质疑，在对问题进行深入探索的同时逼近知识核心. 因此，对问题的结构设计不容忽视. 只有找准学生接受的坡度，才能实现教学意图. 在这一点上，教材往往考虑得不够全面，在简单的引入后就将核心内容一股脑展示出来，跨度超过了学生的接受能力. 教师在教学过程中，必须立足于学生的最近发展区，一步一步引导学生前进.

上述教学案例采用循序渐进的方式，从学生已经掌握的向量共线定理着手，逐步深挖，逐渐靠近平面向量基本定理的知识内核，让学生体会到自主探索、获取知识的成就感. 在实际操作中，教师首先要对学生的学业水平、学习能力、学习心理、认知特点等进行仔细的分析，针对不同的学生群体找到不同的研究坡度，设计不同的问题架构，做到因材施教.

3.2 主动稚化思维,做圆桌中的首席

教师由于受过长期的专业训练,对教授的内容了如指掌,各知识结构之间的起承转合好像是水到渠成的.学生则是初次接触知识,除了对新鲜知识的求知欲以外难免还有一些对陌生事物的畏惧和疑惑.由于经验和认知水平的不同,两大教学主体在课堂上往往会产生理解上的矛盾和冲突.教师认为顺理成章的东西,学生感到非常突兀;教师感觉已经讲通讲透的知识点,学生还是不明所以,需要花更多时间消化.教与学的起点不同,如果教师只是凭自己的理解和知识基础去设计教学过程,是不能达到预期的教学效果.要使学生能够充分理解知识,教师必须将自己“降格”,隐藏自己在知识上的权威性.通过“忘记”长期积累的知识,模仿学生的思维模式,重走最初的学习过程,从学生的角度出发,发现学生理解问题时的疑难之处.教师要和学生一同出发,成为同行者中举火把的那位,这也就是“稚化思维”的精髓所在.

上述教学案例在稚化思维方面做出了努力.在设计课程的过程中仔细推敲教材中哪些内容是学生理解起来感到困难的,以及导致学生接受与理解困难的原因是什么.在教学环节中的重点和难点,亦即得出平面向量基本定理的表示式的环节,没有直接给出答案,而是通过适当的引导,与学生实现有效的互动与交流,达到了预期效果.

3.3 知其然知其所以然,帮助学生把握学科本质

在强调公式、定理的同时,教师还应当注意让学生对公式和定理的探索过程进行理解.从长远来看,我们甚至可以毫不夸张地说,探索过程比公式、定理本身更加重要.把握公式和定理的推导过程有利于学生形成科学思维、把握科学本质、提升理解能力,有利于未来进一步探索.打个比方来说,数学思维是“道”,公式运用是“术”.掌握优秀的思维方式,能够对未知领域进行独立思考和探索,比背诵长篇幅的公式、定理更有意义.在科学研究中,公式、定理等都可以从参考资料中获得,唯独从未知的混沌到已知的规律的提炼过程,必须自己在脑海中生成.

上述教学案例的重点内容不但包括平面向量基本定理本身,还包含其推导过程,整堂课在推导过程上设置了一定的篇幅.笔者借此希望同学们能够深刻体会前人探索规律的过程,找到属于自己的学术节奏.这样的好处,从小的方面来说,即便忘记了平面向量基本定理的内容,也能够从向量共线定理推广得到;从大的方面来说,掌握了科学的思维方式,就像是拥有了“一只会下金蛋的母鸡”,在今后的学术道路上将受益匪浅.

执笔:韩　玮

教师合理稚化思维　引领学生主动建构

——"基本不等式的证明"一课的教学案例

1　背景描述

著名的数学教育家斯托利亚尔指出：数学教学是数学思维活动的教学.《普通高中数学课程标准(实验)》中强调：学生的数学学习活动应当是一个生动活泼的、主动的和富有个性的过程，教师应激发学生的学习积极性，向学生提供充分从事数学活动的机会，帮助他们在自主探索和合作交流的过程中真正理解和掌握基本的数学知识与技能、数学思想和方法，获得广泛的数学活动经验. 构建以学生为主体的有效课堂教学活动成为数学教学的追求.

听过很多教育同行精彩的课堂教学，兴奋之余，不免感慨良多. 是什么吸引住我们的学生和听课的老师？让他们深深地投入到一个又一个学习氛围中？也曾有过一些沉闷的课堂让我们反思其中，为何学生的投入如此困难？深入分析，究其原因，发现往往是从教师提出的问题开始的. 在数学中没有问题就没有数学活动，但问题的提出既要考虑学生的认知基础，又要给学生思考的余地，使学生产生很想弄懂但又无法弄懂、很想说清但又无法说清的心理状态. 要想顺利地进行探究学习，教师科学有效地进行问题驱动是关键.

在江苏省"十二五"教育科学规划重点自筹课题"教师稚化思维，促进学生理解的理论与实践研究——以高中数学为例"的理论与实践研究的研讨活动中，笔者开设了一节关于"基本不等式的证明"的展示课. 本节课基于"稚化思维"的教学策略，设计了一系列贴近学生实际、易于学生理解的问题，让学生通过对问题的思考和解答，体验学习过程，自主探索和获取知识. 教学中教师适当地引导、启发，同时大胆地放手由学生自主探究，让学生感受问题解决的成功喜悦. 在师生互动、合作交流的氛围中，在学生探索问题的过程中，培养了学生的学习兴趣和应用意识，提高了学生的数学素养. 本节课受到了听课老师们的好评. 下面是这节课的片断实录和稚化评析，供大家参考.

2 片断实录

片断1 创设情境，引入课题

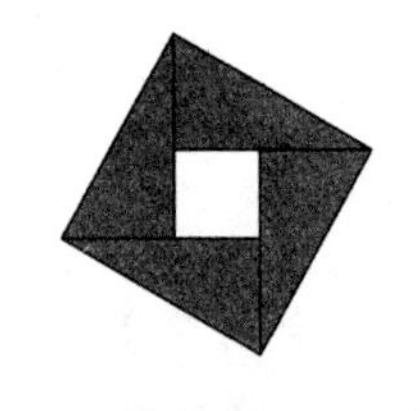
图1

师：图1是在北京召开的第24届国际数学家大会的会标.观察会标由哪些图形构成？

生1：正方形和4个直角三角形.

师：如果4个小直角三角形的面积相等，那么4个直角三角形的面积和大正方形面积的大小关系如何呢？

生1：$S_{正方形}>4S_{三角形}$.

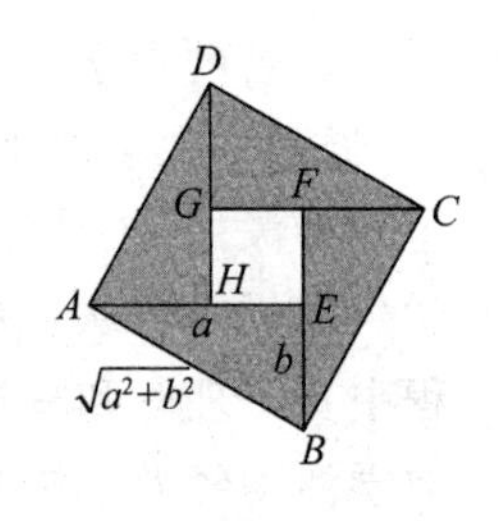

图2

师：将图1中的“风车”抽象成图2.在正方形$ABCD$中有4个全等的直角三角形.设直角三角形的两条直角边长为a,b，那么正方形的边长为$\sqrt{a^2+b^2}$.这样，4个直角三角形的面积和是$2ab$，正方形的面积为a^2+b^2.由于4个直角三角形的面积和小于正方形的面积，我们就得到了一个不等式：$a^2+b^2>2ab$.

追问：a^2+b^2能和$2ab$相等吗？什么情况下相等？

（让学生观察图形，直观想象，由问题启动思维，展开新知.）

生：$a=b$时两者相等.

师：（在学生初步形成结论后用动画展示.）将中间小正方形缩成一个点，此时$a=b$.

（此时学生完成了对重要不等式的直观感知，而这种由特殊图形得出的结论还需理论上的证明和进一步的完善.）

片断2 自主探究，建构数学

师：如果我们用$\sqrt{a}$，$\sqrt{b}$分别代替a,b，可得$a+b\geqslant 2\sqrt{ab}$，通常我们把上式写作$\sqrt{ab}\leqslant\frac{a+b}{2}$，注意$a,b$分别要满足什么条件？

生：a,b同号就行了.

师：这个结论可靠吗？你打算怎样证明？

生：作差比较.

（教师耐心引导学生完成整个公式的推导过程.）

生：a,b必须都大于等于0，当且仅当$a=b$时此不等式中等号成立.

师：我们把这个不等式叫作基本不等式.其中$\frac{a+b}{2}$叫作a,b的算术平均数，$\sqrt{ab}$叫作a,b的几何平均数.

我们可以通过怎样的证明手段来更好地诠释概念中的“当且仅当”呢？

生：可以用作差比较法，即 $\frac{a+b}{2}-\sqrt{ab}=\frac{1}{2}[(\sqrt{a})^2+(\sqrt{b})^2-2\sqrt{a}\sqrt{b}]=\frac{1}{2}(\sqrt{a}-\sqrt{b})^2\geqslant 0$.

师：当然我们还有很多好的证明方法，请同学们课后自己去探索.

探究：如何理解基本不等式 $\sqrt{ab}\leqslant\frac{a+b}{2}$ 的几何意义？

由于完全由学生自己探索比较困难，教师决定给予一定的帮助.（投影）

在图 3 中，AB 是圆的直径，点 C 是 AB 上的一点，$AC=a$，$BC=b$. 过点 C 作垂直于 AB 的弦 DD'，连接 AD，BD. 你能利用这个图形得出基本不等式 $\sqrt{ab}\leqslant\frac{a+b}{2}$ 的几何解释吗？

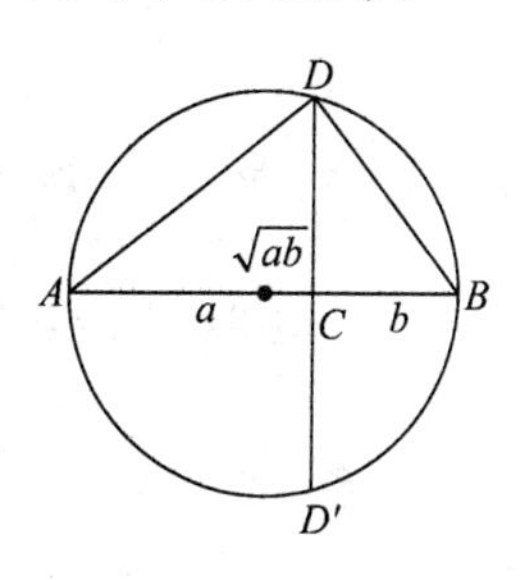

图 3

生：易证 $Rt\triangle ACD\backsim Rt\triangle DCB$，那么 $CD^2=CA\cdot CB$，即 $CD=\sqrt{ab}$. 这个圆的半径为 $\frac{a+b}{2}$，显然，它大于 CD，即 $\frac{a+b}{2}\geqslant\sqrt{ab}$.

师：有没有可能取等号？

生众：当且仅当点 C 与圆心重合.

生：即 $a=b$ 时，等号成立.

师生共同总结：基本不等式 $\sqrt{ab}\leqslant\frac{a+b}{2}$ 的几何意义是“半径不小于半弦”.

（在概念的整个建构过程中，教师始终强调取等问题，加深了学生对该知识点的认识.）

片断 3　尝试应用，深化理解

问题 1：给出一段 2 m 长的绳索，如何围成一个面积最大的矩形？

生：设矩形的边长分别为 a，b，显然 $2a+2b=2$，求矩形面积 $S=ab$ 的最大值.

师：a，b 有没有范围？

生：有. 由于是矩形的边长，所以一定大于 0.

师：所以这道应用题可以转化为数学模型.

生众：已知 $a+b=1(a,b>0)$，求 ab 的最大值.

师：如何解决？

生：直接利用基本不等式 $\sqrt{ab}\leqslant\frac{a+b}{2}$ 得 $ab\leqslant\frac{1}{4}$.

师：等号？

生众：当且仅当 $a=b=\frac{1}{2}$ 时取得最大值.

问题 2：反之，已知 $ab=1(a,b>0)$，求 $a+b$ 的最值.

生：由于 $a+b\geqslant 2\sqrt{ab}$，所以有最小值 2，同理当且仅当 $a=b=1$ 时取得最小值.

师：这又说明什么问题呢？

投影：(1) 和 $a+b$ 一定时，积 ab 有最大值；积 ab 一定时，和 $a+b$ 有最小值.

(2) 取等号的条件$\left(\text{当且仅当 } a=b \text{ 时}, \sqrt{ab}=\frac{a+b}{2}\right)$.

问题 3：已知 $a+b=1(a,b>0)$，求$\frac{1}{a}+\frac{1}{b}$的最小值.

生：先通分得到$\frac{a+b}{ab}=\frac{1}{ab}$，因为 a,b 均大于 0，分母可以利用基本不等式得 $ab\leqslant\frac{1}{4}$，故$\frac{1}{ab}\geqslant 4$，当且仅当 $a=b=\frac{1}{2}$ 时取得最小值.

问题 4：已知 $a+b=1(a,b>0)$，求$\frac{1}{a}+\frac{2}{b}$的最小值.

生：继续仿照上述方法，$\frac{1}{a}+\frac{2}{b}\geqslant 2\sqrt{\frac{2}{ab}}$，因为 a,b 均大于 0，利用基本不等式得 $ab\leqslant\frac{1}{4}$，故$\frac{1}{ab}\geqslant 4$，当且仅当 $a=b=\frac{1}{2}$ 时，取得最小值为 $4\sqrt{2}$.

师：是否正确呢？

（教师引导学生回顾运用基本不等式的关键步骤，特别强调了等号成立的条件.）

生：这里运用了两次基本不等式，第一次是当且仅当$\frac{1}{a}=\frac{2}{b}$，第二次是当且仅当 $a=b$，两次等号不能同时成立！

师：非常好！

此时水到渠成，可以和学生一起小结解最值问题的一般步骤：一正、二定、三相等. 此时学生对“三相等”的认识更加清晰、直观、深刻.

回到刚才的问题，学生尚无解决的方法，教师也不急于给出正确的解法，决定还是由学生自己探究，这样更符合新课程的理念.

由此先给出引例.（投影：(1) 已知 $x>0$，求 $x+\frac{16}{x}$ 的最小值；(2) 已知

$x<0$，求 $x+\frac{16}{x}$ 的最大值.）

生 1：好像是双勾曲线，但不知道如何解决.

生 2：很简单，因为 $x>0$，即 $x>0,\frac{16}{x}>0$，只需利用基本不等式 $x+\frac{16}{x}\geqslant 2\sqrt{x\cdot\frac{16}{x}}=8$，当且仅当 $x=\frac{16}{x}$，即 $x=4$ 时，取得最小值.(2)中用 $-x$ 替换 x 即可.

问题 5：已知 $a,b>0$，求 $\frac{b}{a}+\frac{a}{b}$ 的最小值.

生：利用刚才的解题手段，由于 $a,b>0$，即 $\frac{b}{a}>0,\frac{a}{b}>0$，所以 $\frac{b}{a}+\frac{a}{b}\geqslant 2\sqrt{\frac{b}{a}\cdot\frac{a}{b}}=2$，当且仅当 $\frac{b}{a}=\frac{a}{b}$ 时取得最小值.

师：我们可以看到这类问题并没有直接给出定值是什么，而是隐藏在题目中，需要同学们自己去寻找.特别是注意到数据间的乘积或和的值.像这种互为“倒数”的结构形态，乘积很容易得到一个定值.

利用这样的特性怎样在刚才的代数式中构建出互为“倒数”结构的形态呢？

生：$\frac{1}{a}+\frac{2}{b}=\frac{a+b}{a}+\frac{2a+2b}{b}=3+\frac{b}{a}+\frac{2a}{b}\geqslant 3+2\sqrt{2}$，当且仅当 $\frac{b}{a}=\frac{2a}{b}$ 时，取得最小值.

师：太棒了！

生：老师，问题 3 同样可以用这个方法来解决. $\frac{1}{a}+\frac{1}{b}=\frac{a+b}{a}+\frac{a+b}{b}=2+\frac{b}{a}+\frac{a}{b}\geqslant 4$，当且仅当 $\frac{b}{a}=\frac{a}{b}$ 时，取得最小值.

师：非常好！

经过不断地启发和引导、纠正和探索，教师与学生终于共同完成了难点的突破.

问题 6：已知直角坐标系中一条直线过一定点(1,2)，分别与两坐标轴的正半轴相交，求与两坐标轴所围成的三角形的面积的最小值.

师：下面请大家尝试运用我们刚才所学的方法来解决这个问题.

（先让学生思考，再由学生口述，教师板书解题过程.）

建立数学模型：已知 $\frac{1}{a}+\frac{2}{b}=1(a,b>0)$，求 $S=\frac{1}{2}ab$ 的最小值.

学生很容易就解决了.

3 稚化评析

基本不等式是高中数学新课程的传统内容，是研究不等式的第2课时，之前学生已经学习了不等关系. 从教材的呈现过程来看，本节内容比较平淡，教学中很难出新出彩. 如何创造性地运用教材，构建出生动的问题情境，让学生在探索中求知，在思考中生智，在品味中赏美，使课堂充满灵动、演绎精彩，是对教师教学智慧的极大考验.

3.1 顺应逻辑关系，促进知识的自然生成

数学知识之间有内在的逻辑关系，这些关系对学生来说，都是陌生的. 因而需要教师从学情出发，贴近学生的认知，降低思维起点，在学生的最近发展区思考：如何将这些知识自然地展开？如何促进知识在学生原有知识基础上生根发芽？无论教学内容是什么，教学过程总要根据知识之间的逻辑关系，从旧知过渡到新知. 教师要根据学情，精心设计与教学内容相关的、学生真实存在的问题情境，把学生置于一系列问题情境之中，使其产生强烈的求知欲望和积极主动的探索精神，激起学生浓厚的探究兴趣. 学生之所以觉得学习很无趣，很大一部分原因就是教师讲解的内容脱离他们已有的经验和生活实际，无法找到与旧知的联系，不能让他们产生恍然大悟的感觉.

我们知道基本不等式的引入是建立在重要不等式基础上的，而重要不等式的得出经历了图形的直观感知到数学的严格证明，在证明过程中引导学生发现 a，b 的范围，从而由正实数推广到全体实数，再用代数变换导出了基本不等式. 本节课的教学伊始，笔者利用在北京召开的第24届国际数学家大会的会标作为问题情境，依据图形提出“不等与不等关系”，让学生对美丽的图形进行观察、体验、想象、思考，进而发现问题，展开探究. 学生的注意力高度集中，学习兴趣很快被激发出来，为新知识的探究、解决和应用创设了良好的氛围. 实践证明，这种教学设计适合学生的胃口，学生都能主动参与，教学效果较好.

3.2 遵循认知特点，实现知识的有效生长

学习过程就是以旧知为基础建构新知的过程. 分析学生已经具备的经验是有效教学的出发点. 所以，教师要多和学生沟通，多了解学情，尽可能增加从旧知到新知的层次，减小思维落差，帮助学生从原有知识和经验中找到向最近发展区发展的“支架”，从而步步为营、日积月累更新并充实自己的知识与技能. 当学生从创设的情境中发现问题后，教师要根据实际需要，选择恰当的教法和学法，让学生实验研究，组织学生讨论猜想、开展探究活动，让学生自主寻找解决问题的途径和方法.

如果把学生认知中的不等式知识看作一根老枝的话，那么通过本节课的学习，它经历了三次成长：首先是认识基本不等式的形式和特征；其次是从数学角度对它进行第二次认识，理解“一正”和“二定”的含义；最后是从数学应用的角度进行再认识，理解“三相等”以及“积定和最小，和定积最大”，体会基本不等式的作用.在知识的自然展开中，学生认识了基本不等式，通过三次成长，新知识在学生原有的知识上发芽.学生第一次接触基本不等式，理解它已很困难，对于应用则是更高层次的要求，因而要增设一些坡度，通过适当的变式，引起学生的认知冲突，加深理解，让学生逐步爬坡，最后学以致用，实现知识的有效生长.

3.3　把握稚化时机，搭建好认知的“脚手架”

学生的学习是一个不断建构知识的过程，教师要给学生提供合理的认知“脚手架”，就要充分了解学生现有的认知水平，设定认知冲突，化难为易.课堂上教师要善于观察学生的学习情况，把握恰当的时机进行思维稚化.可以在学生对问题模棱两可时稚化，也可以在学生对问题没有一点思路时稚化.课堂上尽量让学生有思考问题的机会，防止教师按自己的设计思路一步步牵着学生学习.在稚化思维下，要求教师把思维的触角深入学生的思维领地，进行发掘和研究，想学生所想，惑学生所惑.学生对新知识的理解是逐步由模糊到清晰、由零碎到完整，并融入原有知识体系，在原有基础上进行的“老枝发新芽”.

本节课以基本不等式的理解和应用为基点，设计了一系列问题，通过“问题串”的形式驱动学生的思维，尝试对基本不等式进行应用.从问题1到问题5，层层递进，学生在解决这些问题的过程中不断加深对基本不等式中“一正、二定、三相等”的认识，并以此为基础，在大脑中建立起关于基本不等式的概念、意义、运用的数学结构，实现了对知识点的有意义建构.稚化思维的设计遵循了知识的内在结构和知识发生、发展的历程，及时扫清了学生的认知障碍，调动了学生情感的参与，有效地促进知识在课堂中的生成和生长，深化了学生的数学理解，提升了学生的数学素养.

总之，高中数学课堂教学要按照新课程的理念，根据学生的认知特点，灵活地运用问题驱动的教学模式，注意创设问题情境，设计贴近学生思维实际的问题系列，加强师生互动，在问题探究中激发学生学习数学的兴趣，凸显知识间的联系，培养学生数学应用的意识和能力，使学生理解数学、享受数学、学会学习，促进学生的有效发展与可持续发展.

执笔：任　何　钱军先

第四篇　活动掠影

开展教育科研课题研究的过程，对参与研究的教师们来说，既是学习教育教学理论、转变教育教学观念的过程，也是落实教学改革措施、开展教学改革实践的过程，更是锻炼教学智慧、总结教学经验、提升教学能力的过程.这个过程需要通过丰富多彩的活动来实现，例如项目申报的筹划、实施方案的制定、课题的开题活动、中期评估活动、结题鉴定活动、学习交流活动以及针对课题研究的内容和问题举办的各种教学研讨活动等.在这些活动中，通过专家的引领、同伴的互助，进行交流、探讨、思考和质疑，完成思维的碰撞、规律的总结、方法的提炼与思想的统一，达成课题实施的方案，实现课题研究的目标，获得课题研究的成果.撷取这些活动的片花，记录这些活动的情景，展示这些活动的过程，丰富这些活动的资料，可以为课题的研究增色添彩，使课题的研究更加绚丽多姿.

2015 年 3 月 15 日，江苏省教育科学“十二五”规划重点自筹课题“‘教师稚化思维，促进学生理解’的理论与实践研究——以高中数学为例”课题组成员在讨论课题实施方案，课题主持人毛锡荣副校长介绍并交流开题报告.

2015 年 5 月 18 日，项目组成员开展了以“聚焦稚化思维，打造高效课堂”为主题的课题研究活动，结合江苏省教育科学“十二五”规划重点自筹课题“‘教师稚化思维，促进学生理解’的理论与实践研究——以高中数学为例”，进行理论学习和工作部署.

2015 年 6 月 11 日，课题组成员在毛锡荣副校长的带领下，来到了位于黄海之滨、射阳河畔的江苏省射阳中学，和江苏省射阳中学联合举办了一次别开生面的教学研讨活动. 徐昌富老师、徐华老师分别在高一、高二年级开设了两节研讨课. 两位老师的展示课，以独具匠心的设计、细腻灵活的诱导和恰到好处的点拨，将学生推上了自主学习的舞台，展示了执教者先进的教学理念和精湛的教学技艺，使大家受益良多.

2015 年 9 月 11 日至 16 日，江苏省高中数学骨干教师培训班在无锡市高级中学举行，课题组成员沈刚老师、朱福进老师和李湘老师开设了教学展示课，课题分别是“平面的基本性质”“基本不等式的应用”和“函数的奇偶性”，课题组负责人毛锡荣副校长做了“教师稚化思维的基本策略”的专题讲座，结合三位老师的课例，介绍了课题研究的阶段成果.

2016 年高中数学特色课堂案例分析研修会于 4 月 15 日在无锡市辅仁高级中学隆重举行. 在这次活动中，课题组成员魏民老师和韩玮老师分别展示了“基本不等式的证明”“两个基本计数原理”教学案例，向与会代表交流了数学教学中教师稚化思维、促进学生理解的策略和途径，受到与会代表的一致好评.

2016 年 10 月 21 日，课题组举行了以“涵养教学智慧，濡染生命课堂”为主题的教学研讨活动，活动立足课堂，以同课异构的方式进行，课题是“幂函数”，由南京师范大学附属中学江宁分校的朱永厂老师、无锡市洛社高级中学的徐荣欣老师和无锡市辅仁高级中学的王文俊老师执教．课题组成员以这三节课为研究平台，围绕着数学课堂教学中“教师稚化思维，促进学生理解”的策略和途径展开了深入的研究和讨论．

2016 年 12 月 6 日，课题组邀请专家对课题研究进行中期评估，课题组负责人毛锡荣做中期评估报告，向专家们介绍了课题研究的进展、取得的成绩和存在的问题．市教育科学研究院龚雷雨书记、赵宪宇副院长、黄树声博士等领导和专家对课题的研究给予了高度的肯定，并提出了许多有益的意见和建议，为课题的后期研究指明了方向．

2016 年 12 月 18 日，课题组召开课题研讨会，研究在课堂教学活动中“教师稚化思维，促进学生理解”的策略和途径. 活动由数学学科组组长韩玮老师主持. 周晓丰老师在研讨活动中展示了“对数”一课的教学，大家以这节课为平台，展开了热烈的讨论. 课题主持人毛锡荣副校长做了题为“教师稚化思维的内涵分析与实施策略”的主题发言.

2017 年 12 月 7 日，课题组开展了以“指向学科思维品质的生本课堂”为主题的教学研讨活动，过大维、徐昌富、周晓丰三位老师以同课异构的方式展示了“导数在研究函数中的应用——单调性”的课堂案例，邀请江苏省射阳县教研室副主任、正高级教师王克亮老师为大家做了题为“数学课堂的问题设计与解决”的专题讲座.

2017 年 12 月 12 日，江苏省泰州中学举办了“体用课堂”大型教学研讨活动. 张长贵老师应邀开设了一节题为“向量的概念及表示”一课的教学展示课. 钱军先老师作为点评嘉宾做了主题为“站在系统的高度设计，立足发展的角度引领”的专题点评.

2017 年 12 月 28 日，课题组邀请专家对课题研究进行结题鉴定. 市教育科学研究院赵宪宇副院长、黄树声博士、无锡市第一女子中学王荐教授等领导与专家以及课题组的部分成员参加了这一活动. 课题组负责人毛锡荣副校长做结题报告，就课题研究的有关问题向与会的领导和专家们做了详细的汇报和介绍，其经验和体会得到了专家们的肯定与好评.

参考文献

1. 马复.设计合理的数学教学[M].北京:高等教育出版社,2003.

2. 严世健,张奠宙,王尚志.普通高中数学课程标准(实验)解读[M].南京:江苏教育出版社,2004.

3. 卢建筠.高中新课程教学策略[M].广州:广东教育出版社,2004.

4. 张维忠.基于数学课程标准的数学教学研究[M].杭州:浙江大学出版社,2013.

5. 鲍建生,周超.数学学习的心理基础与过程[M].上海:上海教育出版社,2009.

6. 黄荣金,李业平.数学课堂教学研究[M].上海:上海教育出版社,2010.

7. 罗增儒.中学数学课例分析[M].西安:陕西师范大学出版社,2001.

8. 涂荣豹.数学教学认识论[M].南京:南京师范大学出版社,2006.

9. 曹才翰,章建跃.数学教育心理学[M].北京:北京师范大学出版社,2006.

10. 王尚志.数学教学研究与案例[M].北京:高等教育出版社,2006.

11. 郅庭瑾.教会学生思维[M].北京:教育科学出版社,2001.

12. 张英伯.中学数学教学案例研究[M].北京:北京师范大学出版社,2011.

13. 翁凯庆,王希平.高中数学新课程教学研究[M].北京:高等教育出版社,2008.

14. [美]Grant Wiggins,Jay McTighe.理解力培养与课程设计——一种教学和评价的新实践[M].么加利,译.北京:中国轻工业出版社,2003.

15. 李祎.数学教学方法论[M].福州:福建教育出版社,2010.

16. 石生民.高中数学课例点评[M].西安:陕西师范大学出版社,2008.

17. 王克亮.高中数学教学“问题驱动”的探索与实践[M].苏州:苏州大学出版社,2017.

18. 钱军先,戴翰林.高中数学教学理论与实践研究[M].北京:中国广播电视出版社,2003.

19. 张顺燕.关于数学教学的若干认识[J].数学教育学报,2004,13(1):3-5,9.

20. 章建跃.中学数学课改的十个论题[J].中学数学教学参考,2010(3):2.

21. 展国培.有效教学,从关注学生开始[J].中小学数学(高中版),2013(1):43-45.

22. 石志群.数学教学中"主体参与"的现状与思考[J].中学数学教学参考,2013(1):7-10.

23. 赵祥枝.引导学生主动探究,促进数学思维发展[J].中学数学教学参考,2014(5):35-37.

24. 孙式武.课堂教学中师生思维同步的实现策略[J].教育理论与实践,2013(8):44-46.

25. 张健.让学生在数学探究中丰富经验、增长智慧:评毛金海老师《课例:对抛物线一类特殊弦性质的探究》[J].中学数学教学参考,2013(4):9-11.

26. 章建跃.发挥数学的内在力量为学生谋取长期利益[J].数学通报,2013,52(2):1-6.

27. 陈柏良.为促进学生数学理解而设计[J].中学数学教学参考,2014(8):11-13.

28. 李昌官.为发展学生思维而教——以人教版"三角形内角和"教学为例[J].数学通报,2013,52(10):10-13.

29. 章建跃.理解数学是教好数学的前提[J].数学通报,2015,54(1):61-63.

30. 李善良.学之道在于"悟"——例谈数学教学中如何引导学生进行反思[J].中学数学教学参考,2009(9):21-24.

31. 尤善培.基于思维发展　设计教学路径——再谈着眼于学生思维发展的教学设计策略[J].高中数学教与学,2015(12):1-4.

32. 夏繁军.关注数学"持久理解",促进学生深度学习[J].中学数学教学参考,2016(1):29-33.

33. 崔志荣.为促进学生的理解而复习[J].数学通报,2016(3):22-26.

34. 李锋,林富春,林友枝.基于数学理解性学习的定理教学研究——关于"平面向量基本定理"的教学及思考[J].中学数学(高中版),2016(6):6-9.

35. 孔小明.理解性数学探究活动特征及其设计要素[J].中学数学月

刊,2016(3):9－11.

36. 刘文蛟.高中生数学认知理解的过程研究[J].数学教学通讯,2016(12):2－3.

37. 林生.立足“三个理解” 构建高效课堂——从一节“空间几何体的三视图”谈高效课堂教学[J].中学数学杂志,2014(3):30－33.

38. 钱军先.学情分析：有效教学的核心和关键[J].教育研究与评论(中学教育教学版),2009(8):14－17.

39. 宗新中.退一步海阔天空——稚化思维在高中数学课堂上的应用[J].中学数学(高中版),2016(11):62－63.

40. 刘鹏.稚化思维,让概念课教学充满活力——“曲线与方程”教学实录[J].中学数学教学参考,2016(28):30－32.

41. 王华民,周德明.稚化思维——突破教学难点的有效途径[J].中学数学(高中版),2014(4):60－62.

42. 陈义明.在教学中践行“三个理解”——以“基本不等式(第1课时)”的教学为例[J].数学通报,2017,56(12):33－36.

43. 周学祁.数学教学中的“稚化”艺术[J].江苏教育,1992(11):29－32.

44. 臧立本.数学教学中的稚化艺术[J].数学通报,1997(5):5－7.

45. 方琴明.数学教学中的“稚化”艺术[J].数学教师,1997(1):14－16.

46. 蒋铁伟,刘国祥.浅谈数学教学中的思维“稚化”[J].中学数学杂志,2003(9):14－16.

47. 董荣森.参与性探究中“稚化思维”的策略研究[J].中国数学教育,2014(1):26－30.

48. 刘东升.稚化思维教学：让不同学生都得到发展——从李庾南老师“等式性质”教学片断说起[J].数学教学通讯,2017(5):6－8.

49. 郭小红,杨志文.教师稚化思维,促进学生主动构建数学概念——以“函数的奇偶性”教学为例[J].中学数学月刊,2014(2):30－32.

50. 龚彦琴,李祎.刍议稚化思维的数学教学策略[J].数学通报,2013,52(10):6－9.

51. 李启梅.稚化思维促进数学课堂的两种生长——一次同课异构课引发的反思[J].中学数学教学,2017(4):10－12.

52. 石三军.稚化思维：大智若愚的教学思考[J].中学课程辅导(教师通讯),2014(11):18－19.